KB270790

동아시아를
다시 묻다

공생사회를
위한
실천과제

핵심현장에서

동아시아를 다시 묻다

백영서 지음

창비
Changbi Publishers

책을 펴내며

2000년에 졸저 『동아시아의 귀환: 중국의 근대성을 묻는다』를 출간한 이후 13년 만에 사론집을 또 한권 출간한다. 그간 동아시아를/에서 사유해온 글 열세편을 다듬어 엮은 새 책을 독자에게 선보이려니 마음 설렌다.

여기 실린 글은 모두 각종 회의에서 발표하거나 잡지의 요청에 응해 쓴 것이다. 필자는 역사연구자이긴 하나 한국 안팎의 사회적 요구에 부응하고자 노력해왔다. 회의 주관기관이나 잡지 편집진은 그때그때 현실을 반영해 특정 주제를 내걸고 그에 관한 생각을 듣고자 했으며, 필자는 그 주제와 대화하는 마음가짐으로 글을 준비했다. 내 나름으로는 다양한 삶의 현장이 접목된 새로운 시각을 공유하고자 했다.

혹자는 이처럼 현장성을 중시하는 글쓰기가 역사학자에게 합당하지 않는다고 생각할지 모른다. 그러나 지난번 졸저에서도 밝혔고 점점 더 명료하게 의식하게 된바, 역사는 과거와 현재의 대화일 뿐만 아니라 과거와 미래의 대화이기도 하다. 그래서 현실에서 촉발된 문제의식이 무엇보다 중요하다. 그렇다고 단순한 시사해설 또는 시평적 글쓰기에 머물지 않고 그 속에서 역사적·사상적 과제를 읽어내려고 애썼다. 달리 표현하면, 이 책 본문에서 본격적으로 다루겠지만 단기적 과제를 중·장기적 과제와 연결하여 하나로 파악하고 그것을 일관되게 실천하는 데 중점을 두었다.

이 문제의식은 연구자이자 교육자이고 또한 편집자로서의 역할을 수행해온 필자 자신의 정체성과도 연관이 깊다. 필자가 동아시아 담론에 관심을 갖게 된 개인적 경위는 본서에 실린 「복합국가와 '근대의 이중과제'」(156~58면)에서 밝힌 바 있으니 그 글을 참고하길 바라면서, 여기서는 필자 자신의 동아시아론이 단순한 학술적 성과물이 아니고 대학의 안과 밖에서 활동한 경험이 녹아 있는 것임을 강조해두려고 한다. 즉 필자는 사회의제를 학술의제로 전환해 연구를 수행하는 실천적 자세에 비중을 두고자 했다. 이런 문제의식을 연세대 안팎의 동료들과 '사회인문학'이라는 기치 아래 정교하게 다듬는 협업을 수년 전부터 시작했다. 그뿐만 아니라 동아시아 각지를 직접 견문하고 연대활동을 수행하는 작업에서 동아시아적 시각의 의의를 확인하고 확산하는 일에도 힘써왔다. 그런 노력의 흔적들이 독자들 눈에 띄었으면 하는 바람이다.

이번에 새로 이 책을 펴내면서 새삼 이전에 출간한 책과 비교하게 된다. 2000년에 간행된 졸저의 제목 '동아시아의 귀환'이 암시하듯이, 동아시아적 시각 혹은 담론은 19세기 말 20세기 초 한국인의 사상 모색과 실천 경험이 1990년대에 되살아난 것이다. 그 책을 저술할 때만 해도, 동아시아 담론에 익숙지 않았던 독자들이라면 그것이 1987년 이후 변화하는 한국 안팎의 정세 속에서 새롭게 발견된 것이라고 단순하게 이해하기 쉬운 형편이었다. 그러나 필자는 동아시아 담론이 19세기 말부터 논의된 것임을 보여줌으로써 우리의 사상사적 계보에 닿아 있을 뿐만 아니라 당대의 실천적 과제임을 인정받고자 했다.

그 책의 출간으로부터 10여년이 지나 이번에 선보이는 이 책에는 어떤 특징이 담겨 있을까. 주요 핵심어를 통해 이를 설명해보겠다.

먼저 눈에 띄는 것은 이전 저서에서부터 지속되어온 동아시아 지역 개념에 대한 이해다. 지역 개념은 지리적으로 고정된 것이 아니다. 동아시아는 그 지역을 사고하는 인식 주체의 실천과제에 따라 달리 구성된다. 그렇다고 해서 단순한 문화적 '창안물'이라는 뜻은 아니다. 이 지역을 역사적 실체로 간주하게 만드는 근거가 있다. 지역 개념은 공통의 문화유산 또는 역사적으로 지속되어온 일정한 지역적 교류나 공통의 경험세계가 재구성되는 과정에 다름 아니다. 그래서 필자는 그간 동아시아를 말할 때 그 지리적 범위가 어디까지인가를 묻는 질문에 대해 먼저 어떤 방향 혹은 과제를 설정하면 그에 따라 범위가 정해질 터라고 거듭 설명해왔다. 그래야만 그 지역 개념의 구체성이 제대로 드러난다. 이런 관점을 잘 보여주는 이전 졸저의 한 대목을 여기에 옮겨보겠다. "동아시아를 어떤 고정적 실체로도 간주하지 않고 항상 자기성찰 속에서 유동하는 것으로 파악하는 사고와 그에 입각한 실천의 과정"이 중요하다. 동아시아인이 "이런 태도를 몸에 익힘으로써 자기 속의 동아시아와 동아시아 속의 자기를 돌아보는 성찰적 주체가 형성될 것으로 기대한다." (『동아시아의 귀환』, 50~51면)

필자는 '동아시아'라는 개념을 동북아와 동남아를 포괄하는 넓은 의미로 쓰되, 그것이 지리적으로 고정된 실체가 아니란 뜻으로 '지적 실험으로서의 동아시아'라는 용어를 14년 전에 제시했다. 그러나 그 '지적 실험'이 자칫 지적 유희로 오해되기 쉽고 실천적 차원에서의 추동력을 간과하게 만들지도 모른다는 생각이 들어, 본서에서는 이전의 문제의식을 유지하되 새로움을 드러내기 위해 '실천과제로서의 동아시아'(또는 프로젝트로서의 동아시아)를 핵심어로 썼다.

또다른 핵심어는 '이중적 주변의 시각'이다. 이전의 졸저에서 중국인에게 주변 국가에 대한 '수평적 시각'이 있는가를 물은 적이 있는데, 사실 이 물음은 우리 한국인을 포함한 아시아인 전체에게도 해당된다. 바로 이런 문제의식을 좀더 구체화하기 위해 필자가 제기한 것이 '이중적 주변의 시각'이다. 2001년 연구년을 맞아 타이베이(臺北)와 나고야(名古屋)에 반년씩 체류한 경험이 반영된 관점이다. 중국의 일부이기도 하고 중국이 아니기도 한 복잡한 정체성을 가진 대만인, 그리고 한때 식민지였던 대만을 보는 일본인, 그 두 사회의 착종된 시각을 접촉하면서, 서구 중심의 세계사 전개에서 비주체화의 길을 강요당한 동아시아라는 주변의 눈과 동아시아 내부의 위계질서에서 억눌린 주변의 눈이 동시에 필요하다는 문제의식에 눈떴다. 중심-주변 관계에 대한 인식이자 그 극복을 위한 실천을 의미하는 이 핵심어는 '실천적 과제로서의 동아시아'를 구현할 성찰적 주체의 주요 요건이기도 하다.

더불어 '핵심현장'은 이 책을 관통하는 문제의식을 잘 보여주는 핵심어다. '이중적 주변의 시각'을 요구하는 곳이자 그것이 가장 잘 적용되는 대상이 바로 핵심현장이다. 이것이야말로 필자가 중국대륙과 일본 본섬은 물론이고 대만·오끼나와 등지로 관심을 넓혀 직접 현지를 드나들며 그곳 지식인들과 대화를 나누면서 얻은 수확이다.

핵심현장에서 연대활동을 수행하는 동안에 동아시아가 연동한다는 깨달음도 저절로 얻게 되었다. 특히 2010년 5월 오끼나와 후뗀마(普天

間) 미군기지 현외 이전 공약을 일본정부가 뒤집는 발표를 한 뒤 열린,
현지주민의 반대시위 현장에서 필자는 한반도 남북화해의 동아시아적
의미를 절감하지 않을 수 없었다. 당시 하또야마(鳩山) 총리가 공약 번
복의 명분으로 내세운 것이 북한과 중국을 대상으로 한 '억지력 유지'
인데 바로 그 직전에 한반도에서 발생한 천안함사건이 그 근거였다. 또
한 2011년 일본 토오호꾸(東北) 지방에서 발생한 3·11재난, 그리고 반복
되는 영토갈등을 지켜보면서, 서울과 오끼나와(의 나하那覇)에서 열린
두차례의 동아시아 비판적 잡지회의 기간에 필자를 비롯한 참석자들은
이 지역에 사는 주민들의 일상생활이 서로 연동된 문제임을 확인할 수
있었다. 사실 그 연동에는 부정·긍정의 의미가 모두 포함된다. 문제는
어떻게 분쟁·갈등의 악순환이 아닌 평화·번영의 선순환으로 동아시아
를 이끌 것인가다. 바로 이 때문에 '연동하는 동아시아'라는 핵심어는
동아시아의 과거와 오늘을 설명하는 도구인 동시에 동아시아 공생사회
의 미래를 구상하고 실현하는 실천과제임을 일깨우는 것이기도 하다.

분단된 한반도는 동아시아를 악순환시킬 수도 선순환시킬 수도 있
는, 연동하는 동아시아의 핵심현장 중 하나다. 또한 이곳은 필자의 삶의
현장이기도 하다. 그래서 이 책에는 한반도적 시각이 짙게 드리워져 있
다. 사실 동아시아 담론, 특히 동아시아공동체 논의의 맹점 중 하나가
북한을 간과하는 것이다. 오죽하면 동아시아 담론은 한가운데에 구멍
이 난 도너츠 같다는 비판까지 나오겠는가. 이때 그 구멍에 해당하는 것
이 북한문제다. 이 책에서는 북한문제를 정면으로 다루지는 않지만, 한
반도적 시각을 견지함으로써 이를 포괄하고자 했다. '복합국가'는 동아
시아 담론을 (분단이라는) 현실에 밀착하려는 노력을 담은 핵심어다.

2000년의 졸저에서 필자는 국민국가를 넘어서기 위해 '국민국가의

8

안과 밖'을 넘나드는 시각을 제기했고 또한 20세기 동아시아사에서 국민국가가 수행해온 '해방과 억압의 이중 역할'을 주목했다. 그렇다면 이번 책에서는 '복합국가' 논의에 집중해 그 문제의식을 한 단계 더 구체화시켰다고 말할 수 있다. 이 시각은 한반도를 비롯한 동아시아 국가들의 역사를 새롭게 설명하고 그 미래를 전망하는 데도 유용할 것이다.

물론 이 핵심어는 한반도의 남북 측이 통일에 대해 좀더 창의적으로 사고하고 실천하는 과정에서 그 모습이 드러날, 현장성이 매우 강한 발상이다. 그렇기 때문에 국민국가로의 이행경로가 서로 다른 동아시아 여러 나라의 사례에 간단히 적용될 수는 없다. 그러나 한반도 주민들이 서로의 국가주권을 인정하면서도 점진적으로 재통합하여 단일형 국가가 아니라 한층 더 인간다운 삶을 구현할 새로운 국가를 건설하려는 의지의 표현인 복합국가를 구상하고 실천할 때, 국민국가의 역할을 보는 우리의 시야는 그만큼 더 넓게 트일 것이다.

동아시아에서는 국민국가 내지 국가간체제(inter-state system)를 상대화하는 탈근대 담론이 주도하는 형세지만, 다른 한편에서는 대만독립론이나 오끼나와독립론처럼 국민국가(내지 민족주의), 달리 말하면 근대지향도 만만치 않은 역설적 상황이 벌어진다. 그토록 복잡한 현실에 제대로 대응하기 위해서는 '근대의 이중과제', 즉 근대적응과 근대극복을 이중적인 단일과제로 동시에 추진하려는 안목이 요구된다. 국가 간의 결합 양상이자 국민국가의 자기 전환의 양상을 보여주는 복합국가론은 바로 그 '이중과제'가 현실 적합성이 있음을 보여준다. 실제로 한반도에서 발신한 복합국가론은 다른 핵심현장에서 수행되는 주민들의 자치운동과 이미 서로 참조하는 관계를 맺고 있다. 더 나아가 복합국가론은 대국화하는 중국의 과거와 미래를 우리가 새롭게 이해하는 데도 실마리를 제공할 것으로 믿는다. '제국으로서의 중국'이라는 최근 유행하는 중국 담론과 복합국가론의 대조가 이 책에서 시도된 것에서 그 가능성을 엿볼 수 있지 않을까.

한국인이 중국을 어떻게 인식하는가라는 주제는 필자가 중국사를 공부하겠다고 맨처음 작정한 이래의 일관된 관심사다. 이번 책에서도 마찬가지로 이 과제를 다루는데, 한국과 중국의 상호인식과 상호관계를 '연동하는 동아시아'의 시각에서 파악하되 양자의 비대칭성에 초점을 둔 것이 새로운 특징이라 하겠다.

새 저서를 출간하는 지금 이 지역에서 동아시아 담론은 '풍작시대'를 맞이했고, 특히 한국에서는 '새로운 지적 공론(公論)으로서 담론권력'이 되었다는 평까지 들을 정도로 세를 얻었다. '동아시아의 귀환'을 갓 거론한 10여년 전과는 사뭇 다른 지적 환경이 형성된 셈이다. 하지만 이렇게 활기를 띠게 된 동아시아 담론이 (경제 영역의 상호의존이 심화되는 것과 달리) 정치안보 영역에서 국가주의가 위세를 떨치는 이 지역의 현실을 돌파할 힘을 과연 갖고 있는가. 필자가 이제까지의 동아시아 담론과 연대운동을 돌아보며 동아시아 공생사회의 길을 핵심현장에서 모색하는 이유는 바로 그 답을 얻기 위해서다. 그것은 지난 졸저 간행 이후의 자신의 작업을 성찰하는 일이기도 하다. 이 책의 제목을 '핵심현장에서 동아시아를 다시 묻다'로 정한 까닭 역시 그 때문이다.

저서의 출간에 즈음해 개인적 감회를 밝히는 쑥스러움을 무릅쓰고자 한다. 여기에 실린 글들을 쓰고 발표하는 과정에서 나라 안팎 이곳저곳의 많은 분들의 음덕을 입었다. 그들을 일일이 거명할 수 없어 매우 안타깝지만 한분 한분의 온기가 이 책에 배어 있다는 사실은 분명히 밝혀야겠다.

그중 세 분의 스승만은 따로 적어 고마움을 표시하고 싶다. 이미 고인이 되신 두 분, 민두기(閔斗基) 선생은 학문의 실증성과 엄격성을 일깨우고, 리영희(李泳禧) 선생은 글을 쓰는 이유에 대한 치열한 성찰을 게을리하지 않도록 다그치는 '균형추'로 저자의 마음속에 존재한다. 아직도 곁에서 필자의 글을 읽고 요긴한 논평을 해주는 백낙청(白樂晴) 선생은 쉼 없이 정진하는 학문 자세 및 세계사 차원과 한반도 차원을 결합하는 시야의 중요성을 모범으로 보여주신다. 이 세 분을 스승으로 모신 인연만 해도 큰 복인데, 연세대에서 필자의 강의를 듣는 제자들과 생산적인 대화를 나누는 복마저 누리고 있다. 이 얼마나 감사할 일인가.

공생의 동아시아로 가는 여정을 함께하는 최원식(崔元植) 선배의 창의적인 발상과 자상한 관심은 언제나 필자에게 큰 힘이 된다. 그밖에 이 책의 간행을 주도한 창비의 염종선 편집국장과 세심하게 편집작업을 마무리해준 박대우 팀장에게도 각별한 고마움을 전한다. 그들은 저자와 편집자의 관계 이전에 문화운동의 동료다.

제각기 쓰인 글들을 한권으로 묶어내기 위해 일부 겹치는 대목을 덜어내고 부족한 부분은 보주나 보론 형식으로 덧대는 작업을 거쳤다. 그 과정에서 통독하다 보니 성긴 사유의 흔적이 눈에 띄어 민망함이 출간의 설렘을 누르기도 했다. 그러나 필자가 한편 한편의 글을 쓰는 과정에 기울인 노력이 같은 길을 가는 이들의 수고를 조금이라도 덜어주기를 기대하며 책 펴내기를 감행한다.

2013년 가을

백영서

'핵심현장'에서 찾는 동아시아 공생의 길

1. 오끼나와 귀속논쟁 재연의 의미

오끼나와(沖繩)는 중국령인가? 중국 일간지 『인민일보』 2013년 5월 8일자에 오끼나와 귀속문제를 거론한 논문(의 요약)[1]이 실린 것을 계기로 중국과 일본 등지에서 오끼나와의 역사적 위치가 새삼 쟁점이 되고 있다.

중국근대사 전문가로서 사회과학원 근대사연구소 소장을 지낸 장 하이펑(張海鵬)과 변강문제(특히 남양문제) 전문가 리 궈창(李國强)이 공동집필한 이 글은 댜오위다오(釣魚島)/센까꾸열도(尖閣列島)가 중국 영토에 속한다는 주장의 역사적 근거를 찾는 데 중점을 둔다. 그런데 그 글 말미에 역사상 미해결된 오끼나와문제를 다시 논의할 때가 왔다는 구절이 들어 있어 논란을 초래했다. 대만과 그 부속도서(댜오위다오 포함) 및 오끼나와가 조공질서에 속하는 중국 판도인데 청일전쟁에서 중국이 패해 일본이 장악하게 되었고 2차대전 종결 직후 중국에 귀속되지 않았을 뿐이란 것이다. 장 하이펑은 일본 언론과의 인터뷰에서 오끼나와의 주권이 중국에 속한다고 주장하는 것이 그 글의 목적은 아니라고 해명했다. 그 귀속이 미확정이라는 논의를 제기한 것은 일본정부가 댜오위다오/센까꾸열도를 오끼나와현의 관할에 두고 있기 때문이며, 이는 그 섬의 영유권이 일본에 있지 않다는 중국 측 주장을 유리하게 하는 방증일 뿐이라고 주장했다. 그러한 자신의 학술적 견해가 마치 오끼나와는 중국령이라는 주장처럼 간주되는 데 대해 당혹감을 느낀다고 털어놓았다.[2] 그러나 학계 원로인 그의 위치나 게재지가 중국공산당 기관지라는 특성상 중국정부의 영향이 작용한 것으로 외부에 비치는 것은 불가피하다. 그러니 댜오위다오/센까꾸열도 분쟁을 유리하게 이끌려는 심리전이자 일종의 협상전술이라는 분석이 중국 밖에서 나오게 된다.[3] 일본정부가 항의하고 반론을 제기하는 것 또한 이해 못할 바 아니다.

동아시아의 영토분쟁과 역사갈등이 심각해지는 국면에서 발생한 오끼나와문제는 지금 몇개 섬을 둘러싼 갈등이 단지 영토문제가 아니라 각각의 역사문제가 응결된 것임을 다시 한번 확인해준다. 특히 오끼나와에서는 동아시아 근대사의 구조적 모순이 동아시아 차원에서 생생하게 가시화된다. 그것은 바로 필자의 표현처럼 '오끼나와가 핵심현장(의 하나)'이기에 한층 더 또렷하다.

2. 핵심현장이란?

필자는 일찍이 동아시아 역사와 현실을 분석하기 위해 '이중적 주변의 시각'을 제기한 바 있다.[4]● 그 요지를 다시 소개하자면, 그것은 서구

중심의 세계사 전개에서 비주체화의 길을 강요당한 동아시아라는 주변의 눈과 동아시아 내부의 위계질서에서 억눌린 주변의 눈이 동시에 필요하다는 문제의식이다. 필자가 말하는 중앙과 주변의 관계는 단순히 지리적 위치를 가리키지 않고 무한한 연쇄관계 또는 무한 억압이양(抑壓移讓)의 관계를 맺는 것이다. '이중적 주변의 시각'은 그 관계에 대한 인식이자 그 극복을 위한 실천을 의미한다. 이 시각을 제안하면서 중심과 주변 관계를 역사적 맥락, 특히 세계체제의 위계질서 속에서 구체적으로 분석해야 할 것을 강조했다. 그런데 동아시아는 평면적이고 균질적인 국가들의 조합이라기보다는 중층적인 중심과 주변으로 나뉠 수 있는 입체적이고 비균질적인 지역이다. 따라서 '이중적 주변의 시각'을 보다 제대로 이해하기 위해서는 복합적이고 중층적인 시공간에 대한 인식이 뒤따라야 한다. 전지구적 차원의 장기적인 시간대에 걸친 논의와 중소 규모의 지역, 중·단기의 과제를 동시에 사고하면서 일관된 실천으로 연결시켜야 한다는 것이다.[5]

핵심현장은 바로 이 복합적이고 중층적인 시공간에 대한 인식을 요구하는 곳이자 그것이 가장 알맞게 적용되는 대상이다. 그것은 쑨 거(孫歌)가 말하는 역사의 '관절점(關節點)'과도 통한다.[6] 시공간의 모순이 응축된 곳, 바로 그곳이 핵심현장이다. 오끼나와 이외에 분단체제하의 한반도, 대만 등이 (요즈음 필자가 주목하는) 핵심현장에 속한다. 중화제국-일본제국-미제국으로 이어지는 중심축의 이동에 의해 위계 지어진 동아시아 질서의 역사적 모순이 응축되었고, 식민과 냉전이 포개진 영향 아래 공간적으로 크게 분열되어 갈등이 응축된 장소다. 그처럼 시공

● '이중적 주변의 시각'의 주된 내용은 본 프롤로그 후반부에 보론으로 덧붙였다.

간의 모순과 갈등이 서로 연동되어 악순환하고 있으므로 그것을 해결
해갈수록 평화의 동아시아를 위한 선순환의 촉매로서의 파급력은 그만
큼 더 커질 것이다. 개번 매코맥(Gavan McCormack)이 적절히 표현했
듯이 핵심현장은 "일본의 제국주의와 미국의 냉전헤게모니 시대를 극
복할 수 있는지를 가늠할 리트머스 시험지와도 같다".[7] 이 같은 의미가
있기에 핵심현장은 특정 지역을 특권화하는 것이 아니다. 우리 삶의 현
장 어디나 핵심현장이 될 수 있다. 단, 그곳이 시공간의 모순과 갈등이
응축된 곳이라는 사실을 제대로 인식하고 그 극복의 실천자세를 견지
하는 주체로 우리가 나설 때 비로소 핵심현장으로 발견된다. 얽히고설
킨 모순과 갈등으로 인한 일상생활의 고통이 남다른 만큼 그 해결과정
에서 체득한 깨달음에 따라 우리 각자의 삶에 대한 태도도 바뀔 것이 분
명하다. 그 파급효과가 기대되는 공간이 바로 핵심현장이다.

3. 핵심현장과 주권의 재구성

동아시아 근대사의 모순과 갈등이 응집된 핵심현장의 특징은 주권의
중층성에서 주되게 표출된다. 이 글의 실마리가 된 오끼나와문제로 돌
아가보자.

앞서 『인민일보』에 실린 논문에 대한 오끼나와 여론의 반응은 "복잡
하고 중국 비판 일변도가 아니다". 왜 그럴까? 하나는 오끼나와현 주민
대다수가 현재의 중국에는 비판적이지만 과거의 중국에는 역사적 친근
감을 갖고 있기 때문이다. 다른 하나는 일본이 오끼나와를 폭력적으로
편입했고 지금도 민주주의의 틀 밖에 두고 있기 때문이다. 그렇다고 해
서 중국과 의례적 조공관계를 맺었다는 역사적 사실에 근거해 류우뀨

우(琉球)를 속국으로 간주하고 오끼나와가 중국에 속한다는 뉘앙스를 풍기는 해당 논문에 동조하는 것도 아니다. 그보다는 그 보도가 "류우뀨우문제를 국제적 시점에서 파악한 점에서 의의가 있다"고 평가한다.[8]

이 반응만을 봐도 오끼나와의 주권귀속문제는 그리 간단치 않음을 알 수 있다. 이를 이해하기 위해서는 주권에 대해 좀더 깊이있게 사고해야, 즉 그들의 복잡한 반응에 자리한 역사적 연원을 알아야 한다.

잘 알려져 있듯이 15세기에서 19세기 말에 이르기까지 중국의 명청왕조와 류우뀨우왕국은 조공관계를 유지해왔다. 그리고 1609년 일본의 사쯔마번(薩摩藩)이 류우뀨우왕국을 침공하여 막번체제의 간섭 아래 놓이게 된 이후 류우뀨우는 일본 막부(幕府) 치하에 예속됨과 동시에 중국에 조공을 바치는 이중 지배구조〔一支兩屬〕을 유지했다. 그런데 이 관계는 류우뀨우 입장에서는 왕조를 지키기 위해 적극적으로 자발적 예속을 택한 탄력적 외교정책의 소산이고, 중국 입장에서는 교역 네트워크의 거점 확보나 방어전략을 고려한 실용적 고려와 정권의 정당성을 확보하려는 명분에 입각한 선택이었다.[9] 즉 비대칭관계의 두 당사자가 상호전략적 고려에서 이 같은 관계를 유지한 것이지, 중국에 의한 일방적 강제의 결과도 아니며 (근대적 국경과 영토처럼) 그 귀속관계가 명확하다고도 볼 수 없다.

또한 '류우뀨우 처분'(1879년)에 의해 류우뀨우가 오끼나와현으로 개편되어 일본제국 영토의 일부가 된 이후에도 주권의 시각에서 본 오끼나와의 위치는 단순치 않다. 일본제국의 국민국가로서의 응집과 식민지 확대의 움직임이 교차하는 장, 곧 국내 식민지(internal colony)였던 셈이다. 이 같은 주권의 복잡성은 전후 미군점령하의 위치를 설명하는 용어인 '잠재주권'에서 보다 여실히 드러난다. 미군점령 상태의 오끼나와의 지위에 대해 미일 양국의 타협을 지칭하는 용어가 '잠재주권'(re-sidual sovereignty)이다. 통치는 시정권(施政權, administrative rights)을 얻은 미국이 담당하지만 주권은 잠재적으로 일본에 있다는 것이다.[10]

이 같은 국가주권 귀속의 복잡성은 1972년 오끼나와가 일본에 복귀했다고 해서 해소되지 않았다. 복귀를 즈음하여 일본(의 내셔널리즘)에 강하게 기우는 조류에 대한 반발로 '오끼나와는 무엇인가'를 탐색하는 여러 갈래의 움직임이 이미 분출된 바 있다.[11] 일본 국가·국민으로부터 소외된 현실에서 '있어야 할 오끼나와 상(像)'에 따라 강조점의 차이—일본을 다시 묻는 것, 반(反)복귀의 사상, 뿌리로서의 오끼나와의 의식화 등—가 드러나긴 했으나 이는 모두 오끼나와인의 정체성을 강하게 반영했다. 그런데 일본 본토에 귀속하고 나서도 그들의 주권의지가 실현되리라는 기대는 실현 불가능한 현실에 부닥쳤다. 현존하는 미일안보체제 아래의 일본이 아니라 평화헌법이 묘사한 전후 일본으로 복귀한다는 오끼나와인의 의지는 좌절될 수밖에 없었다. 왜냐하면 인구 1퍼센트에 지나지 않은 일개 현의 주민이 일본 전국에서 뽑힌 대표들로 구성된 대의제 민주주의의 의결을 좌우할 가능성이 없기 때문이다. 특히 여전한 (아니 전보다 더 확대된) 미군기지의 존재는 '구조적 오끼나와 차별'[12]의 근원으로 일본 본토로 복귀한다는 것의 의미, 달리 말하면 오끼나와인에게 주권이란 무엇인가를 끊임없이 되묻게 한다.

여기서 조금만 주의를 기울이면, 오끼나와가 겪고 있는 주권의 중층성 문제가 오끼나와 이외의 다른 핵심현장들과 연동된다는 사실을 바로 알 수 있다. 그 점을 대만에서 확인해보자.

앞서 『인민일보』 기사는 대만에도 작은 파문을 일으켰다. 대만독립(과 민진당民進黨)을 지지하는 논조를 펴는 『자유시보(自由時報)』는 그 기사에 대해 중국이 억지를 부리고 있으며 이는 곧 패권의식의 표현이라고 선명하게 주장한다.[13] 이와 달리『중국시보(中國時報)』나『연합보(聯合報)』는 자신의 입장을 명확히 드러내지 않는다.『중국시보』에서는 영토의 역사적 근거는 현실의 국가 간의 힘에 좌우되는 문제이니 결국 중국·일본·미국의 힘의 변화가 이 문제의 미래를 결정할 것이라고 언급하는 기사가 눈에 띌 뿐이다.[14] 중국 측 입장을 지지하자니 대만이 결국 중국의 일부분임을 인정하는 꼴이 되고, 일본 입장을 지지하자니 대만독립 주장을 인정하는 꼴이 될까봐 난처해하는 모양새다. 다른 한편 이 일로 대만에서 대만지위미정론(臺灣地位未定論)이 다시 쟁점화될 가능성이 있다.[15] 사실 오끼나와조차 지위미정이라고 한다면 대만 역시 당연히 지위가 확정되지 않은 게 되기 십상이다. 대만에서도 주권의 복잡성은 역사적이자 현실적인 문제다.

중국의 또 하나의 조공국이었던 한국에서도『인민일보』기사가 빚은 논란이 소개되었다. 논란의 경과만 언론에 보도되었을 뿐 그에 대한 어떤 입장도 표명되지는 않았다. 그러나 동아시아 영토와 역사 문제는 연동된 것이므로 오끼나와 주권귀속 논란이 정세 변화에 따라 한국에서도 활용될 가능성은 상존한다.

사실 한국에서도 주권은 늘 문제였다. 일찍이 19세기 후반 청의 조공체제에 묶여 있는 한편 다른 국가들과는 근대적 조약관계를 맺는 이중적 국제질서(兩截體制)에서 주권의 복잡성을 경험했고, 식민지 시기에는 주권의 상실을 경험하면서 그 회복의 중요성을 절감했다. 냉전기에는 한반도가 분단체제에 놓이게 된 탓으로 한국은 미국 중심의 비공식적 제국 속에서 '구멍 난 주권'(perforated sovereignty)을 경험하게 되었다. 한편, 남북한이 상호교류와 협력을 강화하는 과정에서 한반도 통일에 대한 보다 창의적인 사고와 실천이 요구되는데, 그간 제기된 '복합국가'론 — 한반도 주민들이 쌍방의 국가주권을 인정하면서도 점진적·단계적으로 재통합하여 단일형 국가가 아닌 새로운 국가를 건설하자는 담론[16] — 은 주권에 대한 유연한 사고의 일례라 하겠다.*

물론 이처럼 동아시아의 핵심현장에서 주권의 '복잡성'을 피부로 느끼고 있지만, 동아시아 전체 국면에서는 영토와 역사를 둘러싼 갈등이 심화되면서 주권의 '정당성' 주장이 대중적 정서를 파고드는 것도 엄연한 현실이다. 그 분쟁문제 해결을 위해 고유영토론이나 주권(의 지고성至高性)을 단순히 부정하는 것은 비현실적이다. 이에 비춰볼 때, 고유영토론의 예외적 영역을 설정하여 고유영토론을 약화하는 점진적 수정의 길이 영토분쟁의 단기적이고 실질적인 해결방안이라는 주장이 매우 설득력 있게 들린다.[17] 한걸음 더 나아가면 이처럼 주권에 대한 균열을 일으키면서 그 탄력에 힘입어 주권의 재구성이라는 중·장기적인 과제와 단단히 결합하는 것이 중요하다. 여기서 주권의 분할/분유(partage)에 대한 논의는 유용한 시사점을 줄 것이다.

4. 핵심현장에서의 자치권 확대

3·11재난 이후 원자력과 주권의 관계를 천착한 일본의 철학자 나까지마 타까히로(中島隆博)는 자끄 데리다(Jacques Derrida)의 '주권의 partage'(분할分割이자 분유分有: 이 둘을 아우르는 한국어 어휘는 '나눔')에 기대어 주권의 지고성 내지 분할불가능성에 도전하면서, 동일

---

*본서의 에필로그에서 이에 대해 상세히 검토할 것이다.

영역에서 복수의 주권이 겹치는 체제를 '다가올 민주주의'의 가능성으로서 전망한다.[18] 이 전망을 구체화하기 위해 그는 국가주권이나 국민주권이 아닌 인민주권[19] 개념을 도입한다. 정치적으로 완전히 평등한 인민이 스스로 주권자로서 통치주체가 되는 인민주권에 기초하는 한 통치주체가 여럿이 될 수 있으니 주(州)와 연방(聯邦)처럼 국가주권을 분할하거나 한층 더 작은 규모의 지역주권을 구상할 수도 있으며, 국가를 넘어선 연대까지도 가능해진다.

일본 본토에서 재난을 겪고 사상적 모색 끝에 그가 제기한 주권의 재구성론을 읽으면서 필자는 오끼나와에서 제기된 '생활권' 개념을 떠올렸다. 양자의 문제의식에는 서로 통하는 부분이 있다.

일찍이 조선사 연구자 카지무라 히데끼(梶村秀樹)는 '정주외국인인 재일조선인'의 생활세계를 '국경에 걸친 생활권'이라는 개념으로 설명했다. 그들이 고국과 맺는 유대는 관념이나 의식의 존재양식 이전에 생활의 실태이고 역사 속에서 형성된 것이므로 그런 그들에게 (한국/조선으로의) 귀국(歸國)인가 (일본으로의) 귀화(歸化)인가의 양자택일을 강요하는 것은 폭력의 행사에 다름없다. 그들에게 고국이란 분단된 어느 한쪽의 국가가 아니라 "있어야 할 통일민족국가"로서 민중의 영지(英知)에 의해 주체적으로 창조·변혁해가야 할 고난에 찬 과제다.[20]

오끼나와 지식인들은 카지무라의 이 생활권 개념을 국경과 영토 개념을 넘어서기 위해 창의적으로 응용한다.[21] 그들은 추상적·관념적 고유영토론을 접어두고, 그 대신 댜오위다오/센까꾸열도 같은 분쟁지역에 삶의 뿌리를 둔 주민(漁業者)들의 '생활권'—역사적·문화적·경제적 교류와 협력의 권역—개념을 제창한다. 생활 속의 실익을 보장하는 생활권에 입각할 때 동일한 권역에서 삶을 꾸려가는 대만의 주민을 배제하지 않고 공생할 수 있을 것이라고 전망한다.[22] 이 구상은 베스트팔렌체제 이래의 고유영토론이나 주권 개념을 넘어설 것으로 기대된다는 점에서 '주권의 분할/분유'라는 발상과 겹친다 할 수 있다.

이러한 창의적 작업은 일본 정치지형에서 '중국의 오끼나와 속국 프로젝트'에 복무한다는 비난도 받았다.[23] 오끼나와가 일본 안에서 중국에 대해 가장 우호적인 지역이라는 역사적·문화적 특성이 "냉정하게 일중우호의 선도역"[24]을 맡도록 기대되기는커녕 오히려 공격의 빌미가 되는 실정이다. 때마침 중국이 오끼나와 귀속 미정을 들고 나와 이런 '우익적' 입장에 맞춤한 구실을 제공한 셈이다. 말하자면 중국의 '실책(失策)'으로 일본의 '우책(愚策)'이 나오게 되었다고 할까. 어쨌든 국가 주권의 지고성에 갇힌 우익의 상상력이 생활권 구상의 실현에 발목을 잡는 형국에 직면해 오끼나와민중이 슬기롭게 대처할 수 있는 길은 무엇일까.

그 길은 오끼나와인이 일차적으로 감당해야 할 몫이지만, 연동하는 핵심현장이라는 시각에서 연대의 뜻으로 필자의 사견을 덧붙여보겠다. 일본 우익의 비난에 직면해, 중화제국의 유산을 계승한 중국의 존재감(또는 존재양식)에 대한 설명책임의 부담을 피하지는 말되,[25] 복귀운동을 전개할 때부터 지켜온 자치·반전·인권 사상을 한층 더 드높이 내세우는 것이 그 길이 아닐까 싶다. 특히 인민주권 개념에 기대어 생활 속의 실감에 기반을 둔 자치권을 더욱 확대해가는 것이다. 오끼나와민중은 오랜 투쟁과정에서 국제정치 감각을 예리하게 단련해왔기에 그들이 설사 오끼나와 독립이라는 바람을 가졌을지라도 섣불리 전사회적 차원에서 그것을 요구하지는 않을 것이다. 아라사끼 모리떼루(新崎盛暉)의 입장처럼, 오끼나와의 자치권 강화를 통해 일본국가 개조를 촉구하고

더 나아가 그 배후에 있는 미일동맹에도 파장을 미칠 것으로 기대하는 태도를 주목할 필요가 있다.[26]

오끼나와 지식인들의 이 같은 입장은 또 하나의 핵심현장인 한국에서 제기된 '시민참여형 통일'이 추구하는 바와 통한다.[27] 2000년 6·15공동선언에서 남북 정상이—무력에 의한 통일이나 혹은 평화통일일지라도 일방에 의한 흡수통일을 배제하고—합의통일의 방향을 제시함으로써 단계적이고 점진적인 한반도식 통일과정에 한국의 시민이 참여할 기회가 커졌다. 이 같은 시민 역할의 중요성을 백낙청(白樂晴)은 (남북한 당국에 대한) 제3자(第3者이자 6자회담의 6자 이외의 또 하나의 당사자인 제7자)의 역할로서 부각한다. 분단체제하의 한반도가 현존하는 세계체제 유지 및 미국의 강경세력이나 군산복합체의 자기재생산에 결정적 역할을 한 핵심현장인만큼, 시민참여형 통일은 미국 패권주의에 균열을 일으키고 세계체제를 장기적으로 변혁하여 새로운 형태의 전지구적 공동체 건설의 기회를 늘릴 것으로 기대한다.[28]

이와 같이 오끼나와와 한반도—물론 대만 등 그밖의 사례도 거론될 수 있다—핵심현장에서 벌어지는 시민의 적극적인 참여가 바로 '이중적 주변'으로서 겪는 억압을 극복하는 집단적 실천이라 하겠다. 이것은 탈냉전 이후 새로운 지구질서를 수립하기 위한 노력으로 중시되는 도처의 다양한 주체들의 자치권 강화 추세와도 부합한다.

5. 동아시아 공생의 조건

동아시아에서 자치권을 확대해가는 주체는 '공생의 감각'을 몸에 익힌 사람이어야 한다. 여기서 말하는 공생의 감각이란 사람과 사람, 사람과 자연의 유기적 일체성에 대한 감각인데, 좋든 나쁘든 근대의 문명화 작용에 노출된 우리는 이 감각을 마모시키고 있다. 우리는 그것을 온전하게 살려내야 한다.

그러기 위해서는 생활권의 구체적인 터전에서 공생을 실현하기 위한 다양한 삶의 경험을 역사와 현실에서 찾아내 그것을 정련(精練)하는 작업이 필요하다. 핵심현장에서의 경험은 가장 먼저 탐구해야 할 자원이다. 그것은 반차별의 윤리 등 생활세계의 다양한 측면에 걸쳐 나타나는데, 그 모두를 하나로 묶어 '공생철학'으로 부를 수 있지 않을까.

공생은 자기 공동체의 존속만을 목표로 삼아 폐쇄적 동질성을 추구하는 공동성의 원리와 다르고 또한 고독한 개개인의 실존으로 돌아가는 것과도 구별된다. 공생은 타자와의 차이를 인정하면서도 그 차이의 연결을 모색하는 시도다. 따라서 공동성 안에 있으면서도 공동성을 넘어서는 공생적 삶의 방식을 추구하려 한다. 즉 공동성의 모순을 간단히 부정하지 않고 그것을 의식하면서 살아가는 태도다. 바로 이런 특성 때문에 공생(즉 더불어 사는 삶)은 공고(共苦, 즉 고통을 함께 나누기)를 감당하지 않고는 실현될 수 없다.[29] 차이를 배제 혹은 동화시키는 닫힌 공동체가 목표가 아니라, 배제된 자에 대해 책임을 지고 살아가면서 결사와 유대의 원리를 다층적·횡단적으로 실현하는 길을 중시하는 것이다.

최근 동아시아의 여러 사회에서 '공생'이라는 캐치프레이즈가 번지고 있다. 예컨대 자연과의 공생, 다문화 공생, 아시아와의 공생이라는 용어가 널리 확산되는 중이다. 하지만 과연 여기에 공생이 끌어안아야 할 공고(共苦)의 측면, 현실 속 모순과 현장에서 격투하는 측면, 더 나아가 사상적 고뇌의 측면이 포함되어 있는지는 각자 물어야 한다. 이 물음

26

이 바로 공생에 요구되는 조건이다.

우리가 공생에 요구되는 조건을 제대로 채워가는지를 가늠하는 척도의 하나로 핵심현장의 주민이 겪는 고통을 포함한 총체적 삶에 대한 공감능력을 얼마나 지니고 있는지를 들 수 있을 듯하다. 이와 관련한 오끼나와의 사례를 하나 보여주고자 한다. 후뗸마(普天間) 미군기지 부근의 사끼마미술관(佐喜眞美術館)에 상설 전시 중인 마루끼 부부(丸木位里, 丸木俊)의 대형그림 「오끼나와전 그림(沖繩戰の圖)」에 등장하는 여러 참혹한 희생자들 가운데에는 한국인도 있다. 일본인 여성과 결혼해 쿠메시마(久米島)에 살던 조선인 남성과 그 가족이 종전 직후인 1945년 8월 20일에 학살된 이른바 '조선인 일가 학살사건'이 그림의 소재 중 하나라고 한다.[30] 우리의 마모된 감각을 일깨우는 이 그림을 처음 보든 또다시 보든 그로부터 들려오는 소리에 응답하는 능력[31]은 갈라진 우리를 공생으로 이끄는 힘이 될 것이다. 그것은 윤리적이면서도 정치적인 실천의 원동력으로 작동한다.[32] 각자의 고통에 대면해 삶의 양식을 바꿔나갈 때에 제대로 배양될 그 능력이야말로 (중화제국–일본제국–미제국으로 이어지는 중심축의 이동에 의해 위계 지어진) 동아시아 질서의 모순과 갈등이 응축된 일상생활의 고통에 의해 촉발된 것이기 때문이다.

우리는 핵심현장에 서서 '공생 지평'을 열어가려고 한다. 하늘과 땅을 가르는 가상의 선인 지평에 우리가 가까이 가면 갈수록 더 멀어져 도달하기 어렵듯이, '공생'은 미처 도달하지 못한 새로운 경험세계다. 그러나 그 지평은 지금 내가 볼 수 있는 세계, 내가 살아가는 공간이기에 그 안에서 나의 전환가능성을 받아들이는 동시에 그를 통해 남을 바꿔내는 일, 즉 열린 주체가 열린 유대에 기초하여 사적인 삶을 공생적 삶으로 변화시키는 일이 그날그날 이뤄질 수 있다고 믿는다.

보론 주변에서 동아시아를 본다는 것[*]

1. 왜 주변의 시각이 필요한가?: 다시 보는 동아시아론

근래 동아시아에서 정치·경제 및 대중문화 차원에서 상호 긴밀한 연관이 촘촘해지는 현실에 대응해 지역결합에 대한 다양한 담론이 도출되고 연대운동이 활발하다. 필자는 특히 그중 아시아를 고정된 실체(내지 본질)로 간주하는 데 반발하며 이 지역을 비판적으로 이해하려는 일련의 흐름을 주목한다. 지역에 대한 이러한 비판적 이해방식은 지금 어느정도 공감대를 형성하고 있다. 일본사상사 연구자 코야스 노부꾸니(子安宣邦)는 '방법으로서의 동아시아'를 제안하면서 이는 "자국·자민족중심주의를 상대화하"기 위한 수단이며 "'동아시아'를 국가 간 관계로서 실체화하지 않고 생활자의 상호적 교류를 가능하게 하는 관계틀로서의 지역 개념"이라고 설명한다.[33][**] 대만의 천 광싱(陳光興)은 '아제간'(亞際間, inter-Asia)이라는 다소 낯선 용어를 통해 비판적으로 아시아를 인식하던 데서 더 나아가 요즈음 '아시아를 방법으로 삼다'라는

---

[*] 이 보론은 정문길·최원식·백영서·전형준 엮음 『주변에서 본 동아시아』, 문학과지성사 2004의 프롤로그인 졸고 「주변에서 동아시아를 본다는 것」에서 발췌·정리한 것이다.

[**] 타께우찌 요시미(竹內好)가 '방법으로서의 아시아'라는 용어를 처음 사용한 이후 이 용어는 사유의 대상을 실체가 아닌 매개물로서 상대화하는 발상을 가리키는 뜻으로 종종 활용된다. 일본사상사 연구자인 코야스 노부꾸니가 '방법으로서의 동아시아', 중국사상사 연구자인 미조구찌 유우조오(溝口雄三)가 '방법으로서의 중국'이라고 각자 나름으로 변형해 사용한 것이 그런 사례에 속한다. 최근 '방법으로서의 오끼나와'라는 용어까지 제기되고 있다. 타께우찌 요시미의 용례에 대해서는 이 책 64~67면 참조.

28

발상을 다듬는 중이다.[34] 중국대륙에서 동아시아론을 구상하는 쑨 거는 '기능으로서의 동아시아'를 말한다.[35] 필자도 '지적 실험으로서의 동아시아'라는 개념을 제시한 적이 있다.[36] 사용하는 용어는 조금씩 다를지라도 기본적으로 문제의식을 같이하는 것으로 판단된다.

이 같은 사고 속에 지역을 문화적 구성물로 간주하는 사조가 어느정도 영향을 미치고 있음은 쉽게 알아차릴 수 있다. 그런데 필자는 그것이 지닌 해체적 의의를 인정하면서도 이를 다시 볼 필요가 있다고 생각하게 되었다. 왜냐하면 이런 사고가 동아시아에 대한 고정관념을 해체시키는 데 분명 기여하므로 이 지역을 새롭게 구상하는 데 여전히 유효하게 작용하지만, 다른 한편 동아시아를 말하지 않을 수 없게 하는 역사적 맥락·상황에 소극적으로 대응하도록 조장하지 않을까 염려되기 때문이다. 그래서 동아시아를 단순한 문화적 구성물로 보는 데 제한을 두고자 한다. 사실 따지고 보면, 아시아 전체가 아닌 동아시아의 경우 공통의 문화유산이나 역사적으로 지속되어온 일정한 지역적 교류 등 실체라고까지 말할 수 있는 무엇이 분명히 존재한다. 특히 근대에 들어와 제국주의와 냉전이 조성한 역사적 상황 속에서 서로 긴밀히 연결된 경험세계는 동아시아를 (변하지 않는 문화적 통일체는 아닐지라도) 역사적 실체로서 작동하게 하는 기반으로 볼 수 있다.

근래 들어 이런 사고방식이 점차 공감을 얻고 있다. 쑨 거는 동아시아를 '기능'으로 파악하면서도 "동아시아라는 실체는 확실히 존재한다. 포스트냉전 구조 속에서 동아시아인들은 긴급히 연대하지 않으면 미국에 대항할 수 없다는 엄중한 현실에 직면했다"라고 말한다. 천 광싱이 '아시아를 방법으로 삼아' 해결하려는 과제로서 '탈식민지/탈냉전/탈제국화의 삼위일체 운동'을 제안하는 것도 동일한 문제의식의 소산으로 보인다.

여기서 필자는 동아시아 지역 현실이 역사적 실체로서 허용하고 요구하는 실천과제에 한층 더 적극적으로 대응하기 위하여 '주변에서 동아시아 다시 보기'를 제안하고자 한다. 필자는 이전에 발표한 글에서 '지적 실험으로서의 동아시아'라는 견해를 제출하면서 그것이 동아시아 현실을 보는 데 기여하는 유용성의 하나로 동아시아의 주변적 주체들로부터 중국과 일본을 다시 보게 한다고 강조한 바 있다. 그때 주변적 주체로 상정했던 것은 "(각 국민국가 안의 소수민족을 당연히 포함한) 여러 민족과 지역"이었다.[37] 그렇게 보려 한 까닭은 동아시아 내부의 중심과 주변으로 구성된 지배적 위계질서의 억압적 기능과 그로 인해 억눌린 다양한 주체의 역사적 가능성을 드러내기 위함이었는데, 지금 생각해보면 그것만으로는 충분하지 않다. 이와 동시에 동아시아 바깥으로 눈을 돌려 동아시아가 서구 중심의 세계지도에서 주변적 위치에 놓여 있음을 보는 데 소홀했던 것이다. 우리의 사고를 제한해온 것은 구미를 중심으로 하는 지도다. 이제 우리에게는 동아시아 안과 밖의 '이중적 주변의 눈'으로 새로운 지도를 그리는 작업이 필요하다.

2. 주변이란 무엇인가?

지금까지 언급한 '주변'은 중심을 전제로 한 개념이므로 중심-주변이 어떤 의미를 지니는지 좀더 꼼꼼히 정리할 필요가 있다.

일반적으로 새로운 문명은 문명의 중심이 아니라 그 주변에서 창조된다고 한다. 중심지역의 사람들은 자신들이 가진 문화를 익숙한 것으로 여겨 되묻지 않는다. 이에 비해 중심에서 멀리 떨어져 다른 문화를 접촉해본 사람은 문화의 상대성을 의식하게 된다. 자신이 이제까지 지켜온 문화의 의미를 다시 돌아보는 기회를 갖기 때문이다. 이렇듯 이제까지 자명하게 여겨온 문화를 다시 묻는 비판적·변화지향적 시각이야말로 새로운 문화를 생산하는 창조적 동력이다. 이렇게 보면, 중심-주변은 지리적 결정론과는 관계가 없다. 주변이란 어디까지나 시각과 관련된 것이고, 지리적으로 어디에 위치한다는 사실과의 대응관계가 필연적인 것도 아니다. 어디가 중앙이며 어디가 주변인가는 어디까지나 상대적이다.

이처럼 주변-중심이 단순한 지리적 위치를 의미하지 않고 상대적인 시각에 따라 변한다는 관점에서 한걸음 더 나아가, 그것을 가치론적인 차원에서 중심-주변 개념으로 파악하고 중앙과 주변은 무한한 연쇄관계 또는 무한 억압이양의 관계를 지닌다고 생각해보는 것도 가능하다.[38] 이 입장에서 보면, 중앙에서도 중앙에 있는 측은 극히 소수이고, 대부분은 주변에 있으면서도 한층 더 주변적인 부분에 대해서는 중앙에 위치하게 되는 식으로 양자의 관계는 무한한 연쇄고리를 만들어간다. 여기서 중요한 것은 그 사이의 어느 편에 위치하는가라는 객관적 조건보다는, 중앙의 사고방식을 의심없이 받아들여 자신보다 한층 더 주변적인 부분을 차별하고 억압하며 그러한 억압이양을 의식하지 않는 '중앙으로부터의' 시각을 접수하는가, 아니면 자신이 주변에 있고 중앙으로부터 차별당함을 문제삼고 동시에 자신이 한층 더 주변적 부분을 차별하고 억압한다는 사실을 자각하여 중앙의 문제됨을 다시 묻는 자세를 취하는가의 선택이다. 중앙과 주변의 관계에서 차별과 억압이 무한연쇄를 이룬다는 점을 자각하고, 그 속에서 자신의 위치를 발견하고 중앙이 아닌 주변으로부터의 시각을 확립하는 것은 그 연쇄가 무한인 이상 무한의 노력을 필요로 한다. 주변의 시각을 지닌다는 것은 지배관계에 대한 영원한 도전이요 투쟁이다.

하지만 이처럼 주변에서 지배관계를 바꾸는 변혁의 동력을 찾을 수 있다 해도 그것이 권력으로 전화할 가능성에서 자동적으로 벗어나는 것은 아니다. 이 때문에 주변부의 목소리를 들려주는 담론적 도구로 주목받아온 탈식민주의이론이 문화적 주변부에서 일으키는 미묘한 변화는 의미심장한 시사를 준다.[39] 이런 현상을 홍콩의 탈식민지 논의에서 찾아볼 수 있다. 추 위와이(朱耀偉)의 분석에 따르면, 홍콩은 그들이 지닌 혼종적이며 주변적인 소수자라는 위치를 자신의 우월한 지위로 바꿔내는 일종의 전략으로 활용하는 측면이 있다. 홍콩 자체의 정치적·경제적 맥락을 소홀히 한 채 '기만적으로' 홍콩을 높이려 함으로써 주변부가 무권력성을 권력으로 전화하는 상황이 벌어진다는 것이다.[40]

그렇다면 주변을 특권화하는 위험에서 벗어나는 길은 무엇일까. 그 같은 문제는 주변-중심 관계를 탈역사화한 데서 발생하기 쉽다. 따라서 주변이 무엇인가를 역사적 맥락에서 파악하는 데서 해결의 실마리가 주어질 것이다.

여기서 근대세계를 주변과 중심의 관계로 해명하는 세계체제론을 의식하지 않을 수 없다. 이에 따르면, '중심부'와 '주변부'라는 두 국가군으로 구성된 세계체제는 양자 사이의 세계적 분업체계와 불평등 교환체계 속에서 중심부의 주변부에 대한 팽창과 침투로 불균등발전을 야기한다.[41] 세계체제의 시각이 국민국가의 경험을 세계체제의 변화과정에 놓음으로써 근대세계에 대한 우리의 이해를 도와주는 것은 분명하다. 그런데 필자는 이 이론의 분석적 개념을 동아시아 근대세계를 설명하는 데 필요한 만큼은 원용하겠지만, 기본적으로 이에 얽매이지 않고 '중심-소중심-주변'의 삼중구조라는 일종의 상징적 비유를 통해 동아시아 역사세계를 재구성하고자 한다. 이로써 근대자본주의 세계에서 거슬러올라가 전통시대 동아시아의 지역체계인 중화세계까지 포함한 동아시아 역사세계를 설명할 수 있을 것이다. 이는 또한 동아시아 근대 세계의 국민국가 형성과정에서 국가 간 경계를 구획하는 국경과 국민 통합(과 배제)이 중시됨에 따라 주변적 존재로 무시되어온, 국가의 틈 새에 위치한 무수한 '국가 형태를 지니지 않은' 사회가 만들어낸 다양 한 역사를 되살리는 데에도 기여할 것으로 기대한다.

제1부

실천과제로서의 동아시아

제1장

연동하는 동아시아, 문제로서의 한반도: 담론과 연대운동의 20년

1. 왜 지금도 동아시아인가

한국전쟁 발발 60주년이자 한일강제병합 100주년인 2010년은 동아시아 시민사회에서 화해와 평화를 위해 성찰하고 연대운동을 벌인 해였다. 그러나 그에 역행하는 사건들이 연이어 벌어진 해이기도 하다. 3월 한반도 서해에서 발생한 천안함사건과 11월 연평도 포격사건 및 댜오위다오(釣魚島)/센까꾸열도(尖閣列島) 주변에서의 중일 충돌사건의 여파로 동아시아 국가 간 갈등이 고조되었다. 그 팽팽한 긴장은 2011년 초까지 동아시아를 휘감았다. 그나마 워싱턴에서 열린 2011년 1월 19일(현지시간) 미중정상회담에서 한반도문제에 대한 절충적 합의가 이뤄졌고, 그에 부응해 남북회담이 재개될 듯한 조짐이 보여 다행스러웠다. 그러나 한·미·일에서 북한·중국 위협론이 엄존하고, 중국에서는 대륙이 미국에 포위당했다는 위기감이 미일동맹위협론을 부추기는 분위기도 만만치 않았다.

이런 동아시아 정세 속에서 '신냉전론'이 세를 얻는 반면 '공동체론'은 힘을 잃는 듯하다. 이 지역을 주도하던 미국의 패권이 쇠퇴하는 동시에 중국이 부상하는 세력 전이로 인해 지역질서가 불안정해지면서 갈등이 상존하고 있다. 이 구조적 현상은 한반도의 긴장이 한미일 동맹을 강화함과 동시에 북중관계를 긴밀하게 만듦으로써 더욱 격화된다. 이런 상황에서 관련국가들 간의 긴장을 이념과 가치관의 대립, 곧 '신냉전'으로 몰고 가려는 사회세력들의 움직임도 무시할 수 없다. 그러나 이미 미국은 물론 한국이나 일본도 (적어도 경제 면에서라도) 중국과 상호의존을 더해가고 있는 구조적 조건에서 예전 같은 진영 간 대립상태로 되돌아가기는 어려우므로 '신냉전'이 도래할 가능성은 약하다. 이뿐만 아니라 동아시아 역내에서 다양한 수준의 상호의존·협력이 깊고 넓게 진행되고 있음도 쉽게 확인된다. 일례로 일본의 동아시아공동체평의회(CEAC)는 2010년에 간행한 백서에서 2005년 이후 2010년까지 동아시아에서 지역통합이 착실히 진전되어왔다고 결론짓는다. 비록 정치적 구조, 곧 제도화의 진전도를 측정하는 기준에서는 미흡하지만, 무역·투자·금융·정치·안전보장·문화교류 등 기능적 분야 및 이념·가치관 통합의 진전도를 기준으로 볼 때 주목할 결과를 낳았다는 것이다.[1]

필자가 나라 안팎에서 직접 경험한 데에 한정해도 동아시아 담론과 연대운동에서 활기찬 진전이 있었다.[2] 바야흐로 동아시아는 긴밀하게 연동하는 중이다. 문제는 '연동하는 동아시아'[3]를 우리가 어떤 방향으로 이끌어갈지 선택하는 일이다. 신냉전인가, 공동체인가?

바로 이 연동하는 동아시아를 깊이 들여다보면서 인간해방의 길을 찾으려는 것이 1990년대 초부터 필자(와 창비)가 주창해온 동아시아 담론이다. 그렇다면 바로 오늘의 국면에서야말로 이 담론이 오히려 더 필요한 것 아닐까.

돌아보면 한국에서 동아시아 담론이 출현한 1990년대 초부터 근 20년이 되어가는[4] 지금, 그것은 "지난 20년 동안 정치·경제·문화 영역의 가장 현실적인 쟁점들과 결부되며 파급력을 발휘해"왔기에 "풍년처럼 보이지만 실은 버블인지도 모른다"는 진단도 있다.[5] 그 진단이 과연 타당한 것인지는 따로 따져봐야 할 일이지만, 한국의 동아시아론을 "주도해왔다고 해도 과언이 아니다"라고 평가받는[6] '창비그룹'의 일원인 필자로서는 보람보다도 책임감을 느낀다. 그러니 그 성과가 다양한 담론의 갈래—그중 '거품'도 더러 있을 법하다—속에서[7] 어떤 차별성 내지 의의가 있는지, 또 앞으로의 과제가 무엇인지 명확하게 밝힐 필요가 있다고 본다.

필자의 동아시아론은 정세론과 문명론(또는 사상과제)을 아우르려는 것이다. 그것은 이 지역의 시대상황에 밀착하여 그날그날의 현실에 충실하되 긴 안목의 시야를 견지하려 노력해온 창비의 입장이기도 하다. 그리고 그 논의는 기존의 동아시아론이 인문학과 사회과학이라는 분과학문의 틀에 따라 심각하게 분화된 한계를 넘어서 탈분과학문적 연구와 글쓰기를 현장의 실천경험과 결합하려는 노력의 소산이다. 그 시도를 요즈음 '사회인문학'의 길로 구상하고 실천하는 중이다.[8]

이런 자세는, 우리가 직면한 문제를 해결하려 할 때 장기 과제와 중·단기 과제를 동시에 사고하면서 그것을 일관된 실천으로 연결해내는 작업으로 이어진다. 그런데 그것은 한국 동아시아론의 지적 계보에 뿌리내린 것임에 주의를 환기하고 싶다.

2. 동아시아론의 지적 계보와 새로운 상황

1990년대 초 우리 지식인사회에서 동아시아가 '발견'되고 동아시아 담론이 대두한 중요한 배경은 흔히 지적되듯 그즈음의 사회주의권 몰락과 냉전의 종언이다. 특히 냉전기 단절되었던 중국과의 접속은 동아시아를 상상할 수 있게 한 핵심적 추동력이었다. 냉전기 분단체제 아래서 한반도의 남반부에 제한되었던 '반국(半國)적'인 지리적 상상력이 1992년 중국과의 수교를 전후해 동아시아로 확장해갔다. 그리고 한국의 경제발전과 1987년 이후의 민주화 진전에 힘입어 종래의 민족민주운동을 돌아보게 되었으니 이 또한 동아시아로 열린 상상력을 촉진한 내재적 요인이었다.

필자는 이에 덧붙여 한국사상사의 계보 속의 내재적 연속성을 중시한다. 다만 이 글의 목표가 한국인의 동아시아 인식의 체계적인 계보학을 만드는 것이 아니므로 여기서는 필자 등의 동아시아론에 직접 이어지는 두가지 싹만을 강조하겠다.

먼저 거론할 것은 19세기 말에서 20세기 초 조선 지식인들이 서구열강의 침략에 맞서 '동양 3국의 연대'를 추구하면서 조선을 포함한 동아시아를 하나의 단위로 사고한 움직임이다. 그들은 중화질서의 틀이 해체된 청일전쟁 이후 국가와 민족의 존망을 좌우할 새로운 지역질서를 적극적으로 모색해야 했다. 쇠퇴일로에 있던 중국을 천하의 중심이 아닌 동아시아라는 지역을 구성하는 하나의 국가로 상대화하면서 새로 부상한 일본과의 관계를 중시한 동아시아연대론이 대두한 것이다.

그에 대해서는 이미 상세히 규명한 다른 글이 있으므로,[9] 여기서는 당시의 동아시아론에 정세론과 문명론(또는 사상과제)을 아우른 특징이 있었음을 새로이 강조하려고 한다. 당시의 동아시아 담론은 동양(지역)의 평화와 조선(국가)의 독립을 상호 연동된 것으로 인식했고 그 정당성을 문명 ─ 보편문명으로 끌어올려진 유교든 서양문명이든 ─ 에서 구했다.[10] 예를 들어 안중근(安重根)은 러일전쟁 직후 조선이 일본의 보호국으로 전락한 국제정치 현실을 분석한 뒤, 구체적인 대안을 모색하는 현실감각을 갖고 세력균형론을 구상하며 유교의 신의(信義)에 기반을 두어 '동양평화론'을 체계화했다. 또한 중국에 망명한 신채호(申采浩)는 대륙세력 중국과 해양세력 일본의 대외진출이 교차하는 중간 지점인 한반도에서 양자를 막는 것이 "유사 이래 조선인의 천직(天職)"임을 주목하고 '조선의 독립'을 돕는 것이 '동양평화의 요의(要義)'라고 3·1운동 직후 역설했다.[11] 이렇듯 선인의 인식구조는 단기적 정세분석과 중·장기적 담론을 결합하여 동아시아를 사유한 1990년대 이래의 필자 등의 동아시아 담론과 맥락을 같이한다.•

그다음으로 1970년대 말부터 80년대 전반기에 활발했던 제3세계론도 빼놓을 수 없다. 제3세계론의 내용을 채우는 과정에서 동아시아론이 대두했다고까지 말할 수 있기 때문이다. 우리가 당시 주창했던 민중적 민족주의는 서구중심주의를 성찰하고 민족과 민중의 생활에 기반을 둔 저항논리 및 새로운 세계관을 모색하는 이념이었으며, 제3세계에 대한

• 동아시아론의 한국 사상사의 계보 속의 내재적 연속성을 강조하는 강동국(姜東局)의 연구가 필자의 논지를 잘 보완해준다. 특히 안중근의 동양평화론의 기본틀로서 제국주의에 반대하는 지역주의와 민족주의의 결합을 중시하고 그것을 오늘날 동아시아론이 계승해야 할 사상적 자산으로 명확하게 의식해야 한다고 주장한 점은 주목할 가치가 있다. 단, 그가 일본발 아시아주의의 영향을 너무 강조한 것이 아닌가 하는 우려는 든다. 姜東局「韓國アジア主義における斷絶と連續」, 松浦正孝 編著, 『アジア主義は何を語ろのか:記憶·權力·價値』, ミネルウァ書房 2013.

관심과 연대의식을 내포한 것이었다. 그렇기에 1990년대의 변화된 상황에서 민족민주운동을 성찰할 때, 민족주의(의 폐쇄성)를 극복하는 한편 우리에게 가까운 지역과 문명에서부터 제3세계적 문제의식을 관철하기 위해 동아시아를 중시한 것은 자연스러운 귀결이었다고 할 수 있다. 그것을 최원식(崔元植)은 '제3세계론의 동아시아적 양식의 창출'로 1980년대 말 표현한 바 있다.[12] 이로써 알 수 있듯이, 1970년대 이래의 민족문학론이 제3세계론과 결합하고 더 나아가 동아시아론을 싹틔우게 된 하나의 고리는 민족주의에 대한 성찰이다. 말하자면 제3세계론은 "민족문학론 안에 내장된 민족주의라는 인화물질을 적절히 제어할 일종의 지렛대"로 작용했다.[13] 같은 무렵 김종철(金鍾哲) 역시 제3세계론이 "민족주의가 뜻하는바 역사적 의의와 한계를 아울러 의식하는" 관점이 될 것으로 기대했다.[14] 민족주의 내지 국민국가의 제어라는 관점은 여전히 동아시아 담론을 구성하는 핵심이 된다.

그런데 당시의 제3세계론이 동아시아론으로 발전하는 과정에는 (우리가 충분히 고려하지 않고 있는) 또 하나의 고리가 있었다. 그것은 당시 제기된 제3세계론이 지역 개념이라기보다 민중의 입장에서 지구적 현실을 보는 관점이라는 백낙청의 문제의식이다. "민중의 입장에서 볼 때—예컨대 한국 민중의 입장에서 볼 때—스스로가 제3세계의 일원이라는 말은 무엇보다도 그들의 당면한 문제들이 바로 전세계·전인류의 문제라는 말로서 중요성을 띠는 것이다. 곧, 세계를 셋으로 갈라놓는 말이라기보다 오히려 하나로 묶어서 보는 데 그 참뜻이 있는 것"[15]이다. 이 시각은 우리의 동아시아 담론이 폐쇄적인 지역주의가 아니라 비판적 지역주의로서 세계사의 변혁을 지향하게 만든 효모였다라는 주제라 하겠는데, 이는 앞으로 더 숙성시켜야 할 과제가 아닐 수 없다.

이렇듯 한국의 사상적 계보[16]에 단단히 연결된 우리의 동아시아론이 한국 안팎의 정세를 배경으로 1990년대에 대두된 지 20년이 다 되어가는 지금, 둘러보면 그때에 비해 얼마간의 정세 변화를 느끼게 된다. 먼저 눈에 들어오는 것은, 'G2'니 '차이메리카'(Chimerica)로 불리는 중국의 대국굴기(大國崛起)다. 이는 20년 전 중국과 접속하면서 동아시아를 '발견'하던 때와 비교하면 대단한 변화로서, 동아시아론이 정면으로 감당해야 할 과제가 아닐 수 없다. 100년 전 중국의 몰락으로 동아시아 질서가 불안정해졌다면 이번에는 중국의 초강대국화가 구조적 불안정성을 증폭시킨다. 그렇다고 중국을 견제하기 위해 미국에 의존하려는 것은 단견이니 동아시아 협력의 틀 속에서 상대해야 한다. 동아시아론을 더 가다듬어야 할 이유가 절박하다.

이것이 당위론에 그치지 않으려면 한반도 나름의 역할이 중요하다. 남북이 스스로의 문제를 능동적으로 풀어갈 능력을 갖추어 중국이나 미국 어느 한쪽에 치우치지 않고 양자를 적절히 활용할 공간을 확보해야 한다. 2000년 6·15선언에 합의한 남북정상회담 이래 '흔들리는 분단체제'가 '해체기'로 접어들면서[17] 우리는 그 가능성을 확인했다. 비록 지금 한반도의 긴장이 한껏 고조된 상황이지만 그런 가운데도 그간의 남북화해의 성과는 일상생활에서 실감할 정도로 역력하다. 이 불가역적인 변화도 동아시아론이 고려해야 할 중요한 사항이다.

그밖에 지금까지 한국 안팎에서 이뤄진 동아시아 연대운동의 발전 및 담론의 확산과 심화도 주목할 만한 변화다. 그것은 앞으로 동아시아론이 진전하는 데 소중한 자양분이자 자극제가 된다.

3. 동아시아의 범위와 동아시아공동체라는 문제

이제부터는 필자의 동아시아론을 구성하는 핵심 논점들을 점검하면서 성찰의 기회로 삼고자 한다. 그것은 동아시아에 대해 얘기할 때마다 부닥치는 (때로는 비판 형식의) 질문들이기도 하다.

첫째는 동아시아라는 지역 명칭과 그 범위의 문제다. 아시아, 아태(亞太, Asia–Pacific), 동양, 동방 등 관련된 지명의 역사적 변천을 검토해보면 바로 드러나듯이, 동아시아란 지리적으로 고정된 경계나 구조를 가진 실체가 아니라, 이 지역을 구성하는 주체의 행위에 따라 유동하는 역사적 구성물이다. 달리 말하면 지역을 호명하는 주체가 수행하는 과제에 따라 달라질 수 있는 '실천과제(또는 프로젝트)로서의 동아시아'인 것이다.[18] 이 점을 전제해야 동아시아 개념의 모호성 논란이 잦아드는 대신 담론이 예리해지고 연대운동의 대상이 선명해진다.

필자는 '동아시아'라는 개념을 동북아와 동남아를 포괄하는 의미로 쓰고 있다. 또한 그것이 유동적인 것이기에 일찍부터 '지적 실험으로서의 동아시아'라는 용어를 키워드로 삼아왔다. 동아시아를 동북아와 동남아를 포괄한 넓은 의미로 쓸 경우 유교문화권 내지 한자문화권으로서의 동질성이 다소 약화될지는 모르나, 경제적·문화적 상호의존성이 증대되는 이 지역의 현실과 역사——중화질서, 대동아공영권(大東亞共榮圈) 등 동아시아 질서의 역사——가 교차하는 실상을 잘 담아낼 수 있다는 이점이 있다. 더욱이 동남아를 끌어안음으로써 '동북아중심주의'라는 협의를 벗는 데 도움이 될뿐더러, '아세안 방식'(ASEAN way)을 통해 아세안+3 협력체의 중추적 역할을 하는 동남아와 한국의 전략적 연대가 가능해질 것으로 기대된다.[19]●

바로 이 점은 필자의 '이중적 주변의 시각'과 연결된다. 그것은 서구 중심의 세계사 전개에서 비주체화의 길을 강요당한 동아시아라는 주변의 눈과 동아시아 내부의 위계질서에서 억눌린 주변의 눈이 동시에 필요하다는 문제의식이다.[20] 탈식민·탈냉전·탈패권의 삼위일체[21] 과제를 이론적·실천적으로 감당하는 자주적 공간 확보를 위해 제기한 이 시각을 통해 미국(과 그 하위 파트너인 일본)의 패권과 21세기에 예상되는 동아시아에서의 중국 패권을 동시에 비판할 발판을 확보할 수 있다. 또한 여기서 '주변'적 존재란 단순히 주변적 국가만을 가리키는 것이 아니라 "국민국가 형성과정에서 주변적 존재로 무시되어온 국가의 틈새에 위치한 무수한 '국가 형태를 지니지 않은' 사회, 그리고 국경을 넘나드는 디아스포라적 존재"[22]를 포괄하므로 국가 단위의 발상에서 자유로운 사고의 탄력을 얻을 수 있다.**

그다음은 동아시아공동체라는 문제다. 필자는 동아시아공동체라기보다는 일국 단위를 넘어 연동하는 동아시아를 하나의 사유 단위로 삼는 '동아시아적 시각'을 줄곧 강조해왔다. 그런데 동아시아적 시각을 강조하는 목적이 화해와 평화의 동아시아 미래를 선취하는 실천에 있다 보니 종종 '동아시아공동체론자'로 지목되곤 했다. 그래서 이에 관심을 기울이기 시작했는데, 누가 필자에게 동아시아공동체를 추구하느냐고 묻는다면 대답은 '예, 아니오' 둘 다이다. 사회과학자들은 좁은 의미 또는 국가정책 차원의 동아시아공동체를 주목한다. 그들은 국가나 자본이 주도하고 정치·경제·문화 영역에서 날로 긴밀하게 상호의존성

---

* 동아시아 개념의 역사적 계보에 대한 간략한 정리는 이 책 제1부 5장 「동아시아 중산층과 새로운 정체성의 가능성」 123~26면 참조.
** '이중적 주변의 시각'에 대해서는 본서의 프롤로그 '보론' 참조.

을 높여가는 지역적 현실(곧 지역화)과 그에 기반을 둔 지역협력체의 제도화(곧 지역주의)에 주로 관심을 기울인다. 이에 비해 인문학자들은 개인들의 자발적 결합체인 공동체 또는 비제도적 네트워크의 구축을 더 중시한다. 앞에서 '사회인문학'적 태도를 강조한 데서 드러나듯이 필자는 이런 분기(分岐)현상을 지양하는 통합적 시각을 견지하려고 노력한다.[23] 그래야만 지역화의 구체적 현실과 지역주의 구상에 비판적으로 개입하면서, 그것이 인간다움을 좀더 충실히 구현하는 지역적 공생사회, 곧 진정한 의미의 동아시아공동체로 향하는지를 (제도와 가치를 통합한 시각에서) 날카롭게 점검하는 일도 제대로 해낼 수 있을 것이다. 국가와 자본이 주도하는 제도적 동아시아공동체라기보다 진정한 공동체로 다가가는 과정으로서의 동아시아공동체를 추구한다. 예와 아니오 둘 다라고 대답하는 이유가 여기에 있다.

물론 현실에서는 지역화와 지역주의 사이에 불일치가 존재한다. 그런데 이 간극에서 시민사회가 동아시아공동체 형성에 개입할 여지가 생긴다. 사실상의 지역통합이 진행되고 있음에도 제도화를 동반하는 공식적인 통합(community), 나아가 연합(union)이 동아시아에서 쉽게 기대되지 않는 데에는, 국가 간 이익충돌 같은 일반적인 이유 말고도 이 지역의 특수한 사정 곧 중국이 상대적으로 너무 크다는 이유가 작용한다. 그런데 흥미롭게도 그렇기 때문에 국가 간 협력보다도 민중·시민 중심의 협력이 더 중요해진다. 말하자면 **시민참여형** 동아시아공동체의 특성이 여느 지역보다 부각되는 것이다.

그런데 시민참여형이든 국가주도형이든 동아시아공동체로 가는 길은, 동아시아를 구성하는 국가들의 국경을 가로지르는 지역통합과정과 개별국가 안에서 구성원 개개인의 참여를 극대화하는 방식의 내부개혁

과정이 쌍방향적으로 추동되어야 한다.[24] 그래야만 동아시아인의 일상생활에서 실감하는 동아시아공동체, 즉 그것을 추구하는 사람들의 기대대로 삶의 수준을 높여주는 진정한 공동체가 나날이 형성 중임을 피부로 느낄 수 있을 것이다.

4. 동아시아론과 분단체제가 만나는 세 층위

이제 이 쌍방향성이 한반도의 현실에서 제대로 이뤄지고 있는지 따져볼 차례다. 한반도를 중시하는 이유는 단순히 우리의 생활터전이어서라기보다, 분단된 한반도가 세계 차원의 패권적 지배체제의 중요한 거점인만큼 이곳에서의 변혁이 세계적 차원의 억압체제에 대한 공격이자 자본주의 세계체제 변혁의 촉매가 될 수 있다고 전망하기 때문이라고 밝힌 바 있다. 그런데 이 정도 설명으로는 불충분했던 탓인지 종종 '한국/한반도 중심주의'의 혐의를 받곤 한다.[25] 이는 이 글의 뒤에서 다시 논하겠는데, 여기서는 우선 한반도라는 장소성, 곧 '현장'의 의미에 대해 언급해두고 싶다. 현장이란 와까바야시 치요(若林千代)가 말하듯이 "각각 개별이면서 깊이 서로 연결되어 유동하는 사회나 역사 속에서 한사람 한사람이 자신과 밀접한 사회에 있는 실마리를 통해 어떻게 세계의식을 찾고 그것을 함께 나누고 변용시킬 수 있을까 생각하게" 되는 장소다.[26] 문제는 한반도라는 현장——『창작과비평』 2011년 봄호 특집에 실린 글에서 필자의 주장에 대해 쑨 거가 표현하기로는 '핵심현장'[27]——에서 구체성에 근거하면서 과연 그로부터 사상적 과제를 끌어낼 수 있는가에 달려 있을 것이다.

이 물음을 '창비담론'에서 자주 쓰는 표현으로 바꾸면, "지구적 규모의 장기적인 시간대에 걸친 논의와 중소 규모의 지역, 중·단기의 과제를 동시에 사고하면서 일관된 실천으로 연결시키는 작업"을 제대로 해왔는지가 될 것이다.[28] 더욱이 그 작업의 초점을 이 글의 주제에 맞게 맞춘다면 동아시아론과 분단체제론의 상호작용에 대한 규명이 될 것이다. 그런데 양자는 류준필(柳浚弼)이 비판하듯이 창비 동아시아론 안에서 '외면적 관계'를 맺고 있는 데 불과한가.[29] 이제까지 필자의 입장이 불충분하기에 그런 지적이 나왔는지 모르겠지만, 동아시아론이 분단체제론과 결합하여 실천현장에 뿌리내리는 동시에 (세계를 하나로 파악하는) 제3세계적 시각을 효모로 삼아 전지구적 대안을 숙성하는 데 어느정도 기여할 수 있다고 생각해왔음은 분명히 밝혀야겠다.

그렇다면 복합적·중층적 시공간에서 동아시아론과 분단체제론이 어떻게 상호 작용하는지 단기·중기·장기의 세 층위를 통해 점검해보자.

먼저, 구체적인 정세 분석에 기초해 남한의 단기적 개혁과제를 수행하는 실천이 동아시아와 어떻게 연관되는가. 그 연관을 절감한 개인적인 체험담을 하나 소개하겠다. 필자는 2010년 5월 28일, 미·일 두 정부가 오끼나와의 후뗀마 미군기지를 오끼나와현 내로 이전하겠다고 공동발표한 데 항의하는 오끼나와 주민 4000여명의 집회와 시가행진의 현장에 있었다. 그때 하또야마(鳩山) 총리가 현외 이전이라는 종래의 공약을 번복하면서 내건 명분이 미군기지가 '억지력' 유지에 필요하다는 것이었다. 그 억지력의 대상이 북한이고 중국이다. 천안함사건이 발생하자 후뗀마기지 문제로 곤경에 처했던 그는 곧바로 북한위협론을 내세우며 기지를 오끼나와 현내로 이전할 수밖에 없다는 평계를 댔다. 필자는 그 자리에서 우리 한국인이 2000년 남북정상 간에 합의된 6·15선언의 기조에 따라 남북화해를 심화시켰더라면 지금의 상황에서 오끼나와

인의 고통 해결에 조금이나마 기여할 수 있지 않았을까 쓰라리게 돌아보지 않을 수 없었다. 그런 내 심정을 그들에게 전하자, 그것은 곧 '침통한' 공감을 불러일으켰다.[30] 그리고 그로부터 반년 후인 지난 11월 말 연평도 포격으로 긴장하던 즈음 대만의 진먼도(金門島)에서 열린 제3차 동아시아 비판적 잡지 회의[31]에서 오끼나와의 『케시까지(けーし風)』편집장 오까모또 유끼꼬(岡本由希子)는 한반도의 긴장해소를 위해 오끼나와인이 무엇을 해야 할지 물어왔다. 이는 곧 동아시아가 서로 연동되어 있음을 생생하게 보여주는 증거가 아닌가.

그러니 우리는 평화의 동아시아를 위해서도 남북 민중의 생활상의 요구에 부응하는 화해협력과 재통합의 과정을 이어가면서 그 위험요인들을 관리할 최소한의 장치를 갖추도록 한층 더 힘써야 한다. 그것은 남북한이 통일로 가는 '중간단계'이자 이 과도기를 안정적으로 관리할 장치로서의 국가연합 또는 낮은 단계의 연방——이것은 2000년 남북정상이 합의한 6·15선언 제2항에 제시된 것이다——의 조속한 실현이다. 그 틀 안에 북한을 불러들여 체제안전을 보장해주면서 '남북의 점진적 통합과정과 연계된 총체적 개혁'에 참여시켜 변혁을 이끌어내는 것만이 한반도의 위기상황을 해소할 수 있는 가장 현실적이고 합리적인 방안이 아닐 수 없다.

이 방안이 바로 중기 과제인 복합국가론[32]과 닿아 있다. 사실 국가 간의 결합체인 복합국가 자체는 이미 역사상 연방제와 국가연합 등의 형태로 여러번 등장한 사례가 있어 낯설지는 않다. 하지만 한반도에서 실험 중인 복합국가는 독특하게도 국가 간의 결합이자 국민국가의 자기전환이라는 한가지 양상을 겸한다. 이것이야말로 6·15선언 이후의 새로운 시대적 상황에 힘입어 가시화된 셈이다. 그 목표는 남북 어느 한쪽에 의한 흡수통일이 아니라, 분단체제의 모순에 저항하는 실용적이고 창의력 있는 실천을 통해 이룩될, 인간의 존엄성이 보장되는 정치공동체다. 그것은 '붕괴의 위기'에 처한 북한을 '흡수하는 통일'을 추구하는 보수세력의 견해와는 물론 다르다. 또한 통일이 남한 자본의 헤게모니 구축과 전세계적인 자본주의 포섭과정의 일환이 될까봐 경계하는 일부 좌파나, 민족동질성이라는 당위를 전제한 통일이 개인의 다양성이나 다중적 정체성을 억압할 수 있다고 우려하는 탈민족주의자의 입장과도 거리가 있다. 정태적인 남북 평화공존을 추구한 나머지 한반도의 엄중한 위기에 대한 현실적인 답을 내지 못하는 양자의 입장과는 확연히 구별된다.[33] 그런데 그것이 어떤 국가형태를 갖출지는 미리 설정되지 않는다. 우리의 목표는 일회적 사건으로 이룩되는 분단극복이 아니라 우리 생활세계에 뿌리내린 분단체제의 극복, 즉 그 적폐를 제거하는 갖가지 개혁작업을 통해 한반도에서 사람다운 사회를 건설하는 '과정으로서의 통일'이기 때문이다.

그 건설과정에서 구상되고 실천되는 복합국가를 동아시아적 시각에서 다시 보려고 할 때, 다원사회인 대만의 닝 잉빈(甯應斌)이 필자의 '복합국가' 개념에 촉발되어 그 변용으로 내놓은 '복합사회'도 숙고할 만하다. 사회의 각종 분단현실을 극복하는 것을 뜻하는 복합사회는 동시에 국가횡단적(trans-national)이기도 한데, 이를 통해 복합국가를 재구성하겠다는 것이 그의 논지다. 특히 주변적 소수자들——그는 동성애자의 사례를 든다——을 통한 국민국가의 해체를 추구하는 경향이 강하다. 국가 단위의 해결을 불신하는 색채가 짙은 그의 주장은 사실 (앞서 말한) '이중적 주변의 시각'과 관련된 것이다.[34] 이와 관련해 재일학자 서경식(徐京植)이 말한 바 '반(半) 국민 또는 반 난민'인 재일조선인의 권리를 반 난민상태 그대로인 채 보장함으로써 그들이 "동아시아에서 영역을 횡단하는 정치적 주체로서 자신을 형성할 단서"를 얻게 하라는 주장이 눈에 들어온다.[35] 단일형 국민국가로의 통일이 아닌 복합국가라면 아이덴티티의 다수성과 유연성을 끌어안는 지향을 지니는 것이 자연스럽다. 재일조선인을 비롯해 이주노동자·탈북자 등 국가횡단적 경험이 있는 주체들과 중층적으로 연대하여 "기존국가 해체전략이자 한결 개방적이며 주민친화적인 국가기구의 창안작업을 포함하는 분단체제 극복과정"[36]에 참여하는 것이 곧 복합국가 건설의 길이기 때문이다.

이런 입장이 한편으로는 국민국가에 '포섭'될지도 모른다는 우려를 낳고,[37] 다른 한편으로는 여전히 이 지역에서 중요한 '국민국가의 존재를 간과한' 것으로 비판받는다.[38] 그러나 필자가 말하는 복합국가는 국민국가에 대한 적응과 극복의 이중과제를 동시에 수행하는 것을 뜻한다. 탈국가화가 아니라 '국가주의를 극복하는 단기적인 국가개혁'[39] 작업을 통해 복합국가에 도달하는 것이니 그만큼 현실적인 방안이다.

한반도에서는 분단체제 극복운동을 통해 남북이 재통합하는 과정에서 국가연합 형태의 복합국가가 될 터이나, 동아시아의 다른 곳에서는 제각기 국민국가의 형성경로에 대응해 '이중과제'를 수행하는 과정에서 복합국가의 모습이 드러날 것이다. 그러니 복합국가론(과 결합된 동아시아론)을 '한국/한반도 중심주의'로 비판하는 것은 오해(또는 기우)가 아닐 수 없다.[40]

그 오해는, 한국에서 발신한 분단체제론과 동아시아 담론의 결합이 이미 동아시아에서 하나의 참조체계가 되고 있다는 사실로도 어느정도 불식될 수 있을 것이다.[41] 대만의 천 광싱은 한반도의 남북이 대칭관계인 것과 달리 중국과 대만은 비대칭적 분단상황인 조건의 차이를 예민하게 인식하면서도, 양안(兩岸)문제를 새롭게 보는 사고의 틀로 분단체제론을 적극 활용한다. 그는 분단체제 극복이 단순한 통일이 아닌, 새로운 비전을 갖춘 것임을 적확하게 짚어내고 있다. 즉 "분단체제를 극복한다는 것은 필연적으로 기존의 자유·민주·시장·사회주의 등의 상상을 넘어서고 분단사회 간의 차이가 끊임없이 상호 작용하는 가운데 새로운 형식과 논리를 만들어내는 것을 의미한다"고 이해한다.[42]

또한 한반도에서 형성되는 국가연합이 동아시아공동체에 필수적이나 그것은 "동아시아 고유의 지역연대 형성을 위한 하나의 필요조건을 제공"(강조는 인용자)하는 것일 뿐임을 새삼 강조한 백낙청의 발언도 한국중심주의라는 비판에 대한 반박으로 주목된다. 복합국가가 동아시아 평화에 선순환적 파급을 가져올 것임을 간명하게 지적한 그의 문장을 인용해보자.

남북한이 느슨하고 개방적인 복합국가 형태를 선택하는 것이 곧 '동아시아연합'으로 이어지거나 중국 또는 일본의 연방국가화를 유도할 공산은 작더라도, 예컨대 티베트나 신장 또는 오끼나와가 훨씬 충실한 자치권을 갖는 지역으로 진화하는 해법을 촉발할 수 있다. 또한 중국 본토와 대만도 명목상 홍콩식 '1국2제'를 채택하면서 내용은 남북연합에 근접한 타결책을 찾아내는 데 일조할지도 모른다.[43]

실제로 이에 호응하여 사까모또 요시까즈(坂本義和)처럼 북한을 빼고 동아시아공동체를 논하는 것이 비현실적임을 단호히 밝히며 남북연합이 동아시아공동체를 위한 '패러다임 전환의 중핵의 하나'라고 의미를 부여하는 사례도 있다.[44] 그럼에도 불구하고 한반도 국가연합의 동아시아적, 더 나아가 세계사적 의미가 아직은 이 지역 지식인사회에서 충분히 인식되지 않은 것도 사실이다.[45] 그런 점에서 2010년의 천안함사건에서 연평도 포격사건으로 이어지는 한반도발(發) 긴장은 오히려 '연동하는 동아시아'를 절감하게 만든 계기가 되었으니, 그 의미를 한층 적극적으로 규명해야 할 책무를 느끼지 않을 수 없다. 이를 규명하는 한가지 방편은 분단체제론과 동아시아론이 만남으로써 이것이 장기적으로 전지구적 대안을 모색하는 과제에 어떻게 기여하는지 따져보는 일이다.

2010년에 한국전쟁 60주년을 맞았다. 미국이 주도하는 세계체제가 지금과 같은 모습으로 굳어지는 데 한국전쟁이 얼마나 결정적으로 기여했는지, 또 그후로 남북의 분단체제가 세계체제 유지 및 미국의 강경세력이나 군산복합체의 자기재생산에 얼마나 중요한 몫을 하는지를 생각하면, 문제로서의 한반도가 지니는 세계사적 위치가 한눈에 이해될 것이다. 이처럼 한반도가 세계 차원의 패권적 지배체제의 '핵심현장'인만큼 분단체제를 극복하는 과정에서 미국 패권주의에 균열을 일으키고 미국적 표준을 넘어설 공간을 확보할 수 있다면, (그 자체로 자본주의 세계체제로부터 이탈할 수는 없지만) 세계체제를 장기적으로 변혁하는 촉매가 될 것이 분명하다.

그렇다면 한반도의 복합국가 건설이라는 '하나의 필요조건'을 충족하며 형성될 '동아시아 고유의 지역연대'가 지구적 규모의 장기적인 시간대의 현단계인 신자유주의시대에 어떤 영향을 미칠 것인가를 검토하는 일이 남았다. 이 물음과 관련하여 필자는 이전의 글에서 유재건(柳在建)의 관점을 원용하여 이렇게 말한 바 있다. "미국·유럽·동아시아라는 독자적인 동력을 지니는 세가지의 지정학적 분열을 통해 통합적으로 작동하는 세계에서 동아시아가 아직 유동적인 상태에 있으나 '모종의 대안적 공동체를 제대로 형성할 때 갖게 될 세계체제 변화의 잠재력은 상상 외로 크다'."[46] 이 점에 대해서는 좀더 논구되어야 할 터이나, 여기서 한가지 설명만 덧붙이자면 동아시아가 부상하고 "역동적인 지역주의가 싹터 전지구적인 권력 재구조화"라는 전례 없는 역사단계의 한복판에 지금 우리가 서 있다는 시대인식을 가져야 한다는 것이다.[47]

더불어 우리의 일상생활에 깊숙이 침투해 있는 신자유주의를 극복하기 위한 장기적 전망이 설득력을 지니려면 문명론적 차원의 비전을 품어야 하고, 그것을 구체화하는 과정에서 동아시아의 문명적 자산은 당연히 활용되어야 한다. 그런데 이제까지 발굴된 것은 소국주의(小國主義) 정도가 아닌가 싶다.

필자는 복합국가론이 '소국주의와 친화적인' 것임을 지적하고 소국주의 유산이 한국은 물론 일본과 중국에서도 출현했다가 굴절되고 만 역사적 경과를 분석한 바 있다.[48] 최원식은 이 구상을 "소국주의의 고갱이를 중형국가론에 접목하는 작업"으로 연결하면서, 소국주의를 통해 "우리 안의 대국주의를 냉철히 의식하면서 그를 제어할 실천적 사유의 틀들을 점검"하자고 제안했다.[49] 이는 백낙청이 말한 '생명지속적 발전'(life-sustaining development), 즉 "어디까지나 생명을 유지하고 북돋는 일을 기본으로 삼고 여기에 합당한 발전의 가능성을 찾자는"[50] 대안적 문명관, 달리 말하면 좀더 추상도가 높은 '근대적응과 근대극복의 이중과제'(double project of adapting to and overcoming modernity)와 닿아 있다. 이 새로운 문명관은 앞으로 더 정교하게 다듬고 풍성히 키워가야 할 텐데, 이때 동아시아의 문명적 유산뿐 아니라 현실의 경험 속에서도 자원을 더 과감하고 창조적으로 찾아내 그 출처에 관계없이 공동의 자산으로 활용하는 일이 중요함은 두말할 필요도 없겠다.

이런 관심을 갖고 주위를 둘러보면, 일본과 중국에서도 장기 과제에 대한 논의가 활발해 눈길을 끈다. 일본의 대전략을 토론하는 자리에서 강상중(姜尚中)은, 미일동맹에 의존하면서 중국을 견제하고 미중일 3극 구조의 한자리, 곧 대국적 지위를 차지하려는가, 아니면 '대국의식'을 버리고 '비패권적 중위국가'로서 이웃과 다극적 분산형 안전보장체제와 번영의 네트워크 구성을 선도할 것인가, 그리고 그것과 연동해서 어떤 국내질서를 짤 것인가를 묻는다.[51] 또한 중국에서는 미국 주도의 세계질서를 재편하는 데 필요한 사상적 기초로 삼기 위해 중국 특유의 사회주의 경험을 보편적 가치로 끌어올리려는 이른바 '베이징 컨센서스'로 일컬어지는 중국모델[52]을 탐색 중이다. 그것은 유가나 도가 등의 전통사상에 토대를 둔, 서구 근대문명에 대한 도전이자 대안 모색의 의미를 담고 있다.* 그런데 일본의 경우, 2011년 시점에서 칸 나오또(菅直人) 내각은 정권교체 초기 강조하던 동아시아로부터 선회하여 (강상중이 선호한 노선이 아니라) 대국의 길을 채택하는 추세다. 중국의 경우, 중국모델이 아직은 국가주도 개혁에서 추진력을 얻는 형편이고 논쟁의 와중에 있다. 그것이 과연 대안모델로서 동아시아의 공동자산이 될 수 있을지는 동아시아적 맥락에서 실사구시적으로 탐구해볼 일이다.

여기서 이를 더 논의할 여유는 없으나, 관건은 이 같은 장기목표를 현실 속에서 추구해갈 중·단기 전략을 갖추는가다. 특히 장기와 단기 과제를 연결하는 복합국가라는 매개항을 누락시킬 때 불가피하게 추상화하고 관념화하는 오류에 빠지게 됨을 간과해서는 안 된다.

---

* 새로운 국가정체성을 모색하는 과정에서 제기된 여러 갈래의 문화담론에 대해서는 본서 제2부 1장 「변하는 것과 변하지 않는 것」과 에필로그 참조.

5. 복합국가라는 매개항과 현장의 네트워크

한반도에서는 분단체제 극복운동을 통해 남북의 국가연합으로 그 모습이 드러나는 복합국가가, 동아시아의 다른 곳에서는 "기존국가 해체 전략이자 한결 개방적이며 주민친화적인 국가기구의 창안작업"을 통해 각기 다른 형태로 실현될 것이다. 그리고 동아시아인은 각각의 국민국가 형성의 특성에 대응해 국가주의를 극복하는 국가개혁 작업의 단기 과제를 수행하는 현장 곳곳에서 중기 과제를 수행할 동력을 얻는다.

여기서 두 현장을 소개하고 싶다. 둘 다 국경이라는 선(線)을 둘러싼 대립을 면(面)의 공동이용을 통해 국경·영토 문제를 해결해보려는 발상 전환이 태동하는 곳이다.

하나는 한반도 서해의 평화협력특별지대다. 잘 알려져 있듯이, 현안인 북방한계선(NLL)은 1953년 8월 30일 유엔이 해군력에서 우세한 남한의 북진을 막기 위해 일방적으로 설정한 것으로, 1970년대 들어 북한이 인정하지 않았으나 남한이 실효적 지배를 근거로 사실상 경계를 삼음으로써 해상에 국경선 아닌 국경선으로 그어진 것이다. 그런데 2007년 10월 4일 제2차 남북정상회담에서 서해평화협력특별지대 구상이 발표됐다. 남북 공동으로 추진하는 서해 협력사업을 통해 북방한계선을 무의미하게 만들 수 있는 창의적인 시도다. 그러나 불행히도 현재(2011년 봄) 이명박정부의 대북강경정책으로 더이상 실현되지 못하고 있다.

다른 하나는 오끼나와와 대만의 일부 도시가 합의한 관광경제권이다. 2009년 4월 15일 대만 동부 세 도시(화롄花蓮·이란宜蘭·타이둥台東)

와 오끼나와의 주변 섬(야에야마제도八重山諸島의 이시가끼시石垣市·
타께또미정竹富町·요나구니정與那國町)의 행정책임자들은 '관광경제
권 국경교류추진공동선언'에 서명했다. 아직은 출입국관리 문제 탓으
로 실행되지 못하고 있지만 그것만 느슨해지면 비국가 도시공동체가
형성될 터다.

바로 이 점에서 두 사례는 국가개혁 작업과 결합된다. 서해평화협력
특별지대의 실현을 위해 분단체제 극복운동이 요구됨은 긴 설명이 필
요없을 것이다. 그리고 앞서의 진먼 회의에서 오끼나와의 원로지식인
아라사끼 모리떼루가 전망했듯이, '관광경제권'이라는 구체적인 과제
의 원활한 수행은 '핵심현장'인 오끼나와의 자치권 강화를 통해 일본
국가 개조로 이어질 수밖에 없고 더 나아가 그 배후에 있는 미일동맹에
도 파장이 미칠 가능성이 크다. (당장은 오끼나와와 그 주변 섬들을 군
사기지로 만들어 중국을 견제하려는 새로운 방위대강을 2010년 12월에
발표한 민주당정부와 대치될 수밖에 없을 것이다.)•

어찌 이 두 지역의 사례에 그치겠는가. 남북한의 고조된 긴장 속에서
도 조업 중인 개성공단, 동북아 여러 나라가 참여하게 될 창·지·투(창
춘長春·지린吉林·투먼土門) 개발을 비롯한 두만강 유역 개발 프로젝트,
양안교류의 거점인 진먼의 '소삼통(小三通, 통신·통상·통항)' 등의 사례도
추가되어야 할 것이다. 이들의 층위는 서로 다르지만, 이런 작업들이 크
든 적든 동아시아에서 동시다발적으로 확산되면서 국경횡단적으로 연

• 이 두 사례가 2013년 현재 보수화한 한국정부와 북한정부의 갈등 그리고 일본 자민당
정권의 보수화의 영향으로 '붕괴상태'에 이르고 있다. 그러나 이들 구상이 단기적으로
국가개혁작업과 바로 이어지지 못하고 있다 하더라도 그 출현 자체가 국가주의에 중
장기적으로 중요한 작동을 할 것은 분명하다.

결된다면 새로운 지역공동체의 기반은 탄탄해진다.

　물론 저마다 국민국가 형성 경로가 다르므로 동아시아의 담론이든 연대운동이든 그것이 균일하게 진행되지는 않을 것이다. 그러니 우리는 각기의 현장에서 고투하는 주체들이 겪는 '곤혹'이나 '자기와의 싸움'[53] 또는 '피해자'이자 '가해자'라는 자각[54]까지 공감하며 자기를 성찰해야 진정한 연대에 이를 수 있다. 그것이 진정한 동아시아공동체의 기초다.

제2장

동아시아론과 근대적응·근대극복의 이중과제

1. 한국발 동아시아론 돌아보기

한국과 일본에서는 말할 것도 없고 동아시아적 시각이 결여되었다고 비판받아온 중국대륙에서조차 요즘 동아시아 담론이 활기를 띠고 있다. 쑨 거의 말을 빌리면, "우리는 전에 없던 동아시아 담론의 풍작시대"[1]를 살고 있는 셈이다. 특히 한국에서는 지금 '동아시아 담론'이 흥기하여 "한국사회의 주류담론인 민족담론과 통일담론에 비견할 새로운 지적 공론(公論)으로서 담론권력을 얻고 있다"고 평가될 정도다.[2]

필자는 1990년대 초부터 동아시아적 시각의 중요성을 주창하면서 동아시아 담론의 확산에 일역을 담당했는데 그 이론적·실천적 작업은 한국을 비롯한 동아시아 지식인사회에서 얼마간 관심을 끌었다.[3] 그리고 그간의 작업에 대해 '맑스주의와 민족주의에 대한 반성'에서 나온 '변혁이론으로서의 동아시아'라든가, '민족주의와 민족담론, 통일운동의 후속물로 출현한 성찰적 동아시아론' '실천과제로서의 동아시아' '비판적 지역주의' 또는 '온건한 색깔의 동아시아'라는 평가를 받기도 했다.[4]

쑨 거는 이에 대해 유행 풍조에 휩쓸려 상투화되기 쉬운 관념적 동아시아론을 내재적으로 '부정'하려는 의도에서 '포스트 동아시아'라는 용어를 제기하면서 "역사의 유동성 속에서 살아 있는 동아시아의 윤곽"을 파악할 것을 제안한 바 있다.[5] 그녀의 문제제기 그리고 필자의 작업에 대한 여러 논평들에 섞여 있는 비판을 보면서 필자의 동아시아론을 돌아볼 필요를 느끼던 차였다. 그래서 이 글을 기회 삼아 동아시아 담론의 주요 쟁점을 중심으로 필자의 문제의식을 가다듬어보고자 한다.

먼저 이 글에서 강조하고 싶은 것은 인문학과 사회과학을 통합한 접근방식이다. 되돌아보면, 1990년대 초 한국에서 처음 동아시아적 시각을 중시한 사람들은 주로 인문학자들이었다. 그들은 1989년 이후 변화한 나라 안팎의 상황, 즉 국내의 민주화 진전과 세계적인 탈냉전의 상황에 맞춰 새로운 이념을 모색하는 과정에서 '동아시아'를 사실상 발견하고, 그것에서 새로운 이념과 문명적 가능성을 찾고자 했다. 물론 90년대 초부터 일부 사회과학자들이 동아시아의 신흥발전국가들(NICS)을 설명하기 위해 '발전국가'(developmental state)론을 원용하고 유교자본주의론을 들고 나와 동아시아 담론의 한 갈래를 형성했다. 그후 아시아가 경제위기를 겪고 1997년 'ASEAN+3' 체제가 출현하자 더 많은 사회과학 연구자들이 이 주제에 달려들어 정치·경제 영역에서 국가 간 협력체를 구축하는 데 관심을 갖기 시작해, 동아시아 담론은 한층 더 구체화되고 풍성해졌다.[*]

양측의 논의는 대체로 평행선을 달리다가 가끔 교차할 뿐이었다. 인문학자들은 주로 문화나 가치 영역에 관심을 기울이거나, 동아시아공동체에 관해 말한다 해도 그것을 동아시아 시민이 자발적으로 추진하는 인격적 유대·결합의 유토피아로서 상상하고 그 실천의 길을 모색하는 경향이 있다. 인격적인 개인들의 자발적 결합체인 공동체(community)는 전근대 시기에 소규모 형태로 존재했는데, 그것이 해체된 근대사회에서도 공동체적 인간관계의 재구축을 추구하는 움직임 속에서 종종 재해석된다. 공동체 이념을 국가를 넘어선 지역 차원에서 구현하려는 것이 넓은 의미 또는 인문학적 의미의 동아시아공동체라 하겠다. 이에 비해 사회과학자들은 좁은 의미 또는 국가정책 차원의 동아시아공동체에 주목한다. 그들은 국가나 자본이 주도하고 정치·경제 영역에서 날로 긴밀하게 상호 의존하는 지역적 현실(곧 지역화)과 그것에 기반을 둔 지역협력체제의 제도화(지역주의)를 분석하는 데 치중하는 경향이 있다. 따라서 앞으로의 동아시아 담론은 이런 분기(分岐)현상을 지양한 통합적 시각을 견지해야 할 것이다. 그래야만 지역화와 지역주의의 구체적 현실에 효과적으로 개입하면서, 그것이 인간다움을 보다 충실히 구현하는 지역적 공생사회, 곧 진정한 의미의 동아시아공동체로 향하고 있는지 비판적으로 점검하는 일도 제대로 해낼 수 있을 것이다.[6]

이와 더불어 이 글을 관통하는 또다른 문제의식은 '근대적응과 근대극복의 이중과제론'(이하 이중과제론)과 동아시아론을 연결하는 것이다. 1990년대 초 최원식이 '맹목적 근대추구와 낭만적 근대부정'을 함께 넘어서기 위해 동아시아적 시각을 제기한 바 있듯이,[7] 근대에 대

• 사회과학자들이 이 과제에 적극 참여하게 된 데는 ASEAN+3 체제에 적극 참여한 김대중정부와 '동북아시대'를 정책과제로 추진한 노무현정부의 주도력이 크게 영향을 미쳤다고 볼 수 있다.

한 발본적 문제제기는 처음부터 동아시아론의 핵심을 이룬다. 그것은 7,80년대 민족민중문화론이 자기반성과 새로운 모색을 꾀하던 중, 민중의 입장에서 당면한 과제가 바로 전세계의 과제임을 깨닫는 제3세계적 시각[8]과 만났기에 가능했던 일이다.

이중과제론은 지금 우리 논단에서 조금씩 공감을 불러일으키는 중이다.[9] 그러나 근대적응과 근대극복이 두가지 성격의 단일과제임을 분명히 한 이중과제론[10]은 근대와 탈근대의 단순한 이분법을 넘어서 양자를 동시적인 과제로 삼자는 문제의식에 머무는 것이 아니라, 세계사적 근대에 대한 냉정한 인식과 분단체제 극복이라는 실천적 지향이 결합된 좀더 복합적인 사고라 할 수 있다.

필자는 이중과제론이 안고 있는 듯 보이는 이율배반성이라든가 추상성의 문제를 넘어서기 위해서는 시공간에 대한 다층적 인식이 요구됨을 강조하고자 한다. 지구적 규모의 장기적인 시간대에 걸친 논의와 중·소규모의 지역, 중·단기의 과제를 동시에 사고하면서 일관된 실천으로 연결해내는 작업이 바로 그것이다. 바로 여기서 동아시아론이 이중과제론과 만나고, 이를 통해 지역주의적이면서도 세계사적 차원의 보편적 지향을 견지할 수 있게 된다.

2. 타께우찌의 '근대초극'론에서 건져낼 수 있는 것

이중과제에 대해 궁구할 때 먼저 참조할 만한 동아시아의 사상적 자원목록에 일본의 '근대초극'론이 있다. 90년대 초 최원식은 동아시아적 시각을 제기하면서 근대초극론에 주목하여 전쟁이데올로기로 전락한 면과 동시에 "서구적 근대를 넘어설 새로운 세계형성의 원리를 모색하고자 한 문제의식"의 양면성을 읽어낸 적이 있다.[11] 타께우찌 요시미(竹內好, 1910~77)는 근대초극론에는 "풀릴 듯하면서도 풀리지 않는 모호한 무언가가 들어 있다"고 했다. 그가 말한 "그 모호함으로부터 발휘된 마술적 효력"[12]에서 과연 지금 우리는 무엇을 얻을 수 있을까.

'근대의 초극(近代の超克)'은 본래 1942년 잡지『문학계(文學界)』 9-10월호에 실린 심포지엄의 문제의식을 가리키지만, 넓은 의미에서는 비슷한 시기 이른바 쿄오또(京都)학파에 의해『중앙공론(中央公論)』에서 진행된 세차례의 좌담(1941~42)인 '세계사의 철학'까지 포함한다. 그것은 구체적인 사상으로서의 체계를 갖추지 못한 채 거대한 문제의식을 표출시킨 데 그친 추상적 담론이었지만, 굳이 요약하자면 일본이 이미 근대화를 달성했다고 전제하고 그 모델인 서구적 근대와 그 변종인 소련 공산주의를 모두 넘어서는 새로운 세계사의 원리를 찾는 이론적·실천적 작업이었다. 토론의 참여자들은 논의과정에서 동양적인 것, 특히 일본적인 것 속에서 이상형을 발견했고, 일본적인 것을 단순히 이상적인 과거가 아니라 현실의 천황제 국체(國體)와 동일시한 특징이 있다.[13] 태평양전쟁 초반 구미에 대해 거둔 승리에 취하고 전쟁승리 후의 세계경영을 생각하던 지식층에게 근대초극은 "세계제패라는 논의의 차원보다 훨씬 높고 고상한 이념과 관련된" 지향성의 상징으로서 공감을 불러일으켰기에, 지식인은 물론 '대중을 사상적으로 사로잡았다'고 한다.[14]

패전 직후 한동안 이 논의는 일본제국주의의 전쟁이데올로기로서 기피대상이었다. 그 유산을 복권하려 한 사람이 타께우찌 요시미다. 그는 근대성에 대한 논쟁인 근대초극론을 "일본 근대의 아포리아"가 태평양전쟁에서 일거에 문제로 폭발한 것이라고 보았다. 즉 메이지유신 이래의 복고와 유신, 존왕(尊王)과 양이(洋夷), 쇄국과 개국, 국체보존과 문명개화 등 해결을 요하는 수많은 이항대립의 '응결'이 아시아에 대한 식민지 침략전쟁이자 구미에 대립하는 제국주의 간의 전쟁이라는 이중성을 띠는 미국과의 전쟁으로 표출된 것이다. 그렇기 때문에 심포지엄에서의 문제제기는 시기상 정당했고 그런 만큼 지식인들의 관심도 끌수 있었지만, 아포리아(난제) 자체를 정면에서 논의하는 데 실패함으로써 아포리아는 마치 "안개처럼 사라지고" 근대초극론은 전쟁이데올로기로 전락했다고 진단했다.[15] 그가 시도한 것은 그 심포지엄이 결과적으로 조성한 이데올로기에서 사상을 추출해내는 작업이었다. 전쟁으로 오염되어 이데올로기로 간주된 논쟁으로부터 일본의 근대성에 대한 비판적 담론을 분리해내겠다는 것은 전후 사상계 조류에 비춰볼 때 위태로운 행위, 그야말로 "밤을 건져내기 위해 불 속으로 뛰어든" 것이나 다름없었다.

그가 이런 사상사 다시 쓰기 작업을 감행한 이유는, 한국전쟁에서 드러나듯이 전쟁의 위험이 상존하는 1950년대와 60년대 초의 냉전질서 속에서 미국의 영향 아래 빠르게 근대화를 추진하고 있던 전후 일본을 비판하기 위해서였다. 특히 1960년 미일안보협정 체결에 반대하는 투쟁에 참여하면서 전쟁에 대한 불감증과 전쟁책임에 무관심해지는 당시 일본을 추궁하기 위해 근본적인 물음을 던질 필요를 느꼈던 것이다. 그렇다면 근대초극론을 비판적으로 검토하기 위해 그 아포리아를 핵심적 과제로 삼은 그가 해결책으로 찾아낸 길은 무엇이었을까. 그 길은 근대 일본에서 아시아적인 원리를 지향하는 '전통'(즉 아시아주의)을 새롭게 구성하는 것이다. 이처럼 원리라든가 전통이 실체로서 현존하는 것은 아니었기에, '방법으로서의 아시아'라는 발상이 출현한다. 아시아를 실체화하지 않은 덕분에 널리 공감을 얻고 있는[16] 이 용어와 관련된 대목은 다음과 같다.

서구의 우수한 문화 가치를 보다 대규모적으로 실현하기 위해 서양을 한번 더 동양에 의해 다시 싸안아서 역으로 서양 자신을 이쪽에서 변혁한다는 이 문화적인 되감기 또는 가치상의 되감기에 의해 보편성을 이루어냅니다. 동양의 힘이 서양이 만들어낸 보편적인 가치를 보다 높이기 위해 서양을 변혁합니다. 이것이 동과 서의 오늘날의 문제점이 되었습니다. (…) 그 되감기를 할 때 자신 속에 독자적인 것이 없으면 안 됩니다. 그것이 무엇인가 하면―그러한 것이 실제로 존재한다고 생각하지는 않지만―**방법으로서는**, 다시 말해 주체형성의 과정으로서는 있지 않겠는가라고 생각합니다. 때문에 '방법으로서의 아시아'라는 제목을 붙이는 것이지만, 그것을 명확히 규정하는 것은 저로서도 불가능한 일입니다.[17]

그에게 근대극복의 길인 '방법으로서의 아시아'란 일본이 근대화하는 동안 억압되었던 민중의 실천과 사상을 재통합하는 길, 곧 저항하는 주체의 형성이다. 그 모델은 중국혁명에서 이미 실례로 나타났다. 이에 비해 서양 부르주아사회가 만들어놓은 문화규범을 무비판적으로 수용한 일본의 근대는 '노예의 진보'일 뿐이고, 이것이 유럽과 더불어 일본을 식민지주의와 침략전쟁으로 몰고 갔음에도 불구하고 전후에도 계속해서 압도적인 지배력을 누렸던 것이다. 이렇듯 그는 근대의 '진보'가 안고 있는 지배성과 폭력성이 피하기 어려운 것임을 명확하게 꿰뚫어 읽고, 그렇기 때문에 '길 없는 길을 가는' 것을 각오하지 않으면 안 되는 이 근대에 대한 저항만이 일본이 가해책임을 받아들이는 길이라고 인식했다.

어찌 보면, 그의 작업은 "막 사라져가고 있던 일본혁명을 일으키기 위한 행동"이었을 수 있다. 그러나 그 시도는, 1940년대 심포지엄의 근대초극 비전이 전쟁으로 좌절됐듯이, 1960년대 이후 일본의 고도성장에 의해 패배하고 말았다.[18] 그런데 요즈음 전세계적으로 타께우찌 요시미에 대한 적극적 평가가 조용히 번져가고 있다. 그가 제기한 근대주의 비판이 근대 일본의 존재양식에 대해 근본적인 질문을 던지는 하나의 자세로서 일본 내에서 주목되는 데 그치지 않고, 중국을 비롯한 동아시아와 구미에서도 일원적 진보주의의 근대관을 벗어나게 하는 사상적 자원으로 검토되기 시작한 것이다.[19]

우리 논단에서는 주로 인문학자들이 그에 주목하고 있다. 특히 타께우찌를 재해석한 쑨 거의 시각을 통해 그의 사상에 접근하는 경향이 엿보인다. 이정훈(李政勳)이 비판적 지식담론을 재구성하기 위해 지식인의 '자기비판' 또는 '주체의 내재적 자기부정이라는 원리'를 타께우찌로부터 건져내려 한 것이 그 한 예다.[20] 이 같은 쑨 거의 타께우찌 다시읽기에 대해, 백지운(白池雲)은 타께우찌가 주체형성을 위해 일본 내셔널리즘과 아시아 사이에서 아슬아슬한 곡예를 했던 데 비해 쑨 거는 타께우찌의 작업에 드러난 이 위태로움의 계기들을 뛰어넘은 게 아닌가 추궁한다. 쑨 거가 '자기부정〔掙扎〕'이라는 루 쉰(魯迅)의 모티프를 주로 활용해 타께우찌의 사상을 "탈근대적 '동아시아사상'이라는 안전지대로 운반"하는 편향을 보인다고 백지운이 꼬집은 것은 경청해야 할 대목이다. 요컨대 타께우찌의 사상을 그렇게 "추상적인 역사철학으로 보편화하는 것"은 다시 생각해봐야 한다는 뜻이다.[21] 타께우찌의 글이 대체로 현실에 직접 대응하여 나온 상황성이 강한 글임을 우리가 잊어서는 안 된다. 필자는 여기서 자기부정이 곧 타께우찌가 말하는 '저항'인데 그에 매개된 것이 "상대를 변혁하고 자신도 변화하는 것"인 '운동'[22]임을 떠올리게 된다.

또한 타께우찌를 읽노라면 필자의 동아시아론의 한 요소인 '이중적 주변의 시각'도 다시 생각해보게 된다.* 타께우찌가 근대극복을 위해 '저항하는 아시아'를 탈중심적 주체로 설정한 문제의식은 탈냉전기의 상황에서 제기된 '이중적 주변의 시각'과 상호보완적일 수 있지 않을까. 동아시아에서 역사적으로 형성된 탈중심적(필자의 '주변적') 주체의 내재적 비판성을 발굴하여 근대를 극복할 동력을 확보하려 한다는 점에서는 필자의 관점과 일치한다. 단지 주변을 특권화하는 위험에서 벗어나기 위해 중심과 주변의 관계를 탈역사화하지 않고 역사적 맥락(특히 세계체제의 위계질서) 속에 위치시켜 근대세계를 총체적으로 다시 본다는 점, 그리고 이를 통해 근대적응과 근대극복의 이중과제를 감당하려 한다는 점에서 차이가 있다.

3. 동아시아공동체: 중단기적 효과와 장기적 전망

바로 앞에서 '이중적 주변의 시각'을 제안하면서 중심과 주변의 관계를 역사적 맥락, 특히 세계체제의 위계질서 속에서 구체적으로 분석해야 함을 강조했다. 그런데 이를 좀더 제대로 이해하려면 복합적이고 중층적인 시공간에 대한 인식이 필요하다.

먼저 국민국가 중심적 사고를 극복하기 위해 역사적 시공간 개념의

---

* '이중적 주변의 시각'에 대해서는 본서의 프롤로그 중 보론을 참조.

유용성에 주목한 박명규(朴明圭)의 논점을 검토해보겠다. 그는 우리의 사고를 지배하는 국민국가적 시공간을 절대화하지 않으면서도 곧바로 '장기적—지구적' 시공간으로 옮겨가지 않는 중간적 시공간, 곧 '국면적—지역적' 시공간으로서의 동아시아의 중요성을 부각시킨다. 그것은 "국민국가를 넘어선 지역질서의 공간과 수십년의 중기적 시간대가 만나는 범주"로서 "복수의 국민국가들이 독자적인 지정학적·문명론적 조건을 공유하고 상호 영향을 주고받으면서 존속해온 시공간"이다.[23]

이 같은 '국면적—지역적' 시공간 범주를 통해 필자의 동아시아론이 잘 설명될 수 있을 듯싶다. 국민국가 중심적 시간관의 한계를 넘어설 뿐만 아니라 국민국가 형성과정에서 주변적 존재로 무시되어온 주체들을 새롭게 발견할 수 있는 공간관이 가능해진다. 그런데 여기서 주의할 점이 있다. 그것은 공간의 대·중·소와 시간의 장·중·단이 반드시 일치하지는 않을 수 있다는 사실이다. 동아시아라는 지역적 범주 자체만 해도 그 대상 범위를 둘러싸고 자주 논란이 될 뿐만 아니라, 이 지역이 세계와 한반도 사이의 중간 규모에 해당하지만 그렇다고 해서 이것을 단위로 하는 작업이 한반도와 세계체제 차원의 과제 사이에서 '중기적 과제'로만 위치 지어지지도 않기 때문이다. 따라서 정말 우리에게 요긴한 것은, 복합적이고 중층적인 시공간에 대한 분별이 그 각각에 따른 과제를 따로 분리하는 것이 아니라, "정반대로 동시에 수행해야 할 다양한 차원의 과제들이 단기·중기·장기에 걸쳐 각기 달리 성취될 성격임을 제대로 인식하고 식별해서, 그 과제들을 해결하려는 우리의 노력이 상충하지 않고 이론적인 통일성과 현실적 대응력이 높아지게 하려는" 태도다.[24] 요컨대 지구적 규모의 장기적인 시간대에 걸친 전망과 중·소규모의 지역, 중·단기의 과제를 동시에 사고하면서 일관된 실천으로 연결시켜야 한다는 것이다.

필자는 한·중·일 3국에서 현재 진행 중인 동아시아공동체 논의를 비교하는 글을 발표하면서, "동아시아공동체가 그것을 추구하는 사람들의 기대대로 평화의 공동체로서 실현되려면, 이 지역을 구성하는 국민국가의 밖에서 이뤄지는 국가 간 통합과정과 국가 안에서 구성원 개개인의 참여를 극대화하는 방향으로의 내부개혁 과정이 쌍방향적으로 추동"하고 있는지를 기준으로 각각을 따져본 적이 있다.[25] 말하자면 중·소 규모의 지역, 중·단기의 과제를 동시에 사유하면서 일관된 실천으로 이어가겠다는 뜻에서 시도한 일인데, 사실상 이 의도가 충분히 구체화되지 못했을 뿐만 아니라 지구적 규모의 장기적인 시간대와의 관련에 대해서는 거의 주의를 기울이지 못했다. 이 글에서 동아시아공동체를 둘러싼 이론적·실천적 작업의 몇가지 논점을 다시 보고자 한다.

지금 동아시아 정부들이 주도하는 (필자가 앞서 말한) 좁은 의미의 동아시아공동체에 대한 논의와 실천에서 드러난 첫번째 공통점은 경제통합이 추동력으로 작동한다는 점이다. 또다른 공통점은 대체로 미국과의 관계를 우선시하면서도 그런 구조적 제약 안에서 동아시아의 상대적 자율성을 확보하기 위해 다자주의를 중시하는 열린 지역주의와 중층적 지역질서를 추구한다는 것이다. 이러한 공통점은 동아시아가 냉전시기의 두 진영 간의 분열된 지역에서 벗어나 통합된 지역을 스스로 만들어나감으로써 평화와 번영을 이룩하겠다는 노력의 소산이다. 1990년대 들어 진영 간 대립이 종식됨에 따라 각 진영의 내부결속이 이완되고 있는 동아시아의 변화된 상황이 그러한 방향성을 허용하고 요구하는 것이다.

이 같은 공통점의 이면에는 지역공동체를 추진할 때 각 국가가 어떤 역할을 수행할 것인가를 두고 차이도 분명히 존재한다. 이것은 정부 차원의 지역통합이 주도권의 유혹으로부터 자유롭지 않기 때문에 불가피할지도 모른다. 각 정부로서는 지역이익과 국가이익이 충돌할 경우 국가이익의 관점을 선택할 가능성이 높다. 더욱이 동아시아에서는 국가들 간의 국력에 커다란 차이가 있기 때문에, 갈등의 여지가 그만큼 더 크고 평화의 가능성은 그만큼 더 적어질 수 있다.

이런 동아시아공동체의 진행상황을 두고 강내희(姜來熙) 식으로 "동아시아라는 시야가 국가와 엘리트에 의해 독점되고 있는 상황에서는 동아시아에 연대(곧 지역공동체─인용자)가 일어난다고 하더라도 해방보다는 지배의 효과를 낳을 공산이 크다"[26]라고 중장기적으로 비관적인 전망을 품게 될 수도 있다. 그러나 그 견해는, 'ASEAN+3'국의 동아시아협력체 추진이 비록 전형적인 세력균형의 사고방식에서 나왔다 하더라도 세계질서에서의 강대국 지배를 견제하자는 취지에서 출발한 것임을 홀시하고 있다. 필자는 좁은 의미의 동아시아공동체가 형성되기만 해도 중·단기적으로 동아시아에서 수직적 지역질서가 수평적 지역질서로 바뀌고 미국 패권주의에 균열을 가져오는 데 효력을 발휘할 것으로 예상한다. 이 점은 '신냉전질서'가 도래하고 있다고 현실을 진단하는 일본의 보수파가 동아시아공동체 같은 '아시아의 공생'이나 '지역의 평화'를 주창하는 노력을 '일미(日美)동맹'에서 '일미분단'으로 유도하려는 '공작'으로 경계하면서 '21세기형의 새로운 보수세력의 연휴(連携)'[27]를 부르짖는 데서 반증되지 않는가.

물론 강내희의 강조점은 국가와 엘리뜨에 의한 동아시아가 아닌 아래로부터의 동아시아, 곧 '민중적 국제연대'에 의한 동아시아다. 박노자(朴露子)도 '급진적·계급적 해결 전망'에 역점을 두어 '아래로부터의

연대'를 제안한다. 필자는 그들에 비해 지역형성의 행위자로 국가만을
염두에 두지 않고 다양한 민간세력도 중시하면서, 특히 정부 차원의 국
제적 협력과 시민사회 차원의 국경횡단적 연대라는 두개의 층을 '민주
적 책임'(accountability)을 매개로 해서 연결하는 데 주안점을 두어왔
다.[28] 국가의 역할을 배제한 채 여러 영역에서 교류가 누적되면 공동체
가 형성될 것으로 믿는 기능주의적 발상이나, 국가는 바람직한 역할을
수행할 수 없다면서 민중연대에만 의존하는 근본주의적 관점과 거리를
두기 위해서다.

이 글에서는 '민주적 책임'을 강조하는 데 그치지 않고, 공치(共治,
governance)라는 발상을 도입해 진정한 의미의 동아시아공동체를 이룩
할 길을 탐색하자고 제의하고 싶다. 국가, 시장, 시민단체 같은 행위주
체들이 협력적 네트워크를 구성하여 공동의 목표를 달성하기 위해 파
트너십을 형성하는 과정과 그 제도화를 일컫는 공치라는 개념은, 동아
시아 지역형성의 행위주체들에 대한 좀더 유연한 사고를 가능케 할 것
으로 기대된다.

또다른 논점은, 진정한 의미의 동아시아공동체 형성이 지구적 규모
의 장기적 시간대의 현단계인 신자유주의시대에 어떤 영향을 미칠 것
인가다. 이 물음과 관련하여 동아시아공동체 같은 지역단위의 구상 자
체에 대해 회의적인 시각들도 만만치 않다. 국경 없는 세계를 주장하는
신자유주의 진영은 제쳐두더라도, 반신자유주의 진영이나 탈민족주의
진영도 이 점에서는 의견을 같이하는 편이다. 전반적으로 전자가 민중
주체를 근거로 신자유주의를 비판한다면 후자는 민족·국민이라는 코
드 속에 내장된 권력의 메커니즘을 고발하는 데 머무르고 있다. 유재건
은 그들이 세계체제 변혁의 동력과 주체를 단순화하고 있다고 비판한

다. 그 근거는 세계의 지정학적 분열에 대한 인식이다. 미국·유럽·동아시아라는 제각기 독자적인 동력을 지니는 세갈래 지정학적 분열을 이용해 통합적으로 작동하는 세계에서 동아시아가 아직 유동적인 상태에 있으나 "모종의 대안적 공동체를 제대로 형성할 때 갖게 될 세계체제 변화의 잠재력은 상상 외로 크다"고 그는 전망한다.[29] 동아시아가 이 같은 창조적 역할을 성실히 감당한다면 이 지역에서 수직적 지역질서가 수평적 지역질서로 바뀔 뿐만 아니라, 종래의 전형적인 따라잡기형 개발독재체제의 개발주의 패러다임을 넘어서는 대안적 패러다임이 가시화될 것이 분명하다.

하지만 이런 논의가 설득력을 지니려면, 앞에서 지적했듯이 동아시아를 구성하는 국민국가들 간의 통합과 연동되어 개별 국가의 내부개혁이 진행되지 않으면 안 된다. 통합과정에 적응하기 위해 개별 국민국가의 기능이 제각기 혁신되어야 함은 물론이거니와, 국민국가 내부의 다양한 행위자들의 이해관계를 조정하고 그들의 참여를 보장하는 개혁과정이 잘 진행되면 진행될수록 통합이 그만큼 더 촉진되기 때문이다.

이 같은 국민국가 안팎에서의 쌍방향적인 작용과정에서 지역통합이 개별 주민들에게 어떤 의미를 지니는지 일상생활에서 실감으로 깨닫게 된다. 2006년부터 한동안 우리 사회의 뜨거운 쟁점이 된 한미FTA 문제는 우리에게 바람직한 지역통합이란 과연 무엇인가를 따져보는 기회를 제공해준다. 필자는 미국과의 포괄적인 FTA 체결이 한국사회를 미국식 기준(즉 금융자본주의와 시장만능주의를 요체로 하는 신자유주의적 세계화)에 맞추도록 강요하여 불균형 압축성장을 초래하는 급격한 통합이라고 보고 그에 반대하는 편이다. 그렇다고 모든 경제통합을 반대하는 것은 아니고, 한국의 양극화 해소와 동반성장에 조응하며 동아시아 경제공동체 실현에 기여하는 '한국형 개방발전모델'을 대안으로 숙고하는 입장을 지지한다. 단, 이 글의 논지와 관련해 강조하고 싶은 점은 FTA를 포함한 경제통합의 여러 유형과 단계 가운데 어느 것이 적합할지를 한반도 전체의 시각에서 따져보되 그 중·단기적 효과와 장기적 전망을 동시에 고려해야 한다는 것이다. 아울러 개방 수준과 사회정책 수준이 합치되는 방향으로 경제통합을 추진하는 것도 매우 중요하다. 여기서 개방과 제도개혁에 따른 갈등 조정능력을 발휘하게 할 공치모델의 확립이 필요하다. 물론 이것은 쉬운 일이 아니다. 그러나 우리가 사안에 따라 때로는 투쟁하고 때로는 합의를 이루는 사례를 축적해가는 과정에서 그 모델을 만들어가는 도리밖에 없지 않은가. 그리고 그 경험이 동아시아 규모로 확대된다면 역내 공통 현안인 지역 내 격차와 국가 간 갈등을 해소하고 세계화의 폐해를 최소화하는 지역 차원의 공치모델도 가능해질 것이다.[30]

이렇게 볼 때, 각국에서 진행되는 개혁과정의 실상을 하나하나 구체적으로 점검하고 상호 비교하는 일이 긴요하나, 여기서는 한반도에서의 통일과 연계된 총체적 개혁과정에서 부각된 새로운 복합국가 건설의 문제를 검토하는 데 집중하려고 한다.

4. 분단된 한반도에서의 복합국가론

복합국가에 대해 본격적으로 거론하기 앞서 국민국가의 역할에 대한 필자의 견해를 좀더 분명히 해두고 싶다. 요즈음 우리 논단에서 탈근대론이 유행하면서 국민국가에 대한 부정적 시각이 득세하는 듯하다. 이에 비춰볼 때 여성운동 진영에서 국가의 역할에 대해 다음과 같이 적극적으로 발언한 점은 돋보인다.

시장이 압도하는 신자유주의적 질서 안에서, 그리고 돌봄의 전면적 파탄 상황에서, 일부의 페미니스트들은 돌봄의 가치를 새롭게 보고, 국가에 대한 인식을 새롭게 하고 있다. 국가를 일방적 권력행사를 하는 기구가 아니라 여러 행위주체들의 네트워크로 보면서 돌봄을 바탕으로 한 국가형성에 참여할 준비를 하는 것이다.[31]

국민국가의 역할을 결코 단순히 긍정할 리 없는 탈근대적 성향이 강한 여성운동 쪽에서도 이같이 유연한 입장을 취하고 있는데, 이는 공치 개념을 도입한 이론적 근거와 "우리 사회의 질서를 바꾸는 데는 보편적인 힘을 발휘할 수 있는 정책적 접근"의 효용을 체득한 실천적 경험에서 나온 것으로 추론된다.[32]

필자 역시 단순히 국가무용론을 주창하는 것에서 벗어나, 공적 역할을 수행하는 전통적 국민국가의 강점을 살리면서 한층 민주화된 국가 구조의 창안으로 나아가야 한다는 입장이다. 이것은 근대의 극복을 진지하게 추구하기 위해서라도 근대에 적응해야 한다는 문제의식의 한 사례로서, 필자는 '국민국가에의 적응과 극복'이라는 이중적 성격의 단일과제를 수행해야 한다는 식으로 풀어 설명해본 적이 있다.[33]

필자의 그 구상은 네가지 요소로 이뤄진다. 첫째, 대국주의와 소국주의의 긴장이라는 발상을 견지함으로써 부국강병을 추구하는 패권주의, 즉 대국주의를 해체하는 것, 둘째, 그 구상을 추진하는 주체로 한민족공동체의 설정, 셋째, 지향(志向)으로서의 복합국가론, 넷째, 이것들이 국가의 존재양식과 우리 자신의 생활양식을 바꾸어가는 과정이기에 문명

담론과 연결되어야 한다는 것이다. 이 글에서는 네가지 특징들을 맺어주는 연결고리에 해당하는 복합국가론에 대해 좀더 깊이 생각해보겠다.

복합국가(compound state) 개념은 국민국가를 감당하면서도 그것을 극복하는 이중과제를 동시에 수행하는 우리의 실천과정에서 구체화될 터이나, 이를 좀더 정교하게 다듬는 작업은 그 실현을 앞당길 것이다.●

사실 국가 간의 결합체인 복합국가 자체는 이미 세계사 속에 연방제와 국가연합 등의 형태로 여러번 등장한 사례가 있다. 하지만 이는 근대적인 국민국가 간 체제에 충격을 줄 정도로 의미있는 것은 아니었다. 한편 최근 하영선(河英善)은 북한까지 포용한 '한국형 네트워크 지식국가'를 건설하자고 제안하면서 그것을 (탈근대적인) '지식기반 복합국가'로 이름 붙인다. 그러나 이것은 근대의 적응, 특히 전지구적 자본주의의 현단계의 단기적 적응에 불과할 뿐, 중장기적인 근대극복의 지향이 엿보이지 않는다.[34]

이와는 달리 필자와 유사한 문제의식에서 제기된 것이 박명규의 '복합적 정치공동체' 논의다.[35] 그는 국민국가 안과 밖의 변화에 힘입어 '복합적 정치공동체'가 형성될 것으로 전망한다. 우선 내부적 변화는 국민국가의 결속원리인 경계의 고정성, 권한의 집중성 및 국민통합이 흔들리면서, 그와는 다른 대안적 원리들, 즉 경계의 유연성, 권한의 분산성 및 연대의 다층성에 의해 새로운 결합이 이뤄지는 것을 의미한다. 그런 변화는 일차적으로 기존의 국민국가가 민주적이고 관용적인 공동체로 변화하는 데서 시작하는데, 정치적 민주화운동이나 시민세력의 활성화가 그 동력이 된다. 그리고 그 과정이 순조롭게 진행되려면 지역

● 이에 대한 좀더 상세한 논의는 본서의 에필로그 참조.

협력을 통해 평화의 질서가 자리잡는 외부적 변화도 이뤄져야 한다.

사실 이 주장만으로는 아무래도 원론적 논의라는 인상을 주기 쉬우나, 이것을 '흔들리는 분단체제'로 인해 남북 국가 간의 경계가 유연해진 한반도의 현실에 적용하면 실감이 더해질 것이다. 다층적인 교류의 망이 누적되는 가운데 (한때의 핵위기나 남쪽 정권의 교체에도 불구하고) 개성공단과 금강산관광이 지속되고 있는 것은 복합국가에 대한 우리의 상상력을 북돋워준다. 이 같은 남북교류가 다방면으로 확산되며 연대의 다층성을 달성하다가 2000년 6·15선언에 규정된 '낮은 단계의 연방제' 또는 국가연합이 실현되기만 하면, 권한의 분산성까지 현실화되어 한반도에서의 복합국가의 모습은 상당부분 드러날 것이다. 이것이 점진적인 통합과정, 바꿔 말하면 과정으로서의 통일일 터인데, 6자회담의 영향이 단적인 예이듯 지역협력이 활발해지고 그 제도화가 가속되는 등 외부 변화가 수반되면 복합국가로의 진전은 한층 촉진된다.

물론 복합국가로 나아가는 과정은 남북의 통합이 단일한 국민국가로의 통일이 아니라 분단체제 극복에 해당하는 통일, 즉 남북 민중의 생활주도력이 극대화하는 통일을 추구하는 중기적 과제를 수행하는 길이다. 그리고 그에 이르는 동안 한반도에서 진행되는 '남북의 점진적 통합과정과 연계된 총체적 개혁'의 일환인 남쪽의 개혁을 실천하는 일이 단기적 핵심과제가 된다.

단기적 과제로서의 내부개혁이 단지 정부의 정책 차원에서 시행될 뿐 일상생활에서 자리잡지 못한다면 지속적으로 추진될 수 없다. 일상생활의 타성에서 벗어나는 동시에 일상생활로 돌아가 그 현장에 뿌리내리는 긴장을 유지하는 운동만이 지속적인 활력을 얻을 수 있는 법이다. 교육·환경·여성·인권·평화 등 여러 영역의 민간운동은 이미 우리

사회 저변에서 착실히 성과를 축적하고 있다.[36]

이와 같이 일상적 실천이면서 전지구적 보편성을 아울러 지닌 일상생활의 개혁이 공공의 쟁점과 결합함으로써 국가개혁으로까지 이어져 분단된 한반도에서의 복합국가 형성에 기여하고, 더 나아가 공생사회로서의 동아시아공동체 건설을 촉진하여 미국 패권주의에 균열을 일으키고 미국적 표준을 넘어설 공간을 확보할 수 있다면, 그 자체로 자본주의 세계체제로부터 이탈할 수는 없지만 그것을 장기적으로 변혁하는 촉매가 될 터다. 그럴 때 민중적이면서도 세계사적인 보편성을 획득할 가능성이 열린다.

끝으로, 이 같은 다층적 시공간의 과제를 동시에 사유하면서 일관된 실천으로 연결하는 작업에 추동력을 부여하는 한반도의 복합국가, 동아시아 그리고 세계사의 상호연관에 대해 잠깐 정리해보고자 한다. 국가 간의 결합체인 복합국가 자체는 낯설지 않지만 한반도에서 시도되고 있는 복합국가가 그 어느 범주에도 속하지 않는 새로운 것임은 앞에서의 논의로 어느정도 밝혀졌지 싶다. 여기서는 두가지 단상만 덧붙이겠다.

하나는, 그것을 향한 과정이 동아시아공동체의 건설에 커다란 파급효과를 가져올 것이라는 점이다. 한국이 남북화해를 자주적으로 주도하여 "한반도에 새로운 가능성을 창조했을 뿐만 아니라 동시에 동북아의 국제정치 생태(生態)를 개혁하고 있다"는 이웃나라 언론매체의 평가도 있듯이,[37] 동아시아 평화의 연동구조가 작동하는 데 미치는 한반도의 역할이 매우 중요함은 긴 말이 필요없겠다. 단지 복합국가라는 틀이 지닌 중요성은 특별히 주목될 가치가 있다. 그 틀 안에 북한을 불러들여 체제안전을 보장해주면서 '남북의 점진적 통합과정과 연계된 총체적 개혁'에 북쪽을 참여시켜 변혁을 이끌어낼 수 있고, 그 덕에 동아시아공동체를 추진할 때 늘상 '목에 가시'로 걸리는 북한(및 한반도) 문제를 해결하는 요령이 되기 때문이다. 이것은 대만과 중국대륙의 이른바 양안(兩岸) 문제나 오끼나와 문제를 포함해 일본(의 국민국가론)이 안고 있는 여러 난제를 해결하는 데 유용한 참조물이 될 것이다.

다른 하나는, 동아시아공동체가 '열린 지역주의'를 지향한다고들 하는데 그 의미를 '이중적 주변의 시각'에서 다시 보자는 것이다. '열린 지역주의'는 동아시아의 안과 밖에서 작동하는 중심-주변관계의 끝없는 억압의 이양에 도전하고 저항하는 것이어야 한다. 바로 이 지점에서 근대극복과 탈식민[38]의 문제의식은 결합한다.

흔히 '열린 지역주의'는 동아시아의 외부에 대해 배타적이지 않다는 뜻으로 쓰이지만, 문제는 주변으로서의 동아시아에 있어 중심인 미국을 어떻게 위치 짓는가다. 미국의 반발로 지역공동체의 진전이 위협받지 않도록 미국의 이익을 적절히 충족시키면서 어떻게 그 영향력을 제한할 것인지 토론이 필요하다. 그와 더불어 '열린 지역주의'가 동아시아 내부의 구성원 사이에 존재하는 중심-주변관계의 혁파를 의미해야 한다. 동아시아공동체가 지역 내 일부 부자나라들의 클럽이 되지 않도록 북한이나 '국가와 비국가의 중간'에 위치한 대만 같은 주변적 존재들을 포용할 장치가 요구된다. 이 같은 이중적 의미의 열린 지역주의를 수행할 때라야, 동아시아공동체가 거대한 공룡이 될 위험에서 벗어나는 동시에 동아시아 바깥의 다른 주변적 지역들과 연대하여 세계사의 변혁을 주도할 수 있다.

한반도의 남북이 복합국가의 건설을 통해 이 같은 역사의 흐름에 참여하듯이, 동아시아인들이 각자 나름대로 국가개혁과 연동된 동아시아공동체 건설의 길에 더욱 활발히 동참하기를 기대해본다.

제3장

평화에 대한 상상력의 조건과 한계: 동아시아공동체론의 성찰

1. 동아시아적 맥락에서의 평화란?

동아시아 교류활동에 참여해본 사람이라면 누구라도 상호소통을 저해하는 요소로 언어문제를 꼽을 것이다. 하지만 이 문제는 단순히 통역이라는 기술적인 차원에서 해결될 것이 아니다. 언어로 표현된 내용의 사회적 맥락에 대한 이해가 무엇보다 중요하다. 이것이 동아시아 상호이해의 첫걸음이자, 이로부터 '인식공동체'로 가까이 다가가는 길이 열릴 터다.

최근 필자가 경험한 예를 하나 들어보겠다. 계간지 『창작과비평』이 2006년에 창간 40주년을 맞아, 국제심포지엄 '동아시아의 연대와 잡지의 역할: 비판적 잡지 편집인 회의'를 그해 6월 9일과 10일 양일간 서울에서 열었다. 중국·대만·일본·한국의 총 13개 잡지, 16인의 편집책임자들이 주제발표와 토론에 나선 이 행사는 각계 전문가와 독자 들의 진지한 관심과 참여 속에 진행되었다. 그런데 주최 측이 회의 참석자들에게 발표문을 준비할 때 고려해달라고 미리 부탁한 사항이 있었다. 그것은 동아시아 각 사회에서의 '진보'의 의미에 대해 언급해달라는 것이었는데, 막상 회의를 열고 보니 이에 대한 참석자들의 이해방식이 서로 달라 행사를 준비해온 사람들은 당혹했다. 한국의 진보진영에서는 2006년 초부터 '진보의 재구성'에 대해 열띤 논쟁을 벌였다. 여기서 진보란 '보수'의 반의어다. 그런데 한국 밖에서 온 일부 참석자들은 진보를 단순히 '발전'과 같은 뜻, 즉 후진·저개발의 반의어로 이해했던 것이다.

진보에 대한 한국의 용법을 정확히 알려면, 그 용어가 쓰이는 맥락을 섬세하게 이해할 필요가 있다. 1987년 민주화운동 승리 이후 거의 20년이 되어가는 무렵 한국 안에서는 87년 이후의 민주화가 국민의 삶의 질 개선과 행복에 얼마나 도움이 되었는지를 심각하게 회의하는 풍조가 생겨났다. 이런 세태는 노무현정부가 기대만큼 개혁을 추진하지 못한 탓에 민주주의의 위기가 조성되고 있다는 진보진영의 불안에서 발생한 것이다. 그래서 '위기'에 처한 민주주의의 의미를 다시 묻고, 진보를 재구성하려는 활동이 진보진영 내부에서 논쟁의 형태로 활발히 이뤄졌다. 이러한 상황에서 『창작과비평』은 해외의 비판적 지식인들에게도 진보의 의미에 대해 묻고 싶었던 것이다.

진보라는 말과 마찬가지로 '평화'라는 말도 동아시아에서 서로 다른 맥락에서 쓰이고 있다. 중국대륙에서 '화평굴기(和平屈起)'라는 말을 통해 지향하는 국제질서에서의 평화, 일본에서 '평화헌법'을 개정하려는 세력이 추구하는 '보통국가' 일본이 추구하는 평화, 그리고 분단된 한반도 남쪽(대한민국)의 일부 진보세력 사이에서 논쟁 중인 '평화국가'가 지향하는 평화가 서로 같지는 않다. 따라서 그 각각이 어떤 의미인

지, 그리고 그것들이 우리가 희구하는 동아시아 평화에 얼마나 기여할 수 있을지를 제대로 따져보려면 평화라는 어휘가 사용되는 사회적 맥락을 이해하는 작업이 필수적이다.

평화를 연구하거나 실천하는 사람들은 평화가 지상에서 획득 가능하고 소망스러운 것이라는 인식을 기반으로, 평화가 결여된 현실을 변혁하려는 지향을 품고 있다. 그래서 전쟁의 부재 같은 소극적인 정의를 넘어 군사주의, 빈곤, 환경파괴, 가부장제 등에서 야기되는 모든 구조적 억압을 제거하는 적극적인 평화를 중시하는 경향이 강하다. 어찌 보면 평화의 궁극적 실현이 대동(大同, 또는 유토피아)의 도래로 간주되는 것이다. 그러다 보니 평화운동도 노동·환경·여성운동 등과 결합된 포괄적 차원의 운동으로 발전해가는 듯 보인다. 이러한 추세는, 근본주의적 발상이 대개 그러하듯이, 일상생활 속에서 평화에 대한 우리의 무뎌진 감수성을 일깨우는 데는 매우 효과적이지만, 세계사적 연관성을 간과하게 만드는 한편 일반 대중의 욕구를 도외시하기 쉽다. 따라서 필자는 평화에 대한 근본주의적 관점에서 벗어나, 당면한 동아시아적 맥락에서 획득 가능하고 소망스러운 평화란 어떤 모습인가를 논의해보고자 한다.

동아시아의 화해와 평화에 이르는 경로로 최근 관심을 끄는 것 중 하나는 동아시아공동체다. 동아시아공동체에 관한 담론 가운데는 그것을 마치 동아시아의 유토피아로서 상상하는 경향도 없지 않으나, 여기서는 특정한 역사적 조건에서 나타난 사회현상으로 파악하려고 한다. 그래서 이 글에서는 1997년 ASEAN+3(한중일)체제가 출범한 이래, 특히 2001년 ASEAN+3 정상회의 때 '평화·번영·발전'을 추구하는 '동아시아공동체'(East Asia Community, EAC) 비전 채택을 전후해 급물살을

탄 다양한 동아시아공동체 논의의 현 단계를 평화의 관점에서 점검하는 데 중점을 둘 것이다.

동아시아공동체가 그것을 추구하는 사람들의 기대대로 평화의 공동체로서 실현되려면, 이 지역을 구성하는 국민국가의 밖에서 이뤄지는 국가 간 통합 과정과 국가 안에서 구성원 개개인의 참여를 극대화하는 방향으로의 내부개혁 과정이 쌍방향적으로 추동되어야 한다. 이 글에서 필자는 바로 이 쌍방향성을 기준으로 삼아 여러 갈래의 동아시아공동체 논의를 검토해볼 것이다. 이 작업을 통해 분열과 갈등의 동아시아 현실로부터 평화를 위한 상상력이 그 힘을 새롭게 길어올릴 수 있기를 기대한다.

2. 중국의 화평굴기와 동아시아공동체

20세기 초 중국에서 (동)아시아에 깊은 관심을 가진 적이 있었지만, 그후로는 그에 대한 논의가 거의 없다시피 했다. 그래서 1999년에 필자는 '중국에 아시아가 있는가'라는 질문을 중국과 한국의 논단에 던진 바 있다.[1] 이렇게 도발적으로 보이는 문제제기를 한 이유는 중국인에게 주변의 (동)아시아 국가와 사회에 대한 수평적 관심이 결여되어 있지 않은지 따져묻고 싶어서였다. 특히 중국인 독자를 염두에 둔 글에서는 그들의 중국중심주의 내지 대국주의 성향을 지적하면서 그로부터 벗어나기 위한 길의 하나로 (동)아시아라는 주변 지역에 관심 갖기를 제안했다.

그로부터 7년이 지나 이 글을 쓰는 현 시점에서 돌아보면, 그간 필자의 논지에 대한 직접적인 반응을 포함해 중국 논단에서 동아시아에 대한 논의가 조금씩 진행되더니, 이제는 '동아시아공동체'라는 낯선 용어를 키워드로 삼아 정면으로 거론하는 논의들까지 활기를 띠고 있다.

이런 변화를 지켜보노라면 필자가 해당 글을 발표했을 당시 필자의 주장에 대해 소설가 한 샤오궁(韓少功)이 쓴 논평이 떠오른다. 그는 중국인에게 아시아 의식이 비교적 결여되었다는 필자의 주요 논지에 동의하면서도, 그것을 뒤집어서 "만일 중국인에게 아시아주의가 싹튼다면 이 아시아 의식이 또 어떤 양상을 드러낼 것인지 생각해보았는가"라고 되물었다. 그는 "머지않아 중국에는 아시아 의식이 있게 될 것이 분명하다"고 전망하면서 그런 현상이 "일종의 패권 형식을 띠게 되지 않을지 심각하게 고민할 필요가 있다"고 주의를 환기시켰다.[2]

당시 그의 지적을 들으면서 예술가다운 날카로운 통찰이라고 느꼈다. 그렇다면 과연 지금 중국에서 활발하게 진행중인 동아시아공동체 논의에 그의 판단이 그대로 적용될 수 있을까. 이 물음에 답하려면, 현재 진행 중인 논의들을 검토해봐야 할 것이다. 다행히 일본의 『세계』(世界, 세까이) 2006년 1월호에 실린 주 젠룽(朱建榮)의 글[3]이 중국의 동아시아공동체 논의의 현주소를 잘 보여주고 있어 그로부터 논의를 시작하겠다.

그에 따르면, 중국의 지역공동체 구상의 내용은, 첫째 동아시아공동체를 향한 과정은 먼저 경제 분야를 베이스로 추진해야 한다는 발상, 둘째 복잡한 동아시아 지역현실에 상응하여 미래의 지역공동체를 향해 다원중층적으로 추진해야 한다는 구상, 셋째 지역공동체의 추진에 임하여 중국 자신이 리더십을 갖지 않고 또 역외대국(域外大國)에 대해 개방적이어야 한다는 주장으로 요약된다.

첫째 구상은 신자유주의적 세계화에 대한 지역주의적 공동대응 방안으로서 우리가 쉽게 예상할 수 있는 내용인데, 중국정부가 현재진행중인 양자 및 다자 간 FTA 논의 등 경제통합에 특히 주력하는 것과 관련된다. 둘째 구상에서 말하는 다원중층성은 동북아시아 지역에서는 미일동맹, 한미동맹이라는 양국 간 동맹과 병행하여 미·일·중·한 4개국에 의한 안보대화의 메커니즘을 구축하며 현재 6자회담의 구조를 발전시켜가는 중층적 접근의 도입을 가리킨다. 이러한 중층적인 노력이 동남아시아 등의 지역에서도 확산되어가면 동아시아 '공동의 집'을 만드는 공통목표에 훨씬 더 가까이 다가갈 것으로 예상된다. 셋째 구상은 미국에 대한 태도와 중일관계에 관한 것이다. 즉 미국에 대해 중국이 '개방적' 자세를 취한다는 방침인데, 이것은 어디까지나 미국과의 대항을 피하기 위한 것이지, 동아시아공동체의 추진에 미국을 어떻게 자리매김할 것인가는 명확하게 설명되어 있지 않다. 이에 대해 주 젠룽은 아마도 미국을 공동체의 정식 멤버로는 고려하지 않지만 공동체의 중요한 협력상대, 파트너 내지 옵서버로 생각하는 것은 아닐까라고 추측한다.

이와 같이 정리된 중국의 동아시아공동체 구상은 매우 기능주의적이며 실용주의적인 입장에서 나온 것으로 보인다. 여기서 이 글의 관심사인 평화의 시각에서 다시 보면, 이 구상은 국가전략적 선택에서 나온 것이며 거기에서 말하는 '평화'란 중국의 지속적인 경제발전을 위한 주변지역의 안정이라는 의미에서의 평화다. 바꿔 말해 기본적으로 중국이 자국의 국력신장에 알맞은 지위와 영향력을 확보하고 또한 강대국으로서 합당한 대접을 받기 위해서는 국제사회에 좀더 협력적이고 평화지향적인 태도를 견지해야 한다는 전략이다. 이것이 바로 중국 지도부가 내세운 화평굴기(2004년 4월부터는 화평발전和平發展으로 용어가 바뀜)라는 구호에 압축된 전략의 핵심이기도 하다.

다른 한편, 중국이 자국의 부상에 따라 자부심을 확인하려는 의도에서 공세적 민족주의를 확대해가고 있고, 평화를 내세우는 외교전략의 이면에서 중국의 이러한 새로운 민족주의가 주변국과 갈등을 조장하기도 한다는 사실을 간과해서는 안 된다.

그렇다면 중국의 '공동체' 구상이 자국 내부의 개혁에 어떤 영향을 미칠까. 이에 대한 논의를 찾기는 매우 힘들다. 단지, 동아시아 경제통합이라는 '외부 힘'을 빌려 국내개혁의 촉진을 기대한다든가,[4] '효율·공평·자유·민주의 국가체제'를 만들되 유교문화에 기초한 정치제도, 즉 '일종의 비(非)서방식 중국민주정치'[5]를 기대하는 등, 원칙론 차원의 단편적인 언급만이 간혹 눈에 띌 뿐이다.[6] 중국이 민주주의가 아닌 대일통(大一統)의 역사기억을 되살려 권력의 정당성을 추구하고 민족주의를 발전동력으로 삼는 근대화모델에 몰두한 나머지, 동아시아의 평화에 기여하는 국가발전전략을 세우며 내부개혁을 강화하지 못한다면, 주변국가가 중국을 위협적으로 받아들일 가능성은 사그라들지 않을 것이다.[7]

3. '보통의 국가' 일본과 동아시아공동체론

일찍이 아시아에 주목해 다양한 아시아론을 개발했고 20세기 중반 '대동아공영권'까지 수립했던 일본이었지만, 패전 후 그들에게 동아시아는 '상실된' 지역 개념이었다. 그 이유는 "전후과정에서 아시아에 대한, 특히 동아시아에 대한 시점을 갖는 것을 스스로 억제했다기보다는 아시아 문제에 대한 국가적 판단을 정지한 채 지내왔기" 때문이다. 이러한 판단 정지는 2차대전 종결 직후 형성된 냉전의 영향으로, 동아시아 이웃을 침략하면서 만든 '동양(東洋)'(내지 '동아東亞') 개념이라는 전전(戰前)의 유산을 청산할 기회를 갖지 못한 채 지내온 탓에 초래된 것인데, 그 결과 일본이 동아시아에 대해 가질 수 있었던 관점은 미국의 전략적 관점을 따르는 것일 수밖에 없었다.[8]

그러나 일본이 경제부흥과 더불어 다시 부강해짐에 따라 '대동아'의 일부였던 남방을 '동남아시아'라고 고쳐 부르면서 그것을 주요 부분으로 한 새로운 '아시아' 개념이 부활했다. 이에 따라 1990년대 들어서면서 '아시아'는 일본에서 중요한 담론의 주제로 떠올랐다. 다양한 갈래의 동아시아론이 여러 분야에서 제기되었는데, 동아시아공동체에 대해 직접 언급한 것에 한정한다면, 먼저 ASEAN+3 체제에 대응한 일본정부의 정책구상을 들 수 있다.

이 구상은 중국의 동아시아공동체 정책과 마찬가지로 대체로 경제협력을 추동력으로 삼는다. 그리고 점진적이고 기능적인 협력 강화를 통해 동아시아공동체의 기반을 다지면서, 역외 협력파트너인 인도·오스트레일리아·뉴질랜드·미국 등을 포함할 필요성을 강조한다. 이 구상의 핵심은 전 외교부 고위관리 타나까 히또시(田中均)의 논의에서 압축적으로 제시되어 있으니 그 내용을 검토하는 것으로 족할 듯하다.[9] 타나까는 무역이나 투자, 금융을 비롯해 에너지, 환경보존 및 테러대응 같은 비(非)전통적인 안보보장 관련 분야로 이어지는 기능적 협력을 축으로 기능공동체(機能共同體)를 지향하다가, 한걸음 더 나아가 가치공동체(價値共同體)로서의 동아시아공동체 구축 과정을 제안한다. 또한 동아시아공동체를 열린 지역주의로 파악한다. 그의 구상이 중국의 것과 눈에 띄게 다른 점은 공동체에 대한 참여의 범위다. 그는 인도·오스트레일리아·뉴질랜드를 포함하자고 한다. 이 방안은 현재 일본의 정책이기도 한데, 중국에게는 이것이 중국의 영향력을 견제하기 위한 것, 나아가 회원국의 구성을 대폭 확대한 뒤 미국의 정식가맹 통로를 열어주기 위한 조처라고 비칠 수 있다.[10] •

이런 기능적이고 현실주의적인 구상은 아시아를 중시하는 외교부 관리들과 경제계 일부에서 공감을 얻었다. 그들의 관심의 핵심은 전 UN 대사 타니구찌 마꼬또(谷口誠)의 저서에 잘 정리되어 있다. 즉 그는 전지구화가 가속되는 21세기 세계에서 NAFTA·EU·아시아의 3극구조가 출현하게 될 터이니, 일본은 장기 경제침체에서 벗어나기 위해서라도 먼저 동아시아경제공동체를 만들고, 이어서 동아시아공동체를 구성한 뒤 '아시아공동체'로까지 발전케 하는 데 적극적으로 나서야 한다고 역설한다. 그러기 위해서는 중일 간의 신뢰관계 구축이 관건인데, 그는 지금 일본정부가 대미배려에 매달려 중국과 갈등을 일으킴으로써 기회를 놓치고 있다고 비판한다.[11] 이와 같은 정책입안 차원의 동아시아공동체 구상은 민관(民官)의 지적 협력을 추진하는 '동아시아공동체평의회' (CEAC, 2004년 5월 창립) 같은 기구에 의해 앞으로 더 집약적으로 제출되지 않을까 예상된다. ••

한편, 이런 흐름과 출발점이 다른 논의가 시민사회에서 다양하게 제기된다. 이 현상은 중국의 그것과 다른데, 그 가운데 와다 하루끼(和田春樹)의 '동북아 공동의 집' 구상은 주목할 만하다.[12] ASEAN+3의 진행에

• 2002년 캄보디아에서 열린 ASEAN+3 회의에서 그 협력사업의 하나로 동아시아정상회의(EAS)를 조직하기로 결정했다. 그에 따라 2005년 11월 ASEAN+3 회의와 병행하여 제1차 동아시아정상회의가 열렸다. 그 구성원에 인도·오스트레일리아·뉴질랜드가 추가되었다.

•• 이 기구의 입장은 東アジア共同體評議會 編『東アジア共同體白書 2010』, たちばな 出版 2010에 잘 정리되어 있다.

앞서 제안된 그의 '동북아 공동의 집'은 북핵 위기 등 안전보장 위기의 극복, 긴급사태에 대비한 상호원조체제의 정비, 공동의 환경보호, FTA 등의 경제공동체 형성, 국가 간의 문화교류 등을 골격으로 하며, 궁극적으로 정치안보 공동체로 발전할 것을 구상한다. 얼핏 보면 앞서 본 타나까 히또시의 기능적이고 현실주의적인 구상과 유사한 듯하나, 그 스스로 '개혁적 유토피아주의'라고 이름붙인 데서 드러나듯이 동아시아의 화해와 평화를 실현하려는 강렬한 의지가 담긴 이상주의다. 특히 자신의 구상을 실현할 중추적 역할을 한국과 동북아 각 지역에 살고 있는 코리언에게 기대하는 것은 한국 민주화운동과의 연대활동 체험에서 나온 독특한 주장이므로 그의 이상주의는 '실천적 이상주의'라 할 수 있다.

와다 하루끼와 마찬가지로 한반도의 역할을 축으로 '동북아 공동의 집'을 설계한 인물로 강상중이 있다.[13] 그는 21세기 일본을 위해서는 일미안보의 쌍무(雙務)적인 2국 간 안전보장씨스템을 기축으로 하면서도 아시아 전체의 다극적인 안전보장씨스템을 만드는 것 또한 필요하며, 이를 통해 일본은 미중 패권경쟁에서 어느 쪽에도 편중되지 않고 중재적 역할도 수행할 수 있는데, 그 관건은 한반도정책 여하에 달렸다고 본다.

그렇다면 왜 한반도인가. 그는 한반도가 동북아에서 현실적으로 가장 불안정한 지역이므로 한반도 남북의 화해, 평화공존과 통일이 '동북아 공동의 집'의 핵심이 된다고 본다. 그 목표를 위해 일본이 한반도에서 해야 할 일은 '한국에 대한 일종의 햇볕정책'을 실행하여 한반도의 영세중립화를 추진하는 것이다.

강상중과 와다 하루끼 모두 '동아시아'가 아닌 '동북아', 그리고 '공동체'가 아닌 '공동의 집'이라는 개념을 사용한 것을 주목해야 한다. 두 사람 다 경제문제보다 안보문제를 더 중시하다 보니 한반도와 밀접한 동북아를 축으로 지역협력체를 구상하게 된 것으로 보인다. 그런 연유로 동북아시아 국가연합 같은 동북아의 협력관계 구축과 병행하여 동아시아공동체를 형성해나가야 한다는 입장이다. 그리고 이 지역협력체에 미국과 러시아도 참가함으로써 간접적으로 동아시아공동체는 역외로 열린 지역통합으로 나아갈 것이며, 이에 따라 미중의 전략적인 파트너십은 한층 더 확대해갈 것으로 전망한다. 특히 강상중은 현재 일본의 논의처럼 일미동맹인가 아니면 동아시아공동체인가라는 양자택일적인 선택을 요구하는 것은 사실상 의미가 없으니, 일미관계에 한발을 딛고 또 한발을 동아시아에 두는 것 같은 한층 더 다원적인 외교 안전보장의 전략을 제안한다.[14]

강상중이 기대하는 방향으로 일본이 나아가려면 일본의 내부개혁은 불가피하다. 그는 와다 하루끼와 달리 '동북아 공동의 집' 구상을 국내의 사회개혁과 연결해내는 방책을 모색했다는 점에서 주목된다. 즉 일본이 남북한 공존체제 수립에 적극적인 역할을 수행하면서 발언권을 강화하기 위해서는 국내개혁이 단행되지 않으면 안 된다고 주장한다. 그 연결고리는 엔화의 중요한 역할이다. 그는 엔화가 아시아에서 신뢰를 얻어 국제화(國際貨)처럼 쓰이려면 특히 국내 경제구조가 개혁되어야 하며, 아시아경제를 활성화하게 만드는 경제구조 개혁이 단기적으로는 그 타격을 직접 받는 영세기업이나 농업 부문(및 이를 기지 기반으로 삼는 자민당 '보수파')의 반발에 직면하겠지만, 길게 보면 아시아로부터 혜택을 받을 것이며 그에 힘입어 국내개혁도 촉진될 것이라고 선순환론적으로 전망한다.

그러나 그가 '공동의 집' 추진과 내부개혁의 연결을 설명하기 위해 일본에 '혜택'을 가져다준다는 차원에서 설득하다 보니, 그 개혁의 방향을 철저하게 제시하지 못한 느낌이 든다. 이에 비해 모리시마 미찌오(森島通夫)는 비록 일본과 한국의 경제력과 기술을 이용해 중국과 북한의 오지를 개발하겠다는 데 중점을 두면서도, 동아시아공동체 결성이 일본을 신생(innovate)시킨다는 점을 한층 더 적극적으로 주장한 바 있다.[15]

이와 관련해, 사까모또 요시까즈가 동아시아의 긴장완화와 군축, 또는 동아시아 '부전(不戰)공동체'(security community)의 형성 등을 한걸음이라도 더 진전시킬 수 있는 구체적인 대항정책을 제시해야 한다고 강조하면서, 활헌론(活憲論)에 입각해 일본개혁의 과제를 제안한 것을 주목하고 싶다.[16] 그는 일본헌법에 의거한 평화주의가 지닌 딜레마 또는 이중기준—평화헌법의 자위대와 미일안보조약의 병존, 반핵과 핵우산의 병립 같은—을 정면에서 다루지 않으면 안 된다고 본다. 보수세력은 이제까지의 이중기준의 총결산으로서 '보통의 국가'로 회귀와 (평화조항인 제9조를 바꾸는) '개헌'을 내세우는 데 비해 진보세력은 '호헌'이라는 이름의 현상유지에 매달린 것이 아닌가 하고 날카롭게 지적한다. 그리하여 "지금 먼저 변하지 않으면 안 되는 것은 헌법이 아니라 현실인 것이다"라고 선언한다. 따라서 헌법 자체가 아닌 전후의 원점에서 대중의 자기결정을 실현하기 위해 정치·외교·경제·사회·교육의 양상을 한걸음 한걸음 변혁해가야 한다고 주장한다.

이 같은 근원적인 내부개혁이 진행되지 않고 일본의 다원적 전략마저 좌절될 경우, 냉전이 붕괴되었음에도 불구하고 동아시아 지역에서는 일미 양국 간 동맹이 중국 등과 서로 대치하는 '신냉전'시대에 돌입할 가능성이 높다. 그렇게 되면 일본 내부에서는 미국을 지지하는 주니

어파트너로서 집단자위권을 위해 무력행사도 마다않는 '보통의 국가'로 가자는 주장이 더 힘을 얻을 공산이 크다. 이런 상태에서 동아시아인을 향한 일본의 평화에 대한 호소가 설득력을 가질 리 없음은 너무나 명확하다.

4. '동북아시대' 한국의 평화로의 길

20세기 초 한국에서는 동아시아에 대한 관심이 지대했다. 그러나 일본의 식민지를 거쳐 냉전진영에 편입되어 분단되면서 국민국가를 온전히 수립하지 못했던 조건에서는 이 지역을 독자적으로 상상한다는 것이 사실상 불가능했다. 그러다가 1990년대 초 탈냉전기를 맞으며 동아시아를 재발견한 셈이다. 처음에는 주로 인문학자들이 논의를 주도하여 지식인의 논단에서 여러 갈래의 동아시아론이 유행을 이뤘는데, 노무현정부가 출범하여 4대 국정과제의 하나로 21세기 '평화와 번영의 동북아시대' 신 구상을 내세우면서 그에 대한 관심이 사회과학자들을 포함한 다양한 영역으로 확산되었다.

노무현정부의 지역구상[17]은 남북한관계를 포함한 한국문제 해결을 위한 전략이자 주변 국가들의 동북아 통합 움직임에 대한 대응전략이다. 처음에는 중일 정부 측의 구상과 마찬가지로 경제에서 출발하여 '번영의 공동체'를 이룩한 뒤 '평화의 공동체'를 달성하겠다는 비전을 제시했지만, 점차 경제 중심의 발상에서 벗어나 평화가 번영을 보장하고 번영이 다시 평화를 창출하는 선순환 구조를 강조하게 된다. 그것을 실현하기 위한 방법으로는 자주국방과 한미동맹 및 동북아 다자주의를 중시한다.

　이 구상의 특징으로 먼저 검토할 것은 지역범위다. 노무현정부는 동아시아가 아닌 동북아라는 개념을 선호한다(대통령 직속 자문기구의 명칭이 '동북아시대위원회'다). 아마도 동남아가 이미 ASEAN을 중심으로 지역통합의 주도권을 선점했기 때문에 지역범위를 동아시아로 넓힐 경우 한국의 역할이 제한될 것이라고 우려하는 동시에, 안보공동체로서의 지역통합을 중시하다 보니 동남아를 포함하는 것이 그다지 혜택이 크지 않을 것으로 예상했을 가능성이 높다. 그러나 이것은 이 구상의 한계가 아닐 수 없다. 한국에서 제기한 전략으로서 한국의 주도적 역할을 부각하기 위해서라도 주변 국가들과의 협력을 끌어내 강대국인 중일 간의 경쟁을 조정하는 평화의 중개자 내지 촉진자 역할을 수행하는 것이 중요한데, 동북아로 지역을 제한함으로써 자신의 우세한 기반에 대해 스스로 눈감는 결과를 빚고 있다.

　이와 더불어 동북아 통합의 방법으로 자주국방, 즉 군사적 자주가 강조되는데, 국력의 구성요소에서 군사력에 대한 지나친 강조는 지역평화 구축이라는 비전과 충돌하기 쉽다. 이보다는 한국정부가 '동북아시대' 구상을 국가적 과제로 제기하게 된 근거가 중견국가 한국의 현실적 국력과 더불어 도덕적 우위에 대한 자부심인만큼 동아시아의 인권과 민주주의 증진을 위한 프로젝트를 제시하는 것이 더 효과적인 방법이 아닐까 한다. 물론 자주국방 구상이 일본의 보통국가론, 중국의 화평발전론 및 북한의 선군주의(先軍主義)·강성대국론에 대한 대응책이기에 현실적으로 불가피하다고 변호될 수도 있겠지만, 평화의 동아시아 구축에 장애가 되기 쉽고, 내부개혁에도 역효과가 날 수 있다.

　이 점에서, 최근 한국의 시민운동단체인 참여연대 평화군축센터 (2003년 3월 설립)에서 제기하여 논쟁을 촉발한 '평화국가' 구상의 의의가 돋보인다.[18] 사실 현행 한국헌법은 이미 침략전쟁 포기와 전수방위형(專守防衛型) 평화주의 원리를 담고 있으므로, 한국이 기존의 안보국가에서 평화국가로 국가의 정체성을 바꿔야 한다는 의제설정이 그다지 새롭지 않을 수 있다. 그러나 구상의 핵심이 한미동맹 재조정기인 지금 북한에 대한 군사력 우위를 점하는 남한의 선도적인 군축에 있기에 과감한 문제제기라 할 수 있다. 대체로 군축을 동북아 평화정착이나 남북한 상호신뢰 구축의 '결과'로 생각하는 데 우리가 익숙하기 때문이다.

'평화국가'라는 발상을 통해 자주국방과 안보 개념에 한층 더 근본적인 문제제기를 하면서, 끊임없이 안보위협을 재생산할 수밖에 없는 남북한의 지배담론에 맞서 한반도 평화의 실현을 위한 대항담론을 형성하려 한 것은 21세기 한반도를 향한 참신한 진로 모색이라 하겠다. 더욱이 그 구상이 한반도에 머물지 않고 한반도문제가 동아시아 전체의 문제임을 부각시켜 분단체제를 극복하면서 동북아 평화체제를 추동하는 길을 모색한다는 점은 이채롭다. 구체적 방안으로는 (2005년에 한국이 주도해 포괄적 협상안을 이끌어낸) 4차 6자회담의 9·19공동성명에서 드러난 것처럼 한반도 평화체제와 동북아 다자 간 안보협력을 연계하는 방식을 중시한다. 또한 이를 궁극적으로 뒷받침할 동북아 시민사회 형성에 한국이 촉매제 역할을 할 것으로 설정한다. 이처럼 평화국가는 동아시아를 향해 소통의 가능성이 열려 있는 비전이라고 할 수 있다.

물론 이 구상이 근본적인 과제에 대한 주의환기에 그치지 않고 구체적인 정책을 산출해나가려면, 만만치 않은 문제에 봉착할 것이다. 특히 구상의 요체인 남한의 선(先)군축론만 보더라도 그 적정 수준에 대해 남한 내부에서 합의를 얻거나 한미동맹의 틀 안에서 조정하기가 쉽지 않다는 것은 누구나 예상할 수 있다. 이 문제는 남한이 먼저 '평화국가'

가 되고 남북한의 상호작용을 통해 북한 또한 평화국가로 전환해야 한다는 단계설정에서 초래된 것으로 볼 수 있다. 평화체제가 분단영구화로 귀결되지 않도록 통일의 전망 속에서 평화의 제도화를 추구해야 할 것이다.

이 문제와 관련해, 2001년 6·15선언에서 합의된 대로 남북이 지속적인 화해와 교류를 축적하여 '국가연합 혹은 낮은 단계의 연방'에 도달하는 것, 즉 "남과 북이 함께 (평화국가라기보다는) '평화적 안보국가'로 전환하는 것이 최선의 실현 가능한 길"이라고 주장한 견해가 설득력 있게 들린다.[19] 이 길을 따라가면 '현재진행중인' 남북의 점진적 통합과정이 동북아의 긴장을 완화하고 평화와 통합에도 기여할 수 있는 만큼 주변 국가들이 평화적 안보국가로 전환하는 데 용이하다. 따라서 남한만의 평화국가 만들기보다 더 믿음직한 방안이 된다.[20]

그러나 정부의 정책구상에서는 더 말할 나위도 없지만, 시민사회 내부의 논의에서도 동아시아공동체와 한국 내부의 개혁이 어떻게 서로 연동하는지를 설득력 있게 규명한 내용이 아직은 적은 편이다.[21] 한반도에서 진행되는 '남북의 점진적 통합과정과 연계된 총체적 개혁'의 필요성을 강조하고 그 총체적 개혁운동이 동아시아 평화 구축에 핵심적 의미를 지닌다는 시각에서 세부적인 논의들이 이제 막 시작되고 있다.[22] 예컨대 한국사회의 양극화문제를 해결하는 방안으로 한반도 단일경제권, 동아시아 분업관계 및 네트워크형 전략적 투자를 결합시킨 발전전략이라든가, 동아시아적 감수성을 키우는 동아시아공동체의 문화적 체험장으로서 한국의 문화공간을 재편하자는 주장 등이 나왔다. 한반도의 통일이 한반도 안의 관심사에 그치지 않고 동아시아적·세계적 차원의 평화체제 구축에 기여하는 것임을 이론적·실천적으로 입증하는 일은 앞으로 더 심화되어야 할 과제다.

5. 전략적 지성의 결집과 '실감으로서의 동아시아'

한·중·일 세 국가에서 나타난 지역공동체에 대한 담론을 비교해보면, 정부 주도의 논의에서는 경제통합이 추동력으로 작동한다는 점이 먼저 공통점의 하나로 떠오른다. 또다른 공통점은, 대체로 미국과의 관계를 우선시하면서도 그런 구조적 제약 안에서 동아시아의 상대적 자율성을 확보하기 위해 다자주의를 중시하는 열린 지역주의와 중층적 지역질서를 추구한다는 것이다. 이러한 공통점은 동아시아가 냉전시기 진영 간의 분열된 지역에서 벗어나 통합된 지역을 스스로 만들어 평화와 번영을 이룩하겠다는 의지에서 나온 것이다. 그 방향은 1990년대 탈냉전기에 접어들면서 각 진영의 내부결속이 이완되어온 동아시아의 변화상이 허용하고 요구하는 것이다.

한편, 이 같은 공통점의 이면에는 지역공동체를 추진하는 데 각 국가가 어떤 역할을 수행할 것인가를 두고 입장의 차이도 분명히 존재한다. 이것은 정부 차원의 지역통합이 주도권의 유혹으로부터 자유롭지 않기 때문에 불가피할지도 모른다. 각 정부로서는 지역이익과 국가이익이 충돌할 경우 국가이익의 관점을 선택할 가능성이 높다. 더욱이 동아시아 국가 간 국력에 커다란 차이가 있기 때문에 갈등의 여지가 그만큼 더 크고, 평화의 가능성은 그만큼 더 적어질 수 있다.

그렇기 때문에 동아시아 시민사회가 국가 중심의 지역전략을 규율하고 견제할 수 있는 가능성에 기대를 걸게 된다. 동아시아 지식인들은 '비판적 지역주의'에 대한 활발한 논의를 통해 국가중심적 사고를 극복하고 지역으로 인식의 지평을 넓히는 데 기여하면서 여러 형태의 연대 활동을 시도해왔다. 또한 다양한 영역의 시민연대운동이 가능한 범위에서 점진적이고 실질적인 통합을 이뤄가는 방식도 중요하다. 동아시아 각국의 시민사회 성숙도에 차이가 있으며 이제까지의 연대운동 경험도 분산된 나머지 제대로 축적되지 못했지만, 그럴수록 연대의 경험을 계승하고 공유하는 일이 더욱 소중해진다.[23]

혹시 이러한 방식이 국가의 역할을 배제한 채 여러 수준에서 교류가 확대되면 공동체가 형성될 것으로 믿는 기능주의적 통합에 기댄 것이라면 안이한 발상이라고 비판받을 수도 있겠다.[24] 이런 비판은 평화를 위한 공동체의 형성이 본질적으로 정치적 결정의 산물일 수밖에 없다는 관점에서 나온 것일 터인데, 비록 이 비판이 동아시아 지역통합의 다면성과 역동성을 간과한 정태적 관점이긴 하나, 그냥 무시해서 될 일은 아니다. 이 비판을 수용하면서 넘어설 길을 찾아야 한다. 여기서 그 해결책으로 정부 차원에서의 국제적인 협력과 시민사회 차원의 초국가적 연대라는 두개의 층을 '민주적 책임'을 매개로 해서 연결하려는 시각을 주목하고자 한다. 이를 통해 정부와 시민사회는 긴장과 협력의 관계를 유지할 길이 열릴 것으로 기대된다.[25]

이제 남은 과제는, 평화의 동아시아(나아가 세계)를 이룩하기 위해 동원할 수 있는 모든 자원[26]을 활용하여 동아시아공동체의 틀을 새롭게 구성하는 전략적 지성을 널리 결집하는 일이다. 그 과제를 수행함과 동시에 해당 국가에서 주민의 참여를 극대화하는 방향으로 내부개혁을 추동할 수 있어야 한다. 이미 이 지역에서 부분적으로 추진되고 있는 FTA라는 형식의 경제통합에 대한 주민의 반응을 통해 우리는 지역통합이 과연 평화의 상상력을 실현시켜줄지를 성찰하지 않을 수 없게 되었다. 주민이 동아시아공동체의 의의를 일상생활 속에서 피부로 느낄 수 없게 된다면, 우리는 동아시아인으로서의 정체성을 갖기 힘들 것이다. '실감으로서의 동아시아'•가 동아시아공동체 형성의 성패를 가르는 핵심적 요인으로 떠오르는 이유가 여기에 있다.

• '실감으로서의 동아시아'에 대한 본격적인 논의는 본서 제1부 6장 「아시아의 다양성과 실감으로서의 동아시아」 참조.

제4장

제국을 넘어 동아시아공동체로

1. 세 제국과 동아시아 질서

갈등과 분열의 역사를 넘어 평화와 공존공영의 동아시아를 만들자는 논의와 실천이 우리 사회를 포함한 동아시아 이곳저곳에서 활발하다. 이 과제를 21세기 초입에 들어선 우리가 제대로 감당해내려면 무엇보다 현실의 제약을 돌파할 창조적인 상상력이 요구된다. 이 책[*]에서 동아시아 질서의 역사를 돌아보는 이유가 바로 여기에 있다. 역사적 유추가 우리의 상상력을 키우는 데 기여할 것으로 믿기 때문이다.

동아시아 질서란 일정 기간 동아시아 국가 간 문제가 운용되고 국제관계가 유지되는 어떤 특정한 패턴을 가리킨다. 여기서 '일정 기간'이

---

[*] 원래 본 장은 백영서 외 『동아시아의 지역질서: 제국을 넘어 공동체로』, 창비 2005의 총론이었다. 따라서 본 장에서 거론된 필자들의 글은 모두 이 책에 수록되었음을 밝힌다. 각 글의 출처는 별도의 주석으로 밝혀둔다.

라고 시간적 범위를 한정한 것은 동아시아 질서가 역사적으로 변화해 왔고 또 앞으로도 변동 가능하다는 뜻이다. 실제로 동아시아 국제관계가 작동된 특정 패턴의 궤적을 돌아보면, 중국-일본-미국으로 중심국가가 교체됨에 따라 국제관계도 달리 규정되어왔다. 이 글에서는 그 변화를 중화제국, 일본제국 그리고 미제국이 주도한 질서의 등장과 팽창 및 소멸의 과정으로 파악함으로써 각 질서의 역사성을 규명해보고자 한다.

물론 세 질서를 '제국'이라는 개념으로 파악하는 데 논란이 따를 수 있다.[1] 따라서 이 글에서 제국이라는 의미를 어떻게 쓰고 있는지 먼저 간단하게라도 설명하면서 혹 있을지 모를 오해를 최소한이라도 피하고자 한다. 제국이라는 개념의 핵심은 제국 본국이 주변부 국가들—동아시아 지역질서의 역사에서 조공국, 식민지, 위성국(衛星國)으로 성격이 각각 변화되었다—과의 관계에서 일정한 위계질서를 창출하여 제국 권역(圈域) 안에 있는 국가들의 대내외적 정책을 독점적으로 규제하는 권력이 아닐까 한다. 이 점에 착안하여 제국이라는 시각에서 근대 이전과 이후의 동아시아 질서의 작동방식을 비교한다면 각 질서들의 개별 특징은 물론이고 질서 간의 연속성까지 효과적으로 이해할 수 있으리라 기대한다.

물론 동아시아 질서를 제국이라는 시각에서 설명하다 보면 중심국가의 규정성이 지나치게 부각된 나머지, 동아시아 질서에서 주변적 존재의 역할을 포함한 그 질서 자체의 역동적 변화과정이 소홀히 다루어질 우려가 있다. 이 때문에 필자는 '주변의 시각'을 아울러 견지하고자

• 제국 개념에 대한 좀더 진전된 논의는 본서의 에필로그 참조.

한다.[2] 특히 주변국의 하나이자 우리가 생존하는 터전인 한국(곧 한반도)의 지위와 역할에 초점을 맞춰 동아시아 질서의 역사를 되돌아보고 21세기 새로운 동아시아의 가능성을 내다보려고 한다.

2. 중화제국과 소중심

전통시대 동아시아 국가 간 관계의 특정 패턴은 중국이 주도한 화이(華夷)질서라 불러도 무방하다. 그런데 이를 중화제국의 질서라고 규정한다면 이에 대해서는 논란이 있을 수 있다. 중화제국이 단순히 황제가 지배하는 중국정치체제(즉 제정帝政)를 의미한다면 몰라도, 하나의 제국권역(帝國圈域)으로서 제국 본국이 주변부 국가의 대내외적 정책을 규제한 위계질서를 가리킨다면, 과연 동아시아 국가 간의 실제 관계가 그러했는지에 대해 이견이 있을 수 있기 때문이다.

중국의 화이질서는 으레 중국 황제와 주변의 여러 국가의 군왕들 사이에 형성된 예(禮)적 관계에 바탕한 국제질서로 이해된다. 그 원형은 진(秦)·한(漢) 통일왕조가 출현하여 주변의 여러 국가·민족과 정치적 관계를 맺은 데서 찾을 수 있다. 그후 세계제국을 지향한 수(隋)·당(唐) 왕조에 이르러 그 성격이 좀더 명확해졌지만, 고대제국이 해체된 이후 국제질서가 체계화한 것은 15세기 초 명조가 성립하여 조공(朝貢)제도가 갖춰지면서부터다.

이 화이질서의 첫번째 특징은 중국인의 세계관인 화이사상을 그 중심원리로 삼은 점이다. 중국을 세계의 중심으로 보는 자민족중심주의를 바탕으로 중국을 문명의 중심인 '화(華)', 주변을 그에 뒤떨어진 '이(夷)'로 파악하고 그 문명의 정도에 따라 차등을 둔 위계질서의 문명권이었다. 그런데 이것이 주변부에서도 문명의 표준으로 수용됨으로써 문화적 보편주의의 외양을 갖추었다. 물론 역사 속에서 중화제국이 자기가 처한 현실적 상황과 필요에 따라 주변국에 무력으로 복종을 강제한 적이 실제로 있었다. 그러나 명청 대에 체계화된 조공관계는 중국이 정치적 직접지배를 의도하지 않고 주변국 군주를 책봉하여 내정과 외교에 영향력을 행사하는 간접지배방식을 취했고, 특히 만주족의 청조는 그 넓은 판도 내에서 다양한 민족의 이질성을 포용하는 다원적 양상을 보였다. 또한 이를 보완하는 것이 중국적 천하관 내지 화이관을 공유한 문명공동체의 성격이었다. 바로 이러한 특징 때문에 중화제국질서는 중국에 의해 일방적으로 강요된 지배종속의 위계관계가 아니었고, 근대세계에 출현한 제국주의적 지배관계와는 더 거리가 먼 다원적·관용적 질서였으며, 따라서 제국질서의 대안논리를 모색하는 사상적 자원이 될 수 있을 것으로 오늘날 해석되기도 한다.[3]

여기서 필자는 중화제국의 '제국성(帝國性)'에 주의를 환기하고 싶다. 그것은 중국의 역대 왕조가 자신의 정통성을 확보하기 위해 추구한 팽창적 지향으로서 중화제국을 이해하는 관건이기 때문이다. 모든 왕조가 천하를 통일해 제국의 권력을 중앙에 결집하는 대일통(大一統)을 추구했지만, 주변의 사이(四夷)를 지배하거나 세력범위에 넣어 대일통을 실현한 중화왕조야말로 중화제국이다(예컨대 진秦·한漢·당唐·원元·청淸). 따라서 중화제국은 당연히 중화왕조이지만 중화왕조가 다 중화제국이라 불릴 수 있는 것은 아니다. 이 대일통 관념은 정복왕조의 통치이데올로기에도 영향을 미쳤다.[4] 그리하여 서쪽으로는 사막, 동쪽으로는 바다로 한계 지어진 지리적 범위 안에서 일단 지배했던 영역에 속한 여러 민족·지역을 제국으로 통일하고 그 분열을 인정하지 않는 국가

조직을 정통적인 것으로 간주하는 집단기억이 중국인에게 깊이 각인되어 있다.

그렇다면 중화제국의 주변은 왜 이 질서에 참여했을까? 정용화(鄭容和)는 주변의 자발적인 참여동기를 조선의 사례를 통해 심층적으로 설명한다.[5] 중국과 바다로 격리된 일본과는 달리 바로 인접한 조선은 조공을 통해 중국으로부터 국가안보와 내치외교의 자주공간을 보장받았다. 또한 유교문명권의 중심인 중국의 천자로부터 책봉받음으로써 지배권의 정당성을 보증받았다. 특히 임진왜란 같은 외침이나 민중반란으로 정권이 위기에 처한 때일수록 더욱더 조공제도에 의존해 국제적 정권보장을 얻으려 했다는 것이다.

화이질서의 또다른 특징은 중국 황제와 주변부 군왕 사이의 조공과 회사(回賜)의 관계에서부터 국제교역관계가 파생되었다는 점이다. 조공의 횟수, 규모 등으로 볼 때 교역이 제한될 수밖에 없는 한계 안에서 국가 간의 무역인 공(公)무역뿐만 아니라 조공사절에 끼어든 특권상인과 상대 측 특권상인 간에 사(私)무역이 이루어졌다. 이 점에서 보면 화이질서는 국가·왕조 간의 의례적인 대외관계이자 외교와 통상이 상호 보완된 국제질서였다.

이러한 중화제국의 특징은 주변국에서 볼 때 더 잘 드러난다. 강진아(姜抮亞)는 서구보다 앞선 중국경제의 생산력과 선진적 기술력에 주목하여, 주변국이 중화제국에 참가한 것은 '강력한 중국'이 아니라 '부유한 중국' 때문이었다고 주장한다.[6] 근래 동아시아를 중심으로 세계사를 새롭게 해석하는 연구흐름에 따르면 중국은 비단, 차, 도자기 등 세계무역의 주요 상품에서 독보적인 기술력과 생산력에 힘입어 16세기부터 300여년간 세계경제의 중심으로서 거대한 은 유입의 대외무역구조를 유지해왔다(유럽과 격차가 벌어지게 된 것은 은이 유출되기 시작한 1820년대 이후다). 바로 이 긴 기간에 공식적인 조공무역체제가 약화되고 사무역이 활기를 띤 국제교역의 변화가 일어났다. 그래서 초기에는 조선이 조공체제에 밀접하게 편입되어 있어 일본 등 다른 지역보다 앞서 안정적인 물품공급과 기술획득에 유리했기 때문에 '중국 따라잡기형 발전'에서 앞설 수 있었지만, 나중에는 일본처럼 변방에 있는 국가가 더 유리했다고 한다.

그렇다면 중화제국은 왜 붕괴했을까? 역시 주변의 시각에서 그 이유를 생각해볼 수 있는데, 그러기 위해서는 먼저 중국을 중심으로 한 동아시아 질서가 그 속에 여러 소중심질서가 존재한 중층적인 세계라는 사실을 이해해야 한다. 중화세계 속의 소중심들은 중국의 화이관을 빌려와 자신의 주위에 적용했다.[7] 예컨대 한반도에서는 일찍이 고구려가 스스로를 화(華)로 자처하고 변방 민족을 속민으로 삼았고, 조선왕조의 세종과 세조는 대여진(女眞)정책으로 조공을 바치게 했으며, 일본이 조선을 '대국' 또는 '상국(上國)'으로 부르는 데 만족했다. 조선 후기 만주족 정권인 청조가 중국대륙을 지배하자 조선이 '소중화'로 자처한 것도 이런 맥락에서 이해할 수 있다. 비슷한 사정은 일본과 베트남이 그 주변과 맺은 관계에서도 나타났다. 이런 역사적 현상을 '중화사상을 나눠가지는 것〔分有〕'으로 보면 이 지역을 '중화사상공유권(中華思想共有圈)'이라 지칭하는 것도 가능할지 모른다.[8] 이러한 소중심들의 역할을 조공무역체제라는 커다란 틀 안에서 파악하면, 특히 베트남·조선·일본 같은 주변국들이 '또다른 소규모 조공체제'를 형성해 중국중심적 질서를 변혁하려 한 시도가 이 지역의 역사를 움직인 주요 동력이었다는 해석도 가능해진다.[9]

필자는 중화세계의 중층성이야말로 중화제국을 변화시킨 내적 요인이라고 본다. 이미 19세기 후반 이전, 특히 만주족 청이 한족의 명조를 대신한 16세기 말 이래 중국 중심의 질서를 주변국이 비판적으로 보게 되면서 소중심으로서의 정체성(identity)이 체계화되고, 나중에 그것이 국민국가 형성의 동력인 민족적 정체성으로 발전하는 데 어느정도 기여했다. 그러나 그것은 어디까지나 중화세계의 변화를 촉진한 내부 요인으로 작동했고, 그 틀 자체를 바꾸는 힘은 외부, 즉 서구에서 발원한 세계 자본주의체제의 충격에서 왔다.

중화제국이 내외적 요인의 작동에 의해 하나의 국민국가로 변화하는 과정은 서구역사에서 중세 제국이 작은 국가로 분열하면서 국민국가들이 탄생한 과정과 사뭇 달랐다.[10] 전통적 제국으로서의 중국 내부 각 민족이 국민국가 형식으로 독립하지 못하고 중국은 청조 이래의 영토를 거의 그대로 유지한 채 국민국가로 전환했다. 단지 그 주변에 위치한 일본·한국·베트남 같은 동아시아 국가들이 조공체제에서 벗어나 중국과 대등한 국민국가로 독립하여 '국민국가라는 옷을 걸친 제국' 중국을 타자로 삼아 자신의 주체성을 수립하는 변화가 일어났을 뿐이다.

3. 일본제국의 좌절된 대동아공영권

중화제국이 동요하면서 동아시아는 서구 열강이 표방한 만국공법에 입각한 새로운 질서로 재편되었다. 그것은 새로운 주권 개념에 근거해 주권을 가진 국가들끼리 계약, 즉 조약을 맺는 국제관계로의 전환을 뜻했다. 이 새로운 질서로 전환하는 과정에서 각국은 적어도 형식적으로 평등한 지위를 갖도록 재조정되었다. 그러나 근대세계에서 주권 개념

에 기초한 만국공법의 원리가 현실적으로 준수된 것은 아니었으며 그
것을 관철시킨 것은 자본주의의 동력과 그것을 강제하는 수단인 군사
력이었다. 주권의 원칙과 실제의 간극은 예외적 상황이 아니라 오히려
정상적인 것이라고까지 말할 수 있다. 근본적으로 근대 국제질서는 만
국공법과 문명의 국제질서가 내세워지면서도 패권국가가 그 질서의 방
향을 잡는 모순이 내재된 것이었다.

이때 동아시아에서는 패권국가가 존재하지 않아 불안정한 질서가 계
속되었다. 어찌 보면 '중심 없는 동아시아'라고 부를 만한 상황이었다
고도 할 수 있다. 그렇게 된 이유를 김기정(金基正)은 세계체제론의 시
각에서 설명한다.[11] 19세기 후반 세계체제는 구조변동을 겪는다. 영국
이 패권국으로서의 지위를 잃자 독일을 위시한 국가들이 중심부로 상
승하면서 세계체제는 '단일 중심 구조'에서 '다원 중심 구조'로 변동이
이루어졌다. 이 같은 변동과정에서 열강들 간 치열한 경쟁이 불가피해
져, 새로 편입된 주변에 외압이 가중되었다. 특히 동아시아에서는 독일
과 미국 그리고 러시아 등 후발 자본주의국가들이 몰려든 데다 일본이
이에 가세함에 따라 극히 불안정한 중심-주변의 구조가 형성될 수밖에
없었다.

중화세계의 변방에 위치했던 일본은 몰락하는 중화제국을 대신해
'화'의 지위에 도달하기 위해(이른바 화이변태華夷變態) 서구문명을 도
입하고, 결국 체제개혁에 성공했다. 그리하여 구미 열강의 외압 아래 개
항하면서 불가피하게 받아들였던 불평등조약체제를 단계적으로 개정
하는 데 성공했고(1899년 치외법권 철폐, 1911년 관세자주권 회복 등),
이에 따라 주변부에서 반주변부로, 급기야 중심부로 진입하면서 일본
제국 권역의 기반을 다졌다. 특히 불안정한 질서를 활용한 일본은 열

강의 세력 블록화 추세에 힘입어 영국과 동맹체제를 형성하고 러시아
의 남하를 견제하면서 이 지역의 '중심'으로 상승할 수 있었다. 그러한
일본의 대외전략을 미국도 지원했다. 미국은 일본과의 협력을 통해 중
국에서 상업적 이익을 확보하려 했기 때문이다. 그 덕에 일본은 대만
(1895년)에 이어 조선(1910년)을 병합할 수 있었고, 더 나아가 1931년에는
중국 동북지방을 분리시켜 '만주국'을 세워 제국의 판도를 확대할 수
있었다. 그러나 바로 이때부터 영미와 갈등을 겪기 시작했고, 일본이 중
국 내륙으로 세력을 계속 확대하면서 1937년의 전면적 중일전쟁을 고
비로 그 골은 더 깊어질 수밖에 없었다. 그 상황에서 일본이 선택한 길
은 불안정한 '중심 없는 동아시아'를 바꿔 지역질서를 주도하는 것이었
다. 그리하여 구미의 식민지 지배 타파와 아시아 여러 민족의 해방을 명
분으로 내세워 전통시대 중화세계를 대체하는 대일본제국의 자급자족
체계(즉 대동아공영권)를 창출하고자 했다.

대동아공영권은 미국과의 관계가 악화되고 유럽에서 독일이 승승장
구하는 정세에 대응해 이 호기에 편승함과 동시에, 이로 인해 독일이 동
남아지역에 개입할 가능성을 배제하기 위해 1940년 8월 이래 몇달 사
이 급작스럽게 일본제국에 의해 추진된 면도 있다. 하지만 그 사상적 맥
락은 일본이 중화제국의 주변성을 벗어나는 과정에서 형성한 아시아주
의에 닿아 있다. 일본은 근대화를 추진하던 초기부터 서구와 구별되는
독자성을 가진 '동양'이라는 개념을 창안해 중국을 그 지역의 일원인
일개 국민국가로 상대화함과 동시에 일본의 주체성을 찾고자 했다. 그
흐름이 일본의 아시아주의인 셈인데, 그 사상적 계보의 일부로서 특히
1937년 중국과의 전면전이 벌어진 이후 중일전쟁이라는 지구전의 조속
한 종식과 동아시아 질서의 '평화적' 재편을 위해 제안된 것이 동아신

질서론이다. 그 안에 여러 갈래가 있는데, 임성모(任城模)는 그 가운데 가장 급진적인 오자끼 호쯔미(尾岐秀實)의 동아시아 협동체론을 분석해 그 가능성과 한계를 짚어본다.[12] 중국의 사회주의혁명에 연대하면서 일본을 변혁하고 더 나아가 일본을 비롯한 동아시아의 민중을 주체로 동아시아의 사회주의적 개조를 구상한 오자끼의 이론은 동아시아 협동체론의 사상적 '임계점'을 극명하게 보여준다. 비록 그의 구상은 현실 속에서 좌절되고 말았지만 당시 우파가 장악한 아시아주의와 좌파가 장악한 국제주의 사이에 다리를 놓고, 지역구상과 일본 내부개혁론을 통합하려 한 그의 독특한 사상은 일본의 아시아주의를 이해하는 데 빠뜨릴 수 없는 위치에 있다.

이 같은 동아시아 협동체론이 일본과 중국을 축으로 내셔널리즘의 조정과 일본의 사회구조 변혁을 주장한 데 비해, 대동아공영권은 초(超)내셔널리즘에 호소해 동아시아에서 일본의 패권을 추구한 것으로 이해할 수 있다. 물론 양자 간의 연속과 단절에 대해서는 논란의 여지가 있지만, 김경일(金炅一)은 양자를 구별한다.[13] 대동아공영권의 이념은 서구라는 타자에 대한 아시아적 정체성을 추구하고 아시아 각 민족과 국가의 상호연대의 열망을 표출한 면이 있지만 근본적으로 아시아주의로부터의 일탈이고, 특히 군사논리에서 나온 구상이며 전통적 가족윤리와 천황제 이데올로기를 아시아 차원으로 확장한 것에 불과하다. 그들이 서구적 가치를 극복하는 보편적 이념으로 창안한 '근대초극'론이나 세계사의 원리도 일본의 필요에 의해 아시아인에게 부과되었던 것일 뿐이다. 이와 같이 일본제국은 중화제국과 달리 이념적으로 문명의 표준 같은 것을 제공할 위치에 있지 못했다. 그래서 정치적·군사적 힘을 동원한 직접지배에 의존해 제국을 유지했던 것이다.

또한 이러한 이념이 경제영역에서 뒷받침된 것도 아니었다. 일본제국은 중화제국처럼 풍부한 경제력에 의해 주변국을 끌어들인 것이 아니라 오히려 제국권의 중심, 즉 본국 일본에 빈약한 자원을 확보하기 위해 주변국을 수탈하는 구조, 달리 표현하면 '공영'이라는 군사적 의미에서만 실현될 수밖에 없는 구조임이 패전으로 드러났다. 이와 관련해 일본제국이 자급자족을 위해 수립한 대동아공영권의 분업구조의 실제 작동방식과 그 영향을 점검하는 작업이 요구되는데, 여기에서 본격적으로 다루고 있지는 못하다. 대동아공영권이 과연 일본의 자본과 기술과 이웃 나라들의 농업경제를 조화롭게 잇는 동아시아 국가 간 분업체계로 작동했는지, 또는 중심(일본)과 반주변부(조선 등) 및 주변부(만주 등)로 구성된 3원적 구조를 가진 독자적 지역체계였는지 등도 더 깊이 논의해볼 주제다.[14]

바로 이러한 특징들은 일본제국이 과연 동아시아에서 제국이라는 규정에 걸맞은 독점적 권력을 지녔는지 의문을 갖게 한다. 1940년대 전반부의 극히 짧은 기간 구미와의 갈등 속에 배타적 권력을 이 지역에 강제하다가 곧 좌절되고 만 제국 또는 '준(準)제국'으로 볼 수밖에 없지 않을까.[15]

4. 냉전기 미제국의 아시아-태평양 질서

일본제국의 몰락 이후 동아시아 각국은 온전한 탈식민지화, 즉 정치적 독립과 경제적 자립을 시급한 과제로 삼았다. 그런데 그것을 추진할 국민국가 건설이 미국과 소련이 주도하는 세계적 냉전질서의 자장 속에서 굴절되었다. 동아시아 질서 역시 기본적으로는 동아시아에서 형성된 자유진영과 공산진영의 대립구도에 종속되었다. 특히 양대 패권국의 하나인 미국은 소련을 앞세운 공산진영이 존재하는 한 개별 국가에 개입하면서 각국 간 관계를 자유진영의 결속에 예속시킬 수 있어 안정된 구조를 유지했다. 이 점에서 보면 미국은 소련과 더불어 위성국가들을 거느린 제국 중 하나였다. 그 제국은 "이데올로기, 경제적 상호작용, 기술이전, 호혜, 그리고 군사협력에 기초한 훨씬 더 광범위한 동맹으로 확대 발전되었다".[16] 미국은 제국의 결속을 유지하기 위해 동아시아 각국에 자신의 사회체제를 강요했을 뿐만 아니라 심지어 한반도와 베트남에 군사적으로 개입했다.

미국이 이렇듯 제국적 질서를 유지할 수 있었던 것은 2차대전 이후 압도적으로 우위에 있는 군사력말고도 가장 높은 경제력(생산적 효율성과 방대한 시장, 기축통화 달러)과 동맹국들의 정치적 지지 및 패권유지를 위한 이데올로기를 두루 갖추고 있었기 때문이다.

먼저 정치적·군사적 영역부터 살펴보면 미국은 일본제국과 달리 식민지를 직접 지배하지 않았다. 그 대신 개별국가들과 양자 간의 동맹을 통해 동아시아를 간접적으로 지배하는—필요한 곳들에 미군이 주둔하는 군사기지를 설치했지만—지역통합방식을 채택하고 일본을 하위 파트너로 삼는 전략을 추진했다. 말하자면 비공식 제국인 셈이다. 김명섭(金明燮)에 따르면 미국은 처음부터 유럽에서와 마찬가지로 동아시아에서도 지역통합을 시도했다.[17] 단지 유럽이 식민지였던 동아시아와 맺었던 관계를 회복하여 유럽의 발전을 도와주는 방식인가, 아니면 일본을 중심으로 한 지역통합전략을 추진하는 방식인가를 둘러싸고 이견을 보였는데, 결국 미국은 일본을 부흥하는 쪽을 선택했다. 2차대전 종전 직후 미국은 범아시아주의의 부활을 경계했지만, 동아시아가 열전의 와중에 빠져든 1951년 쌘프란시스코 평화조약과 미일안보조약을 체결함으로써 미국에 대한 독소만을 제거한 '대동아', 달리 말하면 경제적으로 일본 중심의 수직적 지역분업체제의 골격을 갖춘 대동아공영권의 경제적 연계망을 부분적으로 부활시켰다. 이것은 일종의 '공표되지 않은 지역통합'이다. 일본의 지도층은 이 질서에 적응하면서 파편화된 자신의 제국을 새롭게 살릴 수 있는 호기를 적극 활용했다.

이러한 미국의 지역통합전략에 대해 동아시아 각국이 처음부터 순응했던 것은 아니다. 일찍이 한국의 이승만, 필리핀의 퀴리노(Quirino), 중화민국의 장 제스(蔣介石) 등은 반공동맹의 성격을 띤 태평양동맹을 구성하고자 했다. 이것은 미국의 반대로 곧 무산되었지만, 그 취지의 군사적 측면은 유럽과 동남아국가들이 참여한 동남아시아조약기구(SEATO)에서 되살아났다. 또한 한국전쟁의 충격 속에서 인도의 주도로 1955년 반둥회의에 결집한 비동맹세력의 동향도 자생적 지역질서 형성의 움직임으로 주목할 만하다. 여기에 참여한 아시아국가들은 제3의 길, 즉 사회주의적 방식도 미국식 방식도 아닌 새로운 형태의 발전노선을 모색했다.

그러나 이러한 시도는 1960년대 미국의 새로운 정책 때문에 실패로 돌아가고, 미국은 자유를 지지하는 세력균형을 이루는 데 성공한다. 그리하여 미국 중심의 동아시아 안보질서와 그에 대응하는 경제영역이 유지될 수 있었다. 그 원동력은 미국이 가진 경제적 흡인력에서 나왔다. 특히 그 시장을 아시아 동맹국들에 개방해 아시아-태평양 경제의 연계망을 구축할 수 있었고, 이 때문에 동맹국들이 경제적·안보적으로 미국에 종속되었다. 이때 미국이 주도하는 '아시아-태평양'이라는 지역 관념이 출현하게 된다. 이 과정에서 1960년대에 이르러 '부자클럽'에 가입할 수 있을 정도의 경제력을 갖춘 일본이 강력한 역할을 했고, 그 창구가 아시아개발은행이었음을 박태균(朴泰均)은 세밀하게 보여준다.[18] 그 결과 새로운 동아시아 질서는 미국과 일본의 주도 아래 한국과 동남아국가들이 배치되는 수직적 구조로 고착되었다.

이 새로운 질서에 아시아 각국이 끌려들어간 데는 미국이 전파한 이념 내지 가치관도 크게 작용했다. 1960년대 미국의 케네디정부는 종래 군사원조에 치중하던 정책을 비판하면서 아시아국가의 민족주의를 발전동력으로 삼아 근대화모델을 수용하는 개별국가를 적극 원조하는 정책을 시행하여 반공을 위한 자유진영의 결속을 도모했다. 그 결과 동아시아 각국이 개발주의를 국가건설의 절대과제로 삼게 되었다. 이것은 미국 대중문화가 전파되어 널리 소비된 것과 더불어 동아시아인이 어느정도 능동적으로 미국문명을 표준으로 받아들이게 만든 장치였던 셈이다.

이제까지 미국이 주도한 동아시아 질서를 그 중심국가의 역할과 동향을 통해 살펴보았는데, 그 역동성을 규명하기 위해서는 주변의 관점에서 그 질서를 다시 보는 것이 필요하다. 이 글에서 이러한 과제를 제대로 감당하지는 못했지만, 주변국가의 하나인 한국의 선택에 초점을 맞춰 정리해보는 것은 중요한 작업이 될 것이다. 냉전이 유지되던 1980년대까지 한국이 냉전질서의 자장 속에서 분단체제의 반쪽(기형의) 국민국가를 형성해가면서 나중에 동아시아 지역질서에 적극적인 역할을 하게 되는 역사상 없던 기회를 맞는 기반을 닦을 수 있었기 때문에 더욱더 의미가 크다.

이 시기의 한국은 냉전질서의 단순한 피해자라기보다는 그 수혜자요 이용자이기도 했다.[19] 대체로 한국의 역대정권은 미국이라는 제국에 의존하면서 냉전 논리와 그 상황을 분단체제하의 국민국가 건설의 기회로 적극 활용하고자 했다는 점에서 연속성을 지닌다. 각 정권의 차이점이라면 단지 일본과 북한의 존재에 대한 대응방식에서 발생했다고 볼 수 있다. 이것을 냉전형 국민국가라고 한다면, 이로부터 탈피하려는 시도는 노태우정권의 북방외교로 시작되어 김영삼정권의 '세계화'정책으로 이어졌다가, 김대중정권의 '햇볕정책'을 통해 어느정도 성과를 거둘 수 있었다. 이와 더불어 한국의 지식인사회는 1990년대부터 증대된 경제력과 내부 민주화에 힘입어 탈냉전의 상황에 적극 대응하면서 동아시아라는 지역주의에 대해 발신하기 시작했다.

5. 탈중심적 동아시아 질서의 모색

한국에서 한반도를 포함한 동아시아 지역을 시야에 넣고 말하기 시작한 것과 거의 같은 시기에 이 지역에서 지역통합의 움직임이 자생적으로 나타났다. 이것은 동아시아 역사 속에 존재했던 중화제국이나 일본제국 질서처럼 중심국가에 주변국가들이 종속되는 형태의 통합이 아니라 주변에서 중심으로 확산되는 지역통합이라는 점에서 새로운 시도라 할 만하다. 사실 냉전질서 속에서는 미국이 아시아 각국과 양국 간의 종적인 관계(양자주의)만 허용했기에 내부적으로 횡적인 결합(다자주의)이 대두하기 어려웠을 뿐만 아니라, 아시아 각국도 제각기 민족주의를 추동력으로 한 일국 단위의 발전주의 모델을 추구했기 때문에 지역통합에 관심을 갖기 어려웠다. 그러나 냉전 초기와 달리 1980년대 이후 그때까지 동아시아 질서를 규제하던 미국의 내적 동력과 외적 환경이 변화하기 시작했다. 말하자면 미국 패권의 안정기에 고착된 구조에 위

기의 증후가 나타난 것이다.[20]

그 위기는 일차적으로 미국 패권주의 자체가 지닌 내적 모순, 즉 패권을 지탱해주던 권력의 자원들이 극히 불균등한 데서 발생했다. 미국이 여전히 군사력에서 압도적 우위를 차지함에도 불구하고 경제와 이데올로기 영역에서는 그렇지 못하다는 것이다. 특히 경제영역을 보면 미국은 세계경제의 상품과 자본을 빨아들이기만 할 뿐 그에 상응하는 재화를 제공하지 못하는 일종의 블랙홀로 점차 변해가고 있다. 세계 최대 채무국인 미국의 경제(미국의 약한 달러와 적자)는 당장은 기축통화인 달러 덕에 버티고 있다. 그렇지만 군사적 패권주의가 초래한 막대한 군사비 지출과 그로 인해 늘어만 가는 재정적자, 그리고 이를 해결하기 위해 해외 금융지원에 점점 더 의존하는 상황에서 벗어나려고 다시 군사적 패권주의에 호소하면서 위기가 더욱더 심화되는 악순환에 빠져 있다. 또한 이데올로기 영역에서도 소련이 이끄는 공산권과의 대립을 전제로 한 자유진영의 결속이 호소력을 잃게 되었고, 미국 대중문화의 지배에 맞서 문화의 다양성을 보호·촉진하려는 움직임 또한 활발해졌다. 이와 같이 미국이 예전 같은 내적 동력을 상실한 반면 개혁개방 이후 급속도로 성장하는 중국이 이 지역에서 중요한 행위자로 자리잡은 현실은 미국에게 새로운 외부 환경이 아닐 수 없다.*

미국이 패권을 장악했던 동아시아 질서의 균열은 이 지역에서 탈중심적 질서의 새로운 가능성을 낳았다. 이 변화 속에서 동남아 통합

---

* 이런 동아시아 정세를 깊이 고려한다면, 이 지역에서의 냉전질서의 균열은 미중화해의 시동이 걸린 1971년부터 시작된 것으로 보는 것이 적절하다. 바로 이 점에 착안해 1970년대를 동아시아 지역주의의 중요한 전환점으로 파악한 마크 쎌던의 주장은 시사하는 바 크다. 마크 쎌던 「동아시아 지역주의의 세 단계」, 『창작과비평』 2009년 여름호.

(ASEAN)에 힘입어, 동아시아 지역 내부의 국경을 넘는 협력, 상호의
존 및 공식적으로 제도화된 통합이 중첩되는 네트워크가 늘고 있다. 그
주체는 정부, 기업 및 민간연대운동 등 다양하다. 특히 1996년 동아시아
경제위기 이후 ASEAN+3의 형태가 보여주듯이 그 제도화의 움직임은
추진력을 얻어, 2005년 말에 동아시아 정상회담까지 열릴 전망이다.*
미국이 주도한 '아시아-태평양'이라는 지역 개념과 경합하면서 '동아
시아'라는 어휘가 새로운 의미로 떠오르고 있다.

한편 동아시아의 지역통합 움직임은 경제영역이 선도하며 다양하고
분산된 시민연대운동이 축적되는, 밑으로부터의 통합의 특성이 강해,
비공식적 네트워크로 구성된 '연성지역주의'(soft-regionalism)[21]라 곧
잘 불린다. 반면 공식적 (주로 정부 간) 협정에 의한 위로부터의 제도창
출 과정은 더딘 편이다.

이에 대해 적어도 안보·군사 면에서 여전히 압도적 힘을 지닌 미국은
자신을 동아시아에서 배제하는 것이 아닌가 하는 의구심을 갖고 있는
듯하다. 따라서 동아시아 질서의 미래는 미국의 일극적 주도권과 동아
시아의 다극적 지역통합 노력이 타협·경쟁하는 과정에서 결정될 것으
로 전망된다. 불안정하지만 동아시아의 탈중심·다중심은 이미 시동이
걸렸다.

그렇다면 탈중심적인 동아시아에서 새로운 질서를 만드는 데 한국은
어떤 역할을 할 수 있을까? 이남주(李南周)는 이 물음을 천착해 답을 내
놓는다.[22] 그는 앞으로 나타날 새로운 질서가 불확실하긴 하나 국민국

---

* 실제로 2005년 12월 쿠알라룸푸르에서 16개국 정상이 참여한 첫번째 동아시아정상회
의(East Asia Summit)가 열렸고 이후 매년 개최되어왔다.

가들로 이루어진 종래의 질서를 유지하는 것과 동시에 국민국가를 극복하는 것, 이 두가지 힘의 방향이 지속적으로 상호 작용하는 복합적인 과정에서 형성될 것으로 전망한다. 좀더 구체적으로는 현재진행중인 지역협력체 추진 현황을 비판적으로 점검하면서 대안을 모색한다. 정치·안보 면에서는 미국이 주도한 패권질서에 대한 대안으로 거론되는 다자 간 안보협력을 지지하되, 안보협력이 발전하기 위해서는 국가 자체만의 안보가 아니라 개인적 인권의 보장·증진과 조화를 이루는 이른바 인간안보에 관심을 가져야 한다고 덧붙인다. 또한 경제영역에서 가속화되는 지역통합을 긍정하면서도 그 내부의 경제발전 단계의 차이를 고려해 공동이익을 증가시킬 수 있도록 각국의 발전모델을 조정해야 한다고 강조한다. 그는 이런 제안이 실현 가능한 것으로 기대하는데 그 근거는 동아시아의 지역통합이 미국 같은 패권지향형 국가에 의해 주도되지 않고 있기 때문이다. 그리고 새로운 질서를 만들어가는 과정에서 한국 같은 중간 규모의 국가들이 더 적극적인 역할을 할 수 있을 것으로 바라본다. 특히 한국은 비교적 발전된 민주주의와 시민사회 등 기본조건을 갖추고 있기 때문에 동아시아 협력에 더욱 적극적으로 개입해야 마땅하므로, 지역협력에 대한 새로운 자세가 요구된다는 것이다.

백지운은 새로운 지역질서를 이룩하는 주체로서 민간단체의 역할을 역설한다.[23] 역사상 출현한 동아시아 질서가 모두 제국에 의해 운영되었고, 오늘의 동아시아 지역공동체라는 개념 속에서조차 여전히 국가들의 연합체라는 관념이 작용하고 있다는 반성에서 출발하여, 국경을 초월하여 진행되고 있는 기층 민간단체들의 연대가 새로운 지역공동체의 건강한 기반이 될 것으로 기대한다. 구체적으로 그는 여러 유형의 연대운동의 실제활동 사례를 분석하여 유용한 지식을 제공할 뿐만 아니라 각국 민간운동의 차이점을 인정하면서 연대의 방향을 제시한다. 특히 동아시아 개별 국가의 민간운동의 주체가 직면한 모순이 미국정부를 포함한 여러 정부가 연쇄된 문제이고 그 폐해가 여러 국가 민중에게 미치는 만큼 그 해결도 단순히 일국 내부의 대정부 싸움이 아니라 국경을 넘는 연대운동으로 발전하지 않으면 안 된다고 일깨워준다.

이제 마지막으로 동아시아인이 탈중심의 새로운 동아시아를 건설하는 과정에서 과거의 제국이 부활할 것인가에 대해 검토해보고자 한다. 역사적 유추 못지않게 미래의 씨나리오 역시 우리의 상상력을 키우는 데 도움이 될 것이다.

동아시아 역사에서 존재했던 세 제국 가운데 미국은 가까운 미래에도 동아시아 질서에 가장 강한 영향력을 미칠 것이 분명하다. 특히 부시정권의 네오콘들이 제국적 역할이라는 용어를 모종의 사명감을 표현하는 것으로 받아들이고 군사적 수단을 활용해 '제국'의 새판을 짜려고 할지도 모른다. 그러나 앞서 보았듯이 이미 독점적 권력구조에 균열이 생기면서 다중심이 형성된 만큼 동아시아에서는 일국돌출형 다중심구조(중국식 표현으로 '일초다강―超多强')가 지속될 가능성이 높다. 반면 일본제국이 부활할 가능성은 그리 커 보이지 않는다. 일본은 과거 제국을 통치하던 시기에도 본국의 경제력과 이데올로기 측면에서 흡인력이 약했다. 현재 일본은 강한 경제력과 높은 기술 수준 및 군사력을 보유하고는 있으나 미국에 지나치게 의존하여 독자적 대외정책 결정능력이 결여되었기 때문에 미국의 하위 파트너 이상의 지위를 얻기는 쉽지 않을 것이다. 따라서 대동아공영권의 재현보다는 미일과두지배가 현실

성 높은 씨나리오일 것이다(물론 최근 일본의 우경화 경향에 우려의 눈
길을 보내는 아시아 이웃에게서 신판 대동아공영권에 대한 경계의 목
소리가 나오고 있으나, 그것은 일본의 군국주의화를 경계하기 위해 역
사적 기억을 활용하는 것으로 보고 싶다).

이에 비해 요즈음 부쩍 그 부활 가능성으로 관심을 끄는 것은 중국이
다. 돌이켜보건대 동아시아 질서는 19세기 말 중화제국이 몰락하면서
다중심이 경쟁하는 불안정한 국면에 빠져들었다. 한 세기가 지난 지금
은 거꾸로 중국의 급부상을 맞아 지역질서가 또다시 격변기로 접어들
고 있다. 그만큼 동아시아에서 중국의 지정학적 위치는 중요하다.

중화제국은 언뜻 보면 패권전성기의 미국과 유사한 점이 많다. 압도
적 초강대국의 지위를 가졌고, 세력균형적 사고에 따라 국제관계를 대
처하면서도 문명의 논리에 따라 위계적 질서를 형성했으며, 그 문명으
로써 주변의 질서 참가국들의 자발성을 이끌어냈다. 그리고 무엇보다
막대한 경제력의 혜택이 지역질서 유지에 크게 기여했다. 따라서 중화
제국이 미래에 부활하려면 먼저 경제력이 예전만 한 흡인력을 발휘해
야 한다. 중국경제의 급속한 성장으로 눈부시게 증가하는 국가경제총
량은 중국제국의 부활을 연상케 하는 관건적 요인이다. 그러나 국가경
제총량이 아닌 국민 일인당 소득지표나 내부의 계급·지역·민족 간 격
차를 기준으로 경제력, 경제성장의 지속가능성 등을 따져본다면 중국
경제력의 미래에 대해 낙관과 비관이 엇갈릴 정도로 논쟁적이어서 가
까운 장래에 중국이 미국을 제치고 세계 패권국이 될 것으로 보이지는
않는다. 그러나 적어도 동아시아에서 지역 강대국으로서 역할하기에
충분한 물적 기반은 확보할 것으로 예상된다. 또한 정치적·군사적 수
준에서 UN 안보리 상임이사국이자 핵보유국인 중국이 북핵문제 해결

을 위한 6자회담에서 수행한 역할도 지역 강대국으로서의 위치를 확인시켜주지만, 상당기간 미국의 정치·군사력에 미치지 못할 것은 분명하다. 끝으로 예전처럼 문명의 표준을 제시하여 그 주변에서 그것을 수용하게 할 능력(즉 연성권력, soft-power)이 있을지 낙관하기 어렵다. 중국이 민주주의가 아닌 대일통의 역사기억을 되살려 권력의 정당성을 추구하고 민족주의를 발전 동력으로 삼는 근대화모델에 몰두한 나머지 그 폐해를 극복할 수 있는 독자적 발전모델을 수립하지 못하는 한, 설사 중국이 동아시아 질서를 주도한다고 해도 주변국이 그를 자발적으로 지지하기는 쉽지 않을 것이다.*

　요컨대 중국이 적어도 지역적 강대국이 될 수는 있다 해도 신판 중화제국의 부활이 당장은 가능하지 않을 것으로 보인다. 더욱이 중국이 왕권 간의 국제질서에서 패권을 장악하여 화이질서가 유지되던 시기와 달리 지금은 미국·일본이라는 중심이 병존할 뿐만 아니라 민간사회도 중요한 행위주체로 참여하는 지역적 상황이 전개되고 있지 않은가. 그럼에도 불구하고 제국부활론이나 중국위협론이 대두하는 이유는 무엇일까? 그것은 앞서 보았듯이 중국이 정치·경제 영역에서 가진 힘에 대한 경계심뿐만 아니라 중국의 공산당 일당지배라는 정치체제에 대한 불신감에서 드러나는 가치관·이념의 차이에서 연유할 수 있다. 하지만 더 근원적으로는 중국이 실체적으로든 이미지적으로든 그 규모에서 압도적인 존재라고 그 주변에서 느끼게 되는 비대칭적 존재감 자체 때문에 발생한다. 이와 관련해 필자는 중국이 과연 주위에 위협적일 정도로 강대국이냐 아니냐 하는 현재의 그 실체에 대한 규명과 역사적·문화적

---

* 중국이 문명의 표준을 제시하려는 최근의 시도에 관해서는 본서 에필로그 참조.

기억 속의 대국 이미지에 대한 해명을 일단 구별해야 한다고 주장해왔다.[24] 우리는 양자를 종종 혼동하는 경향이 있다. 양자는 기본적으로 분리되지만 특정한 역사적 상황에서는 중첩된다. 이에 대해 좀더 설명해보겠다. 현재 중국이 정말 위협적 존재가 되려면 세 요소가 충족되어야 한다고들 한다. 우선 중국이 이웃을 위협할 의도(intention)와 능력(capability)이 있어야 한다. 이 두가지와 더불어 중국을 위협으로 느끼는 측의 감각 또는 인식(perception)도 중요한 요소로 작용한다. 이것에는 해당 이웃나라의 유형적 힘(국력)만이 아니라 그 나라 일반인의 중국에 대한 인식도 영향을 미친다. 그래서 중국에 대한 역사적·문화적 기억, 즉 제국에 대한 기억이 현실 속에서 위협을 구성하는 요인으로 작동하는 경우가 생길 수 있다. 그럴 때 비로소 구별되는 두 차원이 연결된다.

이 점은 중화제국뿐만 아니라 일본제국을 주위 이웃이 위협적으로 느끼게 되는 경우에도 적용된다. 따라서 중국과 일본이 자신의 미래의 발전전략을 주위가 위협적으로 받아들이지 않게 하려면, 개별 국가의 발전전략을 공존공영의 동아시아에 기여하도록 조정 내지 개혁해야 함은 물론이고, 자국 민중 속의 '풀뿌리 제국의식'[25]까지 제거할 수 있어야 한다. 그렇지 않고 동아시아에서 주도권을 잡기 위해 서로를 견제하는 방편으로 상대방의 제국에 대한 집단기억을 현실 속에서 부단히 환기하려고만 한다면, 우리는 제국의 우울한 역사를 극복할 수 없다. 탈중심화되고 있는 지금이야말로 역사상 처음으로 이 지역이 다양한 중심이 공존하는 지역질서를 이룩할 적기(適期)다. 이때 제국의 기억에서 상대적으로 자유롭고 '소중심'의 역할을 한 적이 있어 그 가능성과 한계를 두루 경험한 한국의 역할이 주목된다. 한국이 여러 중심들 사이에서 조절자로서 그리고 평화와 번영을 위한 촉진자로서 역할을 수행하면서

그에 상응한 내부개혁을 병행해간다면 21세기 동아시아 역사를 새로
쓰는 데 한몫할 수 있을 것이다.

제5장

동아시아 중산층과 새로운 정체성의 가능성

1. 문제제기

20세기 후반 중국, 일본, 한국 및 동남아 국가들이 이룩한 후발근대화의 성과와 그 과정에서 드러난 모순들이 표출된 1990년대의 위기라는 양면을 '아시아'라는 어휘만큼 극적으로 보여주는 예도 드물다. 'IMF 위기'가 엄습하자 아시아는 칭송에서 모멸의 대상으로 전락한다.

그렇지만 그런 모멸의 시선에 대해 그 당시에조차 비판의 목소리가 없었던 것은 아니다. 예를 들면, 어느 일간지 칼럼에서 한 정치학자는 "얼마 전까지만 해도 고도성장의 견인차로 칭송됐던 바로 그 아시아적 가치가 경제위기를 가져온 주범으로 성토되고 있다"면서 "동아시아의 성공담은 옛 이야기가 됐"으니 동아시아식 낡은 틀에 내재된 결함을 찾아내 보편적 가치를 추구해야 한다고 주장했다.[1] 그러자 이에 반발하는 여론을 대변이라도 하듯, 일부 부정적인 요소를 "마치 아시아적 가치의 전체인 양 몰아세우는 것"이라고 반박하면서 어려운 때일수록 주체성을 견고히 하자는 독자 발언이 곧바로 이어졌다.[2]

당시 해외에서도 "아시아적 가치의 어두운 면이 기적을 엉망으로 만든다"는 식의 견해가 주류를 이루고 그 표적으로 '정실자본주의'(crony capitalism)가 지목되었다. 하지만 그와 동시에 그간의 성장 원동력을 쉽사리 포기케 하는 IMF 처방의 무모함을 지적하거나[3] '아시아의 미국화'가 대안일 수 없다면서 '아시아적 가치의 부활 가능성'을 예상하는 조심스러운 견해도 제기되었다.[4]

그 같은 논란은 동아시아 발전모델의 공과(功過)를 따져보는 일이 우리의 현실을 분석하고 미래를 전망하는 관점의 차이를 가르는 열쇠임을 확인시켜준다. 'IMF 위기'를 '졸업'했다는 말이 나올 정도로 그 사태로부터 어느정도 비껴 서 있는 지금이야말로 이 과제를 정면에서 검토하기에 적절한 때이지 싶다.

이 과제를 수행하는 것이 이 글의 목적이다. 여기에서는 먼저 (동)아시아라는 개념을 정리하고, 이 지역의 발전과 위기의 공통점과 차이점이 사회문화 영역에서 어떻게 드러나는지를 검토해보려고 한다. 주로 1980년대 이래 이 지역에서 두드러진 사회변동의 특징인 중산층의 성장이 정치발전에 대해 지니는 함의를 시민사회 개념의 적용가능성이라는 측면에서 살펴보면서, 동아시아의 전통적 맥락을 중시한 용어인 '민간사회' 개념의 유용성을 확인하고자 한다. 그리고 동아시아 중산층과 시민사회의 장래를 민주주의 신장이라는 관점에서 전망하기 위해서는 그들의 의식 내지 가치관(예컨대 시민의식의 형성 정도)에 대해 고찰이 불가결하므로, 먼저 동아시아 중산층의 가치관을 설명하는 데 영향력이 큰 담론인 '아시아적 가치'론(주로 유교자본주의론)을 비판적으로 검토한 뒤, 전지구화의 영향 속에서 새로 만들어지고 있는 동아시아 발 대중문화가 동아시아인의 새로운 정체성을 형성케 할 문화적 자원이 될 수 있는지 따져보려고 한다. 이로써 21세기 변화된 환경에 적합한 새로운 발전모델을 모색하는 데 조금이나마 보탬이 될 수 있기를 기대한다.

2. 아시아 개념의 정치화

우리에게 낯익은 동아시아라는 개념을 명료하게 이해하기 위해서는 '아시아'의 어원부터 간단히 정리해둘 필요가 있다. 보통 아시아(Asia)는 고대 서구인의 공간적 경험 범위를 가리키는 말로서 그 어원은 메소포타미아어의 '해 뜨다'(일출, asu)라는 동사가 그리스어의 명사 '해 뜨는 곳'(asia)으로 바뀌었으니 즉 이는 그들이 접촉한 에게 해 동쪽 지방을 뜻했다. 그런데 여기서 우리가 주목해야 할 것은 그것이 처음부터 '해 지다'(일몰, erebu)나 '해 지는 곳'(Europe)과 상보적이어서 양자가 어우러져야 '세계'가 완성되는 실체라는 점이다.[5] 대략 15세기 이후 대항해시대를 거치면서 아시아는 우리가 위치한 동아시아 지역까지 그 범주가 확장되었고, 이 지역은 서구의 중심이 영국일 때는 '극동'(Far East), 2차대전 후 미국이 헤게모니를 장악하고 나서는 '동아시아'로 불렸다.[6] 1970년대 중반 들어 미국은 아시아 대륙 연안의 부상 중인 지역에서 헤게모니를 관철하기 위해 동-동남아시아를 재평가하고 그 나머지 지역은 배제하는 형식으로 '구미태평양권'을 기획했고, 이후 아시아-태평양으로 함께 부르는 어휘가 주목받게 되었다.[7]

그렇다면 이 지역에 살고 있던 당사자들은 어떤 개념을 갖고 있었을까. 한자문화권에서 이 지역을 가리키는 어휘로 먼저 떠오르는 것은 '동양(東洋)'이다.

전통시대 중국에서 사용한 동양(및 서양)은 '큰 바다[洋]'를 기준으로 한 '동쪽 바다'(와 '서쪽 바다')라는 뜻이었다. 그 가리키는 대상은 중국인들이 지리적 경험이 확대됨에 따라 변했다. 그렇지만 기본적으로 오늘날 우리에게 익숙한 동양·서양 개념과 달리 문명의 우열을 가르는 가치판단의 기준은 아니었음이 분명하다.

그밖에 아시아라는 용어는 명 말 예수회 선교사들이 세계지도를 소개하면서 지리적 명칭으로 도입했는데 이는 청 말까지 지도상의 대륙 명칭으로 쓰였을 뿐 특별한 사회적 의미를 갖고 있지는 않았다. 단지 눈여겨볼 점은 아시아가 왜 '亞細亞', 즉 '버금아-가늘세-버금아'라는 의미상 멸칭에 가까운 한자로 음역되었을까 하는 점이다. 이에 대해 최근의 한 연구는 아세아를 'Inferior-Trifling-Inferior'의 뜻으로 영역하면서 아세아라고 음역한 것은 선교사가 아니라 중국 관리들이었고 중국을 중심에 두고 그 주변에 아시아를 자리매김하는 발상에서 선택한 표기라고 추리한다.[8]

20세기에 들어서면서 아시아 지역을 전과 다른 새로운 눈, 즉 서양 제국주의에 대항할 연대의 대상으로 바라보는 시각이 출현했다.[9] 그러나 아무래도 중국인에게 아시아란 공식적인 지리적 용어이긴 하나 문화적인 내포를 강하게 지니지는 못한 듯하다. '아시아' 그리고 '동양'에 비해 오히려 더 긴 역사적 배경을 갖는 어휘는 바다[洋]가 아닌 땅[方]을 기준으로 한 방위 개념인 둥팡(東方)인데 이것은 서방과 상대적인 개념이자 동방문화의 중심인 중국의 문화적 정체성을 상징하는 의미를 가졌다고 볼 수 있다.

이제 눈을 돌려 일본의 용례를 살펴보자. 세계를 야마또(大和, 일본)와 카라(唐, 중국) 및 텐지꾸(天竺, 서양)로 구성된 것으로 파악해온 전통시대 일본에서 아시아라는 개념을 도입한 때는 18세기 후반이었다. 그들은 서양의 세계관을 수용해 중화문화를 상대화하는 데 이용했다. 즉 특히 난학자(蘭學者)와 국학자(國學者) 사이에서 공통적으로 중국을 '지나(支那)'로 지칭하고 일본과 나란히 '아세아(亞細亞)'를 구성하는 일개 국가로 인식하는 경향이 나타났다. 중화관념을 극복하기 위해 도입된 아시아 개념에는 이렇듯 일본중심주의가 깔려 있었다. 이는 메이지유신 이후 문명론적 기준에서 우월하고 진보적인 서양에 대비되는 열등하고 낙후된 '토오요오(東洋)' 개념을 창안하여 탈아입구(脫亞入歐)하는 일본의 정체성을 형성하려고 한 사정과도 통한다.[10] 이 같은 지역 개념은 오늘날까지 우리의 의식·무의식 세계에 깊이 영향을 미치고 있다.

이러한 용례들의 검토로부터 알 수 있듯이 지역 개념은 지리적으로 고정된 것이 아니라 인식주체의 경험에 따라 변화하는 '창안물'이다. 따라서 우리가 이 지역을 동아시아라 명명할 때는 지리적 범위에 속한 대상을 가리키기보다는 어떤 방향을 설정하고 어떻게 그 유용성을 말하려는지를 명확히 해둘 필요가 있다. 그에 따라 해당 개념에 속할 대상이 가변적일 수 있기 때문이다.

앞서 말했듯 필자는 '동아시아'라는 개념을 동북아와 동남아를 포괄하는 것으로 쓰고자 한다. 물론 일반적으로 동아시아는 대만을 포함한 중국, 한반도, 일본을 가리키는 용어로 쓰인다. 이것을 협의의 동아시아(곧 동북아)라고 부를 수 있겠다. 필자처럼 넓은 의미의 동아시아로 쓸 경우 유교문화권 내지 한자문화권으로서의 일체성이 다소 약화될지 모르나, 그래야만 경제적 의존도가 점차 높아져가는 이 지역의 현실과 연동하여 정치나 안전보장 영역에서까지 결합을 추구하는 추세를 담아낼 수 있다. 더욱이 동남아를 끌어안는다면 동북아 위주의 지역경제공동체가 설립되더라도 그것이 '초대형 공룡'이 되어 다른 지역의 민중과 지구환경에 재앙을 가져올 거라는 우려, 즉 '동북아중심주의'의 혐의[11]를 불식하는 데 기여할 수 있을 것이다. 다시 말해, 발전경로를 달리하는 다양한 문명적 유산들을 포함한 넓은 의미의 동아시아 지역의 위계구조 속에서 '주변'의 시각을 확보해야 동아시아의 '중심'——그것이 중국의 '위협'이든 미국 패권 및 그에 동조하는 하위파트너인 일본이든——을 비판하는 근거를 마련해둘 수 있을 것이다.[12]

3. 동아시아에서의 중산층의 대두와 시민사회론

위와 같이 동아시아를 넓은 의미로 잡고, 전지구적 자본주의가 연출하는 현실의 다층적 시공간성을 좀더 충실히 이해하기 위한 방편으로 동아시아라는 분석단위를 중시하면서, 이 지역에서 발생한 사회문화변동의 실상에 접근하고자 할 때 부각되는 현상은 무엇일까.

1980년대 이래의 동아시아 사회변동의 지표로서 그동안 가장 많이 주목받은 것은 아시아의 중산층 또는 '신흥부자'(arriviste)의 대두다. 경제발전이 앞선 일본이나 고도의 성장세를 보인 NIES는 물론, 중국과 동남아국가를 포함한 전지역에서 공통적으로 중산층이 부상하기 시작했다. 동아시아 중산층 전체를 비교·고찰한다는 것은 무리이므로, 여기서는 인도네시아의 사례를 간단히 살펴보자.

인도네시아에서는 1980년대 후반부터 공업·상업 등의 민간부문에 취업한 도시의 신중간층이 급격히 늘어나기 시작했다. 신중간층의 출현은 연구자 사이에 논란을 일으켰다. 주요 관련 연구들은 신중간층의 사회적 기반인 민족자본 형성의 취약성, 사회적 기원의 다양성, 권력이나 화교대자본 및 외국자본에 대한 의존도, 정치적 무력감과 무지향성 등 주로 부정적 측면을 강조했다. 그러나 새로운 사회변화의 중심적인 내용이 중간계층의 출현일 수밖에 없다는 인식은 거의 대부분의 연구자가 공유한다. 1990년대 들어 이슬람화가 두드러지면서 신중간층의 사회적 의의는 한층 더 커졌다. 신중간층의 기반으로서 이슬람을 사회윤리로 하는 시민사회 건설 가능성이 엿보였기 때문이다. 1980년대 이래 그들의 생활수준 향상과 도시화는 국민의 생활양식 면에서 두드러진 변화를 가져왔다. 가장 눈에 띄는 현상은 소비생활의 구미화, 특히 패션이나 기호, 스포츠나 레저활동의 구미화였다. 한편 물질적 생활의 개선은 다양한 자원활동이나 자기실현, 교양프로그램 참가 등을 촉진했다.[13]

이것을 동남아 한 국가의 현상이라고 말할지 모르나, 사실 이는 넓은 의미의 동아시아 전지역에서 공통적으로 찾아볼 수 있다. 어느 비교연구에 따르면, 그들의 특징은 "벼락부자의 뿌리뽑힌 불안과 그로 인해 안정을 보장해줄 정치적·사회적 끈을 찾는 것"이다. 그리고 이 지역에서 시민사회가 형성되지 않았기에 그 대신 이뤄진 정치변화는 "벼락출세한 중산층과 새로운 관계를 만듦으로써 정치적 통제를 완화하려는 보수적이고 관리적인 전략을 반영"할 뿐이라는 주장이다.[14]

사실, 동아시아에서의 중산층의 역할은 논쟁적이다. 맥도널드 햄버거와 핸드폰으로 상징되는 생활양식을 즐길 정도의 소득을 올리는 그들은 각각의 출신배경도 다양하고 자기정체성이 불분명할 뿐만 아니라 사회변화와의 관계가 단순하지 않기 때문이다. "맥도널드를 매일 사먹는 것이 곧 민주화운동"이라는 말도 있듯이 외국자본의 투자를 유치하고 사적 경제영역을 늘리는 데 기여하는 그들이 사회를 개혁·개방하여 정치적 억압을 줄이는 역할을 하는 면도 인정된다. 동시에 그들은 고도성장의 혜택을 즐기기 위해 권위주의적 권력과 타협도 서슴지 않으며 정치적·사회적 이슈에 무관심한 채 사적 영역에 안주해 소비문화를 즐기는 '기술·경력지향적인' 집단이기도 하다.[15]

이처럼 대립적인 해석을 넘어 이 지역의 중산층의 대두가 지닌 의미를 알맞게 설명할 길은 없을까. 이 과제를 풀기 위해 아래에서 필자는 동아시아 중산층 가운데 일반적으로 비교적 국가에 대한 의존성이 강한 것으로 간주되는 중국대륙 중산층의 성격과 역할을 중점적으로 살펴보고자 한다.•

중국 사회주의체제에서의 (구)중산층은 중급 간부, 지식분자, 국유기업의 노동자(일종의 '公有制 귀족')를 의미한다. 그런데 그들은 1980년대 이후의 개혁개방정책이 초래한 사회구조의 변화, 즉 시장경제체제로의 전환과 고도성장 과정에서 몰락했다. 그 대신에 직업구조의 고급화, 개인 및 가구 소득의 빠른 증가, 부동산 및 자본 시장의 발전으로 재산분배 효과가 확대되고 고학력층이 증가하면서 (신)중산계층이 성장했다.[16] 그들은 2001년 기준으로 약 1억명으로 추정된다. 주요 직종에는 행정관리자, 전문기술자, 서비스업 종사자, 화이트컬러, 교사 등이 포함된다. 2001년 7월 중국국가정보센터 연구자는 "이로부터 5년간 중국

• 영어의 middle class를 한국에서는 일반적으로 '중산층'으로 번역해 사용하나, 중국에서는 '중산계층'이 가장 널리 사용되기에 이 글에서도 중국 사례에서는 그 용어를 그대로 쓴다. 그러나 중국정부는 자본주의체제의 발전과정에서 형성된 개념인 중산계층을 공식적으로 사용하지 않고 '중등수입계층'이나 '사회중간층'을 사용한다.

에서는 약 2억 명의 인구가 중산계층에 속하는 소비그룹에 들어갈 것이다"라고 예상하는데 이대로 실현된다면 대단히 급속한 증가 추세가 아닐 수 없다.[17]

중국에서 '중산계층'의 생활수준은 "안정된 수입이 있고 자력으로 집과 차를 살 수 있는 능력이 있으며 수입의 일부를 여행이나 교육에 소비하고 그중 대부분은 휴대전화, CD플레이어, 비디오플레이어, 텔레비전, 게임기, 카메라를 소유하는" 정도로 규정된다. 여기에 실제 생활조건이 '중산계층'의 수준에 이르지 않았지만 과거나 주위 사람의 그것에 비교해 생긴 일종의 자기평가를 가리키는 중류의식 소유자까지 포함하면 중산계층은 확대된다. 이와 관련된 2000년대 초 설문조사에서 도시 사람 6 내지 7할, 농촌 사람 4 내지 5할이 스스로를 중류로 본다는 결과가 나왔을 정도로 중류의식의 확산추세는 두드러진다.[18●]

중산층은 급속히 확대되고 있으며 도시부와 연해부에 집중적으로 거주하며 교육 수준이 특히 높다. 그들에 대한 평가 역시 동남아에서와 마찬가지로 논쟁적이다. 먼저 낙관론을 보면, "중산계층이 증대하고 빈곤인구가 중간층에 수렴되면서 그들이 중국 정치나 사회의 변혁을 주도

● 중국의 중산계층은 그 개념이 애매한 만큼이나 규모도 정확치 않다. 그러나 빠른 증가추세를 보이는 것만은 분명하다. 언론보도에 따르면, 중국의 중산계층은 연수입 1~6만 달러(약 6.3만~37만 위안)으로 정의된다. 단, 중국의 생활비는 각 도시마다 차이가 나기 때문에 일반적으로 수입의 1/3의 가처분 소득이 있는 가정은 중산계층이라고 할 수 있다. http://www.ibtimes.com/articles/20120427/92867.html
『人民日報』 일본어인터넷 판 2010년 7월 20일자에 따르면, 2010년 현재 중국의 중산계층은 전인구의 23퍼센트로 약 수년 사이에 그 비율은 8퍼센트 상승했다. 2020년에 중산계층은 7억 명에 달할 것으로 예상된다. 그때의 전인구가 14억 5000만 명일 것으로 추정되니 10년 만에 중산계층의 비율이 48퍼센트를 넘어 전인구의 절반이 중산계층에 속하게 될 전망이다. http://j.people.com.cn/94476/7072996.html

하는 추세는 시민사회의 형성을 강력히 촉진해갈 것이 틀림없다"고 전망한다.[19] 말하자면 "중국은 이제 시민사회의 입구에 도달"하여 그로 향하는 준비단계, 즉 사회구조의 급격한 변화가 일어나고 그에 따라 국민의식이 변화하고 있다는 것이다. 그 방향을 결정짓는 요소는 중산계층의 확대, 납세제도의 도입과 '납세자의식'의 정착 및 공산당 지도부의 통제력 약화 등이다. 이 관점에서 보면, 중국은 일극구조에서 정치·경제·사회 영역이 권력을 삼분하는 다극구조로 전환하고 있는 셈이다.[20]

이와 달리 비관론에서 보면, 중국에서 중산계층이 형성되기란 쉬운 일이 아니다. 주된 원인은 중산계층에 의해 점유되어야 할 자원이 "총체적 자본(문화자본·정치자본·경제자본을 장악한 총체적 자본엘리뜨집단)에 의해 독점되었기 때문이다".[21] 따라서 "사회의 중간조직의 발전이 '폭발적으로 증가하는' 과정에 있지만, 이들 조직은 실제 반드시 서방사회의 그것 같은 중간조직은 아니고 실질적으로는 정부조직의 연장에 불과하다"는 것이다. 또한 그들의 역할은 시민사회 같은 것이 아니라 정부의 관리기능 행사를 대표할 뿐이다.[22]

이 같은 대립되는 시각이 병존 내지 교차하는 이유에 대해 살펴본다면, 이 현상을 급속히 발전·변화하는 과정에서 발생하는 불가피한 것으로 해석하거나, 아니면 양극단적인 현상이나 데이터가 동시 병존하게 마련인 거대한 중국의 특징으로 돌리는 것도 가능할 것이다. 여기서 필자는 양극단을 넘어서기 위한 방편으로 요즈음 주목받는 중간조직인 '서투안(社團)'의 기능을 분석함으로써, 이것이 시민사회의 구성요소로서 일반적으로 지목되는 공공성과 자발적 결사체의 성격을 얼마나 갖추고 있는지 살펴보려고 한다.[23]•

사회주의체제 중국에서 개인의 이해관계를 충족해줄 수 있는 정치체계상의 통로는 첫째, 행정관료기구이고 둘째, 기초적 사회조직인 '단웨이(單位)'다. 그런데 개혁개방 이후 거티후(個體戶, 중국 도시지역에서 사적으로 상공업을 운영하는 사람)나 사영기업의 등장 같은 새로운 영역의 출현을 전자가 다 감당할 수 없고, 후자는 주관 기관의 분할과 동류 구성원 간의 횡적 연결의 결핍으로 인해 구성원의 다양한 관심을 수용하기 힘들다. 서투안이 '제3의 통로'로 중시되는 이유가 여기에 있다.

여기서 서투안이란 정부에 등록된 단체를 가리킨다. 이것은 서투안의 활성화가 정부의 사회단체 자율화촉진정책과 밀접히 연관되어 이뤄진 사정을 주목하게 한다. 개혁개방 이후 경제적 이해관계나 가치관의 다양화를 당과 정부가 직접 장악하려면 예전처럼 해당 사업이나 단체를 업무주관 단위와 밀접하게 연계시켜 사실상 당-정부의 하부조직으로 삼아야 했다. 그럴 경우 정부 재정부담이 증가하기 마련이므로 재정적으로 '작은 정부'를 실현하려는 의도에서 정부를 보완하는 '중개조직'으로 서투안을 중시했다. 바꿔 말하면 '새로운 방식의 치리(治理)'를 도입한 셈이다.[24] 한편 서투안의 활성화가 정치의 자유화나 권력의 다원화를 촉진하여 이를 통해 '대사회'가 출현할 것으로 기대되기도 한다. 서투안은 '통제와 자율의 딜레마'에 처한 중국의 현실을 보여주는 지표인 셈이다.[25]

이처럼 국가와 사회의 관계변화의 향방이라는 큰 문제의식에서 서

• 중국 중산계층의 성장과 그 의의에 관한 연구는 두가지 차원에서 진행된다. 하나는 경제적 차원에서 그들의 소비능력과 성향에 대한 분석을 바탕으로 중국의 소비시장 구조의 변화를 분석하는 것이고, 다른 하나는 정치적·사회적 차원에서 그들의 성장이 갖는 의미, 특히 정치민주화에 어떤 역할을 할 것인가를 해명하는 것이다. 본 장은 후자에 속한다.

투안을 조명하는 것도 흥미롭지만 이것에 참여하는 구성원의 시각에서 그 역할을 다시 살펴보면,[26] 서투안은 구성원 개개인에게 그들 개인보다 구성원 전체의 권익을 보호하는 데 유리한 새로운 사회보호장치라 할 수 있다. 왜냐하면 중국인의 일상적 기초 사회조직인 단웨이와 달리 서투안은 동류의 구성원 간의 조직으로서 단웨이의 경계를 넘어 동류의식을 만들어낼 수 있는 기능이 있을 뿐만 아니라 그들의 사회역량을 어느정도 대표하는 조직이므로 여론에 호소한다든가 당-정부와 협상하기 유리하기 때문이다.

한편, 서투안이 정부와 벌이는 협상은 기본적으로 그 지도부가 정부와 여러가지 연결장치를 마련해 접근하는 형태를 취한다. 물론 그것의 유형별 구분, 즉 관 주도냐 반관반민(半官半民)이냐 아니면 민간주도 형이냐에 따라 다소간 차이가 있지만 기본형태는 유사하다. 특히 서투안의 주류적 형태인 반관반민형의 경우 지도부 일부가 인민대회나 정치협상회의 등 정치기구에 참여하든가, 관련부서의 정책자문에 응하는 방식이 흔하다. 바로 여기서 꽌시(關係)가 중시될 것은 당연하다.

이렇듯 '대사회'를 기대하게 하는 근거인 서투안이 확산되면서 전통적인 연결망인 꽌시가 활용되는 현상은 서투안의 일반적 특성이라 할 수 있다. 그렇다면 이 같은 특징을 어떻게 설명해야 할까. 손쉽게 '사회주의적 시민사회론'[27]으로 규정하는 것도 하나의 방법일 수 있지만, 이것은 시민사회라는 개념의 외연을 확대한 나머지 별다른 설명력을 갖지 못하기 십상이다. 이보다는 토착적 시민사회론의 전개 가능성에 대해 고려해보는 것이 생산적이지 않을까 한다.*

필자는 전에 발표한 다른 글에서 중국에 대해서는 '시민사회' 대신에 '민간사회'라는 용어 쓰기를 제안한 적이 있다. 이를 통해 ('민관'이라는 식으로) 관과 짝을 이뤘던 민간이라는 어휘가 전통적으로 가리켜온 내용과 서구의 civil society 개념이 지닌 차이와 공통점을 동시에 드러내는 기호로서 활용하고자 했다. 그렇게 주장한 주된 이유는 시민사회가 자본주의와 연결되어 좁은 의미로 쓰이는 것을 피하려는 데 있다. 말하자면 시민=부르주아의 사회로 한정하지 않고, 하버마스의 '공공영역'이 제시한 내용을 활용하는 것으로서, 공공문제의 논의에 참여하는 사회(특히 직능별) 집단의 자율적 결집의 영역을 민간사회로 파악하려는 것이다. 서구의 시민사회가 국가권력으로부터 자립한 공동의 영역인 데 비해 중국의 민간사회는 전통적으로 국가권력으로부터의 자립과 동시에 그것의 보완을 지향하는 영역이다. 따라서 중국에서는 국가와 (민간)사회를 대립적으로 보기보다는 양자가 공통의 이념을 공유하면서 서로 경쟁하고 타협하는 관계로 인식하는 것이 필요하다는 것이 필자의 핵심적 주장이었다.[28]••

이 관점의 연장에서 필자는 중국의 중산층 대두와 더불어 그 역할이 주목받는 서투안의 역할을 '민간사회' 영역에서 파악하려고 한다. 이로부터 더 나아가면 동아시아 중산층의 국가에 대한 의존성과 그로부터의 자율성이라는 양면성도 동아시아 민간사회의 특징으로 이해하는 것이 적절하지 않을까 싶다.[29]

• 중국사회의 통합방안 내지 운영원리에 대해서는 본서의 에필로그 311면 참조.

•• 중국의 중산계층의 정치적 민주화에 대한 태도에 대한 연구에 따르면, 그들은 권위주의체제에 대해서는 지지하면서, 동시에 좀더 많은 정치민주를 요구하는 모순된 지향을 갖고 있다. 즉 권위주의체제에 대해 친화성과 저항성이라는 이중적 속성을 지닌다. 따라서 중국 중산계층은 중국 지도부가 추구하는 위로부터의 점진적 민주화를 통한 중국식 '사회주의 민주정치'에 대한 적극적인 지지세력이 될 가능성이 높다. 이문기「중국 중산계층의 성장과 정치민주화 전망」,『아세아연구』제13권 3호(2010).

다만 이처럼 동아시아 중산층이 구성한 사회(와 국가의 관계)의 특성을 민간사회 개념으로 파악하더라도 민주주의 신장이라는 관점에서 그것의 장래를 전망하기 위해서는 그들의 의식 내지 가치관(예컨대 시민의식의 형성 정도)에 대한 고찰이 불가결하다.[30]

4. 동아시아의 가치관과 대중문화 교류

동아시아인의 가치관을 설명하는 틀로 가장 영향력이 큰 것은 이른바 '아시아적 가치'로 이름붙여진 유교적 가치다. 그래서 이에 대한 검토부터 시작하고자 한다.

잘 알려져 있듯이, 1980년대부터 논의된 '아시아적 가치'론[31]은 사회주의권 붕괴 이후 이념적 공백기에 급속한 경제성장을 이룩한 일부 아시아 국가의 성취를 설명하는 이론으로 환영받았다. 그런데 그 내용이 불분명할 뿐만 아니라 정치적으로 오염된 개념이라고 비판받았기에 학계에서는 덜 주목받아왔다. 이에 비해 아시아의 여러 가치 가운데 유교적 가치를 경제성장의 원동력으로 파악하는 유교자본주의론은 좀더 명료한 내용을 담고 있어 학자들의 관심의 대상이 되어왔다. 여기서는 이것에 초점을 맞출 것이다.*

유교자본주의라는 이름은 미래학자 허먼 칸(Herman Kahn)에 의해 붙여졌다고도 하지만, 계보상 처음으로 그 윤곽을 그려보인 것은 영국의 중국연구자 로드릭 맥파커(Roderick MacFarquhar)로서 그는 아시

---

* 유교자본주의론이 동남아에 적용되는 것은 화인이 다수인 싱가포르에 한정되고, 이슬람과 힌두교, 불교 등의 영향을 받는 그밖의 사회에는 적용되기 어렵다. 따라서 동남아 중산층의 가치관에 접근하기 위해 유교자본주의론을 중시하는 것은 한계가 있다.

아 선진국·개도국의 문화적인 공통점에 착안하고 그것을 '후기유교 집단주의'(post-confucian collectivism)라고 규정했다.[32] 그가 보기에, 유교는 서구의 자본주의 흥기와 프로테스탄티즘의 결합만큼이나 대량산업화시대 동아시아의 초성장에 중요한 역할을 했고, 그 핵심은 국가의 응집력이었다. 그런데 유교자본주의론의 골격이 간명히 제시된 그의 글에서 간과할 수 없는 문제의식은 바로 그 제목 '후기유교의 도전'에서 도출된다. 외교관이라는 전력에 걸맞게 중국과 일본을 축으로 운집한 동아시아 블록의 서구에 대한 위협가능성에 민감한 반응을 보였던 것이다.

그가 제시한 윤곽을 이론적으로 풍성하게 해줘 자주 인용되는 사회학자 피터 버거(Peter Berger) 역시 일본을 비롯한 아시아 신흥공업국의 경제적 성취를 설명해주는 핵심변수를 '후기유교윤리'로 파악했다. 그것은 전통시대 관료의 본래적인 '고급' 유교로부터 괴리되었으면서도 실제로는 더 넓게 확산된 하층문화다. 유교경전을 읽거나 그 교육을 받은 적이 없는 일반인의 생활 속에서 쉽게 발견되는 그런 것이다. 세부적으로는 세속사에 대한 긍정적 태도, 규율이 잡히고 자기계발적인 생활태도, 권위에 대한 존경, 검약, 안정된 가족생활에 대한 깊은 관심이 거론된다. 그렇다고 해서 그가 이 같은 유교적 요인만을 중시했던 것은 아니다. 오히려 유불선(儒佛仙)이 혼합된 민중의 종교생활인 하층문화에서 '아시아적 근대성의 정신'을 찾고자 했다.[33]

유교를 유달리 강조하면서 그로부터 새로운 문명의 가능성까지 끌어내 유교의 '전도자'라 불릴 정도인 중국철학 연구자 두 웨이밍(杜維明)은 유교자본주의론의 전파에 영향력이 컸다. 그는 동아시아 신흥공업국을 구미 자본주의 유형이나 소련 및 동구 사회주의 유형과 구별되는

'세번째 공업문명'으로 규정하고, '후기 유가사회'라는 문화에 기반을
둔 동아시아모델의 '신유교'를 서구의 근대를 넘어설 인류의 새로운 발
전대안, 즉 자본주의의 정신적·생태적 위기의 해독제가 될 '영적(靈的)
인 것'으로 전망한다.[34] 두 웨이밍이 제시한 유교의 세계사적인 역할에
대한 구상에서 아시아인이 강한 매력을 느끼는 것은 어찌 보면 당연할
지 모른다.[35]

이 같은 유교자본주의론에 대해서는 그 유행과 맞먹는 비판이 있어
왔다. 아시아 여러 나라를 유교로 묶는 것은 지나친 일반화라든가, 문화
와 경제발전의 인과관계를 단순하게 파악하다 보면 문화결정론에 빠지
기 쉽다는 등의 비판은 길게 다룰 필요가 없을 정도로 이미 많이 논의되
었다. 필자는 여기서 그것이 전지구적 자본주의가 출현한 변화 속에서
그 이데올로기에 봉사하는 역할을 한다는 사실을 부각하고자 한다.

사실 동아시아 역사에서 유교의 부활은 여러차례 시도되었지만
1980년대에 그만한 반향을 일으킨 것은 세계자본주의체제의 변동으로
설명해야 옳다. 즉 구미 산업사회가 쇠퇴하고 불확실성에 시달리는 데
비해 동아시아가 예외적으로 성장하자 그것을 통해 구미 자본주의의
한계를 보완함으로써 전지구적 자본주의의 활력과 확대를 꾀하기 위
해 그 성공의 비결을 주목했던 것이다. 그러니 유교자본주의론이 자본
주의에 대한 진지한 비판을 결여하고 있는 것은 당연하다. 이 지점에서
미국이라는 중심부에 진출한 중국계 학자가 탈근대적 사업으로 유교를
장려하여 자본주의를 위한 자료제공자이자 문화적 기술자로서 소비하
기 좋은 상품처럼 유교자본주의를 '제조'했다는 아리프 딜릭의 비판에
귀기울일 만하다.[36]

다만 유교자본주의론이 말하는 새로운 문명이 자본주의를 넘어서는

것이 아니라 자본주의에 기반을 두되 서구의 그것과는 다른, 그것의 폐단을 다소간 극복하려는 복수의 자본주의 가운데 하나인 아시아형을 목표로 삼은 데 한정된다면, (그것이 진정 새로운 문명일 수 있느냐라는 의문은 들지만) 딜릭의 비판으로 유교자본주의론이 치명적 타격을 받았다고는 볼 수 없을 것이다.

결정적인 타격은 이론이 아니라 동아시아의 현실로부터 왔다. IMF 통화위기 한파가 바로 그것이다. 그 사태야말로 유교자본주의론을 "서구의 유교찬양론과 유교 재발견의 깊은 고민이 없는 또다른 수입"으로서 "지적 식민성 비판이론의 지적 식민성"이라고[37] 야유하게 만든 근거가 되었다. 그러나 유교자본주의 옹호론자들은 이에 아랑곳없이 "유교자본주의 모델은 여전히 유효"하다고 단언했다. 이 모델이 위기에 직면한 이유는 "과거에 발전을 가능케 했던 근검절약의 정신과 공무원과 국가의 기강이 해이해졌기 때문"이라는 것이다. 이런 관점에서 보면, 유교자본주의의 추진체인 국가와 기업이 세계금융시장의 급속한 변화를 일찌감치 감지하고 대처하지 못한 것이 위기의 '가장 결정적 계기'가 된다.[38]

여기서 유교자본주의론이 아시아 경제성장을 설명하는 제도적인 분석과 보완관계가 있음을 알 수 있고, 따라서 그 모델의 유효성 여부를 따지려면 어쩔 수 없이 제도적인 측면에도 눈길을 돌려야 한다. 그중에서도 국가의 역할이 가장 중요한 쟁점이다.

유교자본주의를 제도적으로 설명하려는 유석춘(柳錫春)은 그 특징을 국가관료가 시장을 통제하는 것으로 규정하고 그로부터 역동성이 발생한다고 본다. 그리고 국가가 경제발전의 추진력인 재벌을 지원할 때 야기될 수 있는 '부당한 유착' 혐의에 대해 기업이 아래와 같은 두 기준을 충족하면 정당하다고 본다. 즉 재벌이 국내적으로 특혜를 받는 대신 해외시장에서 수출경쟁력을 보이고, 또한 국내시장에서도 최소한의 경쟁력(시장메커니즘)을 유지하면 국민이 납득할 수 있다는 것이다. 따라서 이 두 기준을 갖추지 못한 기업에 특혜가 집중되는 것이 부당한 유착, 즉 부패이지 그렇지 않으면 생산적인 관계라는 것이다. 물론 그도 부당한 유착과 정당한 결합을 구별해냄으로써 유교자본주의의 정당성을 확보하기 위한 또다른 기제로 국가의 견제세력인 언론과 지식인(특히 학생)의 비판적 역할을 중시하긴 한다.[39]

한편 유석춘이 국가관료를 학자관료의 연장, 언론과 지식인을 '언관(言官)과 사림(士林)의 현대판'으로 보고 전통적 역사구조의 연속성을 강조함으로써 "유교와 자본주의의 조화가 이미 존재하는 역사적 사실"이라고 강변하고 있지만, 자세히 따지고 들면 '발전국가론'에 유교적 덧칠을 심하게 한 것일 뿐이라는 느낌이 강하다. 굳이 유교라는 문화적 요소를 끌어들여 그 타당성을 논증하려다 보니 오히려 설득력이 떨어지는 게 아닌가 싶다.

좀더 따지고 들면, 유교자본주의에서 들먹이는 주요 덕목들이 과연 '유교'인가도 질문할 수 있다. 그것이 중국이나 우리의 과거에 존재했던 일부 문화적 현상들을 '유교'라 이름붙이고 동질성을 부여함으로써 그 나머지를 은폐한 것이기 십상이기 때문이다. 결국 (앞서 보았듯이) 유교자본주의 옹호자들의 '유교'는 그들이 '제조한' 상품인 셈이다.[40] 물론 전통문화가 고정되거나 본질적인 것이 아니라 창안된 것(invention)이라는 견해도 있느니만큼 그 자체가 문제시될 일은 아니다. 현실적으로 필요하다면 과거의 문화유산에서 무엇이든 끄집어내 활기를 불어넣어 마땅하다. 핵심은 '누가' 전통의 '어떤 측면'을 '어떤 목적으로'

사용하는가다.[41] 이 점에서 볼 때, '아시아적 가치'라는 개념이 미국을 비롯한 서구가 자기 이외 지역에 대한 정치적·경제적·문화적 지배를 합리화하기 위해 동원하는 수사이며, 다른 한편으로는 개발독재국가의 정치가들이 기득권을 고수하기 위해 동원하는 이데올로기적 장치, 즉 경제성장을 통해 정치적 정통성을 확보해나가는 '연성권위주의'의 이념이라는 비판은 귀기울일 가치가 있다.[42]

지금까지의 논의를 통해, 동아시아 중산층의 가치관을 유교자본주의론으로 설명하는 것이 적절치 않음이 어느정도 분명해졌다고 본다. 이 같은 판단은 동아시아인의 가치관 내지 문화에 대한 경험적인 연구에 의해서도 뒷받침된다. 예를 들면, 적어도 동남아시아에서는 핵가족 위주인 '개인 중심성'(individual-centeredness)이 지배적인 가치이므로 아시아적 가치론의 중요한 논점인 집단주의가 '오리엔탈리즘적 신화'(orientalizing myth)에 불과하다는 주장이 있다.[43] 이처럼 동아시아인들이 일상생활에서 향유하는 대중문화를 보면, 문화본질주의에 기대는 보수적인 아시아적 가치론과는 거리가 멀고, 동일한 문화전통을 가진다는 식의 경직된 견해가 먹혀들 여지 또한 거의 없는 듯하다. 대중문화는 이질적인 뿌리가 섞이는 가운데 통합되는 것을 피할 수 없기 때문이다.[44]

하지만 아시아 전체로 보면, 베이징에서 이스탄불까지 아시아의 성장하는 중산층을 중심으로 그들의 생활양식이 미국발 대중문화의 바람에 휩쓸려 서로 닮아가는 현상이 확산되는 듯하다. 아시아 대중문화(그것도 미국에서 만들어진 B급의 상업주의문화)의 이차적 복사물이라고 볼 수 있을지도 모른다. 그러나 동아시아에서 맥도널드 햄버거가 유행하는 것을 '문화적 제국주의'의 시각으로만 보는 것이 적절치 않다는 목소리에도 귀기울여야 한다.[45] 소비주의와 전자통신 기술의 진보로 인해 문화적으로 강하게 연결되어가는 아시아 각국의 (신)중산층 세력은 미국화(서구화)된 대중문화를 소비하는 가운데 광범위한 문화유통망을 통해 국경을 넘어선 그 나름의 대중문화적 취향을 자연스럽게 공유하기 시작했다. 이 같은 특징을 '참된 아시아의 탄생'[46]이라고까지 규정할 수 있을는지는 두고 봐야겠지만, 전지구화의 파장 속에서 실질성과 공통성을 지닌 뭔가 새로운 대중문화가 아시아라는 맥락에서 새로 만들어지고 있다는 점은 분명하다.[47]

그 구체적인 근거를, 1980년대 이후 대두된 중산층을 기반으로 확산된 일본 대중문화의 영향, 그리고 90년대 이후 한류(韓流)와 화류(華流, 華潮)가 교차하는 가운데 구성된 동아시아발(發) 대중문화에서 찾아볼 수 있지 않을까. 다만 이를 상호이해와 연대를 담보하는 동아시아인의 정체성을 양성하면서 서양발 대중문화와 경쟁하는 것으로 볼 수는 없다. "국경을 넘나드는 이런저런 류의 취향공동체들이 좀더 다른 글로벌리제이션의 주체가 될 잠재력을 가지고 있다"[48]라고까지 해석하는 데 아직은 선뜻 동의하기 힘들기 때문이다. 다만 동아시아발 대중문화의 출현이라는 복합적·역동적 현상을 계기로 동아시아인들이 기존의 국경과 이데올로기로부터 더욱 멀리 벗어나 자신의 문화공간을 확보하는 과정에서 '동아시아'적 정체성에 매력을 느끼고 새롭게 아시아를 상상할 길을 열 수 있을 것으로 기대하는 편이다. 이를 위해서는 무엇보다 동아시아에서 교류되는 대중문화 영역에서 가시화된 상업주의 및 자민족중심주의[49]를 부추기는 수출국과 수입국 간의 불균형한 권력관계 등을 따져묻는 비판의식과 대중문화의 상상력이 결합되어야 한다.[50]

5. 맺음말

이 글에서는 동아시아를 동북아와 동남아를 포괄하는 넓은 지역개념으로 잡고, 이 지역에서 중산층의 대두로 도래하는 사회문화 영역의 역동성을 해석하고자 했다. 특히 동아시아 사회를 필자는 '민간사회' 개념으로 파악함으로써, 구미의 시민사회 개념을 기계적으로 동아시아에 적용하지 않고 그 사회 내에서 전통성과 근대성이 결합하는 양상을 드러내고자 했다. 또한 동시에, 동아시아 중산층이 지닌 국가에 대한 의존성과 그로부터 나타나는 자율성의 양면성을 유기적으로 이해하는 단서를 얻을 수 있을 것으로 전망했다. 이것을 민주주의의 전망과 관련해 좀 더 깊이있게 규명하기 위해서는 그들의 의식 내지 가치관에 대해 고찰이 불가결하다는 판단에서 이 작업도 수행했다. 먼저, 동아시아인의 가치관을 설명하는 틀로 가장 영향력이 큰 이른바 유교자본주의론이 동아시아 중산층의 가치관을 설명하는 데 적절치 않음을 지적하고, 전지구화의 영향 속에서 중산층에 의해 새롭게 만들어지는 동아시아발 대중문화의 상상력과 비판의식이 결합할 가능성에 기대를 걸고 그것을 동아시아인의 새로운 정체성을 형성케 할 문화적 자원으로 주목했다.

이와 같이 전지구화의 영향 속에서 나타난 동아시아 사회문화 영역의 역동성을 '전통과 연관된 민간사회'와 '대중문화에 기초한 소비사회'라는 두 측면에서 파악하면서, 이 양자의 결합 양상, 더 나아가 이것과 국가(내지 정치·사회) 발전의 쌍방향적 관계를 한층 더 잘 설명할 수 있는 이론틀의 중요성을 절감하게 되었지만, 이 글에서는 이를 전혀 언급하지 못해 아쉽다.

이 과제를 본격적으로 수행하기 위해서는 지금의 개별 학과 중심의

지식체계를 넘어선 새로운 지식체계의 일부로서 '비판적 동아시아학'
이 편성되어야 한다는 입장만을 제시하는 데 그칠 수밖에 없다. 그리고
그것은 전지구적 자본주의문명을 넘어설 대안적 문명에 대한 적극적인
자세가 없다면 이뤄질 수 없다는 점도 분명히 해야 한다. 즉 "단일한 자
본의 문명이 세계를 에워싸고 삼켜버렸다는 경제적인 주장도 단순화와
수사의 허장성세에 지나지 않는다고 제쳐놓을 수 있"는 신념이 요구된
다.[51] 자본주의문명이 자본주의로서 자기를 완성하는 것이 곧 문명으로
서 자기를 부정하는 것이므로 그런 야만으로까지 가기 전에 "아직 남아
있는 문명적 유산들을 총동원하여 새로운 지구문명을 건설"[52]하겠다는
의욕을 품어야 한다. 새로운 동아시아 발전모델의 구축은, 새로운 문명
으로 향하는 도정에서 "가까이에서 서로 관련을 맺고 있는 문화들 속에
서 투쟁을 지탱하는 데 일익을 담당했던 그 지역 문화유산의 전항목에
대한 적극적인 의식이야말로 실현 가능하면서도 유익한 일"[53]임을 체
득하는 바로 그때 창출될 것이다.

제6장

아시아의 다양성과 실감으로서의 동아시아

1. 동아시아의 다양성과 공존의 길

이번 학술대회[1]의 공통주제가 '다원공존(多元共存)과 주변[邊緣]의 선택(選擇)'이라는 이야기를 듣고서 바로 머릿속에 떠오른 어구가 있다. 그것은 "아시아는 하나다"라는 일본 사상가 오까꾸라 텐신(岡倉天心, 1862~1913)의 널리 알려진 명제다.

20세기 초 "유럽의 영광은 아시아의 굴욕이다"라고 단정하면서 아시아의 해방을 주창하기 위해 그가 내세운 이 유명한 잠언 같은 구절은 여전히 논쟁의 대상이다. 그는 아시아 각국이 서로 분열되어 있고 저마다의 문화 역시 다른 현실을 익히 알면서도, 서양문명과는 상이한 아시아 종교와 미술 속의 '미(美)'와 '애(愛)'를 원동력으로 삼아 서양의 패권에 대응하는 '하나의 아시아'를 형성할 것을 주장했다. 그가 의도한 것은 정신세계에서의 서양문명의 극복이었다. 그렇지만 일본이 실제로 서구

열강과 대치하여 '대동아전쟁'을 벌이면서 그의 명제를 선전에 활용하는 바람에, 그의 언설은 그 배후에 일본을 특권화함으로써 아시아의 맹주로 군림하려는 의식적·무의식적 의도가 숨어 있다고 비판받는다. 그러나 동아시아 경제통합의 움직임이 공통의 문화나 가치의식과 상호 연동하면서 '하나의 아시아'(예컨대 동아시아공동체)를 만들어가고 있는 추세에 힘입어 그의 사상은 일본에서 또 한차례의 붐을 맞고 있다.[2]

이 자리가 그의 논쟁적인 사상을 깊이 따지고 들기에는 적절치 않으니, 여기서는 '아시아는 하나'라는 그의 명제가 '사실이 아니라 요청'이라는 점만을 확실히 해두고 싶다. 그는 분열된 아시아를 하나로 회복하려는 바람을 품고, "아시아는 하나다"라고 자기성취적인 언명을 던졌던 것이다. 바로 이 점, 즉 아시아 내부의 차이 속에서 하나됨〔一致〕을 찾는 그의 상상력이야말로 아시아의 다양성을 논의하는 이곳의 우리가 주목해야 할 가치다. 우리가 요구하는 다양성이란 그저 다양한 차이를 인정하는 데 그치는 것이 아니라 그로부터 공존의 가능성을 찾고자 함이 아닌가.

한국이 섬처럼 고립되었던 냉전시대에서 벗어난 1990년대 이래 한국(한반도의 남쪽 대한민국)과 아시아 이웃 국가들 사이에 자본과 사람과 상품이 활발하게 이동하면서 한국인은 아시아를 사실상 새로 '발견'했다고 할 수 있다. 특히 동아시아(동북아와 동남아시아)인들이 한국에 들어와 정주하는 사례가 늘면서 서로 간의 차이를 일상생활 속에서 절감하고 그로 인한 갈등을 해결하기 위한 방안이 모색되기 시작했다. 더불어 아시아의 풍요로운 다양성을 승인하자는 요구도 커졌다.

다만 '아시아의 풍요로운 다양성'을 용인한다고 해서 다양성 그 자체를 물신숭배하듯 우러러서는 안 된다. 최근 한국사회에서도 다문화주의(muticulturalism) 담론이 유행하면서 그것을 '정치적으로 올바른 것'으로 단순하게 이해하는 경향이 없지 않다. 자주 접하는 텔레비전과 라디오 광고 카피 중에 "다문화사회는 사랑하는 마음도 더 많아지는 사회입니다"라는 것이 있다. 듣기 좋은 이런 슬로건에서 말하는 '다문화'가 진정 하나됨을 추구하도록 돕고 있는지, 그보다는 오히려 다문화주의를 피상적으로 찬양하면서 빈곤·편견·차별 등 우리 사회의 불평등을 혹 은폐하는 것은 아닌지 따져 물어야 한다.

이 작업을 수행하기 위하여 이 글에서는 일상에서 쉽게 경험하는 동아시아의 문화적 차이가 갈등을 빚는 두개의 사례를 중점적으로 검토해보려고 한다. 먼저 외국인 이주자를 둘러싼 다문화주의의 쟁점을 다룰 것이다. 이 사례는 '우리 안의 동아시아' 문제에 해당된다. 그다음으로는 '동아시아 속의 우리'에 해당하는 사례로서, 한국과 중국의 문화와 역사 유산에 대한 해석의 차이가 조성한 민족주의적 충돌을 점검해보려고 한다.

이로써 다양성이라는 문제를 한국과 동아시아의 구체적 맥락에서 파악하고 하나됨의 가능성을 모색하는 기회가 제공될 것으로 기대한다. 또한 이때의 '하나됨'이 고정된 실체가 아니라 역사 속에서 형성되는 과정에 있음을 깨닫는 계기가 되었으면 하는 바람이다.

2. 한국 속의 동아시아: 결혼이주자 문제

역사를 돌이켜보면, 한국인이 일상생활에서 다수 외국인 이주자들과 평등하게 어울려 산 경험은 전무하다시피 했다. 임진왜란(1592~97)과 병자호란(1636~37) 시기의 일본인이나 중국인, 그리고 일제강점기

(1910~45)의 일본인 및 해방 이후 주둔한 미군들과 짧든 길든 생활을 같이했지만 이 시기 외국인들은 대부분 수직적 위계질서의 상층부에 위치했다. 그러다가 1988년 올림픽 개최를 계기로 한국이 아시아의 주요한 이주노동력 유입 국가가 되었다.[3] 1991년부터는 '산업연수생' 자격으로 이주노동자들이 대거 입국하기 시작했다. 또한 이즈음부터 '농촌 총각 결혼시키기' 사업이라는 이름으로 행정주도형 국제결혼이 장려되다가 급기야 국제결혼이 상품화되어 중개업체까지 끼어들면서 한국남자들과 결혼하기 위해 주로 중국과 동남아에서 '신부'들이 상당수 들어오게 되었다(2020년에는 외국인 여성과 한국인 남성이 이룬 가족이 한국가족의 20퍼센트를 차지할 것이라는 전망도 있다).[4]

이처럼 한국인이 역사 속에서 일찍이 겪어보지 못한 새로운 사태가 일상생활에 가져온 변화를 설명하고 미래 비전을 제시하는 데 동원된 것이 다름 아닌 다문화주의다. 그 도입 경위를 살펴보자.

서구에서 1970년대부터 본격적으로 논의된 다문화주의라는 용어가 한국사회에 등장하게 된 것은 이주노동자를 지원하는 시민단체를 통해서였다. 그것은 문화적 차이에 대한 상호인정과 승인이라는 일반적인 의미보다는 "한국의 단일문화주의의 폭력성에 대한 대항적 개념"으로 활용되었다.[5] 그러다가 2005년 외국인이주자 문제가 노무현 대통령 지시과제로 부각되고, 그 이듬해인 2006년 정부가 '다문화·다민족사회로의 전환'을 선언하면서[6] 다문화주의가 광고 카피에 나올 정도로 유행하는 담론이 되었다.

다문화주의를 정책기조로 삼은 한국정부는 2006년을 기점으로 본격적으로 그에 맞는 정책들을 추진했다. 그해부터 결혼이민자가족지원센터를 지정·지원해, 조기정착에 필요한 한국어 문화이해 교육을 시키고 출신국별 한국어 교재를 개발한다든가, 가정폭력 피해자 보호를 위해 이주여성 긴급전화 및 외국인 전용쉼터를 만들고, 국적 취득 전이라도 아기가 있는 사람에게는 국민기초생활보장법 등을 통해 생계 및 의료 지원을 받을 수 있게 하는 등 다방면에 걸쳐 사업을 전개했다. 또한 2007년에 고시된 교육과정에서 사회·도덕·국어 등 관련 교과에 다른 문화를 이해하고 그에 대한 편견을 극복하도록 지도하는 내용이 포함되도록 했다.

정부가 시행하는 다문화정책의 의도를 가장 잘 드러내주는 것은 2006년 당시 여성가족부가 제안해 2008년 9월 이후 효력을 발휘하기 시작한 '다문화가족지원법'이다. 이 법은 주로 결혼이주자 여성을 대상으로 한다. 이 법이 현재 한국에 와 있는 외국인의 세 부류, 즉 유학생 등 전문인력, 노동이주자, 결혼이주자 중에 특히 세번째 부류를 중시하는 이유는, '한국식 가족'의 유지 및 재생산에 목적을 두기 때문이다.[7]

바로 이런 특성 때문에 정부정책이 다문화주의라는 이름에 제대로 값하지 못한 것으로 비판받는다. 정부의 다문화주의는 저출산·고령화 현상과 농촌총각의 결혼문제 등의 해결에 초점을 둔 나머지 '다문화주의의 요소를 가미한 동화주의'라고 규정되거나,[8] 결혼이민자와 그의 가족을 '관리'하는 정책에 불과한 것,[9] 또는 결혼이민자와 그들의 자녀—'Kosian'이라는 합성어로 불린다—를 민족주의적이며 가부장적인 방식으로 '한국화'하는 것[10] 등으로 평가받는다.

그렇다면 다문화주의를 온전히 실현하는 기준에 미흡하다고 정부정책을 질책하는 위의 견해들은 우리 사회가 어디로 가기를 바라는 것일까. 다문화주의도 다양한 갈래가 있어 그들이 어떤 미래 전망을 지녔는지 분명히 알아내기 어렵다. 정부의 다문화정책을 비판하는 내용으로 미뤄볼 때, 그들이 단순히 생활양식과 소비양식 면에서 개인의 다양성을 도모하자는 것이 아님은 분명하며, 공적 영역에 개입하여 소수자집단의 문화적 차이를 권리 영역으로 끌어올리거나 더 나아가 국민의 정체성을 확장하려는 것일 수 있다.

다른 한편, 이 같은 다문화주의의 전망을 비판하는 입장도 있다. 이 시각에서 볼 때, 다문화주의란 무조건 모든 차이를 인정하고 공존해야 한다는 이념·운동인데 '이념적으로 공허'할뿐더러 "우리 사회를 다민족·다문화·다언어 공동체로 만들어야 한다는 전망은 너무 성급"한 것이 아닐 수 없다. 왜냐하면 현단계의 외국인 이주자들이 한국사회에서 대를 이어 살면서 특유의 문화적 정체성을 유지하고 상당한 세력을 지닌 소수집단으로 부상할 가능성은 매우 낮기 때문이다. 그러므로 한국이 당면한 이주자문제에 대해 인종과 민족 차별, 순혈주의의 굴레에서 벗어나되 "자기 민족의 정체성을 유지·강화하면서 민족에 새로 편입되는 사람들을 즐겁게 받아들이는 열린 자세"를 견지하면 된다는 것이 그 주장의 핵심이다.[11] 이 주장은 비주류인 문화적 소수자와 주류의 비대칭적 권력관계, 즉 주류가 비주류를 배제 혹은 포섭하는 과정을 간과한 것이라고 반발을 불러일으키기 쉽다.

이렇듯 서로 다른 이들 두 입장은 으레 다문화주의와 동화주의의 대립으로 간주되기도 하는데, 여기서는 그런 이론적 논쟁에 연루되기보다는 생활현장의 목소리에 귀기울여보겠다.

"내 며느리를 강하게 만들고 싶어요. 나 죽은 뒤에도 여기서 잘 살아갈 수 있도록."

전남 나주 결혼이주자지원센터가 지난해 11월 말 연 가족관계 향상 프로그램에 참여한 홍정자 할머니는 베트남에서 시집온 며느리가 울 때 가슴이 찢어질 것 같았다고 한다. "천지간에 누가 있어 하소연을 하겠어요. 그렇다고 우리말도 모르니 제 속을 터놓지도 못하고."

홍 할머니는 2002년 며느리를 본 뒤 달력을 놓고 한글부터 가르쳤다고 한다. 강해지려면 무엇보다 말을 아는 게 중요하다고 생각해서다. 그러나 자신의 힘만으론 며느리가 홀로 서게 돕는 데 한계가 있다고 한다. 캄보디아인 아내를 둔 박상협 씨도 "아내가 자립할 수 있도록 언어교육과 직업훈련 교육을 해주는 곳이 있으면 정말 좋겠다"고 했다.[12]

이 인용문을 보면, 결혼이주자 본인이나 가족에게 당장 시급한 과제는 한국사회에 대한 적응이다. 이 기사와 최근에 보도된 한국인 남성-외국인 여성 부부의 이혼증가율이 일년 만에 39.5퍼센트 증가했다는 소식을 겹쳐놓고 보자. 해당 기사[13]가 인용했듯 "지난해 이혼통계로 보아 한국인 남편과 중국·동남아권 출신 부인의 결혼생활이 순탄하지 않음을 짐작할 수 있다"는 통계청 관계자가 지적에서도 드러나는 것처럼, 동아시아 여성 결혼이주자들이 겪는 생활세계의 절박한 현실은 우리에게 근본적인 발상의 전환을 시급히 요구하는 단계에 처해 있다. 여기서 "이주자들이 이주한 지역에서 가장 긍정적인 자아 이미지를 갖는 경우는 자신의 문화적 정체감을 유지한 채 새로운 문화를 체득해간다는 자기확장적 인식을 가질 때"[14]라는 지적에 귀기울일 필요가 있다.

이 지적이 맞다면, 지금 가장 중요한 것은 사회적 소수자인 외국인 이주자들을 '떠나온 사회의 도태자'라든가 부적응자로 보는 게 아니라, 이주를 감행해 정착하고 새로운 미래를 기획하는 과정에서 다중적 지위를 열망하는 적극적 행위주체로 받아들이는 우리의 인식과 감성의 변혁이다. 이 변혁이 생활세계에서 실제로 이뤄질 때, "이주여성들의 정체성이 구축되는 공간은 떠나온 출신지도 아니고, 남편의 나라인 한국도 아닌 '초국적 공간'"임을 용인할 수 있을 것이다.[15] 만약 그 '초국적 공간'이 동아시아라는 지역적 범위와 겹친다면, 그들의 생활세계 안에서 동아시아는 형성되는 중이라고 볼 수 있다.

지금까지의 논의를 통해, 우리 사회의 현단계가 단순히 이주자에 대한 허용의 문제를 넘어 '한국인'은 누구인가를 다 함께 논의할 시점에 이르렀다는 사실을 깨닫게 된다. 그들이 출신지의 정체성과 한국인의 정체성 및 동아시아인의 정체성을 동시에 갖는다는 사실, 즉 다중적 정체성을 우리가 승인하고, 그들이 한국사회의 성원으로서 실천적 주체가 되어 국민으로 통합되더라도 그 통합 조건을 국가와 자율적으로 협의할 수 있을 때 비로소 우리는 공존의 길을 걸을 수 있다. 우리 안의 동아시아의 다양성을 받아들이는 것은 그들과 우리가 더 큰 하나로 바뀌어가는 출발점이다.

3. 동아시아 속의 한국: 한중 문화충돌

앞의 사례가 한국 안의 동아시아에 관한 것이라면, 이제부터 살펴볼 사례는 동아시아 속의 한국에 대해 성찰할 수 있는 기회를 제공한다. 한일 간의 역사해석을 둘러싼 충돌은 이미 익숙하나, 최근 한국과 중화문화권(주로 중국대륙과 대만) 사이에 발생한 문화적 충돌은 낯선 사태라 우리가 일상생활에서 겪는 동아시아의 다양성과 공존에 대해 한층 더 숙고하게 만든다.

서로의 문화유산과 역사에 대한 해석의 차이로 민족주의적 충돌이 일어나는 이 사례에 대한 검토는 2008년 여름 석달 정도 필자가 타이베이에 머물 때 겪은 에피소드에서부터 시작하고자 한다.

어느 날 저녁 술자리에서 평소 잘 아는 그곳 지식인이 필자에게 물었다. 현지 신문의 독자투고란에 공자(孔子)도 한국인이고 단오절도 한국에서 왔다고 주장하는 한국인들을 비판하는 글이 실렸는데, 거기서 필자의 글을 원용했다면서 그 사실을 아느냐는 것이다. 그가 말하는 맥락으로 보아 필자가 한국인들의 그런 주장에 동조하는 것처럼 언급된 듯했다.

당혹스러운 마음으로 돌아와 그가 말한 『중국시보』(中國時報, *China Times*)를 뒤져보니, 8월 1일자에 타이베이의 한 대학원생이 쓴 글이 실려 있었다. 그는 한국인들이 그런 주장을 하는 이유를 설명하면서 필자가 중국어로 발표한 글을 인용했는데, 한국에서 민족주의가 그토록 강렬한 역사적 이유를 필자의 글을 읽고 이해하게 되었다는 요지였다. 그 투고자는, 전통시대 동아시아 지역질서인 화이질서를 설명하면서 그것이 중국이라는 '대중심'과 한국이나 베트남 같은 '소중심' 및 주변으로 구성된 중층적 질서인데 그 속에서 소중심으로 자처한 한국이 그에 힘입어 주체성을 확보할 수 있었다고 한 필자의 글 일부를 언급했다. 그가 이 부분을 인용하면서 내용을 왜곡한 것은 아니다. 단지 그가 "중화문화의 역사나 인물 또는 유산을 한국 자신의 문화체계 속에 집어넣는"다고 본 일부 한국인의 태도를 설명하기 위한 목적으로, 소중심으로서의 한국을 주장한 필자의 글을 본래의 맥락과 관계없이 떼어내어 활용하다 보니 마치 필자가 해당 주장을 지지하는 듯 오해받게 된 것이다.

이런 일을 직접 겪고 한국에 돌아와 보니 중국대륙에서는 베이징올림픽을 전후해 한국을 비난하는 여론이 한창이었다. 이른바 중국의 '혐한론(嫌韓論)'이 전에 없이 대두되고 그에 상응해 염중론(厭中論)도 출현한 것이다. 진정 한중관계가 한일관계처럼 나빠질 조짐이 대중적 차원에서 나타나는 것인가. 다행히 이 사태에 대해서 한국의 시민사회는 물론이고 양국 정부 유관부처까지 염려하면서 우호적인 한중관계를 위해 여러 분석과 대책을 내놓아 현단계에서 볼 때엔 어느정도 진정된 국면이다.

그러나 중국에서 혐한론을 야기한 핵심 요인인 문화유산과 역사 문제는 인터넷에서 종종 논란을 일으키는 불쏘시개로 남았다. 그리하여 온라인 공간에서의 격앙된 감정이 양국민 간의 관계를 급속히 악화하거나 상대방에 대한 비우호적 정책을 합리화하는 논리로 전화될 개연성을 무시할 수 없다. 예를 들면 어느 중국인은 "조선반도의 역사는 부산물, 더 노골적으로는 중국 역사의 지방사, 제후사(諸侯史)다. (…) 그러나 현재 한국에서는 한국사를 중국사와 분리해서 '독립'된 것으로 위조하고 있다"라는 식으로 인터넷에 글을 올리고 이에 대한 조회수도 높다.[16]

네티즌들의 동북공정에 대한 논쟁을 비롯한 역사와 문화유산 갈등은 한중 간의 기본적인 역사관의 차이와 상대방 문화에 대한 이해 부족에서 빚어진 것이라고 설명할 수도 있다. 그러나 이렇게만 덮고 넘어가기에는 문제가 훨씬 더 복잡하다. 여기서 동아시아 세 나라의 민족주의 충돌을 비교·분석한 어느 흥미로운 연구를 참조해볼 만하다.

이 연구에 따르면, 동아시아의 민족주의 충돌은 유동적인 고용상황과 중간층의 양극분화로 '불안한 개인'들이 젊은층에서 대거 등장하여 불안형 내셔널리즘, 또는 '취미화된 내셔널리즘'[17]에 의해 부추겨진 결과다. 젊은 네티즌들이 인터넷을 비롯한 뉴미디어가 제공하는 하위문화와 접속하여, 포털·블로그·미니홈피를 통해 '취미화된 내셔널리즘'을 퍼뜨린다. 이 현상은 중산층 확대라는 국가적 목표에 호응해오던 전후 동아시아의 고도성장형 내셔널리즘과 성격을 달리한다.

이 설명에서 젊은층의 불만과 불안이 왜 민족주의적 충돌로 표출되는지에 대한 역사적 맥락을 섬세하게 다루지 못한 것은 한계다. 그뿐만 아니라 이 설명이 한일 간의 문제에 대해서는 꽤 설득력있게 들리지만, 중화문화권의 청년들에게는 잘 들어맞지 않는다. 전체 네티즌 가운데 60퍼센트 이상을 차지하는 중국대륙의 젊은층(18~35세)이 혐한정서를 주도하는데, 그들은 고도성장을 통해 대국으로 굴기하는 조국을 지켜보면서 강한 민족적 자부심을 갖는 동시에 그 과정에서 낙오될까봐 염려하는 불안감도 품고 있다. 또한 대만의 젊은이들은 대국으로 질주하는 대륙과의 통일과 (대만) 독립 사이에서 동요하는 불안정한 정세 속에서 고뇌하면서 대만인으로서의 정체성을 키워가고 있다.[18]

이러한 한계는 있지만, 민족주의문제를 해결하기 위해 '취미화된 내셔널리즘'의 토양인 젊은층의 일상생활의 불만과 불안을 해소하는 것이 중요함을 부각시킨 의의는 돋보인다. 다만 그 해결을 위해서는 각각의 국내개혁 과정과 더불어, 국경을 넘나드는 인식과 감수성을 북돋우는 노력이 필요함을 간과해서는 안 된다. 동아시아에 공통적으로 나타나는 각국의 민족주의는 서로 얽혀든 동아시아의 위계적 지역질서의 역사적 소산이기에 그 해결책 또한 동아시아 차원에서 제시될 수밖에 없기 때문이다. 이와 관련해 "우리 안에 억압된 아시아를 일깨움으로써, 한국인이면서 일본인이면서 중국인이면서도 동시에 동아시아인이라는 공감각으로 어떻게 개발하는가"가 현안이라는 발언은 시사적이다.[19] 이 점에서 볼 때, 동아시아 전통문화 유산을 둘러싸고 문화적 갈등이 재연될 소지를 제거하기 위해 그것이 오랜 역사 동안 동아시아 공동의 문화유산으로 향유되어왔다는 점을 인식하는 일은[20] 의미있는 변화가 아닐 수 없다. 그런데 이러한 인식의 공유만으로는 동아시아인으로서의 공감각이 일상에 뿌리내리기 충분치 않다. 여기서 한중 간의 문화충돌을 야기하는 요인의 하나가 재한 중국인 유학생의 일상생활의 경험임을 상기할 필요가 있다. 2008년 5월 올림픽 성화가 서울에서 봉송되는 과정에서 빚어진 양국인의 충돌사건 이후 중국 인터넷에서 혐한 감정을 부추긴 '재한 중국인 유학생이 차별당한다'는 소식을 제공한 것이 다름 아닌 그들이었다. 그들 젊은이들이 한국의 생활세계에서 느낄 수 있는 불만과 불안을 배려하는 것이야말로 민족주의적 충돌을 해소하는 지름길이다. 이와 더불어 한류를 비롯한 동아시아 대중문화의 상호교류—이것을 '아(Asia, 亞細亞)류'라고 부를 수 있지 않을까—와 유학생·이주노동자·관광객 등 인적 교류의 확산에 기대를 걸게 된다. 그것이 동아시아인들에게 일상에서 국경을 넘나드는 다문화 체험의 기회를 제공하여 감성의 변화를 촉진하기 때문이다.

이와 같이 한국인인 우리가 다중적 정체성을 갖고 동아시아인이라는 공감각을 일상생활에서 키워나가면서 중국인에게도 그런 공감각을 불러일으켜줌으로써 협애한 민족주의에 벗어나게 도울 수 있다면, 동아시아가 문화적 충돌에서 벗어나 공생으로 나아가는 길이 열릴 것은 분명하다.

4. 동아시아인이라는 감성 변혁

이제까지의 논의에서 추려낼 수 있는 골자는 동아시아의 다양성을 받아들이는 것이 바로 하나됨을 추구하는 길이고, 그것에 도달하기 위해서는 우리가 동아시아인이라는 인식과 공감각(또는 감성의 변혁)이 일상에 쌓여야 한다는 것이다.

이 과제는 이미 한국사회 곳곳에서 조금씩 수행되고 있다. 필자는 그런 움직임을 체험으로 실제 느껴야 한다는 의미에서 '실감으로서의 동아시아'라고 이름붙여보고자 한다. 오래전부터 동아시아 담론을 주창하면서 그것이 동아시아인 서로의 삶의 문제에까지 마음 쓰는 감수성 계발을 북돋워야 한다고 주장해왔는데, 이번에 하나의 이름을 갖게 된 것이다.

그것은 구체적으로 동아시아인의 삶과 생명에 대한 배려를 통해 형성되는 인격적(inter-personal) 관계가 일상에서 경험되고 실천되는 친밀한 공간을 의미한다. 이 글에서 필자는 동아시아인끼리 서로에게 관심을 기울이면서도 다양성으로 인한 차이를 섣불리 축소하려 들지 않고 유지하다가 서로가 변화되어 다중적 정체성을 갖게 됨으로써 더 커진 하나됨을 실감하는 길을 탐색해보았다. '우리 속의 동아시아' 격인 결혼이주자 문제와 '동아시아 속의 우리' 격인 한중 문화충돌 문제를 해결하는 과정에서 그 길이 조금은 열리지 않을까.

제7장

복합국가와 '근대의 이중과제': 20세기 동아시아사 다시 보기

1. 동아시아론과 '이중과제'

서울학연구소가 주관하는 '동아시아의 근대와 도시: 그 문명사적 조망'(2010.8.24~25) 심포지엄에서 발표하는 기회를 빌어, 먼저 필자 자신의 소개를 겸해 왜 '동아시아적 시각'에 관심을 갖게 되었는지를 설명해보고자 한다.

대학에 막 들어간 1970년대 초 필자의 사고는 '반국적(半國的) 시각'에 갇혀 있었다. 1971년부터 미중화해가 시작되어 냉전질서의 균열이 생기면서 한때 한반도에서도 남북대화가 추진되었지만, 곧바로 동아시아 냉전의 중심인 한반도에 분단체제가 강력하게 작동되어 우리의 사고와 몸을 지배했기 때문에 동아시아 지역을 하나의 단위로 사유하기는커녕 한반도 전체를 생각하는 것도 불가능했다. 우리의 사고는 분단된 반쪽의 국가—불완전한(또는 기형의) 국가—의 시각에서 사물을 바라보는 데서 벗어날 수 없었다.

그러다 재독 한인작가 이미륵(李彌勒)의 자전소설『압록강은 흐른다』를 읽고 '반국적 시각'의 왜소함을 절감하게 된다. 일본제국주의가 지배하던 1919년 10대였던 작가는 3·1운동에 참여했다가 일제의 탄압을 받게 되고 이를 피해 독일로 망명한다. 그가 독일에 이르는 여정은 필자에게 확 트인 지리적 상상력을 갖게 했다. 그는 당시의 서울인 경성(京城)에서 기차를 타고 압록강을 건너 유라시아 대륙을 횡단해 독일에 닿았다. 한반도의 분단체제가 흔들리고 있어[1] 남북교류가 진행되고 있는 오늘날이지만 서울에서 기차를 타고 압록강을 건너 유럽으로 가는 여행은 여전히 불가능한 현실이니, 1970년대 초에 20대였던 필자에게 그의 여정이 큰 충격을 준 것은 당연했다.

그런 시절이 지나고 1987년 이후 한국 안에서는 점차 민주화가 진행되었고, 1989년을 지나면서 한국 바깥에서는 냉전체제가 무너지는 변화가 발생했다. 이같이 한국의 안팎에서 중첩되어 일어나는 변화가 한창이던 1990년 여름, 미국 하바드-옌칭연구소의 초청을 받아 방문연구원으로 일년 남짓 케임브리지에 머물렀다. 그때 처음 외국에 체류한 셈인데, 그곳에서 미국을 비롯한 여러 나라의 학자들과 어울리면서 한국인 중국연구자로서의 정체성에 대해 깊이 생각하게 되었다. 필자는 중국사 전공자인데 그곳에서 외국인들은 필자에게 한국 역사와 현실에 대해 묻곤 해 당혹감을 느꼈다. 그 과정에서 중국사를 연구하더라도 '동아시아적 시각'에서 접근해야 한다는 인식에 도달했다.[2]

그러다가 귀국해 보니 한국은 (적성국敵性國이었던) 중국 등 동아시아로 이미 뻗어나가고 있었고, 중국 '조선족'을 비롯한 동남아 노동자들이 한국으로 유입되고 있었다. 말하자면 이전 같은 '반국적 시각'이 아니라, 동아시아 속의 한국과 한국 속의 동아시아를 동시에 바라보는 확대된 지리적 상상력이 필요한 시점이 된 것이다. 필자의 개인적 각성은 행복하게도 이 같은 시대적 요구와 자연스럽게 만나게 되었다. 바로 이런 상황에서 동아시아라는 지역을 하나의 단위로 사고하기 시작하는 이른바 '동아시아 담론'이 한국 논단에서 대두되었다. 좀 과장해 말하자면 한국 지식인사회가 '동아시아'를 새로 발견한 것이나 다름없었다.

그러나 좀더 깊이 들여다보면, 한국의 사상사적 맥락에서 그 연원을 찾을 수 있다. 멀리는 19세기 말 조선 지식인들이 서구열강의 침략에 맞서 동양 3국의 연대를 추구한 과정에서 조선을 포함한 동아시아를 하나의 단위로 사고한 움직임이 있었다. 그것이 일제식민지하에서 억압당해 지하에서 복류(伏流)할 수밖에 없었고, 해방 후 미국의 냉전질서에 종속되어 분출하지 못하다가 1990년대의 변화된 정세에 힘입어 '귀환'한 것이다. 또한 좀더 가까이는 1970, 80년대 한국의 진보적 지식인들이 지녔던 제3세계적 문제의식이 냉전이 균열하는 틈새를 뚫고 동아시아 담론으로 분출한 것이다. 당시 우리가 주창했던 민중적 민족주의는 서구중심주의에 대해 성찰하고, 민족과 민중의 생활에 기반을 둔 저항논리 및 새로운 세계관을 모색하는 이념이었고, 제3세계에 대한 관심과 연대의식을 내장한 것이었다. 그렇기 때문에 1990년대의 변화된 상황 속에서 민족민주주의를 재구성할 때, 민족주의(의 폐쇄성)를 극복하는 한편 우리에게 더 가까운 지역과 문명에서부터 제3세계적 문제의식을 관철하기 위해 동아시아를 중시하는 것은 자연스러운 귀결이었다고 할 수 있다.[3]

필자는 동아시아 담론이 발생하던 당초부터 동아시아론 주창자의 한 사람으로서 그 논의에 참여하면서 한국은 물론이고 동아시아 여러 지역의 누구와도 기회가 주어질 때마다 그에 대해 토론하기에 힘써왔다. 그것이 우리 자신의 사고와 행동을 제약하는 민족주의와 서구중심주의에서 벗어나 새로운 이론과 실천을 수행하는 데 얼마간은 동력이 된다고 믿기 때문이다.

물론 현재 한국의 동아시아 담론이 단일한 성격을 갖는 것은 아니며 여러 견해에서 차이를 보인다. 필자의 동아시아론은 그러한 여러 갈래의 입장들[4]과 토론하는 과정에서 형성·진화된 것인데, 한국(과 일본)에서는 '변혁론으로서의 동아시아론', '실천과제로서의 동아시아론' 또는 '대안체제담론' 등으로 불린다.[5] 이런 용어에서도 드러나듯이, 그것은 단순한 학술적 성과물이 아니고 대학의 안과 밖에서 교수이자 잡지 편집자로서 활동한 경험이 녹아 있다. 이것을 필자는 '제도로서의 학문'과 '운동으로서의 학문'을 넘나드는 것이라고 정리해두었다.[6] 특히 1970년대 말부터 계간 『창작과비평』(1966년 창간)의 편집기자로서 참여해 현재 주간직을 맡기까지 30여년간 이 잡지에서 수행해온 활동(말하자면 '운동으로서의 학문')은 반생애에 걸친 공부의 터전이자 실천의 무대에서의 경험이다. 이 계간지와 더불어 필자는 변화하는 한국사회가 좀더 민주적이고 주체적인 사회로 발전하도록 이론적·실천적 방안을 모색해왔고 또 그것이 동아시아의 이웃 사회들의 발전과 공생에 어떤 의미를 띨 것인지 규명하고자 애썼다. 그래서 기회가 주어지는 대로 한국 안에서는 물론이고 중국·대만·일본 등의 비판적 지식인들과 토론하고 연대하는 활동에 적극 참여했다. 그 과정에서 많은 것을 배우고 또한 국경을 넘나들며 적지 않은 벗을 사귈 수 있었다.[7]

사적인 술회가 다소 길어져 민망하나 이 글 또한 바로 그런 또 하나의 기회를 제공하기에 소중하다. 그리고 그 소중함에 값하기 위해, 그간 필자[8]의 동아시아 담론의 몇가지 특징[9] 가운데 논란의 대상이 된 핵심쟁점을 집중 논의해 한국의 동아시아론이라는 지적 자원을 정련하는 데 조금이나마 기여하고자 한다. 그 쟁점은 '복합국가'라는 발상이 과연 동아시아 지역공동체의 형성, 더 나아가 근대극복과 적절히 연결되는지에 관한 것이다.

한국은 물론이고 세계의 비판적 지식인들 사이에서 국민국가나 민족주의에 대한 비판은 (조금 과장하면) 이미 상투적인 주장이 되었다. 그러나 국가는 여전히 근대세계를 작동케 하는 핵심적 제도임이 분명하다. 우리의 대응은 단순한 반국가주의에서 벗어나 더욱 적합한 국가구조를 창안하는 쪽으로 나아가야 한다. 이런 의미에서 한반도의 분단체제 극복운동이 진행되는 과정에서 이룩될 터인 남북연합을 주요 골자로 한 '복합국가론'이 제기되었다.

이 용어는 1972년 남북공동성명이 발표된 한반도의 상황 변화에 착안한 천관우(千寬宇)에 의해 제기되었다. 그는 단일한 국가의 단계로 가기 전 남한과 북한이 "거리를 좁히고 결합력을 굳혀가는" 과정, 즉 "한동안은 남은 남대로, 북은 북대로의 체제를 유지하고 그러면서도 일정한 한도 안에서나마 한 민족이 한 덩어리로 얽히는 국가의 형태"를 '복합국가'로 불렀다. 그 의미는 그의 표현대로 "전적으로 우리의 형편에 맞는 전혀 새로운 유형의 것이 될 수밖에 없는 것"이었다.[10] 백낙청은 이 구상의 중요성을 일찍이 발견하고 이를 분단체제 극복을 위한 구체적 과제로 정리했다.[11] 필자는 그것을 원용하면서 동아시아에 확대적용을 시도했는데,[12] 이는 국가 간의 결합 양상이자 국민국가의 자기전환의 양상을 겸한 것을 의미한다. 그런데 복합국가는 '근대적응과 근대극복의 이중과제'를 실현하는 데에도 중요한 관건이 된다. '근대극복'(곧 국민국가 극복)을 진지하게 추구하기 위해서라도 '근대에 적응'(국민국가에 적응)하는 하나의 예가 될 것이기 때문이다.[13]

그렇다면 '근대의 이중과제'론이란 무엇인가. 탈근대론의 과잉과 신판 근대주의의 유행을 동시에 비판하면서 현실적인 근대극복의 전망을 찾는 과정에서 제기된 것이 '근대의 이중과제'론[14]이다. 그것은 근대적응과 근대극복을 이중적인 단일과제로 동시에 추진한다는 논의인데 그 추상수준이 매우 높다. 그래서 여기서 이해를 돕기 위해 분명히 해둘 것은 근대를 자본주의 세계체제로 인식하여 그것을 넘어서는 대안을 찾는 일이 핵심이라는 관점이다. 그렇기 때문에 세계체제를 작동케 하는 국민국가 단위를 넘는 분석 범주의 확립이 필수적일 수밖에 없다. 다시, 여기에서 복합적이고 중층적인 시공간에 대한 인식이 요구된다. 필자는 이와 관련해 "지구적 규모로 장기적인 시간대에 걸친 과제와 중소규모의 지역, 중·단기의 과제를 동시에 사고하면서 일관된 실천으로 연결시키는 일"의 중요성을 본서에서 재차 강조한 바 있다.[15] 이 글에서는 세계체제의 전반적인 변혁이라는 장기과제와 단기적인 개혁작업을 연결하는 중간매개항인 복합국가의 건설이라는 중기과제를 달성할 가능성이 동아시아에 있는지를 검토하는 데 중점을 둘 것이다.

좀더 구체적으로는 먼저 20세기로 넘어가는 이행기에 나타난 한중일 삼국의 국익을 둘러싼 경쟁의 의미를 주로 일본 사례 중심으로 검토하고자 한다. 여기서는 20세기형 국익 개념의 내파(內破)를 통해 복합국가의 전망을 구체화할 수 있을 것이다. 이어서 21세기 들어선 지금 '국민국가'로 간단히 회수할 수 없는 지역문제로 여전히 존재하는 세 도시 ─ 진먼(金門, 대만), 오끼나와(沖繩, 일본), 개성(開城, 한반도) ─ 가 국민국가체제에 대해 제기하는 질문을 점검하고자 한다. 이 세 도시에서 국경을 가로지르는 국가 간의 결합 또는 국민국가의 자기전환의 시도를 확인할 수 있을 것이다.•

이 작업을 통해 필자의 동아시아론이 '한국/한반도를 특권화'하는 동아시아론이라는 비판에 대응할 뿐만 아니라, 한반도 분단체제의 극복과정이 동아시아 지역의 여러 문제점을 해결하는 데 어떻게 실질적으로 기여하는지를[16] 좀더 구체적으로 제시할 수 있을 것이다.

2. 동아시아 근대이행의 갈림길과 국익의 재구성

동아시아인 입장에서 볼 때 19세기 후반 이래의 근대사는 근대적 변화에 대한 동참과 저항이 뒤섞일 수밖에 없는 복합적 함의를 띤다. 그 특징은 '근대적응과 근대극복의 이중과제'라는 시각에서 파악할 때 더욱 잘 드러난다.

19세기 말 20세기 초 국민국가들로 구성된 국가간체제에 편입된 동아시아에서는 부국강병의 추구가 국익으로 인식되었고, 그것을 달성하느냐 못하느냐가 국가의 존망이 달린 절대절명의 과제라는 위기의식에 쫓겼다. 한중일 모두 국익의 우선순위를 정하고 국가의 한정된 자원(인원이나 예산)을 전략적·집중적으로 투입하는 데 힘썼다. 그런데 결과적으로 일본만이 그 임무에 일단 '성공'한 '우등생'이 되었다. 그에 비해 열강의 분열지배라는 위기에 처한 중국은 '절반 열등생', 끝내 일본

---

162 제1부 실천과제로서의 동아시아

의 식민지로 전락한 조선은 '열등생'으로 간주되었다. 그러나 그로부터 한 세기가 지난 지금 우리는 '21세기형 국익'이라는 관점에서 당시 삼국의 근대이행의 갈림길, 즉 국익추구 과정을 다시 볼 필요가 있다.[17]

둘러보면, 21세기인 지금도 국익이 현실에서 중요한 역할을 하는 것에는 변함이 없지만, 그 내용은 변하고 있다. 사실 국익은 위험한 어휘다. 다양한 개인이나 집단의 이익을 초월한 국익이라는 관념은 그 성원 모두의 이익으로서 더없이 높은 지위를 부여받곤 하지만 아주 공허한 정치선동적 용어로서, 국가가 정치적 정통성을 주장하기 위해 끌어들이는 경우가 많다. 그럼에도 불구하고 필자가 국익 개념을 이 글에서 적극 활용하는 이유는 동아시아의 어제는 물론이고 오늘날에도 엄청난 위력을 지닌 그것을 정면으로 검토하지 않고서는 근대사의 핵심을 제대로 짚어내지 못할 뿐 아니라 근대극복의 길도 찾지 못할 것이라고 판단해서다. 그것은 지난 세기 이래 동아시아인들이 거의 맹목적으로 집착해온 키워드의 하나였기에 근대성을 다시 생각해보는 데 더없이 적절한 소재가 아닐 수 없다.

필자는 매우 중요한, 그러나 잘못 다루면 위험한 국익 개념을 내파해 새롭게 규정하기 위해 네가지 기준을 도입하고자 한다. 첫째, 국가 구성원 일부의 이익이 아닌 국민 전체의 이익인가를 따지는 **전체성**이다. 둘째, 일시적 이익이 아닌 지속적 이익인가를 따지는 **지속성**이다. 셋째, 직접적으로 영향을 미치는 이익인가를 따지는 **직접성**이다. 넷째, 국제사회의 이익과 양립할 수 있는 이익인가를 묻는 **양립성**이다.[18]

이렇게 네가지 기준에 입각해 재규정된 국익 곧 21세기형 국익의 관점에서 과거 청일전쟁(1894~95)과 러일전쟁(1904~05)이 과연 근대화의 우등생으로 불리는 일본에 실제로 어떤 이익〔實益〕 — 흔히 국익으로 표현되는 것 ― 을 가져다주었는지 따져 물어보겠다.

먼저 청일전쟁이 일본에 미친 영향을 돌아보자. 청일전쟁이 일본에 사회심리적 보상(곧 문명국으로서의 자부심)과 배상금 같은 경제적 보상을 주고 국민통합에 큰 도움을 준 것은 분명한 만큼 어느정도 국익을 성취했다고 인정할 수 있다. 그러나 그것이 국제사회의 이익(특히 조선의 이익)과 양립할 수 없었음은 물론이고, 10년도 안 되어 러일전쟁이라는 또다른 전쟁을 치를 수밖에 없었으니 일본에도 지속적인 이익이 되었다고 볼 수는 없다.

러일전쟁 역시 국익의 실현이라는 관점에서 살펴볼 만하다. 러일전쟁이 일본에 미친 영향을 돌아보면, 승전을 거머쥔 일본은 '이익선'에 들어 있는 조선을 식민지화할 수 있는 안정적 기반(곧 보호국화)을 확보했을 뿐 아니라 러시아로부터 사할린 남부의 할양과 하얼빈 이남의 철도경영권 양도 등을 얻어냄으로써 청일전쟁 때 얻은 대만이라는 식민지보다 훨씬 넓은 식민지를 구축했다. 또한 산업자본의 단계에 이른 일본 자본주의가 중공업 발전과 재벌 형성을 축으로 한층 성장할 수 있었다는 점에서 직접적 이익을 얻었다고 볼 수 있다. 또한 서구열강인 러시아를 이겼다는 사실로 개국 이래 겪어야 했던 열등감에서 벗어났고, 서양에 비견되는 제국주의열강의 중심부에 오르게 되었다.

그러나 애국주의가 고조된 상황에서도 이를 국민 전체의 이익이라 볼 수 없는 증거는 일본민중의 히비야폭동(1905.9.5~7)에서 단적으로 찾아볼 수 있다. 히비야폭동은 강화조약 반대 국민대회가 열린 히비야공원에 모인 군중이 강화조약에 배상금 조항이 없다는 사실에 분노하면서 발생한 사건이다. 히비야폭동의 이면에는 전쟁에 따른 일본민중의 희생과 그에 대한 분노가 깔려 있다. 소요의 중심세력은 수레꾼, 일

용노동자, 인부 같은 도시하층민이었다. 이들은 전쟁으로 인한 경제난과 함께 산업화에 따라 노동시장에서 소외되어 고통을 겪고 있었다. 이런 사태를 빚은 이유는, 러일전쟁에서 일본이 자체의 경제력으로는 감당하기 어려운 수준의 군사비를 지출했기 때문이다. 러일전쟁은 일본 정부의 대외정책 관련 지출 중에서 가장 규모가 큰 사건이었다. 전쟁으로 인한 고통은 경제적인 면에만 국한되지 않았다. 일본민중들은 전쟁에서 가족을 잃는 고통을 겪었다. 청일전쟁과 달리 러일전쟁은 수많은 사상자를 낳았다. 청일전쟁에서는 동원 총병력 24만여명 중 전사자 1만 3309명(그중 병사자가 1만 1894명)이었던 데 비해, 러일전쟁에서는 전사자가 약 8만 4000명, 부상자가 약 14만 3000명에 달했다.

또한 러일전쟁으로 얻은 국익이라는 것이 국제사회의 이익(특히 조선의 이익)과 양립할 수 없었고 중일전쟁과 태평양전쟁 등 뒤이은 전쟁으로 국민을 몰아가 지속적인 이익이 못되었다는 것은 더 말할 필요도 없겠다.

이런 역사를 돌아보면, 두차례 전쟁에서 승리한 일본이 국익을 확보하는 데 진정 성공적이었을까 묻지 않을 수 없다. 더욱이 단기가 아닌 중장기라는 긴 시간대에서 돌아봤을 때 두차례 전쟁을 야기한 원인인 한국의 병합이 진정코 일본의 '실익'에 보탬이 되었을까. 일본 **국민 전체**에 **지속적으로** 이익을 가져다준 것도 아니고 **국제사회의 이익과 양립**할 수도 없었다. 한일병합이 없었더라면 만주사변과 중일전쟁, 급기야는 태평양전쟁과 패전으로 이어지는 역사가 꽤 달라졌을 것이다. 그만큼 한국병합을 보는 시각은 일본사를 바로 보는 데 매우 중요하다.

현재 일본 일각에서는 '가해자'와 '피해자'라는 이분법적 역사 이해를 넘어선다면서, 서구열강보다 뒤늦게 제국주의 경쟁에 참여한 일본이 처음부터 줄곧 침략 의도를 품고 전쟁을 일으켰던 것이 아니라, 조숙한 제국주의국가로 전환해가면서 불가피하게 전쟁을 선택한 복잡한 굴절과정을 겪었다고 설명하는 경향이 점점 더 강해진다.[19] 그런데 지금까지 살펴본 것만으로도 드러나듯이 일본이 대국주의 지향을 갖고 20세기형 국익을 추구한 것은 오히려 자국에 실익이 되지 못했다. 근대를 맹목적으로 추구하기보다 근대적응과 근대극복이라는 이중적인 단일과정을 추구했다면 일본과 그 이웃 다수의 이익에 부응했을 것이나, 실제로는 '근대극복'이 '근대적응'에 의해 압도당하고 말았다.

여기서 '근대의 이중과제'를 수행하는 데 친화적인 사상적 조류로서 당시 일본인 사이에서 주장된 소국주의를 주목할 필요가 있다. 러일전쟁 무렵 '대일본주의(大日本主義)인가 소일본주의(小日本主義, 즉 小國主義)인가'라는 논란이 있었다. 대국주의에 비판적이면서 대외팽창이 일본에 손해라고 지적한 이 흐름은 자유민권운동이나 타이쇼오(大正)민주주의의 형태를 취하면서 지속되었다. 물론 이것은 소수파의 주장이었고 '미발(未發)의 계기'였다. 그래서 이 소국주의는 일본사상사의 '주옥(珠玉)' 같은 것에 불과할 뿐이며 "일본의 국민국가 구상은 정부나 재야를 막론하고 제국화의 충동을 강하게 품은 것이었다"라고 평가되기도 한다.[20] 그러나 소국주의의 흐름까지 염두에 두고 일본근대사를 성찰적으로 돌아보지 않는다면 오늘날 일본이 아시아로 되돌아오기는 힘들다.[21] 그뿐 아니라 동아시아적 맥락에서 보면, 중국과 한국의 소국주의 유산과 더불어 일본의 그것도 대국주의 열망을 견제함으로써(또는 국익을 재구성함으로써) 근대극복의 가능성을 제시하는 사상적 자원으로서 소중한 가치가 있다.

멀리 거슬러올라가 중화사상에 내포된 '유가의 소국주의 또는 사소

(事小)의 전통'[22]까지 언급하지 않더라도 20세기 초 대두된 연성자치(聯省自治)나 연방제 논의는 중국사에 나타난 소국주의 지향으로 새롭게 점검되어야 한다.[23] 한국에서는 19세기 말 개량적 개혁파의 소국주의나 20세기 안재홍(安在鴻)의 소국주의적 국민국가 구상 등 소국주의 유산은 더 발굴될 여지가 크다.[24] 이 논의들은 모두 근대극복을 위한 장기적 전망이다. 하지만 우리가 20세기형 국익 개념을 내파해 국민국가의 내적 모순을 개조하거나 지양하고 그 과정에서 새로운 형태의 국가를 구상하고 실천하려는 일은 자칫하면 추상화하고 관념화하기 쉽다. 그 위험에서 벗어나려면, 복합국가가 소국주의에 좀더 친화적인 문명론적 차원의 비전을 가짐과 동시에 그것을 실현하는 데 추진동력을 제공할 단기적인 국가개혁 작업과 단단히 결합되어야 한다.

3. 국민국가에 대한 적응과 극복의 길을 찾아서: 세 도시의 사례 연구

바로 앞서 20세기로 향하는 이행기 동아시아의 국익 개념을 재구성해 복합국가의 전망을 찾아보았다면, 이제부터는 국가(간)의 경계에 선 도시들인 진먼(대만), 오끼나와(일본) 및 개성(한반도)에서 국민국가의 틀을 넘어설 가능성을 찾아볼 수 있는지에 대해 중점적으로 점검해볼 것이다.

물론 진먼을 둘러싼 중국-대만의 관계, 일본-오끼나와의 관계 및 개성을 둘러싼 남북한의 관계를 같은 수준에서 논하기가 쉽지는 않을 것이다. 그러나 이들 세 도시는 필자가 말하는 '이중적 주변의 시각', 곧 서구 중심의 세계사 전개에서 비주체화의 길을 강요당한 동아시아라는 주변의 눈과 동아시아 내부의 위계질서에서 억눌린 주변의 눈이 동시에 필요한 전형적인 곳이다. 그리고 무엇보다도 국민국가에 대한 적응과 극복의 과제를 보는 데 성찰적 역할을 맡는다는 데서도 공통점이 있다.

국가와 비국가 사이에서: 양안문제와 진먼도

진먼도는 지금 행정적으로 대만(즉 중화민국)에 속하지만, 지리상으로는 비행기로 한시간 소요되는 타이베이보다 배로 30여분 걸리는 중국대륙의 샤먼(厦門)에 더 가깝다. 역사적으로도 그곳은 초국적(超國的) 지역문화의 요충이었다. 청조 때부터 동남아 등지로 나간 화교의 배출지이자 중계지였고, 푸젠성 남부(閩南)와 동남아를 잇는 지역문화의 핵심고리였다. 진먼도가 대만의 중화민국 영토로 들어간 것은 1950년대 들어와서다. 청조가 아편전쟁에 패배해 대만을 일본에 넘겨줬을 때에도 진먼도는 여전히 청조에 속했고, 이어서 청조를 타도한 중화민국정부에 관할되었다. 그러다 1949년 국공내전 이후 공산당과 국민당이 국경선을 획정하려고 처절한 전투를 벌였고 그 결과로 진먼도는 샤먼 지역에서 떨어져나와 대만으로 쫓겨온 국민당의 중화민국 영토로 귀속되었다.

1949년 내전에서 패퇴하여 대만에 들어온 국민당정부와 대륙을 장악한 공산당정권은 서로 진먼도를 차지하기 위해 내전 직후 치열하게 싸웠다. 공산당정부는 샤먼을 장악한 뒤 바로 코앞의 진먼을 점령하고 이어서 대만으로 진출하고자 했고, 국민당정부는 이를 막고자 했다. 특히 1950년 한국전쟁의 발발 이후, 진먼도는 단순히 국공의 대결장을 넘어 미국과 중국 간 냉전갈등의 첨예한 전략적 요충이 되었다. 진먼도를 둘러싼 양측의 잇따른 전투 가운데 가장 격렬했던 것이 바로 1958년 8월

23일에 개시된 전투다. 그날 시작되어 잠정적으로 전투가 중지된 10월 5일까지 하루 걸러 육해공군이 동원된 포격으로 진먼도에 가해진 포탄만 47만발이라고 한다. 그후로도 양측의 포격은 간간이 지속되었는데 전투가 사실상 끝난 것은 1978년 12월 15일 미국과 중화인민공화국 정부가 국교를 맺기 전후해서다.

이렇게 전투가 진행되는 동안 진먼도 주민이 입은 피해는 말로 형용하기 어렵다. 그들은 1992년 11월 7일 진먼도가 전투지역에서 해제될 때까지 장장 43년을 계엄하에서 살아야 했다. 대만 본섬이 계엄에서 해제된 1987년보다 5년이나 뒤늦은 것이다. 그들은 한동안 별도의 화폐를 사용했고, 대만 본섬과의 왕래도 제한적으로 이뤄졌다.[25] 지금은 군사기지가 대폭 철거되었지만 자원이 적고 산업이 발전하지 못한 그곳에서는 아이러니하게도 전지(戰地)문화를 관광자원화하고 있는 실정이다.

이 같은 곡절 많은 역사를 겪어온 진먼에 대한 연구는 국경에 갇힌 일국적 시각을 넘어 지역의 시각에서 양안 중국, 더 나아가 동아시아를 새롭게 보는 데 풍부한 암시를 준다. 특히 오늘날 대만에서 주류 담론인 대만독립론 또는 대만민족주의를 비판적으로 보고 대만의 복잡한 정체성문제를 새롭게 인식하는 데 매우 유용하다.

바로 이런 이유로 진먼이라는 지명에 들어 있는 '문(門)'이라는 글자의 상징적 의미가 새삼 중요해진다. 그것은 금기와 지역격절의 의미이자 교류의 무한한 가능성을 표현한 것이므로 앞으로 주체적인 '진먼(金門)의 개방'이 대만인을 비롯한 동아시아인에게 더욱 광범한 세계관을 여는 문이 될 수도 있다.[26]

이제 막 시작된 것이나 다름없는 진먼에 대한 새로운 지적 작업은 그 연구의 의의를 "지구적인 시야를 갖고 지역적으로 실천하는 가능성"에서 찾는 것인데,[27] 아직은 이런 모색이 명료한 형태로 구체화되고 있지는 않다. 지금으로서는 일단 진먼을 양안문제로 들어가는 문으로 삼는 것이 중요하다. 이미 진먼에는 양안교류가 허용된 소삼통(小三通, 2001년 1월부터 중국대륙과의 통신·통상·통항이 가능해진 것)이 시행되어 양안 간 전면적인 대삼통(大三通)으로 잇는 다리가 되었다. 진먼의 역사적 변천은 지식인들에게 대만과 중국 관계를 새롭게 보길 요구하고 있는 셈이다.

사실 중국과의 통일이냐 독립이냐라는 정치적 이분법 논란에 깊이 빠져 있는 대만에서 양안관계—대만과 중국대륙의 관계를 양국관계라고 부른다면 대만을 '하나의 국가'로 인정하는 꼴이 되어 보통 대만해협 양쪽의 관계라는 중립적인 용어가 사용된다—에 대한 합리적 토론을 위한 환경은 주어져 있지 않다. 따라서 통일과 독립 어느 쪽에서든 민족주의로 귀착되지 않고 양안문제를 토론할 제3의 틀이 필요하다. 이지점에서 동아시아적 관점이 요구된다. 예컨대 한국의 분단체제론이 시사점을 줄 수 있지 않을까. 물론 한반도의 분단문제를 양안에 그대로 적용하기는 어렵다. 한반도의 남북한이 대칭적 관계라면 중국과 대만 사이에는 비대칭의 문제가 존재하기 때문이다.

그런데 대만의 비판적 계간지『대만사회연구』그룹은 양안문제 토론을 협소한 국가주의 혹은 민족주의 논쟁에서 벗어나 대만사회의 민주변혁 나아가 동아시아 평화를 위한 운동으로 인식하는 큰 시야를 찾던 중 한국의 분단체제론을 주목하게 된다.[28] 왜냐하면 분단체제론의 시각이 분단극복의 과제를 국가 간의 문제로 한정하기보다 민중의 일상적 차원의 사회변혁운동으로 끌어올리는 데 기여하는 것으로 보였기 때문이다.

양안문제를 정면으로 거론하는 것 자체가 '통일파'로 보이기 십상인 지적 풍토에서 한국의 분단체제론을 적극 활용하자고 제창하는 천 광싱은 양안분단의 극복은 두 민중 간의 화해를 위한 형식이자 수단이 지 목적이 아닌 것으로 보고, 단순한 양안통일이 아닌 화해의 방법으로 '포스트-국족(國族)'에 주목한다. 그리고 그 운동의 주체로 '중국인을 문제화'하는 길을 택한다.[29] 그와 비슷하게 그의 동료들은 '개방적 중 국인' '방법으로서의 중국인' '역사문화로서의 중국' 등의 발상을 제시 한다.

다만 그들의 논의에는 딜레마가 있다. 그들이 '중국인' 앞에 여러 가 지 수식어를 단 것이, 중국인을 "고정된 실체가 아닌 운동하는 주체"로 구성하려고 했던 것임은 충분히 이해된다. 그런데 과연 그것이 천 광싱 이 의도한 대로 "안으로는 국가·민족으로 흡수되지 않되 그와 교섭하 는 민중성을 확보하고, 밖으로는 국제적 연대성(제3세계성)을 담지하 는 주체"가 될 수 있는지 묻지 않을 수 없다. 결국 이 물음에 제대로 답 하는 길은, 중국대륙이라는 거대한 실체를 정면으로 문제삼으면서 양 안의 분열체제를 넘어설 방도를 모색하는 것이다.[30]

다시 말하지만, 대만-중국의 분열이 비대칭적 관계라면 남-북한의 분단은 대칭적 관계다. 이 때문에 남한에서 제기된 분단체제론의 일부 인 복합국가론을 고스란히 대만에 적용할 수는 없다. 오히려 대만에 서는 그에 자극받아 '분열체제론'이나 '복합사회론'이 제기되기도 한 다. 특히 닝 잉빈의 '복합사회'는 사회의 각종 분단현실을 극복하는 것 과 동시에 국가횡단적(trans-national)이기도 한데, 이를 통해 복합국가 를 재구성하겠다는 것이다.[31] 그의 주장을 들으면서 (필자의) 복합국가 도 정체성의 복수성과 유연성을 끌어안는 지향에 더 민감해질 필요성 을 느낀다. 다만 백낙청의 말처럼 "기존국가 해체전략이자 한결 개방적이며 주민친화적인 국가기구의 창안작업을 포함하는 분단체제 극복과정"[32]에 참여하는 것이 곧 복합국가 건설의 길이므로 이는 닝 잉빈의 복합사회론과도 기본적으로 통한다. 단지 그의 복합사회론은 국가 단위의 해결을 불신하는 색채가 농후하다는 점에서 복합국가론과 거리가 있을 수 있다. 양안체제 극복운동이든 분단체제 극복운동이든, 장기적으로 세계체제를 변혁하는 중대한 하나의 계기로서의 중기적인 분단·분열체제 극복, 그리고 이와 연계된 개별 사회의 단기적 내부개혁 작업을 동시에 사고하면서 그것을 일관된 실천으로 이어가야 한다. 그렇게 할 때에야 두 논의와 실천은 서로를 참조체계로 삼으면서 상호 발전할 수 있을 것이다. 단기적·중기적·장기적 전망을 갖고, 다수 민중의 생활상의 이익을 보장하고 민주적 참여를 극대화하는 국가 개조 기획에 집중하지 않고서는 대만인이 통독(통일독립)논쟁의 이분법에서 벗어나기란 쉽지 않다.

이 과제를 대만인이 제대로 수행하는 과정에서 대만 민족주의뿐 아니라 '국민국가의 옷을 걸친 제국'이라 할 중국의 국가주의를 동시에 견제하는 길도 열릴 것이다. 그 작업에 동아시아 지식인 모두가 힘을 모아야 한다. 이때 각각의 현실에 잘 부응하는 형태와 수준의 연대를 추구해야 할 것은 두말 할 필요가 없다.

국가를 넘어서: 오끼나와, 소국주의 그리고 동아시아 평화

서울에서 비행기로 한 시간이면 도착하는 일본의 최남단, 토오꾜오보다 타이베이에 오히려 지리적으로 가까운 섬, 오끼나와. 전통시대부터 줄곧 국가 간 경계가 불명확한 또는 애매한 위치의 역사를 지닌 독특한 곳이다.

독립국 류우뀨우(琉球)왕국은 1609년 사쯔마번(薩摩藩)의 침공을 받은 이후 막번제(幕藩制)국가 속의 '이국(異國)'으로서 존재했다. 조공질서 아래 중국과 교역관계를 유지하기 위해 토꾸가와 막부가 정략적으로 류우뀨우의 왕국으로서의 존립을 허용한 것이다. 그때부터 지금까지 오끼나와 역사는 몇몇 외부세력에 의한 지배가 복합적 중압으로 작동하는 초시대적 문맥 속에서 성립되었다.

바로 이 점은 일련의 연속된 '처분'의 역사로 설명된다. 처분이라는 표현은, 오끼나와 주민의 운명을 결정지은 주요 사태가 모두 외부 권력기구에 의한 위로부터의 일방적 주도로 이뤄졌다는 역사적 맥락의 연속성을 부각하는 뜻을 담은 것이다. 즉 일본과 중국 모두에 조공을 바치는 이중관계를 맺으면서 독립을 유지한 류우뀨우왕국이 지배하던 오끼나와가 메이지유신을 성공시킨 일본정부에 의해 강제 복속당해 하나의 현으로 재편된 것은 1879년이다. 그것이 이른바 제1의 류우뀨우 처분이다. 그후 제2의 류우뀨우 처분은 명목상으로는 일본영토이나 사실상 일본으로부터 분리되어 미국 법이 시행되는 미군통치(이른바 '시정권')가 1952년(실제 지배는 1945년)부터 본격화된 것을 가리킨다. 그리고 제3의 류우뀨우 처분은 1972년 오끼나와가 본토로 복귀된 것을 말한다. (2010년 5월 28일에 미일 두 정부가 오끼나와의 후뗀마푸天間 미군기지를 오끼나와현 안으로 이전하겠다고 공동 발표한 것에 항의하는 측은 그 조치를 '제4의 류우뀨우 처분'이라고 부른다.)

외부권력들에 의해 위로부터 가해진 이 같은 복합적 중압의 역사, 특히 전후사에 저항하는 오끼나와 주민운동 ―주로 복귀운동과 미군기지반대운동으로 표출되었다― 의 풍부한 의미는 일본 안팎에서 비상한 주목을 끌어왔다. 예컨대 중국의 쑨 거는 "오끼나와에는 국민국가로

회수할 수 없는 풍부한 아이덴티티가 존재한다"라고 지적한다.[33] 또한 왕 후이(汪暉)는 "오끼나와의 애매한 독립성과 독특성"은 "'민족독립'을 단순하게 추구하는 것이 아니라 일종의 자주적인 새로운 정치형식을 추구하는 것이다"라고 말한다.[34] 그렇다면 오끼나와 주민들이 도대체 어떤 정치공동체를 지향하기에 이런 평가를 받을까.

1972년 오끼나와가 일본 본토에 복귀한 이후 오끼나와 주민은 "일본인(으로서의 오끼나와 현민)과 오끼나와 주민/오끼나와인이라는 두개의 주체의 주변에서 표류"한다. 이 말은 일본의 오끼나와 연구자 모리 요시오(森宣雄)가 그들의 복잡한 정체성을 표현한 것인데, 그는 이 두 주체 사이에서 배열될 수 있는 사상적 편차를 아래와 같이 네가지로 정리한다.[35]

첫째, 조국복귀운동의 사상이다. 그런데 일본 본토에 귀속한다고 해도 그들의 주권의지가 실현되리라는 기대는 실현 불가능하므로 조국복귀론은 좌절될 수밖에 없다. 왜냐하면 인구 1퍼센트에 지나지 않은 하나의 현 주민이 일본 전국에서 뽑힌 대표들로 구성된 대의제 민주주의의 의결을 좌우할 가능성이 없기 때문이다.

둘째, 오끼나와 독립론의 사상이다. 오끼나와 주민이 주권 담당자로서 해방하는 길은 곧 독립하는 데서 가능하다. 그런데 이 길은 일본과 꼭 같은 또 하나의 국민국가라는 원천적인 국가폭력을 일본과 미국이라는 두 대국 사이에 끼어 행사해야 하는 한계가 있다. 물론 독립국가를 현실 속에서 세울 수 있느냐는 실현가능성 여부는 별개의 문제다.

셋째, 반전복귀론의 사상이다. 현실에 존재하는 미일안보체제 아래의 일본이 아니라 평화헌법이 묘사한 전후 일본으로 복귀함을 말한다.

넷째, 반복귀론의 사상이다. 반국가·비국민의 사상적 공동체로서 오

끼나와를 구성한다.•

이 네가지 사상의 공통점은, 일본 국가·국민으로부터 소외된 현실에서 각각 '있어야 할 오끼나와상'——조국의 품에 있어야 할 오끼나와현, 독립해야 할 오끼나와, 평화롭게 살아가야 할 일본인, 비국민이어야 할 오끼나와인——을 상정한다는 점이다.

이 같은 편차를 보이는 사상 유형들이 복합적으로 존재하는 오끼나와에서 그들이 추구하는 정치공동체가 무엇인지 우리가 간단히 추려내기는 어렵다. 그보다는 "인식론적으로 국민국가를 상대화할 수 있는 아이덴티티를 정면으로 인정하고 그것을 새로운 가치로서 소중히 길러내야 하는"(쑨 거) 것이 우리의 사상적 과제라고 말할 수 있다. 여기서 오끼나와의 대표적 사상가 아라사끼 모리떼루의 저서 명에 '소국주의의 입장'이라는 표현이 있다는 사실은 본 장의 논지에서 볼 때 시사하는 바가 크다.[36]

그런데 이 같은 국민국가 비판을 사상적 원리로까지 숙성하는 작업이 설득력을 얻으려면, 일본 국민국가의 역사적 특성은 물론이고 세계체제를 주도하는 미국 패권에 균열을 일으키는 오끼나와 사회운동의 의미를 좀더 천착하지 않으면 안 된다. 지금 미국 패권의 기본전제는 아메리카의 군사적 패권이다. 그런데 2010년부터 일본의 민주당정권이 제기한, 오끼나와 미군기지를 오끼나와현 밖——처음에는 괌을 염두에 둔 모양이다——으로 이전하는 문제에 대한 미국의 강한 반대 태도에서 명확히 드러났듯이, 미국은 일본의 안보를 위해서라기보다 동아시아,

---

• 이 사상의 한가지 예를 본서의 프롤로그 주석 32(317면)에 나오는 '공화사회' 구상에서 확인할 수 있다.

더 나아가 유라시아대륙 전체에서 자신의 전략적 가치를 적은 비용으로 실현하기 위해 미군기지의 존속을 원하는 것이다. 여기서 오끼나와 미군기지 문제는 (이미 하또야마정권의 몰락으로 드러났듯이) 일본정권의 운명에 곧바로 영향을 미칠 뿐 아니라 미국 패권에 균열을 초래하는 핵심적 쟁점임이 명확해진다. 따라서 오끼나와 현장에서의 미군기지 반대운동 내지 미국 패권 비판이 오끼나와 현지 또는 일본 본토라는 범위에 갇히지 않고 오끼나와 자치권 강화를 통해 (미국의 하위파트너인) 일본 국가 개조로 이어지며, 더 나아가 미국이 주도하는 세계체제의 변혁과 결합하는 능력을 갖출 때에야 비로소 근대극복의 길이 열리는 것이다.

바로 이 지점에서 오끼나와문제는 한반도 분단체제와 연동되어 그 세계사적 의미가 부각된다. 우리는 그것을 천안함사건이 동아시아 정세에 미친 영향에서 명확히 간취할 수 있다. 하또야마 전 총리가 종래의 공약을 번복하면서 내건 명분이 미군기지가 '억지력' 유지에 필요하다는 것이었음을 보자. 그 억지력의 대상이 북한이고 중국인 것이다. 여기서 우리가 2000년 남북한의 정상이 합의한 6·15선언의 기조에 따라 남북화해를 더욱 심화했더라면 지금의 상황에서 오끼나와인의 고통 해결에 조금이나마 기여할 수 있을 뿐만 아니라 일본 국내개혁에도 활력을 불어넣었을 것이며 동시에 미국의 전략을 제어하는 데 얼마간 효과적이었을 것이라고 상정해볼 수 있다. 연동하는 동아시아의 특성이 이처럼 잘 드러나는 사례도 흔치 않을 것이다.

국가주권이 중첩된 곳: 개성과 분단체제론

판문점에서 8킬로미터 떨어져 있고 서울에서는 약 60킬로미터 거리에 불과한 곳에 위치한 개성공단. 이곳은 평화의 상징, 경제협력의 거점, 경제통합의 실험실이다.

역사적으로 고려·조선·식민지 시기를 거치는 긴 기간 한반도의 남과 북 및 중국을 포함한 세계로 열린 국제교역도시였던 개성은 분단체제하에서 예외적으로 폐쇄되어 주변화되었으나 분단체제가 흔들리면서 그 역사적 위치가 복원되고 있다.[37] 그 생생한 증거가 2002년부터 남북 주민들의 공동 생산공간이 된 개성공단이다. 남북경협이 단순교역과 위탁가공 중심의 초보적 수준에서 직접투자 국면으로 전환하면서, 이 공단은 남측의 자본·기술과 북측의 노동력이 결합한 직접투자 형태로 운영된다. 남북한의 상호이해와 제도협력, 문화적 이질성의 완화는 향후 경제협력의 심화와 경제통합의 기반을 준비하는 과정으로 중시된다.

2010년 한반도 서해에서 발생한 천안함사건과 연평도 포격사건의 여파로 공단이 '국민보호'라는 구실을 내건 당국의 강한 통제를 받으면서 심각한 위기에 처한 것은 사실이다. 신규투자가 중단되었고 남쪽의 상주인력이 900명에서 500명으로 줄었으며 물자와 인력의 통행도 예전처럼 자유롭지 않다. 그러나 122개 업체가 여전히 가동중이며 4만 6000여 명의 북한 근로자가 평소와 다름없이 일하고 있다. 공단 확대를 막아온 이명박정부 3년 동안 오히려 규모가 갑절로 커졌다는 놀라운 얘기도 있다. 전쟁의 문턱까지 갔던 2010년에도 입주업체들은 "북한의 위협을 받은 적이 없"었고, "어려운 가운데서도 대부분이 이익을 내고 있다"고 한다.[38]

지금은 남북관계 경색으로 매우 위축된 상태이나 이런 엄혹한 상황에서도 조업은 계속된다. 이러한 존재야말로 분단체제의 와해가 돌이

킬 수 없는 것임을 입증하는 소중한 증거 아닌가.•

앞으로 상호호혜적 분업구조가 정착되면 장기적으로 개성–서울–인천을 잇는 복합경제특구의 꿈이 실현될 것이다. 이미 존재하는 개성공단이라는 맹아적 형태는 '한반도경제권'을 가시화하는 단서다. 다시 말해, 이 같은 특구의 점진적인 확대는 남한경제와 북한경제가 각각의 국민경제로서 자율성을 갖는 동시에 교류협력을 통해 더 높은 수준의 경제통합으로 나아가는 단계, 즉 한반도경제권의 발전으로 이어질 것으로 기대되기도 한다. 여기서 말하는 한반도경제권은 한민족만을 주체로 하지 않는 개방형 경제를 추구하며, 통합을 지향하면서도 지나치게

• 2010년 3월 천안함사건 발생 이후 이명박정부는 남북간 인적 교류와 경제협력을 전면중단한 이른바 '5·24조치'를 취하나 개성공단은 예외로 인정되어 계속 유지되었다. 2008년 7월로 중단된 금강산관광과는 대비되는 점이다.

그런데 유화 아니면 강경이라는 이분법적 접근에서 벗어나 균형잡힌 대북정책, 곧 '신뢰프로세스'를 공언한 박근혜정부에서 오히려 개성공단이 '잠정 폐쇄'되는 위기를 맞았다. 2013년 4월 3일 북측이 예고도 없이 남측의 입경제한 조치를 취하고, 4월 8일 사업의 잠정중단과 북측 근로자 철수를 발표하였다. 남측은 여러차례 대화를 제의했으나 북측이 이를 거부했고, 급기야 4월 26일 남측이 인력 전원철수를 결정하고 5월 3일 철수가 완료되었다. 이로써 잠정적인 폐쇄상태에 들어갔다. 그후 개성공단의 단순 재가동이 아닌 '발전적 정상화'를 위한 남북실무회담이 열렸는데, 양측의 팽팽한 기싸움으로 예측불허의 협상을 거듭하던 끝에 간신히 합의에 이르러 9월 16일 160일 만에 재가동되었다.

개성공단이 잠정폐쇄라는 위기를 넘어서 재가동된 것이 무엇보다 남북 측 모두 '완전 폐쇄'를 부담스러워 한 사실 때문이라는 점을 주목하고 싶다. 바로 이 결과는 양측이 공단폐쇄로 입을 경제적 손실을 고려해서일 뿐 아니라 남북관계 향방의 시금석이라는 개성공단의 의의를 중시하여 합의에 이른 것으로 해석된다.

남북 간의 호혜적 경제프로젝트이자 평화프로젝트인 개성공단이 '잠정폐쇄'라는 시련을 겪고 다시 가동되는 과정은 개성공단이 단기적으로 그만큼 양측 정부의 정책에 휘둘린다는 증거인 동시에 그 존립 자체가 중장기적으로 분단체제를 뒤흔드는 의미있는 영향을 미치고 있음을 전망하는 근거가 된다.

높은 수준의 경제통합을 전제하지 않는, 단계적이며 동태적 통합과정을 가리키는 개념이다.[39]

이와 같이 개성 모델의 현실적 의미를 한반도 통일과 연관하여 파악하는 한반도경제권은 남북연합 단계에 부합하는 남북경제 통합을 지칭하는 개념이라는 점에서 복합국가론과 맥을 같이한다. 중장기적인 한반도 발전 기획과 연결하여 설명하는 것이 복합국가론이고 그 기반이 분단체제론이다. 대만의 한 학자는 그것이 분단을 굳어지게 할 위험이 큰 정태적인 남북평화 공존을 추구하는 입장이나 어느 한쪽의 일방적인 흡수통일과는 다른 전망을 가진 것임을 정확히 파악하고 있다.[40]

이처럼 복합국가는 국가 간의 결합양상이자 국민국가가 행하는 자기 전환의 한가지 양상이다. 단순한 통일이 아닌 분단체제 극복이라는, 민중의 일상적·실질적 이익에 부응해 그들의 참여 확대로 창의적인 국가구조를 형성하는 것이며 그 과정에서 이뤄지는 점진적 통일만이 동아시아의 평화 나아가 세계체제의 변혁을 가져올 것이다. 관련 국가와 시민사회의 협력 없이는 이것이 이뤄질 수 없다는 점에서, 동아시아는 이미 한반도에서 진행되는 '과정으로서의 통일'에 깊이 들어와 있다.

4. 분단체제론, 연동하는 동아시아, 그리고 지구지역학

글을 마무리하면서, 앞서 제시한 몇가지 논점을 정리해보고자 한다.

먼저, 20세기형 국익을 추구하면서 3국이 경쟁한 동아시아 근대사에서는 각각의 국가가 주체가 되어 근대를 맹목적으로 추구하며 서로 다른 길을 걸었다. 그 역사 경로에서 드러나듯이, 각국이 근대를 맹목적으로 추구하기보다 근대적응과 근대극복이라는 이중적인 단일과정을 추구했어야 자국민은 물론이고 그 이웃 다수의 이익에도 부응했을 것이다. 근대화의 '우등생'이라 불리는 일본의 예가 단적으로 보여주었듯이 국익의 추구가 이웃 사회의 이익과 양립할 수 없었음은 물론이고 일본 국민 전체에게도 지속적인 이익이 되지 못했다. 그러나 역사적 현실 속에서 억압당했으나 하나의 가능성으로 존재했던 일본의 소국주의가 대국주의 열망을 견제함으로써 근대극복의 가능성을 일깨우는 사상적 자원임을 확인했다. 이제 21세기에는 소국주의 자체를 실현할 수 없더라도 '대국주의와 소국주의의 내적 긴장'을 견지함으로써 국민국가를 시대적 조건에 맞춰 창의적으로 재구성하는 것[41]의 중요함을 절감하게 된다. 그것은 곧 근대적응과 근대극복의 이중과제를 이제 제대로 수행하지 않으면 안 될 때라는 뜻이기도 하다.

물론 그 일은 동아시아의 다양한 주체가 감당할 것이나, 여기서는 한반도의 역할이 관건임을 강조하고 싶다. 한반도가 필자의 실천현장이어서라기보다, 세계 차원의 패권적 지배체제의 핵심적 현장이기 때문이다. 이런 주장은 가끔 한국/한반도중심주의로 오해되기도 한다. 그러나 한반도에서 형성되는 복합국가, 즉 '낮은 단계의 연방제나 국가연합'은 "동아시아 고유의 지역연대 형성을 위한 하나의 필요조건을 제공"[42](강조는 인용자)하는 것일 뿐임은 새삼 강조할 필요가 없을 것이다.

이 정도의 설명으로는, 온전한 국가가 아닌 대만·홍콩·오끼나와와 같은 문제를 복합국가 구상이 포괄하지 못한다는 비판의 여지를 남길 수 있다. 이 글에서 진먼, 오끼나와를 개성과 함께 논의의 대상으로 삼은 것도 그런 우려 때문이다. 동아시아의 위계질서에서 이중적 주변에 위치하는 여러 지역·도시의 시각에서 복합국가론을 다시 볼 필요가 있다.•

　국가와 비국가 사이에 처한 '아시아의 고아' 대만(본섬)으로부터도 억압당한 주변적 존재인 진먼, 외래정권들의 복합적 중압의 역사를 감당해온 오끼나와 및 남북한의 국가주권이 중첩된 개성에 거주하는 주민들의 경험세계는 분명 국민국가를 상대화하는 소중한 사상자원이다. 그곳 주민들의 참여 확대로 국민국가의 결속원리인 경계의 고정성, 권한의 집중성을 뒤흔들면서 그것에 기반을 두어 좀더 민주적인 국가구조를 창안하고 장기적으로 세계체제를 변혁해야 할 것이다. 이를 위한 중대한 하나의 계기를 탐색하다 보면 그들의 경험 속에 스며 있는 그 사상자원이 하나의 원리로 끌어올려질 수 있을 것이다. 이것이 국가 간의 결합 양상이자 국민국가의 자기전환의 한가지 양상인 복합국가의 시각에서 제기할 수 있는 과제다. 이 작업은 국민국가의 종언이라는 막연한 관념에 기반을 둔 추상적인 탈민족주의나 세계시민주의와는 다른, 현장에 좀더 뿌리를 내린 현실적 대안이 아닐 수 없다. 이것이 바로 이 글의 주제인 '근대의 이중과제'를 수행하는 사례일 터다.

　동아시아 여러 지역에서 각각 수행되는 과제는 연동하면서 서로 참조체계가 되고 있다. 앞의 서술에서 이미 확인한 대만의 분단체제론 활용, 천안함사건과 연관된 일본의 정세변화말고도 진먼과 오끼나와 및 분단된 한반도라는 세 '핵심현장'의 사상자원이 하나의 차원에서 서로 검증되고 보충될 가능성은 이미 드러나기 시작했다.[43]

　그렇다면 참조체계로 삼는 일을 어떻게 지속적인 지적 작업으로 이어갈 것인가. 여기서 그 방편으로 필자는 지구지역학을 다시 한번 제기하고 싶다.

● 복합국가론의 동아시아 적용에 대해서는 본서의 에필로그 참조.

아직은 문제제기 단계의 구상일 뿐인 지구지역학(Glocalogy)[44]은 지방적인 것, 지역적인 것 및 전지구적인 것을 하나의 차원으로 결합하는 하나의 시각이자 방법인 동시에 하나의 연구영역을 규정하는 학문이다. 이에 대한 설명은 일전에 필자가 쓴 글의 두 대목을 인용하는 것으로 대신하겠다.

나는 글로컬리즘에 입각해 수행하는 학문을 글로컬로지(Glocalogy)라고 이름붙인 바 있다. 같은 한자권인 중국에서는 글로컬리즘을 '전구본토화(全球本土化)'라 번역하고, 일본에서는 영어 발음 그대로 표기하는데, 이를 우리말로 옮기면 '지구지역화' 정도가 될 것이니 그에 따라 글로컬로지를 일단 '지구지역학'으로 불러도 되지 않을까 한다. 그 핵심은 전지구적으로 생각하고 지역에 뿌리내린 학문, 또는 지방적인 것과 지역적인 것과 전지구적인 것을 하나의 차원에서 결합해 분석하는 학문이 될 터다.

지구지역학에서 말하는 '지역'이란 단어는 한국어 용례상 이중적인 의미가 있다. 흔히 중앙과 대비되는 지방(local)으로서의 지역과 국민국가를 넘어선 지역(중국어의 '區域', region)의 의미가 중첩되어 쓰인다. 지방적인 것(local)과 지역적인 것(regional)과 전지구적인 것(global)을 하나의 차원에서 파악하되 지방적인 것과 지역적인 것이 지구화에 작용하는 측면을 우선적으로 중시하는 지구지역학에서는 이렇게 이중적 의미를 갖는 '지역'이란 용어가 아주 유용하다. 따라서 두가지 의미의 지역 모두에서 지구지역학의 징후를 발견해야 한다.

단지 여기서 한가지 덧붙이고 싶은 점은, 지구지역학이 복합국가론 같은 좀더 창의적이고 민주적인 국가구조 개편에 대한 관심과 좀더 긴밀히 결합해야 한다는 것이다. 'Glocal'이라는 신조어의 출현에는 '전지구적으로 생각하고 지역적으로 행동하라'는 슬로건이 유행하게 된 사정이 작용하는데 여기에는 개혁기제로서 국가가 지닌 역할에 대한 불신이 부분적으로 깔려 있기 때문이다.[45] 이것이 바로 분단된 한반도의 경험에서 우러나온, 동아시아를 향해 발신하는 핵심 전언이다.

일본은 천황제 유산이 강고한 탓에 관념적 탈국가주의(내지 반국가주의)가 비판적 지식인 사이에서 유행하고 있으며, 중국은 공산당이 혁명을 수행하는 과정에서 국가를 만들었기에 국가주의가 독립적·비판적 지식인들에게 무거운 짐이 되는 실정이다. 이와 달리 한국의 지식인은 '흔들리는 분단체제'로 인해 국민국가의 역사를 발본적으로 성찰할 더없이 유리한 경험을 하고 있지 않은가.

제2부

주변의 눈으로 본 중국

제1장

변하는 것과 변하지 않는 것: 한중관계의 과거·현재·미래

1. 중국은 우리의 운명인가?

한중수교 20주년[1]을 맞아 열린 한 회의에서 필자에게 주어진 주제는 "한중관계의 미래를 전망한다"이다. 이 과제를 부여받고 무엇을 이야기할 것인지 궁리할 때 먼저 눈에 들어온 것은 다음의 문장이었다.

우리에게—한국에게 '중국'이란 무엇일까.

중국을 말하지 않으면서 우리 역사나 우리 문화를 말하는 것은 불가능하다. 중국을 말하지 않으면서 우리 현실이나 우리 미래를 말하는 것 또한 불가능하다.

중국—그것은 우리에게 하나의 엄청난 운명인지도 모른다. 그것은 우리가 회피할 수도 없고 외면할 수도 없는 운명인지도 모른다.[2]

이 인용문은 40년 전인 1974년 초 한국의 종합월간지 『신동아』가 기획한 중국 관련 특집의 취지문의 일부다. 그때 편집자는 "우리에게 중국은 무엇일까"를 물으면서 중국을 우리의 '운명'으로 간주했다. 그 시기는 1972년 2월 미국 대통령 닉슨의 방중으로 미중화해 국면이 조성되고 중국이 국제무대에 복귀하여, 동아시아를 지배한 엄혹한 냉전질서가 해빙되기 시작한 무렵이다. 이러한 정세 변화로 충격을 받은 한반도의 남북 측은 모두 그에 대한 대응책을 찾는 데 열중했는데, 그 과정에서 중국이 한국에게 갖는 의미를 새삼 묻게 되었던 것이다.[3]

그 물음은 동아시아 정세가 변화를 겪을 때마다 한국에서 되풀이되어왔다. 중국이 G2라 불릴 정도로 굴기(崛起)한 오늘날 '중국은 우리에게 무엇인가'라는 화두는 가히 전세계인의 관심사가 되었다. 그러니 그런 중국을 가까운 이웃으로 둔 우리에게 그 질문은 그 누구보다 절실한 것이 아닐 수 없다.

'중국은 우리에게 무엇인가'라는 질문에 대해 '중국은 우리의 운명'이라고 답하는 것이 한국과 중국의 떼려야 뗄 수 없는 관계의 긴 역사를 압축한 적절한 비유이긴 하나, 그로 인해 간과되기 쉬운 면도 있음을 주의해야 한다. 한국어의 쓰임새에서 ─ 아마도 중국어(밍원(命運))에서도 비슷하게 쓰이겠지만 ─ '운명'이라는 어휘는 종종 '숙명', 즉 날 때부터 타고난 운명이라는 뜻으로 쓰이기 때문이다. 말하자면, 운명은 인간을 지배하는 필연적이고 초월적인 힘이고 인간은 그로부터 벗어날 수 없다는 뜻으로도 쓰인다. 그러나 우리는 운명의 포로가 아니다. 마찬가지로 한중관계의 역사에서 우리는 그 과거에 갇힌 수인(囚人)이 결코 아니다. 과거로부터 형성된 구조적 제약 속에 살되 그로부터 허용된 틈새를 활용해 우리가 행위주체로서 집단적 의지를 모아 미래를 창조해나가는 것이다.

사실 이 점은 역사학도에게 매우 익숙한 사고방식이다. 왜냐하면 역사에서 변하는 것과 변하지 않는 것을 변별해내되 그것들을 동시에 인식하는 복합적 사고, 달리 말하면 양자의 상호작용을 역사적 맥락에서 파악하는 사고는 역사연구자의 필수 덕목이기 때문이다. 역사를 과거와 (현재라기보다) 미래의 대화, 바꿔 말하면 미래의 프로젝트라고 본다면, 한중관계의 미래를 전망하고자 할 때 과거를 돌아보는 일은 불가결한 작업이 아닐 수 없다. 바로 그런 이유로 이 글에서 한중관계의 미래를 전망하고자 할 때 한중관계의 역사에서 변하는 것과 변하지 않는 것에 주목하는 것은 자연스러운 일이다.

2. 한중관계를 규정하는 역사적 조건

한중관계의 역사를 돌아볼 때 변하지 않는 것은 무엇일까.

먼저 떠오른 것은 양자 관계의 비대칭성이다. 대국인 중국과 약소국인 한국(또는 한반도) 사이에는 영토와 인구의 크기 같은 단순한 물질적 규모뿐만 아니라 역사적·문화적 규모에서도 차이가 엄연하다. 쑨 거는 일찍이 "중국에 아시아가 있는가"라는 중국 독자를 향한 필자의 문제제기[4]에 대한 논평문에서 '지리적인 실체 감각을 수반하는 대국심리'와 그러한 '지리 감각'을 수반하지 않은 이웃 국가의 심리적 차이에 대해 지적한 바 있다.[5] 이 실체적 존재는 과거는 물론이고 현재와 미래의 한중관계에서도 변하지 않는 조건일 것이다. 물론 분단된 한반도의 남측인 한국이 경제 규모 면에서 세계 12위(GDP 기준)로 평가되고 선진국의 일원이 될 정도로 커진 것은 사실이나, 그렇다고 해서 중국에 대한 규모에서의 비대칭성이 근본적으로 바뀌는 것은 아니다.

그다음으로는 근접성을 주목해야 한다. 중국 둥베이(東北) 지방에 연접한 한반도의 지리적 근접성은 한중관계를 규정하는 핵심 조건인데 이로부터 파생된 역사적·문화적 근접성 또한 명백하다. 한중관계의 역사가 면면히 이어진 것도 바로 이 근접성 때문이다. 비록 한국이 독립국가로서 외교권을 잃은 1906년 이후부터 일제강점기까지 양국 간의 공식 외교관계는 이뤄지지 않았지만, 민간교류는 끊임없이 활발했다. 그런데 해방 이후 냉전질서의 영향으로 한반도가 분단되면서 우리와 중국의 관계 역시 분열되고 말았다. 중화인민공화국과 북한은 혈맹관계를 맺었고, 지금도 '전통적 우호협력관계'를 유지할 정도로 긴밀한 사이다. 이에 비해 남한은 중화인민공화국과 한동안 적대관계에 놓였고, 대만(곧 중화민국)을 반공을 함께하는 우방국이자 전통문화를 간직한 '유일한 중국'으로 간주하고 얼마간은 그들과 긴밀한 관계를 유지했다. 그러나 중화인민공화국과 한국(곧 대한민국)의 외교관계가 단절된 기간 양국 주민의 접촉이 철저히 금지되고 한국 주민들에게 비록 중국이 '공산 오랑캐'로 이미지화되었을지라도 그 존재감이 한국인의 의식 속에서 사라졌던 것은 아니다. 한반도에 영향을 미치는 근접한 국가(예컨대 휴전협정의 당사자)로서 여전히 자리매김하고 있었던 것이다. 이런 사실을 보면, 한국전쟁 이후 1992년 국교수립까지 대한민국과 중화인민공화국과의 외교관계 단절 기간은 한중관계의 긴 역사에서 보면 잠시 동안의 막간극일지도 모른다.

마지막으로 한중관계에서 차지하는 한국의 위치와 역할의 중요성도 '변하지 않은 조건'으로 꼽을 수 있다. 비록 양자가 비대칭적 관계를 맺더라도 대국인 중국이 약소국인 한국을 자신의 의지대로 일방적으로 강제할 수는 없다. 약소국의 저항 동기는 생존이 달린 것이기에 대국의 지배 동기보다 강력하고, 대국은 한국과의 관계가 다른 나라와의 관계에 미칠 영향까지 고려해야 하기 때문이다.[6] 이것이 한국의 중요성을 보여주는 소극적인 이유라면, 더 적극적인 이유는 동아시아 질서의 전환기마다 한국이 중국에 미친 영향에서 찾아볼 수 있다. 이 점은 한중관계의 미래를 전망하는 데 매우 중요한 조건이므로 사례를 들어 좀더 상세하게 설명하겠다.

먼저 2012년으로 7주갑(周甲)을 맞은 임진왜란(중국의 萬曆朝鮮役 또는 萬曆日本役), 그리고 그로부터 30년 뒤 발생한 정묘호란·병자호란에서 조선은 그 위치와 역할 면에서 전략적인 중요성을 가졌다. 16세기 명조의 입장에서 볼 때, 동아시아에서 자신들의 질서가 유지되는 데 조선의 역할은 지대했다. 늘 몽골의 위협에 시달리던 명은 만주 일대의 여진과 일본을 견제하는 데 조선에 크게 의지할 수밖에 없었다. 또한 조선으로서도 여진과 왜는 국가안위에 큰 불안요인이었으므로 명과 이해관계를 공유함으로써 동아시아 질서를 공동으로 유지하고자 했다.[7] 그러나 일본이 조선을 침략하여 "거의 최초의 동아시아 삼국전쟁"[8]이라고 해석될 수 있는 '7년전쟁'이 발발하고 그와 연동되어 정묘호란과 병자호란이 뒤따랐는데, 그 연쇄적인 인과관계 속에서 임난 이후 진행되던 명청교체라는 격변이 매듭지어졌다. 특히 1637년 조선이 청에 굴복한 것은 거꾸로 청이 입관(入關)하여 중원을 장악하는 데 어느정도 영향을 미쳤다.[9] 즉 임난 이전인 1589년 건주여진(建州女眞)을 통일한 누르하치(奴爾哈赤, Nurhachi, 1559~1626)는 임란으로 명이 한눈을 파는 사이 주변 여러 부족을 공략하고 외교수완을 발휘해 전쟁 이후 명에 도전할 수 있는 역량을 확보했다.[10] 그리고 청을 인정하지 않던 조선을 정묘호란과 병자호란에서 굴복시켜 조공국으로 삼음으로써 '제국'으로 가는 걸림돌을 제거할 수 있었다.[11] 이와 같이 두개의 전쟁은 조선에 결코 별개의 사건이 아니었고, 그 과정에서 조선은 동아시아에서 전략요충의 지위에 놓인다.

이처럼 조선의 지정학적 위치는 조선에 이중적 역할을 부여했다. 조선의 태도 여하에 따라 동아시아의 질서가 잘 유지될 수도 균열을 일으킬 수도 있는 가능성이 모두 있었다.[12] 이것은 그후의 청일전쟁과 러일전쟁, 그리고 한국전쟁(1950~53)에서는 물론이고 지금의 분단된 한반도의 위기상황이라는 동아시아 변동기에도 그대로 적용될 수 있을 터다. (여기서 이에 대해 더 상세히 언급하지는 않겠다.)

앞에서 한중관계의 '변하지 않는 것' 세가지를 살펴보았는데, 그렇다면 '변하는 것'은 무엇인가.

한중관계를 형성하는 주체가 점차 다양해지고 상호의존성이 점점 더 심화되어온 것은 괄목할 만한 변화가 아닐 수 없다. 전통시대에 한중관계는 국가 간의 관계에 한정되었고 그 교류는 소수의 권력층에 의해 주도되었다. 그러나 20세기 들어와 국경을 넘는 사람들의 이동이 활발해지면서 민간 차원의 한중관계도 중요해졌다. 특히 앞서 말한 것처럼 한국이 독립국가로서 외교권을 잃은 1906년 이후와 일제강점기에 공식 외교관계는 단절되었지만, 민간 차원의 교류는 다방면——생계유지를 위한 이민에서부터 항일연대운동까지——에서 활발했다. 그리고 냉전시기 중화인민공화국과 북한의 빈번한 우호적 교류에 비해[13] 남한과의 교류는 한동안 얼어붙었으나, 1992년 한중국교 수립 이후에는 한중교류가 역사상 전례없이 활기를 띠고 있다. 사람·물자·지식·정보의 교류면에서는 두 사회 주민의 일상생활 영역에서 누구나 실감할 수 있을 정도로 상호의존성이 커지고 있다. 그 추세는 간단한 통계수치를 봐도 쉽게 알 수 있다. 한국 수출의 4분의 1을 차지하는 것이 중국 시장이고, 중국 내 외국인 관광객 1위를 차지하는 최대 관광소비국이 한국이다. 그리고 양국에는 상대국에 각각 가장 많은 유학생을 파견하는 유학열풍이 불고 있다.[14]

이 같은 교류 주체의 다양화와 상호의존성의 심화는 비국가행위자들(Non-State Actors)의 위치와 역할이 점차 증대하는 오늘의 국제질서에 중요한 의미를 지닌다. 예전에는 주로 국가가 국제관계에서 결정적 역할을 해왔지만 최근에는 국경을 초월한 정치적·경제적·문화적 상호의존에 힘입어 다국적 기업, 개인, 비정부기구(NGO), 국제조직 등 비국가행위자들이 주목받고 있지 않은가. 한중관계에서도 그들이 각국의 정책결정에 영향을 미치는 역할이 점차 중요해지므로 한중 시민들의 상호인식을 눈여겨볼 필요가 있다. 한국인과 중국인 간의 빈번한 일상적 접촉은 상호이해를 높여줘 상호인식의 선순환을 낳기도 하나 동시에 종종 상호갈등을 빚기도 한다. 그러나 여기서 꼭 염두에 둬야 할 사실은 한중(뿐만 아니라 중일과 중미)이 상호 의존하는 현실은 불가역적이라는 점이다. 두 나라는 점차 안정보장씨스템에서와 달리 통상씨스템에서는 서로 긴밀히 연결되는 추세다. 바로 이렇게 바뀌어가는 조건 때문에 예전과 같은 진영 간의 대립 상태로 되돌아가기 어려우므로 '신냉전'이 도래할 근거는 약하다. 중국이 우리가 멀리할 수 없는 긴요한 존재임을 누구나 수긍하는 이유가 여기에 있다. 보수적 입장을 가진 사람들조차 "적어도 몇십년간 경제적으로 번영하는 중국의 물결을 타야" 한다고 생각하기 때문에 "우리 내부가 친중(親中), 친미(親美)로 갈라지는 날 우리는 구한말(舊韓末) 신세가" 된다고 경고한다.[15] 그래서 '연미화중(聯美和中)'이라는 용어도 쓰인다.

한중관계의 또다른 변화는 한중관계에 끼어드는 제3자로서의 강대국의 출현이다. 청일전쟁에서 중국이 패하고 일본제국이 동아시아 질서에서 부상하면서부터, 특히 일제강점기에 일본 관민의 중국관이 한국에도 확산되면서 중국을 멸시하는 풍조가 한국인 사이에 널리 퍼졌다. 여기서 드러나듯이 우리는 중국과의 비대칭성과 근접성이 일본이라는 존재로 인해 대폭 약화된 것을 체감해왔다. 그에 따라 한국의 전략적 위치는 여전히 중요했지만 그 주체적 역할은 미약해졌다. 더 나아가, 냉전기 한반도가 분단되어 남북한이 각각 미국과 소련이 주도하는 두개의 진영에 편입되면서 중국(중화인민공화국)과의 관계의 비대칭성과 근접성도 달리 작동했다. 특히 남한의 경우 한국전쟁 이후 중국과 공식 외교관계를 단절한 것은 물론이고 그들을 '적성국'으로 간주했다. 그러다 보니 미국이라는 제3자의 패권 아래 '죽(竹)의 장막' 너머의 중국을 멸시하는 풍조가 식민지 시기의 그것과 결합되어 더 증폭되었다. 탈냉전기에 들어선 이후 중국이 다시 대두함과 동시에 미국의 패권이 약화되는 동아시아 질서의 변화 속에서 한국(남한과 북한)과 중국의 관계는 재조정기에 들어섰다.

다차원적으로 긴밀해지는 상호의존성과 제3자의 영향이라는 이 새로운 '변화'는 한중 간의 '변하지 않는' 조건 속에서 어떤 의미를 지니는가. 그 의미는 양자가 어떻게 상호 작용하는지를 역사적 맥락에서 규명하는 데서 찾을 수 있다. 그래서 여기서는 '변하는 것'이 '변하지 않는 것'과 맞물려 한중 간 상호인식의 선순환을 가져오는지 아닌지를 따지는 데 집중하고자 한다. 상호인식의 문제는 우리가 행위주체로서 집단적 의지를 모아 미래를 창조해나가는 데 매우 중요한 작용을 하기 때문이다. 한중 간의 상호의존이 심화됨에 따라 상호인식도 서로 맞물리는 단계에 도달한 지금 이 물음을 규명하는 것은 한국과 중국이 함께 진화하는(共進) 미래를 전망하는 데 필요한 핵심 근거를 보여줄 것이다.

이를 위해서는 다양한 차원의 논의가 필요하겠으나 필자는 21세기 한중관계를 전망할 때 한국인과 중국인의 상호인식에 어느정도 영향을 미쳐온 조공질서의 기억을 중점적으로 검토해보겠다. 이 조공질서의 기억이, 한중관계의 '변하지 않는 것'이 '변하는 것' 속에 작동하는 양상을 보여주는 적절한 사례임은 두말할 필요가 없다.

3. 조공질서는 부활하는가?

대국굴기하는 중국이 주도하는 21세기 지역질서에서 한국이 과거처럼 '조공국'이 될지도 모른다는 우려는 중국과 인접하여 비대칭적 관계를 맺은 한국인의 의식 속에 여전히 자리잡고 있다. 예를 하나 든다면, 한 중국전문기자는 칼럼을 쓰면서 제목을 "한국은 다시 중국의 '조공국'으로 전락할 것인가"라고 달았다.[16] 또한 최근의 한 보고서에 따르면, 한국인의 중국 인식에 영향을 주는 중국 측 요인의 하나가 중화주의 내지 조공관계[17]라고 한다. 한국인뿐 아니라 중국 젊은이들의 기억 속에서도 조공국의 이미지는 존재한다. 인터넷에서 한국을 비난할 때 한국이 중국의 조공국이었다는 역사기억을 곧잘 꺼내드는 장면이 눈에 띈다. 이런 일련의 현상은 한국인과 중국인의 한중관계에 대한 인식을 규정하는 사고틀로서 책봉-조공 패러다임이 작동한다는 역력한 증거가 될 것이다.

이 같은 양국인의 상호인식의 실상을 보면 조공질서에 대한 정확한 이해가 한국과 중국 모두의 바람직한 상호인식을 위해 필요함을 알 수 있다. 특히 한국인의 경우, 조공질서에 대한 주체적이고 비판적인 이해가 그것을 통해 중국인의 대외인식에 작용하는 집단적 역사기억을 내재적으로 이해하면서 그것을 둘러싼 논의에 비판적으로 개입할 수 있는 근거를 확보할 수 있기에 그만큼 더 긴요한 과제가 아닐 수 없다.

조공질서가 역사적 현실과 거리가 있는 이론임은 국제 역사학계에서 어느정도 합의된 인식이다. '조공체제'는 역사적인 실태에 대응한 개념이 아니다. 존 페어뱅크(John K. Fairbank)가 청제국 시기의 동아시아 국제질서를 관찰한 결과로부터 중국적 세계질서(Chinese World Order)와 조공체제(tribute system) 이론을 도출하자 역사학계는 청의 사례를 이전 시기로 확대 적용했다고 비판했다. 비판의 요지는, 그 이론이 근대적인 조약체제로의 이행을 전제로 한 패러다임으로서 현실적으로 조공을 하지 않은 서양 여러 나라들의 무역을 조공무역의 일환으로 위치 짓기 위한 논리조작을 통해 성립되었다는 것이다. 실제로는 기껏해야 청·조선·류우뀨우·베트남·태국 등 다섯 나라에 한정된 것이니 동아시아 전체에 적용될 수도 없는 실정이다.

이 정도 서술만으로도 드러나듯이 조공체제론의 문제점은 확연하다. 최근 구범진(具範鎭)은 조공체제론이 명과 청을 연속의 시각에서 파악하며 국제질서의 맥락에서 양자를 모두 중국으로 간주한 한계가 있다고 지적하면서, 18세기 후반 청을 중심으로 한 동유라시아 국제질서는 조공체제, 호시(互市)체제, 조약체제, 번부(藩部)체제 등 네가지 하위체제로 구성된 다중(多重)체제였다고 주장한다.[18] 특히 그 가운데 호시제의 기능은 조공체제론의 한계를 보여주는 증거로서 일본 연구자들도 제시한 바 있다.[19] 김병준(金秉俊)은 시기를 더 거슬러올라가 3세기 이

전 동아시아세계는 중국 중심이라는 하나의 국제질서가 아니라 다수의 지역질서가 중층적으로 존재했는데, 중국을 매개로 다수의 지역질서가 연결되어 간접적으로 영향을 주고받은 것일 뿐이라고 주장한다.[20] 중국을 중심으로 한 동아시아 질서가 그 속에 여러 소중심질서가 존재한 중층적인 세계라는 점은 필자도 민두기의 입론에 기대어 역설한 바 있다.[21]

여기서 조공체제에 대한 학계의 논란을 더 길게 소개할 뜻은 없다. 단지 이 글의 주제와 관련하여 강조하고 싶은 사실은, 청일전쟁에 의해 중국이 최후의 조공국인 조선을 잃고 난 뒤에는 동아시아 현실에서 조공과 책봉에 의한 계층적 질서가 붕괴했지만 이 질서의 이미지는 이념으로서 한층 더 단순화되어 기억 속에 남게 되었다는 것이다. 모떼기 토시오(茂木敏夫)는 현실 속에서 책봉이나 조공에 의한 세계질서가 이미 상실되었기 때문에 "이 중국적 세계상은 실태에서 벗어나 이념으로서 기억되고 또 있어야 할 질서, 회복되어야 할 전통으로서 이상화되었다"라고 해석한다.[22] 그는 이런 시각에서, 쑨 원(孫文)이 자신의 대아시아주의 구상 속에서 네팔의 조공에 대해 언급한 것을 평등관계로 해석하는 왕 후이에 대해 비판한다. 즉 왕 후이는 쑨 원의 이 같은 언급에 대해 "대중화(大中華)라는 옛날을 그리워하기 때문이 아니라, 이 관계 속에 상호승인과 상호존중이라는 평등한 관계가 포함되어 있다고 확신했기 때문이다"라고 해석하는데, 모떼기는 왕 후이의 이런 해석이 중국인 나름의 '평등'관에서 나온 것이라고 완곡하게 비판한다.[23] 더 나아가 유용태(柳鏞泰)는 현재 중국의 주요 지식인들이 조공질서를 긍정적으로 인식하는 밑바탕에는 중국의 독자적 발전모델, 즉 이른바 '중국모델론'에 대한 기대가 자리하는데, 그것은 문화보수주의와 조응하는 현상이라고 평가한다.[24]

그런데 흥미롭게도 중국 내부에서뿐만 아니라, 구미에서도 21세기에 조공질서가 부활할 것이라고 예상하는 의견이 나오고 있다. 예를 들면, 마틴 자크(Martin Jacques)의『중국이 세계를 지배하면』이라는 저서가 그에 해당한다. 그는 21세기 세계를 중국이 지배할 경우 조공제도가 부활할 것으로 전망한다. 그는 조공제도가 "기본적으로 정치적·경제적 제도라기보다는 문화적·도덕적 제도"였다고 파악하고, 중국 중심의 국제질서를 "하나의 문명, 다수의 체제"라는 말로 요약한다. 그리고 "동아시아에서 앞으로 중국이 쥘 헤게모니는 과거 조공제도와 같은 형태를 띠지는 않을 테지만 조공제도의 흔적은 여전히 남을 것이라 예상할 수 있다. (…) 따라서 중국이 동아시아 경제의 중심으로 새롭게 부상한다면, 과거 조공제도의 요소들도 새로운 모습을 드러낼 것이다"라고 전망한다. 서구의 주권 개념이 '하나의 국민국가, 하나의 체제'에 기반을 두고, 베스트팔렌체제가 '하나의 체제, 다수의 국민국가'에 근거를 둔 것과 달리, "하나의 문명, 다수의 체제"에 근거한 중국 중심의 국제질서가 새로운 대안이 될 가능성도 조심스럽게 꺼내든다.[25]

마틴 자크가 조공질서의 핵심으로 제시한 '문명'이 다름 아닌 유교, 즉 '차이를 인정하는 조화'를 골자로 한 문명임은 두말할 필요도 없다. 사실 조공질서가 정치적·군사적 요인보다 문화적 요인에 의해 작동되었다는 주장은 그만의 것이 아니다. 그런데 이것이 역사적 실태에 부합하는지 자체가 논란거리임은 앞서 확인한 대로다. 여기서 필자는 그 논란을 더 파고들기보다는, 조공질서가 21세기 국제질서의 대안적 원리가 되려면 중국이 과거에서처럼 문명 차원의 보편성을 제시할 수 있어야 하므로 그것이 가능할지에 중점을 두고 검토하려고 한다. 중국이 문명적 표준을 제시하지 못할 경우, 마틴 자크가 말한 바 21세기에 '여전히 남은' '조공제도의 흔적'은 한국처럼 비대칭적 관계를 갖는 이웃에게 패권추구의 '단서'로 보이기 십상이다. 바로 이런 관점에서 보면 현재 중국에서 제창되는 '문화대국'론을 주목하게 된다. 그것이 과연 (구미가 주도한 '보편적' 문명을 넘어) 새로운 문명의 보편성을 제시할 수 있을까.

4. 문화대국론과 신천하주의

중국에서는 2002년부터 당과 정부가 '문화'의 중요성에 착안했고, 베이징올림픽(2008)을 전후해 구체적인 정책을 활발하게 내놓기 시작했다. 그리고 2009년 9월 국무원(國務院)에서 '문화산업진흥계획'을 확정함에 따라 문화산업의 육성, 대외적 문화발신, 문화교류 등 다양한 활동을 전개하여 자국의 쏘프트파워(soft power, 軟權力) 강화를 국가정책으로 추구하고 있다. 이 과정에서 대두된 것이 '문화대국' 구상이다. 그것은 문화를 통해 중국의 정체성을 새롭게 구성해 문화대국을 건설하겠다는 구상이다.

그 구체적인 방향은 2007년 10월 제17차 전당대회에서 후 진타오(胡錦濤) 총서기가 밝힌 문화번영을 위한 네가지 방침에 압축되어 있다. 그 가운데 "화해(和諧)문화를 확립하고 문명적 품격을 함양한다" 및 "중화문화를 선양하고 중화민족 공유의 정신세계를 구축한다"라는 방침이 특히 주목된다. 이로써 화해문화가 중시되고, 더 구체적으로 전통시대 주류문화인 유교가치의 복원을 통해 새롭게 중국을 구상하는 작업이 추진되었다.

그 과정에서 집중 조명된 유교가치가 인(仁)과 충서(忠恕)라든가, 화해문화의 요소인 포용·관용·균형·협력·조화 등이다. 이 같은 가치를 강조하는 사고방식을 이해하기 위해 하나의 예로서 왕 웨촨(王岳川)의 '삼화문명(三和文明)'론을 보자. 서방의 '삼쟁문명(三爭文明)'에 대비되는 것이 '삼화문명'인데, 그것은 "가정의 화목, 사회의 화해, 국가의 평화로서 중국에서 실현될 수 있다"라는 주장이다.[26]

이런 식으로 설명되는 전통가치에 근거한 문화대국 구상은, 자국의 경제발전 능력을 활용한 경제원조나 중국어(漢語)의 전파, 그리고 중국적 특징을 지닌 국제정치적 개념들을 제시하는 것과 병행됨으로써 미국의 (문화)패권을 간접적으로 비판하는 쏘프트파워로 어느정도 파급효과가 있는 모양이다. 쏘프트파워의 주요 구성요소인 '중국모델론'이 그러하듯이 문화대국론도 해외 지식인사회에서 토론거리로 자리매김했다.[27]

물론 이에 대한 비판도 만만치 않다. 중국의 문화 발신이 전지구적 차원의 신자유주의에 복무하는 결과를 빚는다는 것이 그 하나의 비판점이다. 예를 들면 공자학원(孔子學院)이 미국 등지에서 문화상품화(peddling of cultural artefact)되었다는 평도 나온다.[28] 또다른 비판은 이것이 문화민족주의 또는 문화보수주의에 불과하다는 것이다.

여기서 필자는 중국의 문화담론이 국제사회에 미친 효과에 대한 논란보다도 그것의 밑바탕에 깔린 사고의 틀, 달리 말하면 과거의 사상자원을 활용하는 방식 자체에 주목하고 싶다. 이를 통해 그것이 과연 보편성을 지니는지를 좀더 근원적으로 따져볼 수 있지 않을까 기대해본다.

이와 관련해 유교가치의 핵심인 천하주의를 재구성해 보편적 가치로서 정립하려는 쉬 지린(許紀霖)의 '신천하주의'를 검토해보고자 한다. 중국사상계의 지형도에서 자유주의자로 분류되는 그가 '문화대국' 구상이라는 관방(官方) 담론에 직접 가담할 리 없다. 그럼에도 그의 신천하주의를 여기에서 검토대상으로 삼는 이유는, 그의 견해 역시 현재 중국에서 진행되는 유교문화 논의의 자장 속에 있으면서 그 한계 및 그것을 넘어설 가능성을 동시에 보여주는 예가 될 수 있지 않을까 기대하기 때문이다.

그에 따르면, 최근 중국에서 유행하는 문화담론의 특징은 어떤 유파든 '중국적' 문화에 대한 자각, 더 정확하게 말해 유가문화를 본위로 한 문화의 재구성을 부르짖는다는 것이다. 이러한 사상계 동향에 대해 그는 자유주의자답게 문화 자각의 목표가 세계 주류문명과 대립하는 입장을 취해서는 안 된다고 주장한다. 그럴 경우 과거 독일제국의 나치즘이 그랬듯이 자기파멸의 잘못된 길로 가고 만다는 이야기다. 따라서 지금 중국에 필요한 것은 중화민족 자신을 위한 문화 자각이 아니라 전인류를 위한 보편적 문명에 대한 자각이다.

이렇듯 그가 말하는 보편적 문명은 중국인인 '우리'를 위해서만 '좋은' 것이 아니라 '타자'에게도 가치가 있다. 그런데 왜 그 보편적 문명을 건설하는 데 천하주의라는 전통자산이 요구되는가. 이에 대해 그는 역사상 중화제국이 주변국가나 민족을 지배한 원동력은 무력이 아닌 '천하주의적 화하(華夏)문명'이라고 본다. 물론 그도 화하문명 안에 있는 화이구별(華夷之辨)의 측면을 무시하지 않는다. 그러나 그는 보편 지향의 천하주의와 화이구별이 내재적으로 서로 침투하는 것이며, 화이지변이 방어적이고 종속적이라면 천하주의는 공세적이고 주도적이라고 설명한다. 그리고 이 전통자산을 전지구화한 오늘날에도 적용되는 보편적 문명으로 전환하도록 노력하는 것이 '문명대국'의 목표여야 한다고 설명한다.[29] 이것이 그가 말하는 '신천하주의'다. 신천하주의적 중국

문명을 건설하기 위해 한편으로는 '우리들(我們)', 즉 중국의 역사문화 전통과 현실 경험의 특수성 가운데 보편적 가치가 있는 것을 정련하고, 다른 한편으로는 전지구적 문명 속의 보편적 가치를 중국 토양에서 성장한 '우리들'에 적합하도록 전환해내는 작업이 요구된다.[30]

필자는 기본적으로 그가 제창하는 '신천하주의'가 중국인만을 위해서가 아니라 동아시아인 전체를 위해서도 좋은 사상자원으로 잘 다듬어지길 고대한다. 다만 이를 위해서는 적어도 중국의 안과 밖에 걸친 다음의 두가지 질문을 거치지 않으면 안 된다.

첫째, 신천하주의에 적합한 중국의 정치경제 제도는 무엇인가. 기독교를 포함한 여러 종교의 대화를 언급한 대목에서 유추해보면, 그가 여러 '좋은(好)' 제도의 혼합을 염두에 두고 있는 것처럼 보이기도 한다. 어쨌든 이 문제를 회피해서는 신천하주의가 설득력을 갖기 어렵다. 여기에서 장 쉬동(張旭東)이 역설하듯이 최근 중국에서 문화담론이 정치체제 논의와 분리되어 전개되고 있음을 다시 한번 확인해둘 필요가 있다.[31] 지금의 유행사조가 문화의 갱신만 추구할 뿐인 상황에서 문화 자각이 혹시 이미 존재하는 권력관계를 더욱 단단히 하는 효과를 낳는 게 아닌지 따져볼 일이다.[32] 과연 그것은 지금의 중국에서 현실변혁적인 추동력으로 작동할 것인가.

둘째, 신천하주의가 보편적 가치가 되려면 '우리들(我們)'이 중국인만을 의미하는 것으로 족한가? 물론 쉬 지린이 말하는 '우리들'의 범위는 대만해협 양안의 세 곳(兩岸三地, 중국·대만·홍콩)의 중국인 모두를 포함하는 정도로 열려 있다. 그러나 (전인류는 아니더라도) 적어도 동아시아인을 포함한 '우리들'로 그 범위가 더 넓혀져야 한다. 그가 말하는 신천하주의가 단순히 중국대륙을 포함한 화문세계(華文世界)에 퍼져 있는 중국인의 새로운 정체성의 재구성에 그쳐서는 결코 보편적 문명이 될 수 없다.

비대칭적 관계를 갖는 한국, 더 나아가 동아시아인에게 문화대국론이 과연 어떤 의미가 있는지 앞으로 더 진지하게 논의해보기를 제안한다. 특히 미국 패권이 쇠퇴하는 동시에 중국이 부상하는 세력전이로 지역질서가 불안정해진 지금, 중국의 주변적 존재인 한국의 역할은 (신천하주의를 포함한) 문화론과 그 밑바탕에 있는 조공질서 담론의 보편성 여부를 가늠하는 지표가 될 수 있다.[33] 그런 역할을 온전하게 감당하기 위해서는 중국인의 담론장에 비판적으로 개입할 수 있는 사고의 틀을 우리가 제시할 수 있어야 하며, 이를 통해 한국과 중국이 서로를 성찰하는 계기를 마련해야 한다.

5. 주변의 시각, 서로를 비추는 거울

한중관계사에 나타난 '변하지 않는 것'과 '변하는 것'이 상호 작용하는 오늘의 역동적인 상황은 한중 상호인식이 선순환을 이룰 것인지 악순환을 이룰 것인지를 가늠하는 긴요한 기회를 제공한다. 지금이야말로 서로를 자신을 비추는 거울로 삼는 지혜를 발휘할 때다.

이 같은 필자의 관점에서 볼 때, 거 자오광(葛兆光)이 최근 저서[34]에서 제기한 '주변에서 본 중국〔從周邊看中國〕'이라는 시각은 한중관계사의 '변하지 않는 것'에서 '변하는 것'을 찾아낼 수 있는 작은 가능성을 엿보게 한다.

그의 관점을 이해하기 위해서는 먼저 그가 중국의 자아인식을 중심으로 중국사를 세 시기로 구분하는 논의를 간략히 소개할 필요가 있다.

그에 따르면, 중국은 제1단계인 '자아중심적 상상시대', 즉 자기를 비춰볼 타자라는 거울이 하나도 없는 시대를 거쳐, 제2단계인 '하나의 거울만이 있는 시대', 즉 거대한 타자인 서구가 존재하는 시대를 통과한 뒤, 이제는 제3단계인 '다양한 거울에 자신을 비춰보는 시대'로 들어와 있다. 그래서 주변 각 지역에 존재하는 여러 타자의 중국 인식으로부터 과거와 오늘의 중국을 다시 보는 일이 중요해졌다. 여기서 그가 말하는 주변이란 일본·조선·베트남·인도·몽골 등을 주로 가리킨다. 중국이 자신을 매우 이질적인 서구와 비교하면 단지 두 문명의 차이의 대략적인 특징만이 드러날 뿐이다. 그러나 차이가 적거나 심지어 하나의 문화전통을 공유하는 주변 여러 나라와 비교하면 세부의 차이를 진정으로 인식할 수 있고 '중국적인' 것이 무엇인지 확실히 인식할 수 있기에 주변의 관점이 요구된다.[35] 중국인이 부단히 변화해온 '역사 중국'을 '주변'의 반응을 통해 관찰하면 사실상 '현실 중국' 자체에 대해 새로운 인식을 얻게 되기도 한다.[36]

다만 그가 말하는 주변의 시각은, 해외의 지역연구가 근대적 의미의 민족국가 영역을 초월하려는 탈근대적 경향이 강하다고 비판하면서 기본적으로 중국이라는 국가에 중점을 둔 것이다. 이 점을 잘 보여주는 대목을 하나 인용해보자.

우리가 제창하는 '주변에서 중국을 본다'는 것은 중국사에 초점을 맞춘 것이다. 근세에 형성된 문명공간과 현대에 이미 틀이 정해진 정치국가로서의 '중국'이 예전처럼 문화와 정치 영역에서 강력하게 존재하고 있는 상황에서 중국이란 민족국가를 중심으로 삼는 역사연구는 여전히 그 나름의 의미가 있다.[37]

앞서 살펴본 내용만으로도 그가 내세우는 '주변'의 시각이 지리적인 의미의 주변 국가와 민족을 통해 중국을 좀더 다양하게 해석하자는 데 그칠 뿐임을 곧 알아차릴 수 있다. 그의 관점을 좀더 명료하게 파악하기 위해 필자가 일찍이 제기한 바 있는 '이중적 주변의 시각'[38]과 비교해보자. 필자가 말한 것은, 서구 중심의 세계사 전개에서 비주체화의 길을 강요당한 동아시아라는 주변의 눈과 동아시아 내부의 위계질서에서 억눌린 주변의 눈이 동시에 필요하다는 문제의식이다. 즉 세계사의 위계구조 속의 동아시아라는 주변, 그리고 동아시아의 위계구조 속의 주변의 시각을 함께 갖자는 것이다. 여기에서 주변이란 거 자오광처럼 주로 중국이라는 중심의 지리적 주변 국가와 민족만을 가리키는 것이 아니라, 중국 안과 밖의 주변적 존재—국가의 틈새에 위치한 여러 민족·지역 등의 주체들까지—를 두루 포함하는 것이다. 더불어 이중적인 중심-주변의 위계질서가 만든 동아시아 역사와 현실의 구체적 실상에 대한 비판적 인식, 더 나아가 그것을 극복하려는 실천적 관점을 갖자는 것이 필자의 '이중적 주변의 시각'에서 본 동아시아론의 핵심이다.

거 자오광의 '주변에서 본 중국'론이나 (앞에서 본) 쉬 지린의 '신천하주의'론 모두 필자의 '이중적 주변의 시각'에서 본 동아시아론의 문제의식과 어느정도 공유하는 바가 있다. 하지만 앞서 살펴본 것처럼 다른 면이 존재하는 것도 사실이다. 이것은 한중관계사에 나타난 '변하지 않는 것'과 '변하는 것'이 상호 작용하며 침투하는 오늘의 변화하는 양상을 반영하는 또 하나의 증거일 수 있다.

이 대목에서 필자가 다시 한번 강조하고 싶은 것은, 한국과 중국이 각각 서로를 비추는 거울로 삼는다는 것의 의미다. 그것은 상대방에 비쳐 자신을 성찰하고 함께 변화하는 계기로 삼는다는 뜻이다. 중국인이 (한반도 남북의 주민 전체를 포함하여 중국의 안과 밖에 걸쳐 있는 다양한) '주변'적 주체의 시각을 통해 자신의 과거와 현실 속의 중심-주변 관계를 비판적으로 다시 보고, 한층 더 주민친화적이고 생명친화적인 발전, 곧 '생명지속적 발전'(life-sustaining development)을 미래 비전으로 제시하는 문화를 형성·발신하고 있는지 우리는 물어야 한다.[39] 물론 그 질문은 한국인에게도 그대로 던져야 한다. 특히 한국인의 경우 한반도의 남북 측이 분단체제 극복운동을 통해 점진적으로 재통합하고 이에 걸맞은 내부개혁을 각각 추진하면서 '생명지속적 발전'의 미래로 향해가고 있는지 진지하게 물어야 한다. 남북이 재통합하는 과정에서 국가연합 형태의 복합국가가 형성될 터인데, 그 국가연합은 "동아시아 고유의 지역연대 형성을 위한 하나의 필요조건을 제공"할 것이며,[40] 동아시아공동체를 위한 '패러다임 전환의 중핵의 하나'[41]가 될 것이다.[42] 그 보람있는 과업의 수행과정에서 한반도 전체 주민으로 넓혀진 '우리'는 중국을 위한 거울로서 일조할 수 있을 것이 분명하다. 한중관계사에서 '변하지 않은 것'에 해당하는 한국(곧 한반도)의 위치·역할의 중요성이 21세기에는 이런 창발적 형태로 드러나길 바라본다.

이와 같이 한국과 중국의 다양한 주체들이 서로를 비추는 거울로 스스로를 삼는다면, 중국만이 한국의 운명이 아니라 한국도 중국의 운명, 즉 서로가 운명공동체임을 깨닫게 될 것이다. 이것이 한중수교 20주년을 맞은 행위주체인 우리에게 주어진 과제가 아닐까.

중국의 '동북공정'과 한국인의 중국 인식의 변화: 대중과 역사학계에 미친 영향

1. 문제제기

중국이 우리가 멀리할 수 없는 긴요한 존재임을 한국인이라면 누구나 수긍한다. '중국은 우리에게 무엇인가'는 우리 사회에서 종종 거론되는 물음이다.[1] 오죽하면 '중국은 우리의 운명'[2]이라는 말까지 나왔을까. 그렇기에 한국이 중국과 적절한 관계를 맺는 것은 매우 긴요하다. 특히 이는 중국이 G2라 불릴 만큼 부상한 지금이야말로 절실한 과제가 아닐 수 없다.

그 과제와 관련해 중국사 연구자인 필자는 한국인의 중국 인식을 역사적 관점에서 규명하는 작업을 수행하려고 한다. 또한 지금 양국 간의 관계가 정부만이 아니라 비국가행위자들의 역할에 의해서도 영향 받는 시대가 된만큼 민간의 중국 인식은 전보다 더 중요하다. 따라서 한국인의 중국에 대한 여론 형성과정과 그 실상을 분석하고 그 여론이 혐중론

(嫌中論)으로 치우치지 않도록 개입하는 것은 중국연구자가 감당해야 할 중요한 일감이다. 우리가 중국에 대한 균형 잡힌 지식을 생산하는 동시에 그 성과를 일반대중과 효율적으로 소통하는 방도를 확보하는 것이 필요한 시점이다.

이 엄중한 작업의 일환으로 이 글에서는 한중수교(1992년) 이후 중국이 빠르게 부상하는 과정에서 한국인의 중국 인식에 중요하게 작용한 '동북공정'에 초점을 두고자 한다. 먼저 한국인의 중국 인식의 역사적 궤적을 그려보고 그 연장선에서 동북공정이 한국의 일반 대중에게 미친 영향의 의미를 점검한다. 이어서 그 자장 속에 있는 역사학자들이 그 영향에 어떻게 대응했는지를 짚어보려고 한다. 역사학자라 지칭했지만 일차적으로는 중국사 연구자를 대상으로, 한국사 연구자를 간접적 대상으로 삼는다.

아래에서 본격적으로 논의하겠지만, 사실 동북공정 자체에 대한 연구와 중국교과서에 대한 분석, 그리고 중국 변경에 대한 연구를 비롯해 중국사를 상대화하는 연구경향들이 2000년대 들어와 중요한 조류가 되면서 적지 않은 연구성과가 축적되었다. 그러나 동북공정이 가한 충격의 어느정도 영향 아래 나타난 중국현대사 연구의 새로운 경향들을 한층 더 높은 차원에서 비평하면서 연구자의 중국 인식의 기반이 되는 이론틀을 분석하고 그것을 한국사 연구와 공유할 가능성을 모색한 연구는 거의 없었다.

이 연구가 필자의 의도대로 전달된다면 중국사학계의 지식생산의 성과를 한국사 연구자들과 공유하고 더 나아가 일반대중과 효율적으로 소통할 수 있게 하는 길을 찾는 데 다소나마 기여할 것으로 기대한다.

2. 한국인의 중국 인식의 역사적 궤적과 동북공정의 충격

오늘날 한국인의 중국 인식을 역사적 관점에서 파악하기 위해 먼저 한중관계의 역사에서 '변하지 않는 것'과 '변하는 것'의 상호관계의 중요성에 주의를 환기하고자 한다. 양자가 상호 작용하면서 한중 간의 상호인식의 변화를 가져왔기 때문이다.•

그렇다면 이 새로운 '변화'는 한중 간의 '변하지 않는' 조건과 상호 작용하면서 한국인의 중국 인식의 궤적에 어떤 영향을 초래했을까.[3]

개항 이전 시기 조공질서 속에서 조공국으로 위치 지어진 조선의 중국 인식은 사대(事大)하는 대상이자 보편적 문명의 중심으로서의 '상국(上國)' 또는 '대국' 이미지로[4] 흔히 특징지어진다. 이런 인식을 갖게 된 것은 물론 변하지 않는 조건인 비대칭성과 근접성이 크게 작용했기 때문이다. 이러한 중국 인식은 전통시대에 한국인과 중국인의 상호접촉이 국가 주도로 극히 제한된 상태에서 하나의 이미지로 굳어졌다.

이에 비해 19세기 말 조선이 개항하고 나서 조선에 진출한 중국 상인과 병사 들을 조선인이 직접 접촉할 기회가 증가한 것은 한국인의 중국 인식 형성에서 전에 없던 사건이다. 이에 따라 한국민중 사이에서 중국에 대한 종래의 관념적 이미지가 바뀔 계기가 생겼지만 그보다 더 크고 직접적인 충격은 청일전쟁에서 청이 패배한 현실이다. 이로써 한국인이 문명관의 대전환을 겪으면서 중국 인식은 일대전환을 맞이했다. 말하자면 청일전쟁 이후 제3자로서의 강대국인 일본제국이 출현하자 한

• 이에 대해서는 본서 제2부 1장 「변하는 것과 변하지 않는 것: 한중관계의 과거·현재·미래」 중 2절 '한중관계를 규정하는 역사적 조건'에서 상세히 설명했다.

중관계의 비대칭성과 근접성이 전과 다르게 체감되고 인식되었던 것이다. 그 결과 세 유형의 중국 인식이 형성되었다. 즉 ① '천한 중국〔淸〕' 인식이다.• 조선의 급진개혁파는 중국을 더이상 문명의 중심으로 숭상하지 않고 오히려 근대문명의 낙오자로 보았다. 이들에게 중국인민은 "천하며 어리석으며 더러우며 나라 위할 마음이 없"는 존재로 비쳤던 것이다.[5] 이와 대조적으로 일본을 새로운 문명의 선구자로 인식했다. ② 개혁 모델로서의 중국이다. 온건개혁파는 청조 말기의 개혁운동에 깊은 관심을 갖고 그에 기대를 걸었다. ③ 동양평화의 일원 즉 세력균형의 축으로서의 중국이다. 황인종 연대를 추구하는 동아 3국공영론의 시각에서 동아시아 세력균형의 한 축으로서 중국의 역할을 중시하는 것이다.[6] (이 같은 세 유형의 중국 인식은 그후 20세기를 거쳐 오늘날까지 역사적 맥락에 따라 변형되면서 이어져왔고 그 비중도 달리 나타났다.)

일본의 식민지로 막 전락한 1910년대 초기에 중국의 신해혁명에 동조하거나 참여한 일부 조선인들 사이에서 공화정체(共和政體)를 채택한 중국을 개혁모델로 인식한 유형이 나타난 바 있지만, 일제강점기에는 '천한 중국' 유형이 전에 없이 지배적이었다. 이것은 일본의 중국 멸시관이 주입된 결과임은 물론이나, 1910년대 이후 조선의 공업화에 따라 대거 몰려온 중국인 노동자 및 상인과 경쟁해야 하는 일상생활 속의 경험이 한국인들의 '천한 중국' 이미지에 물질적 근거를 제공했던 것

• '천한 중국' 인식의 역사적 연원으로 조선시대 소중화의식을 주목하는 견해도 있다. 소중화의식으로부터 나온 만주족·청조 배척의식과 자존의식이 근대 문명관과 결합하여 중국멸시관을 형성했다는 것이다. 왕 위안저우 「근대 한중관계 변천의 이상과 현실: 한국인의 중국인에 대한 부정적 인식의 역사적 근원」, 동북아역사재단 엮음 『동북아관계사의 성격』, 동북아역사재단 2009 참조.

도 사실이다(예를 들면, 김동인의 단편소설 「감자」(1925)에 나오는 '왕서방' 이미지). 이에 비해 '세력균형의 축으로서의 중국' 유형의 경우는 크게 관심 끌기가 어려웠다. 독자적인 국민국가를 갖지 못한 식민지 조선민중들에게는 마찬가지로 제국주의 열강에 시달리던 중국이 유의미하게 다가오지 않았던 탓으로 짐작된다. 그러나 다른 한편으로는 중국에서 활동하던 독립운동가들을 중심으로 한 민간 차원의 항일 한중연대운동이 일본을 견제하는 데 도움이 될 국가로 중국에 기대한 데서 그 일단을 찾아볼 수 있을 것이다. 또한 동아시아의 정세변화를 일본 본위의 관점에서 보는 데서 벗어나고자 한 『조선일보』『동아일보』 같은 조선의 일간지가 중국혁명의 특질을 객관적이고도 넓은 시야에서 보도한 내용에서도 동아시아의 중요한 축으로서의 중국이 인식되었던 증거가 엿보인다.

일본 제국주의로부터 해방된 한반도가 남북으로 분단되어 냉전진영의 한쪽에 각각 편입됨에 따라 한국인의 중국에 대한 인식도 분열되었다. 분단 직후에는 중국 국민당과 공산당의 내전을 고착된 상태로 보지 않고 연이은 혁명과정으로 보는 인식도 일부 미디어에 나타났다.[7] 그러나 마침내 1949년 중국대륙에 중화인민공화국이 성립된 데다가 곧 이은 한국전쟁의 결정적인 영향으로 중국은 북한주민에게는 '동맹국'으로, 남한주민에게는 '적성국(敵性國)'으로만 보였을 뿐이다. 냉전기 남한주민의 중국 인식의 형성에는 일본제국을 대신한 미국이라는 제3자의 영향이 컸다. 미국이 설정한 '죽의 장막'에 가려 중국과 상호접촉이 불가능했기 때문에 후진적인 적성국 이미지가 오랜 기간 재생산되어 지배적 위치를 차지했다. 이는 식민지 시기의 '천한 중국' 유형이 냉전 이데올로기에 의해 변형 내지 강화된 것으로 볼 수 있다.

1970년대 초 미중수교를 계기로 동북아 지역질서에서 중국이 영향력을 회복하자 '세력균형의 축으로서의 중국' 유형이 한국(곧 대한민국)에서 부활했다(반면에 그동안 자유중국이자 전통문화 수호자로 비친 대만의 역할에 대한 관심은 약화되었다). 이런 분위기에서 주목되는 것은 적성국 이미지가 여전히 지배적이었던 1970, 80년대에 '개혁모델로서의 중국' 유형도 부활했다는 사실이다. 한국의 사회변혁을 요구하던 진보적인 학생과 지식인 세력은 중국대륙에서 전개되는 인류 생존양식에 대한 거대한 사회주의적 실험(그 절정이 문화대혁명)에 흥미를 느꼈다. 또한 그 중국 이미지를 한국사회에 투영함으로써 경제성장에 몰두하던 한국의 개발독재체제를 비판하는 거울로 활용하고 싶어 했다. 이것은 냉전적 사고에 의해 왜곡된 중국 인식을 바로잡는 데 기여하기는 했지만, 한국을 비추는 거울로서 중국 이미지를 이용하려고 한 목적의식 때문에 중국의 현실 전체를 중장기적 관점에서 파악하지 못한 문제점이 있다.

1980년대 이래 중국대륙이 개혁개방정책을 추진하기 시작한 이후, 특히 1992년 한국(곧 대한민국)과 중국이 국교를 수립하고 나서부터 한국인의 중국 인식이 크게 바뀔 여건이 조성되었다. 이러한 탈냉전의 상황 속에서 그 어느 때보다도 중국과 직접 접촉할 기회가 사회 여러 계층에게 확대되면서 중국의 다양한 모습이 전해졌다. 그에 따라 종래의 세 가지 인식 유형에는 어떤 변화가 이뤄졌을까.

한국에서 출간된 여러 종의 중국여행기에 나타난 중국 인식을 분석한 연구성과에 따르면,[8] 종래의 '천한 중국' 유형이 여전히 지속되고 있음을 무엇보다 짙게 느낄 수 있다. 중국의 '위대한 과거'에 대비되어 현실 중국의 불결, 음식 냄새, 불친절, 몰염치, 부패, 돈벌이열풍 등을 모두 문명화가 덜 된 사회주의체제 탓으로 간주하고 경멸한 것이다. 식민지와 냉전 시기를 거쳐 지속되어온 이런 인식은 탈냉전기에도 한국의 경제적 성과 및 점진적 민주화의 성취에 대비되어 또다시 힘을 얻었다. 그밖에 '개혁모델로서의 중국' 유형도 부분적으로 나타났는데, 이전처럼 이념형으로 중국을 파악하는 것이 아니라 중국사회의 특정 현실의 일면을 직접 견문한 결과라는 점에서 그전과 차이가 있다. 대표적인 사례가 중국여성의 상대적으로 높은 지위에 대한 평가다. 다른 한편 '세력균형의 축으로서의 중국' 유형은 급속히 부상하는 21세기 강대국으로서의 중국 이미지를 부각하는 것으로 바뀌었고 심지어 논쟁의 초점이 중국위협론의 허실로 옮겨갈 정도가 되었다.

중국에 대한 인식은 이처럼 탈냉전기, 특히 한중관계가 정상화된 이후 다양한 한국인이 중국을 드나들며 중국인과 접촉하면서 형성되었다. 여기서 그 실제 접촉경험보다 더 깊게 중국 인식에 영향을 미친 변화는 제3자로서의 미국의 동아시아 장악력(또는 패권)이 약화되면서 중국이 부상하는 '세력이전' 상황이다. 한중관계가 한미관계의 변화 여하에 따라 변하듯이 그와 연동된 우리의 중국 인식 또한 미국 인식과 상관관계에 있다. 중국이 G2라 불릴 만큼 굴기한 이때, 우리는 '연미화중(聯美和中)'이라는 용어를 만들어낼 정도로 (미국과 더불어) 중국을 중시한다.

그렇다면 이러한 새로운 정세로 인해 한국인의 중국 인식은 종래의 '천한 중국' 유형에서 벗어난 것일까. 달리 말해, 한중관계를 규정하는 '변하지 않는 것'에 해당하는 비대칭성과 근접성을 한국인이 새롭게 인식할 계기를 맞았는가.

2006년 9월 3개 대학에 재학 중인 한국인 학생 230명에 대한 설문조사 결과를 분석한 연구를 보면, 중국과 중국인에 대한 고정된 이미지가 형성되어 있음을 알 수 있다. 한국 대학생들은 중국이라 하면 우선 많은 인구와 넓은 영토, 그다음으로 다양한 음식, 미래의 강대국 이미지를 떠올렸다. 중국에 대한 국가 이미지 가운데 상위를 차지한 응답은 중국의 잠재력과 발전가능성이었다. 이렇듯 중국이라는 국가에 대한 이미지는 긍정적 의견이 높은 비율을 차지한다. 이에 비해 '중국인'에 대해서는 대체로 부정적 의견이 많았다. 비위생적이고 청결하지 않다는 의견이 가장 많고, 그다음으로 철저한 금전관념, 시끄럽다, 매너가 없다 등의 순서다.[9] 요컨대 '큰 나라 작은 인민'이라는 인식 즉 중국이라는 국가와의 비대칭적 관계를 크게 의식하지만 그 국민 개개인에 대해서는 종래와 같은 '천한 중국' 이미지를 여전히 지닌 것이다.

이처럼 한중수교 이후에도 중국인을 비하하거나 부정적으로 보는 경향이 남아 있다. 여기서 중국인 연구자들이 한국인의 중국 이미지를 조사한 결과와 비교해보자. 그에 따르면, 한국인은 중국을 '발전 중인' 국가로 인식하는데, 그 인식에는 고속으로 발전하긴 하지만 아직 낙후한 나라라는 두가지 측면이 얽혀 있다는 의미가 깔려 있다. 간단히 요약하면 한국인은 "발전 중이고 불확실성이 충만하며, 믿기 어려운 비호감의 사회주의 대국"이라는 이미지를 갖고 있다는 것이다.[10] 그러나 이런 류의 고정된 중국 인식이 아직은 (적어도 일본에 비해) 심각한 수준은 아니다. 일본에서는 엘리뜨보다 대중들의 중국 인식이 훨씬 더 부정적이나, 한국에서는 거꾸로 엘리뜨보다는 대중들의 중국 인식이 한층 더 긍정적이라는 분석도 있다.[11] 그리고 다행히도 아직은 일본과 달리 한국에서는 혐중론을 부추기는 대중서가 별로 없고 또한 설사 있다 해도 주목받지 못하는 실정이다.

여기서 우려하지 않을 수 없는 최근의 현상은 한국인의 중국에 대한 호감도가 2005년 20퍼센트에서 2012년 12퍼센트로 줄었고, 중국을 좋아하지 않는다라는 응답이 같은 기간에 24퍼센트에서 40퍼센트로 증가했다는 것이다.[12] 여기에는 당시 이슈였던 중국어선 선장에 의한 한국단속반 살해사건과 그에 대한 중국정부의 대응책 등이 부정적 인식을 조장했을 가능성이 있으나, 그와 더불어 우리 정치가나 언론이 악화된 남북관계를 빌미로 대중의 집단기억('천한 중국' 유형 등)을 자극하고 중국위협론을 부추긴 움직임도 어느정도 작용했다. 이 점을 보면 북한은 한중관계의 또 하나의 당사자이자 제4자로서 역할을 맡고 있다. 그런데 한층 더 근본적인 원인으로는 한중관계의 '변하지 않는 것'이 변화된 역사적 상황에서도 여전히 작동하고 있다는 점을 들지 않을 수 없다.

바로 이 점은 어느 중국인 연구자가 제시한 양국 국민 간의 상호관심도의 비대칭에 의해 보충설명이 가능하다. 그에 따르면, 중국인은 장기간 대국으로 자처해 다른 나라에 관심이 적어 한국에 대해서도 한류, 한국상품 등 주로 자신의 생활과 직결된 내용에만 한정된 관심을 갖는 데 비해, 한국인은 중국의 정치·경제·사회·문화·한중관계 등 각 방면에 걸쳐 관심을 둔다. 그로 인해 양국인의 상대방에 대한 요구도 비대칭적이다. 중국인은 자부심이 강해 자신을 아시아문화의 종주국으로 간주하고 주변국가 예컨대 한국인의 승인과 존중을 기대하나, 한국인은 중국이 한반도 평화와 경제발전에 기여하는 등 여러 영역에서 역할하기를 기대한다. 이 같은 서로에 대한 기대와 반응에서의 비대칭으로 인해 종종 좌절감이 빚어지고 부정적 정서가 조성된다는 설명이다.[13]

한국인과 중국인의 상호인식에서의 엇갈림〔錯位〕을 전형적으로 보여주는 사례가 다름 아닌 '동북공정'을 비롯한 역사적·문화적 요인이 미치는 영향이다. 중국인이 아시아문화의 종주국으로서 자부심이 강하다면, 한국인 역시 중화주의에 대한 거부감을 느끼는 정도와 비례해서 중국인에 대한 우월감을 느낀다. 여기서 한중관계의 '변하지 않는 것'의 하나가 한국의 위치·역할의 중요성임을 상기할 필요가 있다. 그러다 보니 이제 '동북공정'은 한중 간의 역사문제를 넘어 중국과 관련된 여러 분야에서 일종의 '트러블 메이커'로 간주되는 경향이 있다. 그것은 "역사 분야의 범위를 넘어 광범위한 분야에서의 '중국과의 갈등'을 대변하는 단어"로 쓰이는 지경이라는 해석도 있다.[14]

동북공정이 한국인의 중국에 대한 여론에 미친 영향을 구체적으로 확인하기 위해 한국과 중국 대학생의 상호인식에 대해 2011년 5월 말부터 6월 중 시행된 조사보고서를 인용해보겠다.[15] 먼저 한국 대학생들이 중국에 대해 느끼는 가장 강한 이미지를 보면 경제발전(32.9%)과 중화주의(32.3%)였으며, 가장 낮은 이미지는 대중문화(1.8%)와 민주화(1.0%)다. 앞의 2006년 조사와 큰 차이가 없어 보인다. 그다음으로 한국 대학생들에게 최근 한중관계에 대한 의견을 들어보니, 한중관계가 '좋아지고 있다'(50.8%)와 '나빠지고 있다'(49.2%)라고 생각하는 비율이 거의 비슷하다. 그렇다면 한중관계 발전방안으로 무엇을 생각하고 있을까. 한국 대학생들은 상호객관적 이해(20%)와 역사와 영토문제 해결(20%)을 가장 시급한 문제로 꼽았으며, 다음으로 과도한 민족주의 자제(17.9%)와 국민의 문화적 소양(14.5%)이 중요하다고 응답했다. 중국 대학생들이 상호객관적 이해(24.3%), 과도한 민족주의 자제(21.4%), 그리고 국민의 문화적 소양(18.7%) 등을 중요한 분야로 응답한 것과는 대조가 된다. 한국 대학생은 역사와 영토문제 해결 즉 (앞서 본 확대된 의미의) '동북공정'을 한중관계를 결정짓는 주요 요인으로 지목하고 있는 것이다. 이 점

은, 중국 대학생들이 '중국문화 재산권에 대한 마찰과 왜곡'을 주요 갈
등요인으로 보는 데 비해 한국 대학생들은 중국의 한국에 대한 비우호
정서의 원인을 '한국과의 역사·영토분쟁(가능성 포함)'에 두고 있는 인
식 격차에서도 잘 드러난다.

　이와 같이 동북공정이 한중 간 상호인식을 악화할 요인으로 확산될
위험이 있다면 연구자는 이 불편한 문제에 비판적으로 개입해야 한다.
이를 위해서는 동북공정이 발생한 이후 한국의 역사학계에 미친 영향
과 그에 대응하는 담론에 대해 규명하는 작업을 우선시해야 한다. 그런
다음에라야 중국에 대한 지식의 사회적 유통과정이 어떻게 일반대중의
중국 인식과 이미지 형성에 영향을 미치는지를 평가하는 작업을 수행
할 수 있다.

3. 동북공정 이후 한국 역사학자의 중국 인식

　'동북공정'은 한국의 역사학자에게 강한 충격을 주었다.[16] 중국사 연
구자 윤휘탁(尹輝鐸)의 다음과 같은 발언이 그 점을 명료하게 드러내
준다.

　　적어도 동북공정문제가 불거지기 전까지 중국은 우리에게 미국을 대
　신해서 우리의 미래를 같이 짊어지고 나아갈 '전략적 동반자' 내지 '대
　안적 국가'로 인식되어왔던 것이 사실이다. 그러나 동북공정문제는 우리
　의 대중국 인식에 커다란 변화를 야기하여 우리 사회에 '중국위협론'을
　느끼게 한 반면, 미국의 대한반도 내지 동북아 전략에 청신호로 작용하
　고 있다.[17]

한국의 중국사 연구 제2세대에 속한다고 할[18] 중견 연구자 윤휘탁이 보기에 '동북공정'은 패권국인 미국을 견제할 국가로 중국을 바라보던 인식에서 한중관계에 개입하는 제3자인 강대국 미국의 복귀를 허용하는 입장으로 변화하게 만든 계기로 작용했다는 것이다. 탈냉전기, 특히 미중의 세력전이가 논의되는 시점에 처한 한국 지식인의 중국 인식의 추이를 보여주는 흥미로운 진술이다.

그렇다면 실제로 '동북공정'은 역사학자에게 어느정도 영향을 미쳤을까. 이에 대해 살펴보기 위해 먼저 '동북공정'이 우리 사회에서 어떻게 인식되고 있는지부터 잠깐 짚어볼 필요가 있다. 그 배경이나 경과 등은 이미 한국 학계에서 충분히 논의되고 널리 알려져 있어 이 글에서 굳이 더 언급할 필요가 없을 것이다.[19] 잘 알려져 있듯이 '동북공정'(정확한 명칭은 동북변강 역사와 현상계열 연구공정東北邊疆歷史與現狀系列研究工程)은 2002년 2월에 시작되어 2007년 2월에 종결되었으니, 2012년은 중국에서 '공정'을 시작한 지 10년째요, 종료한 지 5년째가 되는 해였다. 그런데 그간 우리 사회에서는 (앞서 보았듯이) 그 용어가 "중국과의 갈등을 대변하는 단어"로 쓰일 정도로 그 외연이 확대되어버렸다. 이에 중국의 동북변강정책을 모두 동북공정으로 해석하여 "전선의 대립만을 형성하는 태도도 그리 바람직하지 않다"라는 판단을 내리고, 동북공정을 동북역사공정과 동북변강정책전략의 두 층위로 구별하여 사용할 것을 제안하는 주장이 최근 한국사 연구자로부터 제기되었다.[20] 전자는 한국에서 주로 대응한 측면으로서 고구려사를 중심으로 발해사, 고조선사, 그리고 이와 연관된 기타 역사문제 등을 포함한 기초연구를 가리키며, 후자는 동북변강문제, 소수민족정책, 주변국가(북한·한국·러시아 등)의 전략적 고려 등을 다루는 응용연구를 가리킨다. 이 두 층위는 서로 중첩하고 긴밀한 연관관계를 갖고 상호 연동하나, 역사연구자는 연구주제를 전자에 한정해야 한다는 것이 그가 말하는 대응전략의 핵심이다. 대상을 확대하지 말고 한국 고대사에 한정해야 좀더 효율적인 대응전략을 짤 수 있다는 그의 주장은 어느정도 설득력이 있다. 대상이 한정될수록 대응책에 그만큼 집중할 수 있을 테니 말이다.

다만 역사학계의 대응을 이처럼 한국사 연구자에 한정하지 않고 중국사 연구자에까지 넓힌다면 그 같은 구별은 그다지 유용하지 않다. 그 이유는 동북공정이 발생한 이후 한국 역사학계에서 생산된 관련 연구성과의 시계열적 양적 추이와 주제의 변화를 분석하면 곧 드러난다. 아래 표에서 제시되듯이,[21] '동북공정'이 중국에서 시작된 그해인 2002년에는 관련 논문이 한편 밖에 없었지만, 그 수가 이듬해부터 늘어나

〈논문과 저서 현황〉

논문 현황		저서 현황	
연도	논문(편)	연도	저서(권)
2002	1	–	–
2003	10	–	–
2004	30	2004	16
2005	16	2005	6
2006	17	2006	4
2007	24	2007	6
2008	21	2008	6
2009	2	2009	8
2010	7	2010	5
2011	9	2011	4
2012	5	2012	5
총합	142	총합	60

2004년에 정점을 이뤘고 그후로도 대체로 증가추세를 보였다. 이는 한국 일간지가 동북공정을 보도하면서 우리 사회에 알려지기 시작했고 그로 인해 사회여론이 들끓고 시민사회단체가 '역사 지키기' 운동을 전개하고 나서자 학계가 뒤늦게 서둘러 대응한 사정에서 기인한다. 특히 여론을 타고 2004년 5월 고구려연구재단이 설립된 것이 학계의 대응에 탄력을 가져다주었다.[22] 양적인 확산은 자연스럽게 주제의 다양성을 동반했다. 여기에는 2006년 9월 기존의 고구려연구재단을 흡수·통합하여 새로이 출범한 동북아역사재단이 '역사외교'로 활동방향을 전환한 것도 영향을 미쳤다. 역사학자들은 고구려사를 비롯한 한국 고대사를 연구대상으로 삼은 데 그치지 않고 중국의 민족론이나 변강정책 등으로 대상을 점차 넓혀갔다. 그것은 역사학자들이 동북역사공정과 동북변강정책전략이라는 두 층위 모두에 관심을 기울였다는 뜻이다. 특히 후자는 중국현대사 연구자들(및 일부 중국정치학자)의 주된 관심사였다. 그것은 한국사 연구자인 정두희(鄭杜熙)가 일찍이 지적한 대로 동북공정의 해결책을 찾기 위해서는 "만주 지역 고대사연구가 아니라 차라리 중국현대사를 심도있게 파악하려는 노력이 더 필요"하다는 판단과 통하는 문제의식의 소산이었다.[23] 동북공정이란 학술문제이자 정치문제라는 전제를 깔고, 당면한 중국의 현실문제를 해결한다는 명목으로 역사문제가 활용되고 있는 사례다. 그 밑바탕에 깔린 역사관(예컨대 통일적 다민족국가론이나 신중화주의 문명사관)을 중국 전지역으로 확산하고 소수민족문제를 궁극적으로 해결하여 '국민적 통합'과 '영토적 통합'을 확고히 하려는 것이 중국인들의 현재적 과제이므로[24] 오늘의 중국 내지 중국현대사에 우리가 주목하는 것은 당연한 대응방식이 아닐 수 없다.

한편, 동북공정 관련 연구성과의 이러한 양적 증가에 대해 역사학계 내부에서는 비판과 우려의 소리도 나왔다. 특히 동양사 분야에서는 이처럼 시류에 편승해 연구대상이 특정 소재로 쏠리는 문제를 염려할 뿐만 아니라 자신의 연구관심과 관련이 없음에도 연구비 때문에 국가정책 연구사업에 참여하는 것은 연구다운 연구로부터 멀어진다는 비판도 제기되었다.[25] 원론적으로 타당한 염려와 경계다. 그런데 여기서 좀더 깊이 천착해볼 문제가 있다. 학술연구가 사회현실에 개입하는 것 자체가 문제시되어서는 곤란하다. 물론 사회현실에 개입하더라도 연구자의 학술적 자율성 내지 독립성을 해쳐서는 안 되는데, 바람직한 길은 현실 추종이 아니라 비판적 개입에 있다. 학술의 자율성과 독립성은 사회현실에서 초연하기만 한다고 저절로 확보되는 것이 아니다. 그것은 다른 말로 하면 비판성을 유지하는 데서 얻어지는 것일 터인데 연구대상은 물론이고 연구자가 처한 사회현실에 대해서도 비판적 긴장관계〔張力〕를 견지하는 것이 그 관건이다.

이런 관점에서 다시 볼 때, 적어도 동북공정이라는 사회의제에서 촉발된 중국현대사 연구의 새로운 동향은 어느정도 이 기준에 부합된다고 본다. 필자가 아래에서 제시하게 될 세 갈래의 새로운 동향에 속하는 성과들이 모두 직접적으로 동북공정 자체를 분석대상으로 삼은 것은 아니다. 그러나 (앞서 본) 윤휘탁의 말에 잘 드러나듯이, 동북공정은 한국 역사학자의 중국 인식에 어느정도 영향을 미쳤고 그것이 중국이라는 국민국가를 초역사적 존재로 보지 않고 상대화하는 중국사 연구의 문제의식을 한층 더 북돋우는 계기로 작용한 것은 분명하다. 이로 인해 2000년대 이래 새로운 연구영역이 개척되거나 또는 확산되었다.[26]

1) 중국은 하나인가?

중국대륙 중심의 역사서술에서 벗어나 그것을 상대화하려는 시도가 최근 한국에서 부쩍 확산되는 경향이다. 일찍이 대만의 민주화·본토화에 주목한 선구적 연구가 없지는 않았지만,[27] 대개의 연구는 통합된 (또는 통합을 지향하는) 중국을 전제로 대륙에서 전개된 역사를 해석하는 데 중점을 두었다. 그런데 최근 들어 중국정부가 공식적으로 표방하는 '통일적 다민족국가론'의 타당성에 의문을 던지는 연구가 다양한 영역에 걸쳐 붐을 이룰 정도다. 앞서 말한 대로 이 또한 2002년 중국의 동북공정 내용이 한국에 전해진 여파다. 중국대륙 안의 소수민족의 역사, 중국 국경 설정과 영토[疆域]의 문제, 동북공정 자체의 분석, 그리고 시간대를 현재의 영역까지 넓혀 현재 중국 민족주의(혹은 애국주의)의 문제점을 지적하는 등 다양한 연구성과가 쏟아져 나오고 있다. 특히 만주, 티베트, 신강, 홍콩 및 대만 등지에 대한 연구가 태동한 것에 그치지 않고,[28] 간도처럼 민감한 지역에 대해서는 강역 범위 획정에 대한 논란도 벌어졌다.[29] 그리고 점차 20세기 중국의 민족주의를 상대화하고 중국 국민국가에 중첩된 제국성을 따져 묻는 데로 관심이 옮아가고 있다.

특히 이중에서는 제국성을 내면화한 채 형성·전개된 중국의 (단일) 민족론을 구조적으로 분석해 중화민족론이 '민족제국주의'론으로 귀결될 수밖에 없었음을 논증한 연구,[30] 그리고 전통적인 국가 기능의 핵심인 문화적 보편성의 구현과 대일통 천하의 수호를 근대 국민국가라는 외피를 통해 달성하려는 것이 20세기 중국의 국민국가 건설과정이었음을 보여준 연구[31]가 주목된다. 최근 해외 학계에서 21세기 중국이 세계질서에서 맡는 역할과 관련해 중국의 '제국성'의 역사적 궤적이 다시 비상한 주목을 끌고 있다. 이 흐름에 우리 한국 학계가 적극 기여할 몫이 분명히 있음을 자각해야 한다.

2) 동아시아적 시각과 중국의 상대화

중국사를 상대화하는 연구의 또다른 경향은 동아시아적 맥락에서 중국사를 다시 보는 형태로 구체화되어 나타났다. 이 분야의 연구성과가 아직은 많이 축적된 것은 아니지만, 중국과 다른 동아시아 국가들과의 연쇄와 교류는 점차 연구자의 관심을 끌고 있다. 우선, 월경하는 존재인 화교와 그밖의 이민 및 무역에 대한 연구[32]를 비롯해, 여행·박람회·역사기념관·상호인식 같은 소재에 걸쳐 중국이 동아시아 속에서 어떻게 표상되고 기억되는지가 연구대상이 되었다.[33]

이 같은 실증적 연구와 병행하여 1990년대 초부터 동아시아 담론이 제기되어 지금까지 이어져오면서 영향력을 미치고 있다.[34] 그것이 설득력을 갖게 된 중요한 이유는 "민족주의 내지 서구중심주의에 대한 반성과 일국사의 상대화"의 덕이라고 평가된다.[35] 그런데 이 논의가 20세기 중국사 연구에 직접적인 영향을 크게 미쳤다고 보기는 힘들다. 그 이유에 대해서는 그것이 현실과 미래에 대한 비평에 치우쳤을 뿐 "구체적인 역사연구에서 실증적 논리를 제시하지 못해 동아시아 역사상 재구축에 기여하지 못"했기 때문이란 지적도 있다.[36] 어쨌든 양자 간에 거리가 벌어졌다면 그 벌어진 거리는 좁힐 필요가 있다. 왜냐하면 중국사를 상대화하는 방법으로 동아시아적 시각을 고려해볼 필요가 있고, 그러기 위해서는 중국현대사 연구자도 적극적으로 '왜, 어떤 동아시아인가'를 물어야 하기 때문이다.

이런 실정에서도 양자 간의 거리를 좁힐 가능성을 보여주는 증후가 전혀 없지는 않다. 여기에는 동북공정과 연관된 연구프로젝트가 관건적 기여를 했다. 아시아주의 내지 아시아 개념 자체에 대한 연구[37]도 있지만, 더욱 풍성한 성과는 역사교과서 분석에서 볼 수 있다. 동아시아 맥락에서 20세기 중국 역사교과서를 비판적으로 해석한 일련의 연구,[38] 그리고 2012년부터 고등학교 수업에 채택된 동아시아 교과서와 일반독자를 위한 동아시아사 개설서 간행[39]은 국민국가를 넘어선 동아시아 공동의 역사인식에 도달할 수 있는 (불)가능성을 역사 속에서 찾는 작업이라 하겠다.

3) 한국에 대한 관심의 귀환

또다른 증후는 중국사와 한국사의 경계 넘나들기에서도 찾아볼 수 있다.

중국사 연구자는 1960년대 이래 한중 교류사 내지 관계사에서 벗어나 중국사 자체 연구에 전념했다. 중국현대사 연구자가 한국에 대해 관심 갖기를 꺼려왔던 것은 그런 경향의 여파였다고도 볼 수 있다. 그런데 중국사 연구가 한중관계사에 치중된 것을 극복하기 위해 중국사 자체에 대한 연구를 너무 강조한 나머지, 이제는 "한국을 의식하지 않는 중국 연구, 한국이 빠진 동아시아사를 탐구하는 바람직하지 못한 경향"이 나타났다는 비판이 나오기에 이르렀다.[40] 그리고 이런 편향을 극복하기 위해 중국사 연구자로서 한국현대사와 중국현대사 모두를 상대화하려는 시도가 나타나기 시작했다.

그 사례는 주로 중국의 한국(인)에 대한 인식과 정책[41] 혹은 '재한 화교와 재만 한인(在滿韓人)' 연구, 그리고 한국인의 (만주와 대만을 포함한) 중국 인식에 대한 연구,[42] 쑨 원과 한국의 관계에 대한 연구[43] 등이다. 이러한 일련의 연구는 최근 들어 점점 더 활기를 띠고 있다. 그 흐름은 일국 중심의 민족주의 시각이 지닌 한계를 드러내고 그로 인해 가려진 역사적 사실과 억압된 목소리를 복원해 왜곡된 역사적 실상을 바로잡는 데 기여한다.

지금까지 살펴본 세 갈래의 새로운 연구영역의 개척 내지 확산이 모두 동북공정이라는 사회의제를 학술과제로 삼은 직접적인 결과라고만은 볼 수 없다.[44] 그것은 동북공정의 영향 없이도 발생했을 변화라고 반박될 수도 있다. 그러나 김태승(金泰丞)의 지적대로 '우리 자신의 중국사 인식의 한계'를 성찰하고, 중국이라는 국민국가를 '초역사적 존재'로 간주해온 '중국사의 범주 인식'을 재검토하게 된 데에 동북공정의 충격이 어느정도 작용한 것은 부인할 수 없다.[45] 이 사실은, 앞의 세 갈래 영역에 속하는 연구를 수행해온 일부 동료 연구자를 필자가 심층 조사한 결과에서도 확인된다. 이 조사에 도움을 준 응답자들은 대체로 동북공정이 중국현대사 연구자에게 약간 내지 그 이상의 영향을 미쳤다는 사실을 인정한다. 또한 그 영향이 구체적으로 그들의 문제의식 또는 연구 소재에 드러난다고 밝히면서, 중국을 단순히 내재적 관점에서 파악하는 것이 아니라 한국인의 관점에서 중국을 재구성하거나 중국에 대해 균형잡힌 시각을 갖는 것의 중요성을 깨닫게 되었다고 말한다. 물론 그렇게 되는 데 다른 요인들도 작용했지만, 동북공정이 상당한 자극제가 되었음이 분명하다는 것이다.[46] 이와 같이 동북공정의 충격은 아직 우리 학계 안에 존재한다. 김승욱(金承郁)이 최근 발표된 중국현대사 분야 연구성과를 비평하면서 "'동북공정' 등으로 인한 갈등은, 2010~11년에도 적지 않은 학자들을 '역사분쟁'에 개입하도록 했다"[47]라고 명시한 것은 그 단적인 증거다.

이 사실을 확인했으니 이번에는 이 새로운 조류가 '밖으로부터 시작된 위기'에 대응하는 또 하나의 유행으로 그칠 위험은 없는지 점검해보고자 한다. 앞의 표(219면)가 보여주듯이 '동북공정'을 키워드로 한 연구논문의 수는 2009년부터 점차 줄어들고 있는데, 그것은 2007년에 중국에서 동북공정이 공식적으로 종료된 것과 무관하지 않은 듯싶다. 그렇다면 학계 밖에서 주어진 기회를 꾸준히 창조적 연구의 계기로 살리는 길은 무엇일까. 그 길은, 동북공정이라는 외적 계기를 우리 자신의 연구의 한계를 성찰하는 내발적 계기와 단단히 결합하는 데서 열린다. 좀더 구체적으로 지적하면, 양적으로 크게 확산된 한국사 연구가 내적으로 심화되는 계기로 삼기 위해 한국사(의 범위)란 무엇인가를 진지하게 되묻듯이,[48] 중국이란 그리고 중국사란 무엇인가를 좀더 확대된 시공간을 염두에 두고 문제 삼는 것이다. (이 일은 중국사 연구자에게 좀더 근원적인 과제, 필자의 용법으로 바꾸면 동북공정 등의 개별적 단기과제를 중장기 과제와 연결시켜 동시에 파악하는 작업이 되겠다. 이에 대해서는 이 장의 맺음말에서 다시 논의할 것이다.)

지금 중국에서는 현재의 강역론을 근간으로 중국사를 구성하면서 다민족통일국가론이나 다민족기원론, 다문화융합론 등을 개발해 역사연구를 진행하고 있다. 이에 비해 한국에서는 혈통적 민족론에 입각해 한국사의 계승관계를 설명한다. 이 실정에 직면해 양측이 평행선을 달리면서 제각각 자신의 역사구성이 지닌 설득력을 강화하기 위해 그저 학문적으로 '엄밀한 실증적 토대'를 갖추기만 하면 될 일인지 묻지 않을 수 없다. 한국에서 외국사로서 중국사를 전공하는 필자로서는 양측 모두 국민국가의 역사(national history)를 구성하는 이론적 기반에 대해 성찰해야 한다고 강조하고 싶다. 그 대안적인 이론 기반을 구상하기 위한 방법의 하나로 동아시아(사)를 하나의 분석단위로 삼는 시각의 유용

성에 다시 한번 주의를 환기하고자 한다.[49]

　필자가 역설하는 동아시아사는 민족/국사해체론과 동일한 것이 아니다.[50] 앞서 확인했듯이 한중관계사의 변하지 않는 조건인 '비대칭성' '근접성'과 '한국의 위치·역할의 중요성'을 진지하게 받아들인다면 섣불리 각 국가·민족의 역사를 지역사 속에 해소하는 일이 얼마나 비역사적인 것인지 잘 알 수 있다. 우리에게 필요한 동아시아사는 연동하는 동아시아의 역사다. 그것은 서로 깊이 연관된 동아시아가 중층적으로 상호 작용하는 구조 및 서로 연관된 다양한 주체의 행위를 아울러 서술하는 것이다. 이 연동하는 지역사의 시각은 각국의 역사를 상대화하는 데 유용하다. 필자는 아직 능력부족으로 이러한 관점에서 구체적인 역사서술의 대안을 만들지는 못했다. 그러나 그러한 작업을 이미 한국의 중국현대사 연구자들이 제각기 그 나름으로 수행해왔음은 앞서 본 대로다. 이것은 중국현대사 연구영역에서만 이뤄진 일이 아니다. 중국의 전통시대 연구자들도 이 같은 지역사의 서술에 일조해왔다.•

　이처럼 딱히 동아시아사라는 이름을 내걸지 않더라도 일국사와 소통하는 지역사에 대한 관심과 요구는 이미 꽤 넓게 우리 학계에서 자리잡고 있다. 한국사 연구자도 우리 민족사를 구성하는 이론적 기반에 대한 스스로의 성찰이 필요하고 중국의 동북공정이나 동북아전략에 대한 거시적인 분석의 시각과 이론틀을 확보하기 위해 노력해야 한다고 요구하고 나선 상황이라면[51] 이미 제기된 연동하는 지역사의 관점을 더 적

• 예컨대 동아시아 세계에 중국 중심이라는 하나의 국제질서가 아니라 다수의 지역질서가 중층적으로 존재했다고 보는 김병준의 주장, 그리고 18세기 후반 청을 중심으로 한 동유라시아 국제질서가 조공체제 등 네가지 하위체제로 구성된 다중체제였다고 보는 구범진의 주장에 대해서는 본서 제2부 1장 196면 참조.

극 검토할지언정 방치해둘 일은 아니다.[52]

4. 결론을 대신하여

이제까지 살펴본 대로 한국 일반대중의 중국 인식에는 여러 유형이 있었지만 일제강점기와 냉전기의 역사적 맥락에서 중국을 부정적으로 보는 유형(필자가 말한 '천한 중국' 유형)이 지속적으로 강세를 보였다. 이 특징은 탈냉전기, 특히 한중국교 수교 이후에도 유지되었는데 여기에 촉진제가 된 것이 다름 아닌 동북공정이었다.[53] 동북공정은 일반대중뿐 아니라 역사학자(특히 중국현대사 연구자)의 중국 인식에도 충격을 가했다. 그 결과는 직접적이든 간접적이든 연구자의 문제의식이나 연구작업에 영향을 미쳤다.

그들 가운데 일부는 동북공정이라는 사회적 이슈를 심각하게 받아들이고 그것을 학술적 과제로 삼았다. 중국이라는 국민국가를 초역사적 존재로 보지 않고 상대화하는 새로운 작업들을 수행했다. 그런데 그들의 작업은 과연 동료인 한국사 연구자와 소통하는 가운데 이뤄진 것이며 그 연구성과는 서로 공유되고 있는가.

'동북공정'을 구성하는 두 층위의 하나인 동북역사공정은 중국 고중세사 연구자와 한국 고대사 연구자 간에 중첩되는 연구대상이므로 그 부분(즉 교점交點)에 대한 연구를 통해 소통이 조금씩은 이뤄지고 있는데[54] 아직 충분한 것 같지는 않다. 이에 비해 또다른 층위인 동북변강정책전략은 중국현대사 연구자들(과 일부 중국정치 연구자)이 주로 연구대상으로 삼은 셈인데 그 성과가 한국사 전공자들과 그다지 공유되는 것 같지 않다.

그렇게 서로 거리가 생긴 직접적인 원인은 역사학의 3분과라는 제도적 장벽이다. 그렇다고 해서 형식적으로만 3분과를 통합하는 데 그치고 종래의 진부한 사고방식 자체를 바꾸지 않는다면 그것은 바람직한 지식생산에 도움이 되는 진정한 해결책이 아닌 것이다. 한층 더 근원적인 해결책은 (앞서 필자가 말한) 각자의 역사 해석을 규정하는 이론적 기반, 예컨대 국민국가 내지 국사(national history) 형성의 역사적 맥락에 대한 철저한 성찰을 통해 그것을 상대화하는 방향에서 공통의 학술과제를 개발하고 주요 이론틀이나 분석개념을 공유하는 데서 이끌어낼 수 있다. 그럴 때에야 한국에서의 한국사 연구와 중국사 연구가 동아시아사의 틀 안에서 소통할 수 있을 것이며, 더 나아가 국경을 넘어 해외 학계에도 발신하는 '소통적 보편성'(communicative universality)을 확보할 수 있을 것이다.[55]

중국사 연구자와 한국사 연구자 간의 거리 못지않게, 아니 그보다 더 심각한 것은 역사학자와 아직도 '천한 중국' 이미지나 인식을 가진 대중과의 거리다. 이 문제는 '연구의 제고와 보급'이라는 표현으로 일찍이 선학 민두기도 진지하게 고민한 적이 있을 정도로 역사학(더 나아가 학문 일반)의 사회적 존재이유와 직결된다.[56] 사회적 과제인 동북공정을 학술적 과제로 전환한 연구자들은 이미 대중과의 고립을 벗어나 소통의 장에 들어갈 의지를 내보인 셈인데 그 안에 들어가 제대로 소통하고자 한다면 자신의 연구태도에 대해 고민해야 한다. 이 말은 단순히 논문형식을 버리고 대중이 알기 쉽게 글을 쓰자는 뜻이 결코 아니다. 연구자의 지식생산의 결과를 대중과 공유하는 길에서는 역사학이 사실의 인과관계를 설명하는 '과학으로서의 역사학'에 머물지 않고, 대중이 공감할 수 있는 주제에 대해 비평적 개입을 하는 것이 관건이다.

동아시아 전통시대 역사학의 사평(史評) 기능이 바로 그러했듯이, 역사 자체에 대한 평가임과 동시에 그 서술에 대한 평가라는 이중적인 의미를 가진 '비평으로서의 역사학'은 하나의 제도라기보다 연구 태도와 접근법을 뜻한다. 좀더 구체적으로 말하면, 그것은 역사학계의 학술적 성과(논문이든 저술이든)에 대한 비평은 물론이고, 특히 역사학 밖에서 중시되는 사회의제에 대해 비평을 가함으로써 공론의 장에 개입하는 것을 과제로 삼는다.[57] 바꿔 말하면 역사연구자가 지식을 발신하면서 동시에 그것을 수신하는 대중을 위해 매개·중계하는 역할도 아우르는 것이다.[58]

이 글에서 주목한 한국인과 중국인의 상호인식의 어긋남에서 비롯된 한국인의 '천한 중국' 인식 유형 같은 대중정서는 일단 형성되면 단기간에 바꾸기 어렵고 근본적으로 한중협력의 기초를 흔들 위험이 있다.[59] 그렇다면 역사학자는 이에 개입해 그 현상의 역사적 맥락을 분석하고 그에 대해 평가하는 비평적 역할을 감당해야 한다. 지금 일본에서는 중국 이해하기를 거부하고 존재 그 자체를 혐오하는 사조마저 횡행하고, 그런 분위기가 중국에 대해서만이 아니라 한국에 대해서도 번지고 있다. 반중(反中)·혐중(嫌中)과 반한·혐한을 촉진하는 보도가 넘쳐나고 반감과 멸시관을 부추기는 실정이라고 한다. 이런 상황에서 중국연구의 정치화(精緻化), 다른 말로 하면 중국에 관한 단편적 지식의 높은 축적이 반드시 일반인들의 중국 이해를 심화하는 것으로 이어지지는 않는다는 지적[60]은 일본에만 한정된 것일까.

이런 우려스러운 사태를 타개하려면 각자가 처한 현실생활에 뿌리내려 그로부터 촉발된 사회의제를 학술의제로 바꾸려는 열정, 곧 '내심에서 우러나오는 인생에의 흥미'가 연구의 추동력이 되어야 한다. 다시 강조하건대 이는 시사문제를 해설하고 단기적 예측을 하는 시사평론을 하자는 말이 아니다. 동북공정 등에 대해 단기적 진단과 대책[61]을 내놓는 것에 그쳐서는 안 된다. 그것과 중·장기과제를 동시에 생각하고 일관된 실천에 옮기는 것이 사회의제를 학술의제로 전환하는 창의적 방식임을 잊어서는 안 된다. 달리 말하면 현실문제에서 사상과제(또는 역사과제)로서의 중국을 독해하면서 그것을 통해 현실문제를 비판적(또는 역사적)으로 사유하는 인식틀을 제공하는 작업을 동시에 수행하는 것이다.[62]

사실, 우리가 직면한 중국인과 한국인의 상호인식의 어긋남이라는 현실은 한중관계의 '변하는 것'과 '변하지 않는 것'이 상호 작용하는 역사적 맥락에서 나타난 여러 가능성 가운데 한가지 가능성이 실현된 것일 뿐이다. 곧 또다른 무수한 가능성이 중·장기적으로 드러날 것이다. 이미 실현된 현실을 뒤집을 수 있는 가장 훌륭한 가능성을 과거와 현재의 역사 속에서 찾아내고 그것을 향해 사람들이 다가갈 수 있도록 비판적 사고를 북돋는 것이 인문학으로서의 역사학(의 비평 기능)이 감당할 보람찬 일감이다.

보론 중국인의 한국 인식의 궤적[●]

일반적으로 대외인식은 개인에 의한 부분적 인식의 집적이므로 오해
가 끼어들 여지가 많다. 특히 동아시아 역사에서는 서로 실체에 대한 인
식을 수반하지 않고 관념적으로 상대방에 대한 우월을 주장하는 '편의
적인 오해'를 통해 서로의 관계를 유지한 경우가 적지 않았다. 사실, (이
장의 본문에서 살펴본) 한국인의 중국 인식(또는 이미지)과 이 보론에
서 설명할 중국인의 한국 인식(또는 이미지)은 '편의적인 오해'에 기반
한 스테레오타입의 형태를 취하는 경우가 많았다. 바로 그렇기 때문에
그것을 고정된 것으로 보지 않고 역사적 상황의 산물로 상대화하여 파
악하는 역사적 관점이 한층 더 중요해진다. 말하자면 한중 (더 나아가
동아시아) 관계가 형성되는 역사적 상황에 비춰 한국인과 중국인의 상
호인식을 분석할 필요가 있다는 것이다. 필자는 한중의 상호인식의 궤
적을 서로에 대해 '알고 있는 것'과 '알고 싶은 것'(또는 바라는 것)의
두 측면이 상호 침투하는 동태적인 인식과정으로 파악한다.⁶³

먼저, 전통시대 중국인이 우리를 어떻게 보았는지부터 살펴보자.

중국인이 우리를 동이족(東夷族)이라는 시각에서 인식했다는 것은
잘 알려진 대로다. 중국을 천하의 중심에 두고 그로부터 물결무늬가 퍼
져나가듯 유교문화와 통치권이 중심에서 확산되는 질서가 중화세계 또

● 이 보론은 졸고 「'편의적인 오해'의 역사: 한중 상호인식의 궤적」, 계간 『한국과 중국』
창간호, 2003에서 발췌·정리한 글이다.

는 조공질서였다. 따라서 중심으로부터 멀어질수록 문명의 영향권에서 먼 오랑캐가 되는 것으로 간주되게 마련인 질서였다. 이 질서 속에서 조선은 다른 주변민족에 비해 특수한 의미를 부여받았다. 말하자면 유교문화를 수용한 조선이 '군자의 나라' 곧 일종의 문명화된 오랑캐로 인식되었다고도 할 수 있겠는데,[64] 그렇더라도 조공국으로서의 이미지가 조공질서의 시각에서 본 지배적인 조선상(像)이었던 것은 분명하다. 그런데 이와 더불어 또 하나의 이미지가 존재했다는 사실도 잊어서는 안 된다. 그것은 풍속의 시각에서 본 조선상이라 할 수 있다. 용맹하고 말타기나 활쏘기를 잘하며, 청결을 중시하고 술과 가무를 즐기는 민족이라는 이미지도 오래 이어져왔다. 중국과 다른 종족으로서의 이와 같은 형상은 고구려·마한·진한 등의 풍속에 대한 서술에서 이미 정형화되어 그후 조선인에 대한 묘사에서 되풀이해 나타났다.

이 인식은 전통적 질서가 19세기 들어 와해되기 시작하면서 변화를 겪지 않을 수 없었다. 특히 청일전쟁에서 중화질서의 변방에 위치했던 일본에 중국이 패하는 수모를 당하고 서구문명을 보편적 문명으로 접수하는 문명관의 대전환을 겪게 되면서, 조선에 대해서도 동아시아의 변화하는 세력관계의 맥락에서 다시 보지 않을 수 없었다. 물론 청조 말기의 엘리뜨들도 처음에는 서구의 제국주의질서를 흉내내 조공관계를 실질적인 지배-종속관계로 바꾸고 싶어 했다. 이른바 '중화제국의 근대적 재편'을 시도한 셈이다. 실제로 임오군란 이후 한동안 한양에 청나라 군대를 주둔케 하고 조정의 친청세력을 통하여 조선의 내정과 외교에서 영향력을 행사하는 등 실제적인 지배를 추구했다. 그러나 청일전쟁을 거치면서 일본에 압도당해 조선을 '독립국'으로 인정할 수밖에 없게 되었다.

그후부터 일본의 식민지로 전락한 조선을 바라보며 중국인들은 변화하는 동아시아 세력관계에 대응해 '반면(反面)교사로서의 조선'상을 통해 자기를 돌아보는 시각을 지니게 되었다. 청 말 개혁가들은 청일전쟁 이후 몰락해가는 조선의 '망국상(亡國像)'을 부각하면서 중국의 각성을 촉구했다. 이런 유형의 인식은 혁명파로부터도 찾아볼 수 있다. 나중에 중국공산당의 초기 지도자가 된 천 두슈(陳獨秀)는 1910년대 초 식민지하 조선인에 대해 부정적인 태도를 갖고 있었고 또 그 때문에 식민지 지배를 불가피한 것으로 긍정하는 논설을 발표한 적이 있다. 오늘날 간행된 그의 선집 어떤 판본에서는 삭제되어 있기도 한 그 대목을 인용하면, "조선은 땅이 작고 사람이 게을러 옛날에는 남의 지배를 받았다. 그리고 군주와 신하가 모두 탐욕스럽고 잔혹하기가 세계 어디와도 비할 데 없다. 그런데 일본에 합병된 이후로 모든 정사가 갖춰지고 도적이 사라졌으며 소송을 다투지 않게 된 것이 모두 그 백성의 막대한 복이다. 그런데도 기필코 옛 군주제를 회복하고 강한 이웃에 힘으로 맞서려고 하니, 진실로 그렇게 해 해로운 것은 있어도 이익이 되는 것은 없을 것이다".[65]

중국인의 이러한 한국 인식은 1919년에 일어난 3·1운동의 진상을 전해 들으면서 어느정도 바뀌었다. 조선인의 헌신적인 저항정신과 평화·평등·자유에 대한 높은 의식이 중국인에게 깊은 인상을 준 것은 분명하다. 그러나 조선처럼 작은 나라에서 이런 저항이 일어났음을 강조함으로써 중국인에게 분발을 촉구한 것이 3·1운동을 '혁명의 신기원'으로 기리는 견해 밑에 깔린 주된 의도였음을 간과해서는 안 된다. 이와 같이 3·1운동에 대한 반응에서조차 반면교사로서 조선을 보고 싶어 하는 욕구가 작용하고 있었던 것이다.

뒤이어 일본이 중국과 전면전을 치를 정도로 동아시아 정세가 급변하면서 중국과 한국의 연대운동이 활발해졌다. 이 과정에서 반면교사로서의 이미지가 연대하는 동반자로서의 이미지로 전환할 계기도 주어졌다. 이것은 한국인의 항일투쟁을 묘사한 중국 문학작품에서 찾아볼 수 있다. 다만 이런 인식의 변화 속에서도 두 나라의 세력관계에서 말미암은 현실적인 이해에 따라 전통적인 조공국 이미지가 변형된 채 존속했을 여지가 있다는 사실도 우리는 간파해야 한다.

20세기 후반에 들어 동아시아에 냉전질서가 자리잡고 한반도가 분단됨에 따라 중국대륙에 사는 중국인들의 한국 인식도 분열되었다. 냉전진영적 시각에서 북한은 북조선 곧 '혈맹'으로, 남한은 남조선 곧 '적대적 자본주의국가(혹은 미국의 종속국)'로 보는 인식이 주를 이뤘다. 이것이 바뀌기 시작한 것은 대륙이 개혁개방정책으로 돌아선 1980년대 이후다. 이때부터 한국을 부정적으로 보지 않고 신흥부강국이란 긍정적 이미지로 받아들이게 되었다. 더 나아가 1992년 국교정상화 이후 양쪽의 교류가 급속히 증가하면서 일부에서는 신흥부강국 이미지를 넘어 한국 대중문화 속에서 그들이 결핍하고 있는 것을 보고 싶어 하는 경향도 나타났다. 그것이 바로 '한류(韓流)'현상이다. 현대화에 성공한 한국인 기질(주로 강인성과 집단주의)과 현대화된 세련된 삶의 양식으로 형상화된 한국인의 이미지가 실제 한국인인 양 동일시되기까지 한다.[66] 실체를 수반하지 않고 관념적으로 상대방을 인식하는 '편의적인 오해'의 역사는 지금도 중국인들의 일상세계의 욕망에 추동되어 진행 중이다.

일본인인가, 중국인인가: 중국여행을 통해 본 20세기 전반기 대만인의 정체성

1. 여행을 위한 준비

20세기 전반기 중국대륙을 견문하고 돌아온 대만인의 경험세계로 떠나는 우리의 이 여행은 어떤 의미가 있는가. 이 질문을 먼저 제기해보는 것이 여행을 위한 기본 준비에 해당된다. 왜냐하면 여행과정에서 여행객은 자신이 아는 만큼 보기 십상이므로 여행의 목적과 관련된 사전 조사가 필요하기 때문이다.

필자는 대만인의 정체성 형성에서 중국에 대한 인식 또는 이미지가 표리관계일 정도로 중요하므로 그 역사적 연원과 변천과정을 이해하는 것이 핵심과제라고 생각한다. 왜 그러한지를 최근 한국사회에서 대만 문제에 관심을 갖게 된 하나의 사건을 예로 들어 설명해보겠다.[1]

2008년 7월 4일 중국과 대만을 잇는 정기 직항노선이 거의 60년 만에 운항을 시작했다. 1949년 공산당이 대륙 전체를 장악하고 중화인민공화국을 수립하자 국민당은 대만으로 패퇴했다. 그후로 대만해협은 분단선이 되어 양안의 교류를 가로막았다. 그러던 와중에 1979년 3통(직접 통신·통상·통항)이 제안되어 양안 간 화해와 교류의 핵심의제가 되어왔는데, 이번 마 잉주(馬英九) 정권의 출현으로 그 일부가 실현된 셈이다. 비록 주말에만 운항되는 제한된 수의 관광객을 위한 전세기이지만, 정기 직항로 개설의 의의는 자못 크다.

대만에서는 일차적으로 중국의 관광객이 가져올 경제적 이득을 중시한다. 점차 방문인원 제한을 풀어 관광객 규모를 확대할 예정인데, 그들이 가져다줄 관광수입의 증가로 침체의 늪에 빠진 대만경제가 활기를 되찾을 것으로 잔뜩 기대하고 있다. 그러나 이보다 더 큰 의의는 양안관계의 진전 면에서 새로운 역사의 장을 열었다는 것이다. 양안 주민 간의 자유로운 관광으로 서로 간에 존재하는 심리적 거리가 좁혀지고 상호 이해가 깊어질 것이 분명하다.*

여기서 주목해야 할 점은 대만 내부에서 이에 대한 비판의 목소리도 크다는 사실이다. 관광사업에서 예상되는 경제적 효과가 별것 아닐 것이라는 추정에서부터 대륙의 관광객이 초래할지도 모를 여러 부정적 영향까지 거론되고 있다. 대륙 관광객들의 거친 매너 때문에 일본 등 외국 관광객이 감소할 것이라든지 그들이 저지를 환경파괴와 전염병 유입 등으로 톡톡히 '댓가'를 치를 것이라고 우려하는 여론도 있다. 그러

---

* 주말 전세기로 시작된 직항은 2008년 12월에 주중에도 전세기를 운항할 수 있도록 확대되어 사실상 양안이 '1일 생활권'에 들어갔다. 2009년 7월부터는 전세기를 넘어 일반 정기항공로가 개설되었다. 삼통이 전면 실현된 것이다. 2013년 현재 대륙의 28개 공항, 대만의 8개 공항에서 비행기가 운항되고 있다. 그런데 이러한 양안관계의 발전을 주도한 국민당정부에 대해 대만 내부에서는 대륙에 유리한 협상의 결과라고 비판하는 야당 측의 소리도 있다.

다 보니 "대륙 관광객이 떠난 뒤에는 전면 소독해야 한다"라는 목소리마저 공공연히 나오고 있는 실정이다.

외국인이 보면 너무 심하다 싶을지도 모를 대륙 관광객에 대한 이런 부정적 이미지가 사실 정치적 입장에 의해 조장 또는 증폭된 면이 있다는 점을 간과해서는 안 된다. 2008년 3월 총통선거에서 국민당 마 잉주 후보가 직항로 개설을 선거공약으로 들고 나오자, 이에 대해 비판적인 입장을 취한 민진당 쪽에서는 대륙 관광객을 추화(醜化)하는 데 열중했다. 일례로 TV 선거광고를 통해 아무데나 노상방뇨를 하고 함부로 침을 뱉는 이미지를 부각한 바 있다.

양안의 통일이냐 (대만공화국으로서의) 독립이냐라는 오랜 논쟁(이른바 통독統獨논쟁)으로 대만사회가 심각하게 양분되어 있다는 점은 대만에 조금이라도 관심을 가진 사람이라면 익히 알고 있는 사실이다. 양안문제는 바로 이러한 내부분열에 의해 심각하게 왜곡되어 있다. 특히 중국이 점차 대국으로 떠오르면서 시간이 흐를수록 대만이 불리해질 것이라는 초조감이 더해져, 급격한 교류 증가로 인해 변화가 '홍수처럼 밀려오면' 이를 통제하지 못할까 하는 두려움이 생겨나기도 했다.

이렇듯 대만인의 중국에 대한 부정적 이미지는 정치적 입장에 따른 내부분열로 증폭된 것임이 분명하다. 그런데 그 뿌리는 사실 그보다 훨씬 더 깊다. 1895년 청일전쟁에서 승리한 일본에 청이 대만을 넘겨준 이후부터 1945년 일본이 패망하기까지의 50년간, 일본의 식민지로 전락한 대만의 주민들이 중국과 일본 사이에서 갖게 된 복잡한 정체성문제가 바로 그 기원이라 할 수 있다. 오늘날 대만인들이 품고 있는 중국 인식의 깊이를 온전히 이해할 수 있기를 기대하면서 이 여행에 나설 때 우리가 그 역사상을 제대로 파악해야 하는 까닭이 여기에 있다.

　바로 이 문제를 규명해보기 위해 일제 식민지 시기 대만인이 중국대륙을 어떻게 인식했는지를 살펴보려는 것이며, 그 방편으로 당시 중국대륙을 견문하고 돌아온 대만인의 경험세계로 들어가보려고 한다.

2. 식민지 시기 대만인의 대륙여행 조건

　대만인이 중국대륙을 여행하려면 양안 간의 삼통이 실현되기 전까지만 해도 직항노선이 없는 관계로 홍콩 등 제3지역을 거쳐 입국하는 우회노선을 거쳐야 했고, 또 지금까지도 (다른 국가의 국경을 넘어갈 때 필요한 비자가 아닌) 특별 통행허가가 필요하다. 대만과 중국과의 관계는 국가와 국가 간의 관계가 아닌 '특수한' 관계이기 때문이다.* 그런데 이런 복잡한 절차는 일본 식민지 시기 대만인이 중국을 여행할 때도 거쳐야 했던 것이다.[2]

　청일전쟁의 패배로 청은 대만을 일본에 할양해야 했다. 그 결과 양국 간에 맺은 마관조약(馬關條約) 제5조 1항에 따라, 대만 거주 중국인은 1897년 5월 8일 이전까지 대만에 거류할 것인지 아니면 대륙으로 돌아갈 것인지를 결정하도록 강요당했다. 그 기한이 만료되어 대만을 떠난 사람은 5460명(당시 총인구 280만명)으로 인구의 0.2퍼센트 미만이었다. 그에 따라 대만에 남은 대다수의 대만인은 자동적으로 '일본국 신민'이 됐다. 그런데 그들은 대륙, 특히 그들 대부분의 본래 출신지인 푸

---

* 통행허가증을 臺灣居民來往大陸通行證, 속칭 '臺胞證'이라 하는데 이는 대만 사람들이 중국으로 입국할 때 필요한 일종의 비자다. 그런데 2012년부터 한 사람에게 오직 하나의 臺胞證 번호를 발급하는 정책이 실행되었으니, 중국에서 대만 사람들에게 발급하는 특별 신분증으로 그 성격이 변해가고 있는 모양이다.

젠성(福建省)과 긴밀한 생활권을 유지해왔기 때문에 자연스레 왕래가 잦았다. 청일전쟁으로 갑작스럽게 그들의 생활권이 국경에 의해 분열됐다 해서 국가권력이 그들의 여행을 막을 수만은 없었다. 그래서 대만총독부는 별도로 국경출입에 관한 규정을 만들어야 했다.

1897년 1월 '외국여행권단속규칙〔外國行旅券取締規則〕'이 발포됐다. 이에 따르면 일본국 신민이 된 대만인이나 일본인 모두 국경을 넘을 때에는 조사를 받고 여권을 획득해야 했다. 그런데 일본 국적을 취득한 대만인 가운데 일본국 여권을 갖고 중국에 건너가 일본인으로서 영사재판권 및 지방통행세〔厘金〕 등의 면세특권을 악용하는 사례가 많아지면서 대만인에 대한 여권 발급이 점차 엄격히 제한되었다. 사진을 첨부하거나, 현지 사정상 사진촬영이 불가능하면 대신에 용모상의 특징 등을 밝힌 신상명세서를 제출해야 했고, 신원조회에서도 차별을 받았다. 또한 1910년 7월 이후 대만의 바로 건너편인 샤먼(厦門)에 도착한 대만인은 현지 일본영사관에 신고하는 동시에 여권을 맡겼다가 그곳을 떠날 때 되돌려 받았다. 나중에는 이것이 복잡하다고 하여 아예 편법이 사용됐는데, 즉 대만 항구에서 배를 탈 때 경찰이 여권을 검사하자마자 거둬 밀봉하여 선장에게 건네주고 샤먼 도착 후에 바로 영사관 직원에게 전달하는 방편이 활용되기도 했다.

이 모든 조치는 대만총독부가 기본적으로 대만과 대륙을 격리하려는 의도 아래 여행을 통제하기 위해서 시행됐던 것이다. 특히 대만총독부는 대만 청년이 대륙으로 유학 가는 것을 막으려 애썼다. 이에 비해 일본인은 1908년 이후 중국이나 홍콩을 출입국할 때 여권소지 여부를 각자의 선택에 맡기는 편의를 제공받았다. 이런 상황들을 살펴보면 대만인이 중국을 드나들 때 차별받았음이 역력하다.

그와는 달리 일본국 신민으로서 대만인이 일본에 드나들 때에는 여권이 필요 없었고 또 일본을 경유해 여권 없이 대륙에 들어가도 됐기 때문에 이 방편을 이용해 중국에 건너가는 사람들이 늘어났다. 물론 그럴 경우 귀국한 후 처벌을 받기도 했다. 그런데 이 경우도 그 처벌 여부가 중국에 입국하려는 동기가 대만을 떠나기 전에 발생했는지 그후에 발생했는지에 따라 결정되는 애매한 조처였다.

이렇게 대만인의 중국 출입은 불편했고 일본국 신민으로서 차별을 받았다. 이에 대만인 사이에서 저항의 움직임이 발생하기도 했는데, 예를 들면 상하이 대만학생연합회는 '여권〔旅行券〕'에 반대하면서 '중국여행권철폐동맹〔撤廢渡華旅行券同盟〕'을 발기했다. 또한 당시 대만의 급진 정당인 대만민중당(臺灣民衆黨)도 중국여권〔赴華旅券制度〕 폐지운동을 벌였다. 그러나 그것은 폐지되지 않았고, 20세기 중반 중국과의 전쟁 국면으로 치달으면서 여행 요건이 오히려 더 강화됐다. 요컨대 "중국여행권 제도는 일본 제국주의가 대만과 대륙을 분리하는 데 필요한 가장 직접적이고 유효한 방법"[3]이었던 것이다.

3. '고아의식'을 조성한 대만인의 중국여행: 우 줘류의 정신세계

식민지가 된 대만의 주민이 국경을 넘어 중국을 여행하기에는 여러 모로 제약이 따랐다. 그럼에도 불구하고 대만인들 가운데 생업과 관련해 같은 생활권인 푸젠성 남부 지방을 여행하는 사람들이 적지 않았고, 몇몇 소수는 여러 이유로 중국대륙을 여행한 경험이 있었다.[4]

그들 소수의 여행자들 중에서 여행기를 남긴 사례는 극히 드물고 그에 관한 연구는 더더욱 적은 편이라 할 수 있다.[5] 하지만 다행히도 식민지 시대에 대륙에 (비교적 장기) 체류한 경험이 있는 사람들의 회고담이 채록되어 구술자료로 남아 있다.[6]

필자는 많지 않은 여행자 가운데 소설가 우 쥐류(吳濁流, 1900~76, 본명 우 젠톈吳建田)에 주목하고자 한다. 그는 1941년 1월에서 42년 3월 말까지 상하이를 거쳐 난징(南京)에서 생활하면서 관찰한 것을 기록한 중국여행기『남경잡감(南京雜感)』[7]을 남겼을 뿐만 아니라 나중에는 그 체류경험에 기반을 두고 쓴 자전적 소설『아시아의 고아(亞細亞的孤兒)』[8] 등 일련의 작품을 발표했는데, 이것들은 모두 일제시기 대만인의 정체성을 가장 잘 형상화한 것으로 평가된다. 더욱이 그의 작품들에 나타난 중국에 대한 인식, 뒤집어보면 대만인의 정체성이 시기별로 미묘한 변화를 보인다는 점에서 한층 더 주목할 가치가 있다. 따라서 필자는 그의 정신세계에 각인된 중국 인식을 통해 대만인이 중국을 여행하면서 겪은 경험에 접근하려 한다.

먼저 우 쥐류의 여행기『남경잡감』을 살펴보자. 글 전체를 관통하는 중국의 이미지는 '조국'으로서의 중국이다. 비록 일본국민의 신분이지만 문화적으로 일체감을 지닌 중국에 대해 기대가 크다. 그런데 그가 여행을 통해 중국대륙을 직접 견문하기 전에 품었던 중국에 대한 이미지는 대체로 일본교과서를 통해 교육받은 지식에 의해 형성된 것이었다. 거기에 묘사된 중국은 "늙고 큰 나라(老大之國), 아편의 나라, 전족(纏足)의 나라이고, 전쟁을 하기만 하면 언제나 지는 나라이며, 외환내우(外患內憂)가 끊이지 않는 나라"다. 그는 일찍부터 중국대륙으로 가서 조국인 중국이 진짜 어떠한 곳인지 확인해보고 싶었으나 기회가 없어 학생 시절부터 줄곧 왜곡된 관념을 줄곧 품고 있을 수밖에 없었다.[9]

그러던 어느 날 우 쥐류는 직접 대륙으로 건너가 상하이와 난징 등지에서 1년 남짓 생활하게 된다. 그때 그가 견문한 중국은 다양하면서 복잡한 사회다. 그는 중국이 마치 바다와 같다면서, "화북, 화중, 화남 및 화교가 혼연일체가 되어 같은 빛깔을 드러내나 각자의 특색이 있으니 천차만별이고 사회 또한 극히 복잡기이하다"라고 묘사한다.[10]

또한 무질서 속에서 질서를 이뤄내는 독특한 문화가 있다고 본다. 이 점은 그가 일본의 운동회와 중국 중앙대학의 운동회를 비교 관찰한 아래 인용문에서 잘 드러난다.

> 일본 운동회는 순서에 따라 진행되는 데 비해 중앙대학의 운동회는 순서는 있지만 어디서 시작되고 어디서 끝나는지 알 수가 없었다. (…) 이와 같이 중국식 운동회는 순리대로 진행할 수 없을 때는 유유히 서두르지 않고 시간의 흐름에 따라 해결하니 무질서 가운데 질서를 지킨다. 이런 식으로 운동회는 순조롭게 진행된다 하겠다. 이 점에서 민족성의 일단을 엿볼 수 있어 아주 흥미롭다.[11]

이 같은 문화적 특성을 그는 '대륙의 매력'으로 요약한다. 즉 중국인들이 해외로 뻗어나가는 추동력은 "결코 정치세력이나 국력이 팽창해서가 아니라 완전히 각 개인의 노력과 발전성에 의해" 생기는 것이고[12] 이를 통해 중국이 사람들을 동화해내는 매력, 요즈음 유행어로 바꾸면 이른바 '쏘프트파워'가 분출된다는 것이다. 그렇다면 그 매력의 실체는 무엇인가.

대륙의 매력은 사회가 자유롭고 오락성이 풍부하며 돈을 벌고 계층을 이동할 수 있는 기회가 많다는 것이다. 또한 "생활형식이 간단하고

인성(人性)이 풍부"[13]한 점도 강점이라고 말한다. 여기에서 말하는 오락
성은 마작, 파티, 연희 관람처럼 중국사회 각 계층이 공통적으로 좋아하
는 세가지 오락을 가리킨다. 중국이 자유로운 사회이고 기회의 사회라
는 지적은 쉽게 이해가 가는데, 생활형식이 간단하며 인성이 풍부하다
는 것은 보충설명이 필요하다. 그것은 무엇보다 의식주가 인간의 욕구
에 잘 부응한다는 뜻이다. 즉 서양 의복에 비해 중국 의복이 생활하기에
간편하고, 먹을거리가 욕망을 잘 충족시켜주며, 주택도 문만 닫고 나면
무엇을 하든지 간섭받지 않고 자유로워 편리하다는 것이다.[14]

이렇게 본다고 해서 그가 중국 사회와 문화를 긍정한 것만은 아니다.
그가 자신의 조국인 중국이 일본인의 기준으로는 이해할 수 없는 곳이
라는 점을 넌지시 강조한 부분이 눈에 띈다. 예컨대 중국이 "정치적으
로 점차 근대 국가의 면모를 그려내지만 내용적으로는 여전히 봉건적
인" 국가라고 지적하면서도, "얼핏 보면 지리멸렬한 느낌을 갖게 하는
중국이지만 사실 자세히 들여다보면 위대하고 일관된 통일성을 볼 수
있다"라는 점도 드러낸다.[15]

『남경잡감』에 나타난 중국은 그에게 일종의 신앙이 된 '조국'으로서
존재하고 있다. 일본통치 아래 좌절을 되풀이한 그에게 '조국'은 정신
적인 버팀목으로 기능했던 것이다.

사실 이 같은 '조국'이라는 중국 이미지는 그만의 독특한 것이 아니
었고, 적어도 당시 대만 지식인들이 두루 품고 있던 것이라고 할 수 있
다. 예를 들면, 예 룽중(葉榮鐘, 1900~78)은 "대만이 일본에 넘겨진 이후
출생한 우리는 조국의 토지를 직접 밟아보지도 못했고 조국의 산천을
눈으로 보지도 못했으며 대륙에 혈족도 인친(姻親)도 없다. 문자역사 및
전통문화 이외에 한점 연결된 곳을 찾을 수 없으니 조국은 단지 관념의

산물이지 경험의 실감은 아니다"[16]라고 밝힌다.

그럼에도 그들이 그처럼 관념적이나마 중국에 대한 매우 강한 향심력을 갖게 된 것은 '민족정신' 덕이고, 그것은 또 일본제국주의의 압박으로 조성된 것임을 그는 다음과 같이 지적한다.

우리의 관념상의 조국은 도대체 어떤 국가인가. 우리의 조국에 대한 관념은 역사문자로 구성된 것이 상당한 정도를 차지하나, 일본인의 말과 행동을 통한 핍박만큼 절실하지는 않다. 우리가 일본인의 압박에 저항할 때마다 일본인이 한 공통된 공갈은 이 한마디 즉 "일본국민으로 살기 싫으면 지나(支那, 중국에 대한 멸칭―인용자)로 돌아가도 좋다"였다. 이 같은 일본인의 압박이 크면 클수록 대만인이 아이처럼 조국을 흠모하는 감정은 더욱더 절실해졌다. 만일 일본인이 저 50년간의 통치 기간에 이른바 '일시동인(一視同仁)' 정책을 취해 차별하지 않고 능멸하지 않았다면 대만인의 민족의식은 아마도 이렇게 강렬하지 않았을 것이다.[17]

그러나 불행하게도 그들이 중국을 직접 경험하면서 그 신앙은 점차 훼손되어갔다. 물론 우 쥐류의 『남경잡감』만 보면 신앙이 무너져간 증거를 찾기는 힘들다. 하지만 전후에 발표된 『아시아의 고아』 같은 자전적 장편소설을 보면 이 점이 명확하게 드러난다.[18] 『아시아의 고아』에 묘사된 난징에서의 생활은 사실상 『남경잡감』의 내용을 그대로 옮겨놓은 것으로 후자는 전자의 원본이라 할 수 있다. 그런데 왜 『남경잡감』에는 『아시아의 고아』와는 달리 중국에 대한 환상이 깨지면서 절망하는 대목이 묘사되어 있지 않을까. 그 이유에 대해서는 뒤에 다시 살펴볼 예정이니 본격적인 언급은 잠시 미뤄두겠다. 여기에서는 간단히 『남경잡감』이 처음에 일본어로 발표됐다는 점에서, 저자가 중국인이 대만인을 어떻게 차별하는지를 일본독자에게 알리고 싶지 않아서 그에 대해 기록하지 않았을 것으로 추정한 견해를 소개하는 데 그치겠다. 그러다가 종전 이후『아시아의 고아』와『무화과』를 집필하면서 비로소 난징에서 겪은 차별의 일을 폭로하게 된다는 것이다.[19]

그렇다면 이제는『아시아의 고아』에서 중국이 어떻게 형상화되고 있는지 살펴볼 때가 됐다. 이 장편소설은 주인공이 대만-일본-중국대륙-대만으로 삶의 거처를 옮겨 다니는 이야기로, 비단 소설의 무대만이 바뀌는 것뿐만 아니라 그와 더불어 정신세계(바꿔 말하면 정체성 형성)의 중심이 되풀이해 이동하는 그야말로 여행소설이라 할 만한 작품이다.

소설의 주인공 후 타이밍(胡太明)은 한학자인 할아버지와 한의사인 아버지를 둔 여유있는 가정에서 태어났다. 그의 이름에서도 드러나듯 '조국'의 순수한 문화를 간직한, 명 왕조를 숭상하는 가풍의 영향으로 그는 어린 시절 서당에서 한학을 배우며 자랐다. 좀더 커서는 일본식 공학교(公學校, 대만인 아동의 의무교육 기관, 대만 거주 일본인 아동의 소학교와 구별된다)에서 신식학문을 배웠고, 국어학교 사범부로 진학하면서 "조금씩 새로운 시대의 문화인으로 성장해갈 수 있었다".[20] 그리고 그곳을 졸업한 뒤 시골 공학교의 교원이 된다.

이러한 경력에서 엿볼 수 있듯이 그는 비교적 일본 식민지체제에 잘 적응한 편이었다. 그러나 부임지 학교에서 대만인 교사진과 일본인 교사진 간의 차별과 갈등을 겪으면서 차차 식민지의 현실을 직시하게 된다. 이 깨달음은, 그가 애타게 사모하던 일본인 여교사 나이또오 히사꼬(內藤久子)에게 용기를 내 애정고백을 하자 돌아온 답변으로 그 절정에 이른다.

잠시 침묵이 흐른 뒤 — 이 시간이 무한히 오랜 듯했는데, 타이밍은 통통 뛰는 가슴을 억제하고 히사꼬의 끊어질 듯 이어지는 그러나 분명하고 단호한 대답을 들을 수 있었다.

"전, 아주 기뻐요. 하지만 그건 불가능해요. 왜냐하면 저와 당신은……다르니까요."

도대체 무엇이 다르다는 말이지? 이건 굳이 이 자리에서 그녀의 설명을 듣지 않아도 알 수 있는 것이었다. 그녀가 말하고 싶은 건 바로 피차 민족이 다르다는 것이었다.

"오, 하느님!"

타이밍은 절망했다. 세상이 일순간에 무너지는 기분이었다. 이 얼마나 가혹하고 절망적인 선고인가![21]

이제 히사꼬는 그가 도저히 가까이 할 수 없는 존재가 되어버렸지만, 일본 자체는 아직 선망의 대상으로 남아 있었다. 그래서 그는 히사꼬로 인한 절망과 고통도 잊을 겸 일본유학을 결심한다.

유학을 떠난 타이밍은 그곳 생활에 잘 적응하면서 그 풍광과 문화에 비교적 호감을 품게 됐지만, 그곳에서도 대만인으로서 느끼게 되는 차별감과 그에 따른 혼란을 떨쳐버릴 수 없었다. 그것은 그가 처음 일본에 도착하자마자 동향 친구 란(籃)이 해준 다음과 같은 충고에 압축적으로 표현되어 있다. "이곳에서는 자네가 대만사람이란 걸 밝히지 않는 것이 좋아. 대만사람들이 하는 일본어는 큐우슈우(九州) 발음하고 비슷하니까 자네는 그냥 후꾸오까(福岡)나 구마모또(熊本) 출신이라고 하게."[22]

타이밍은 중국대륙 출신의 학생들과 접촉하면서 대만인으로서 당해야 했던 차별을 한층 더 날카롭게 느끼게 된다. 그는 어느 날 친구 란에 이끌려 재일중국인유학생회〔中國同學會〕에서 주최하는 강연장에 참석했다가 중국대륙에서 온 참석자에게 자신이 대만 출신이라고 소개한 뒤 심한 수모를 겪게 된다. 좀 길지만 인용해보겠다.

"와세다 대학 졸업생인 천(陳)이라고 합니다. 광둥(廣東) 판위(番寓) 사람입니다. 잘 부탁드리겠습니다……"

자기에게 다가와 인사를 하는 그의 솔직한 태도에 타이밍도 자기소개를 했다.

"대만 출신의 후 타이밍이라고 합니다. 현재는 고등공업학교〔物理學校〕에 다니고 있습니다."

그 순간 상대의 안색이 싹 변했다. 방금까지도 아주 친근했던 태도는 온데간데없이 사라지고 아주 모멸감에 찬 표정으로 입술을 일그러뜨렸다.

"뭐라고? 대만? 흥!"

그는 이렇게 냉소를 내뱉고는 더이상 말하기도 싫다는 표정으로 타이밍 곁을 떠나가버렸다.

이 둘 간의 대화는 금세 주변 사람들에게 퍼졌다.

"뭐? 대만놈이라고!"

"분명 스파이일 거야!"

한바탕 이런 쑥덕거림이 파도처럼 퍼져나가다가 드디어 어느정도 잦아드는 듯싶더니 이번엔 다시 형언키 어려운 무거운 침묵이 주위를 휘감았다. 타이밍은 더이상 그 자리에 있을 수가 없어 자리에서 일어나 도망치듯 회의장을 빠져나왔다. 그는 말할 수 없는 분노를 꾹 참으며 인적이 드문 적막한 길을 빠른 걸음으로 걸어갔다.

갑자기 뒤에서 발자국 소리가 들렸다. 란이었다. 그는 타이밍을 따라 잡을 기세로 급하게 달려오더니 타이밍의 어깨를 와락 낚아채며 화난 표정으로 말했다.

"바보 같은 자식! 일본인의 이간정책으로 일부 대만인들이 샤먼 일대에서 일본의 세력을 이용해 온갖 나쁜 짓이란 나쁜 짓은 다 한다는 거 몰라서 그래?"[23]

이러한 차별은 일본에서만 겪은 것이 아니었다. 그는 유학을 마치고 대만으로 돌아오지만 곧 식민지 대만에서의 차별적 현실에 부딪히게 된다.[24] 일본에서 고등교육을 받았음에도 불구하고 기대했던 일자리를 구할 수 없었던 것이다. 그래서 그는 중국대륙에 기대를 걸고 대륙행을 결심한다. 앞서 보았듯이 여권을 얻는 일은 쉽지 않았지만, 다행히 옛 제자인 경찰의 주선으로 군수의 도움을 받아 예상보다 빨리 여권을 받을 수 있었다. 그때 군수는 타이밍에게 "중국으로 가더라도 힘들 걸세. 자네들처럼 고등교육을 받은 사람들은 차라리 대만에 남아 섬문화를 위해 진력하는 게 나을 거야"라고 충고한다.[25] 이 말은 타이밍의 이후 중국생활을 예언한 것이나 다름없었다.

교수 자리를 얻어준다며 타이밍을 대륙으로 부른 동향 친구 쩡(曾)은 난징에서 처음 그를 만난 자리에서 다음과 같이 주의사항을 일러준다.

우리는 어디에 가더라도 신용을 얻지 못해. 숙명적인 기형아 같은 존재지. 우리 자신에게는 아무 죄도 없는데 그런 대우를 받는다는 건 정말 부당한 거야. 그러나 무슨 방법이 있나. 어디까지나 끝까지 따돌림만 당하는 의붓자식처럼 비뚤어진 근성을 갖지 않으려면 말없이 실제 행동으로 증명해 보이는 수밖에. 중국 건설을 위해 희생하겠다는 열정 면에서는 우리도 절대로 뒤떨어져서는 안 된다는 거야![26]

이렇게 대만인이 대륙에서 차별을 당하는 현실은 다른 사람들의 회고에서도 숱하게 지적된다. 차별을 피하고자 "외성인(外省人)과 있을 때 샤먼인으로 행세했다"든가,[27] 대만인은 대륙에서 '삼등국민'으로 간주됐다라는 증언도 있고,[28] "저장대 공학원(浙江大工學院)에 들어갔는데, 동료들이 대만이 어디 있는지도 모르고 화외지민(化外之民)으로 간주하면서 '생번(生蕃)'이라는 별명으로 자신을 불렀다"라는 증언도 있다.[29]

대륙에서 대만인이 당하는 차별과 질시는, 『아시아의 고아』에서는 주인공 타이밍이 난징에서 외교부 공무원인 부인과 결혼해 아이까지 둔 중학교 교사임에도 불구하고 어느 날 갑자기 일본의 스파이라는 죄목으로 경찰에 체포당하는 사태에까지 이르게 한다. 타이밍은 그간 숨겨왔지만 사실 자신은 대만인이라는 것을 솔직히 인정하고, 그럼에도 불구하고 중국 건설을 향한 거짓없는 마음만은 믿어달라고 토로했다. 그 진심어린 태도는 적잖이 담당 과장의 마음을 움직인 듯싶었다. 그러나 그를 동정하는 것과 '당국의 방침'은 별개였다. 과장은 말했다. "당신이 스파이일 리 없다는 것은 믿습니다. 하지만 그렇다고 해서 당신을 석방할 권한이 내게는 없습니다. 이것은 정부의 명령이니 나는 당신을 구속하지 않을 수 없군요."[30]

소설 구성상으로 보면, 다소 작위적인 설정이지만, 타이밍은 자신의 제자였던 경찰관 부인의 도움으로 간신히 탈출을 감행해 거처를 상하이로 옮긴다. 당시 상하이는 반일운동이 한창인 곳이었다. 대만인은 중국민족주의와 일본제국주의 사이의 틈바구니 사이에서 이러지도 저러지도 못하는 처지에 놓여 있었다. 급변하는 역사적 흐름에 직면해 대만인의 귀추(歸趨)는 중대한 위기를 맞게 됐던 것이다. 그들은 제각기 적과 아군으로 분열되어 있었다. 실제로 일본의 상하이 주재 영사관의 대만과장은 상하이 거주 대만인에 대한 상세한 자료를 확보하고 있었다.[31] 또 대만인들 가운데 일본의 중국지배에 적극 협력하는 사람들도 있었는데, 예를 들면 1936년 일제통치 아래 있던 상하이에서 적지 않은 대만인이 특권이 있는 듯 자처했고,[32] 이른바 왕 징웨이(汪精衛) 친일정권과 가까웠다.[33] 천 쉬비(陳許碧)는 자신의 남편 천 시칭(陳錫卿)이 타이베이제국대학(臺北帝大) 정치학과를 졸업한 뒤 만주국의 문관시험에 합격해 그곳에서 관리로 일하다가 상하이로 옮겨와 왕정권의 핵심인물인 천 궁보(陳公博)의 비서로 일한 적이 있다고 회고한다.[34]

이 같은 대만인의 복잡한 처지가 작품에서는 그들을 '고아'로 만드는 조건으로 묘사된다. 전 국민당 관리로서 브로커 노릇을 하던 리(李)는 타이밍이 상하이를 탈출해 대만으로 돌아갈 수 있도록 도와주는데, 그는 어느 날 타이밍에게 반농담조로 이렇게 빈정거린다.

역사의 동력은 모든 것을 휩쓸어버리고 있습니다. 당신이 혼자 초연하게 관망하고 있는 것도 외로울 것입니다. 동정하지 않을 수 없군요. 당신은 역사가 어느 쪽 방향으로 움직여도 간여할 힘이 없으니까요. 설령 당신이 어떤 신념을 갖고 어느 쪽으로든 힘을 가한다 해도 남들은 신임하지 않을 거예요. 기껏해야 간첩 취급이나 하겠죠. 이렇게 생각해보면, 당신은 일개 **고아**인 셈이지요.[35](강조는 인용자)

어쨌든 그가 '고아'로서 간난의 고초를 겪고 돌아간 곳은 대만이었다. 그런데 집안은 몰락했고, 태평양전쟁 말기에 광풍에 휘말린 대만은 그에게 정착지가 되지 못했다. 그는 정체성 혼란의 긴 여행 끝에 미쳐버리고 만다. 소설은 그렇게 끝을 맺는다.

이와 같이 이 소설은 중일전쟁, 태평양전쟁으로 이어지는 전쟁의 소용돌이 속에서 일본인은 물론이고 중국인에게도 적으로 인식됐던 대만인의 처지, 다시 말해 공교롭게도 대만이 중국과 일본 사이에 끼어 양쪽의 '공적(公敵)'이 되어버린 상황을 밀도있게 형상화하고 있다. 이것이 우 쥐류가 말하는 '고아의식'을 낳은 근원이다.[36]

4. 여행 후기

우 쥐류의 정신세계에 표상된 중국 이미지를 통해 일본통치기 대만인이 중국을 여행하면서 겪은 경험세계에 접근한 우리의 여행은 이제 끝이 났다. 남은 일은, 같은 여정을 준비하는 미래의 여행자를 위해 이번 여행에서 보고 들은 내용 중 기억해둘 만한 것들을 간단히 정리해놓는 작업뿐이다.

첫번째로 우 쥐류가 형상화한 '아시아의 고아'로서의 정체성은 '대만의식'의 역사적 변천과정에서 어떤 위치에 있는 것인지 따져보자.

여기서 황 쥔제(黃俊傑)가 '대만의식'의 발전단계를 네 단계로 나눈 것을 참고로 삼을 수 있겠다. 그에 따르면 그 첫째 단계는 명청시대의 대만으로, 그때는 중국의 한 지방으로서의 의식만 있을 뿐이니 곧 장저우(章州)의식, 촨저우(泉州)의식, 민난(閩南, 푸젠성 남부)의식 및 커자(客

家)의식 등이 이에 해당한다. 둘째 단계는 일본 식민지 시대의 대만의식이다. 피통치자로서의 대만인의 집단의식인 대만의식이 이때 비로소 출현하는데, 그것은 민족의식이자 계급의식이다. 세번째는 1945년 이후의 대만의식이다. 기본적으로 성적(省籍)의식인데, 특히 전후 대륙에서 건너온 외성인(外省人)이 다수를 차지한 국민당정권에 대한 반항으로서의 대만의식이 1947년 2·28사건 이후 빠르게 키워져갔다. 마지막 네번째 단계는 1987년 계엄령 해제 이후의 대만의식이다. 대만이 민주화되면서 베이징정부가 대만에 가하는 압박에 대해 저항하는 정치의식이 형성됐음을 말하는데, '신대만인' 담론은 이런 새로운 분위기 속의 사유방식을 잘 보여준다.[37]

이렇게 네 단계로 구분한 문제의식에 대해 논란이 없지는 않을 테지만 이에 대해서는 더 깊이 들어가지 않고, 여기에서는 이번 탐구의 주제인 일제시대에 처음 출현한 대만의식에 대해 좀더 집중적으로 살펴보겠다. 일제시대의 대만의식은 기본적으로 문화적 정체성이지 정치적 정체성은 아니다. 당시 대만인이 자기동일시한 것은 오랜 전통의 한(漢)문화이지 당시의 대륙을 통치한 중국정권——그것이 청조든 국민당정권이든——이 아니었다는 뜻이다.[38] 그런데 이 설명은 앞서 살펴본 우쭤류의 『남경잡감』의 조국관(즉 중국관)에는 해당하나, 『아시아의 고아』에 묘사된 중국에 대한 환멸과는 거리가 있다. 그 이유를 어떻게 설명해야 할까.

먼저 생각해볼 수 있는 것은, 작가의 의식이 변화된 역사적 상황에 대응한 결과라고 보는 관점이다. 전후의 대만 상황, 구체적으로 말하면 국민당 통치하의 '중국경험'이 작가를 단련케 하면서 대만의식을 강화해갔고 그것이 작품에 반영된 것이라고 보는 것이다. 1960년대가 되면 작가의 의식은 완전히 성숙하여 고아의식에서 강렬한 대만의식으로 전환한다.[39] 달리 말하면 황 쥔제가 제시한 세번째 단계의 대만의식에 의해 두번째 단계의 대만의식이 재구성된 것으로 간주할 수 있다. 이 점은 작가가 광복 20주년을 맞아 1945년의 광복에 대한 감상의 변화에 대해 언급한 다음 대목에서 어느정도 드러난다. 그는 "광복절에 대해 처음 몇년은 열광과 희열을 느꼈으나, 다시 몇년을 지내면서 문화에 대해 얼마간 방황과 불안을 느꼈다. 기쁨이 다하고 슬픔이 찾아온 느낌이었다. 지금에 이르러서는 아무런 느낌도 없는 듯하다"[40]라고 털어놓았다. 그 역시 다른 대만 지식인들과 마찬가지로[41] 일본의 질곡에서 벗어나 관념 속에 그리던 조국의 품으로 돌아갔기 때문에 광복을 충심으로 기뻐했고, 그래서 조국의 정부가 와서 통치하는 것을 환영했지만, 광복 20주년을 맞아 그것을 반길 수 없는 처지에 이른 것이다.

필자는 이런 설명도 어느정도 의의가 있다는 점을 인정하면서도 이와 각도를 달리해 규명해야 할 필요가 있다고 본다. 즉 두번째 단계의 대만의식에 이미 세번째 단계의 대만의식이 잠재해 있음을 우 쥐류의 『아시아의 고아』가 잘 형상화한다는 사실을 강조하고 싶다. 달리 말하면, 대만의식은 (앞서 황 쥔제가 주장했듯이) 역사적 단계마다의 불균등한 정치권력의 구조 때문에 형성된 것이므로 그 맥락 속에서 파악해야 하는 것인[42] 동시에 그 연속성도 중시해야 한다는 뜻이다. 레오 칭 (Leo T. S. Ching)이 명확하게 지적했듯이 "현재 진행 중인 대만의 통독 논쟁은 탈식민 시기의 것이지만, 일본 식민 시기는 여전히 '대만의식' 과 '중국의식'의 많은 과제들이 그속에 뿌리내려 논쟁되는 하나의 강력한 하부텍스트(subtext)로 남아 있기"[43] 때문이다.

이와 관련해 필자가 특별히 주목하는 것은, 우 쥐류가 환기하고 있는

‘아시아’라는 공간이다. 그는 작가로서 식민지 대만, 제국일본 및 민족주의 중국 사이의 경계를 넘나들면서 동아시아가 하나의 연동하는 맥락을 이루고 있음을 문학적 감수성으로 적확하게 포착해낸다. 흔히 대만의식을 거론할 때 중국과 대만이라는 양안관계에만 주의를 기울이는 경향이 강한데, 이미 일제시대부터 일본의 개입에 의해 그 관계가 변형된 이래 지금까지도 그 틀이 유지되고 있음을 결코 간과해서는 안 된다. 특히 냉전시대를 거치면서 미국이 (일본을 그 하위파트너로 삼아) 양안관계에 개입해 대만-중국-일본의 삼각관계의 틀이 바뀌는 변화가 동아시아에 있었다는 사실도 주목해야 할 것이다.[44]

두번째로 대만이 (우 쒀류가 형상화한) ‘고아’라는 정체성으로부터 벗어날 출로가 있는가에 대해 생각해보자.

이미 제기된 하나의 출로는 천 잉전(陳映眞)이 주장한 “‘고아의식’의 극복”이다. 그는 제국주의에 저항하는 중국인민사의 전형적인 한 부분인 대만의 역사가 중국근대사에 합류함으로써 고아심리를 극복할 수 있다고 답안을 제시한 바 있다.[45] 사실 이것은 전형적인 ‘통파’(중국과의 통일 지향파)의 관점이다. 그가 말하는 중국이 단순히 중국중심주의가 아니라 반제·반자본주의적 제3세계 민족주의에 통하긴 하지만, 그럼에도 불구하고 거대한 중국의 현존을 긍정하는 것은 분명하다.[46]

이 대척점에 선 것이 ‘독파’(대만독립 지향파)의 답안이라 할 수 있다. 예를 들면 쑹 쩌라이(宋澤萊)는 ‘고아’가 ‘하나의 거울’로서 “대만인에게 자기 자신을 비춰보게 한 첫번째 것”이라고 그 이미지가 갖는 중차대한 의의를 인정하면서, 민족주의 중국과 제국주의 일본의 재현으로부터 자기를 분리해내 대만의 ‘자아탐구’를 수행해야 한다고 역설한다.[47] 그런데 이런 관점은 억압받는 ‘소수자’의 정치적 정당성의 근거가 되고 "쉽게 본토주의(nativism) 같은 것으로 전환되어" 식민지의 혼종성이나 불연속성을 편의적으로 간과할 위험이 있다.[48]

지금까지 제시된 두 출로에서도 알 수 있듯이, 고아의식으로부터 벗어날 출구를 찾는 어떠한 노력도 쉽사리 통독의 양극화된 자장 속에서 분해될 위험성이 다분하다. 여기서 이러한 이분법을 벗어나는 하나의 길로서 필자의 동아시아론의 한 요소인 '이중적 주변의 시각'[49]을 제안하고자 한다. 이 시각에서 보면 "중앙과 주변의 관계에서 차별과 억압이 무한연쇄를 이루고 있고, 그 속에서 자신의 위치를 발견하고 중앙과 주변의 시각을 확립하는 것은 그 연쇄가 무한인 이상 무한의 노력을 요구한다. 그런 의미에서 주변의 시각을 갖는다는 것은 곧 지배관계에 대한 영원한 도전이요, 투쟁이다". 우 쒀류의 '고아'의식은 동아시아의 중심과 주변의 차별구조에 대한 비판이자 그에 저항하는 주체에 대한 성찰이라는 점에서 필자의 문제의식과도 상통한다. 주변을 특권화하거나 본토주의로 환원하는 위험에서 벗어나기 위해 중심과 주변의 관계를 탈역사화하지 않고 역사적 맥락(특히 세계체제의 위계질서) 속에 놓아 비판적으로 분석하지 않으면 안 된다. 고아의식으로부터의 진정한 탈출은, 동아시아에서 역사적으로 형성된 주변의 다원적 주체로서의 정체성을 새롭게 정립하여 전체 구조를 변혁하는 동력을 확보함으로써 주변에 내재하는 비판성을 제대로 발휘하는 지적·실천적 수행을 통해서만 가능할 것이다. 그럴 때에야 이웃의 다른 주변적 주체들과의 수평적 연대도 가능해진다.

마지막으로, 식민지에 살던 대만인이 경계를 넘어 중국대륙을 여행하고서 대만을 다시 보며 경험한 식민지 근대성의 의미에 대해 정리해보자.

레오 칭은 "연속적 이동, 이민 및 여행(강요된 것이든 자발적이든)은 식민지 근대성의 지형도(topography) 안에서 실존의 일반적 조건과 존재론적 경험을 구성한다"[50]라고 해석한다. 말하자면 끊임없는 떠돎과 여행이라는 관념은 대만 식민지 주민만의 특유한 경험이 아니라 식민지 일반의 현상이라는 주장이다. 여기서 한걸음 더 나아가, 랴오 빙후이(廖炳惠)는 우 줘류가 여행을 통해 조국 중국을 가슴에 품지도 못하고 일본 식민지 통치로부터도 벗어나지 못한 채 오히려 두가지 문화의 모순 및 그 자체의 문제를 발견했음을 지적한다. 그러한 여행 경험 끝에 우 줘류가 발견한 것은 "비중국적(非中的)·비일본적(非日的) 대만의 근대라는 또다른 종류의 경험"으로, 그는 이것을 '또 하나의 근대성'(alternative modernity)이라고까지 표현한다.[51]

랴오 빙후이가 말하는 '또 하나의 근대'가 다원적 근대성의 하나의 변종인지, 아니면 근대를 넘어설 대안적 근대로까지 기대하는 것인지 그의 글에서는 이에 대한 구체적 서술이 없어 아쉽다. 필자는 대만인의 여행 경험을 식민지 근대성의 시각에서 파악하는 작업의 유용성을 부인하지는 않지만, 그것이 '대안적 근대'로까지 이어질 수 있을지는 아직 잘 모르겠다.

어쨌든 대만인의 자기정체성을 찾기 위한 경계를 넘는 여행은 지금도 힘겹게 계속되고 있고, 그 세계를 이해하기 위한 우리의 탐구여행도 계속되어야 함은 물론이다.*

---

* 그 탐구여행의 다른 하나가 바로 이어지는 「우리에게 대만이란 무엇인가」라는 글이다.

제4장

우리에게 대만은 무엇인가: 다시 보는 한국-대만 관계

1. 내가 '발견'한 대만

1999년, 5·4운동 80주년을 맞아 베이징과 타이베이에서 거의 동시에 기념학술대회가 열렸다. 필자는 두곳에서 초청을 받아 비교하기 좋은 기회라 여겨 두 회의에 다 참석했다. 그때 처음으로 타이베이를 방문한 것이다. 그전까지만 해도 필자는 (보통의 한국인이 그러하듯이) 당연히 대만을 중국의 일부로 보았다. 한국인이 그렇게 생각하게 된 것은, 중국은 역사적으로 하나의 통일체라는 전통적인 대일통 사상 또는 중화주의의 영향도 없지 않겠지만, 그보다는 우리처럼 분단된(그래서 통일되어야 할) 중국의 한쪽으로 인식하는 냉전적 사고 내지 민족주의의 영향이 컸던 게 아닌가 싶다. 그러니 당시 필자가 중국사 연구자이면서도 대만의 실정을 잘 모른 것은 불가피한 것이었는지도 모른다. 그런데 그때 처음으로 짧은 기간이지만 대만 현지에서 지식인들과 접촉하면서 한국과 대만이 통일에 대해 그리고 일제식민지 경험에 대해 서로 다른 관점을 갖고 있음을 알게 되어 놀랐으며, 그 밑바탕에는 대만의 독자적 정체성 형성이라는 역사적 맥락이 있음을 '발견'하게 된 것이다. 그때부터 대만의 독특성에 깊은 흥미를 갖기 시작했다.

그무렵 대만사회에서는 대만이 중국의 일부가 아니라는 인식과 대만 토착사회에 대한 주체적 관심(뒤에서 다시 설명할 이른바 본토화本土化)이 고조되고, 그에 따라 대만인으로서의 독자적 정체성이 형성되고 있었다. 그 역사적 맥락을 이해하기 위해 대만역사에 흥미를 갖던 차에 마침 대만 한학연구센터〔漢學研究中心〕의 초청을 받게 된 필자는 방문 학자로 2001년 3~8월 타이베이에 머물 수 있었고, 그 기회에 대만의 역사와 사회·문화에 좀더 깊이 접촉하게 되었다.

그 기간 동안 제도권 안의 대만사 연구자들이나 중국사 연구자들과만 교류한 것은 아니다. 필자는 다양한 분야의 비판적 지식인 그룹들과 인연을 맺었고, 이는 대만의 실정과 대만인의 정서를 한층 더 섬세하게 이해하는 데 크게 도움이 되었다. 그때부터 통일지향파(통파統派)와 독립지향파(독파獨派)라는 정파적 구별에 구애받지 않는 외국인으로서의 이점을 활용해 여러 경향의 대만 지식인들과 두루 네트워크를 만들어 지금까지 유지해오고 있다.

2001년 이후 대만 지식인사회의 초청을 받을 기회가 잦아 대만의 숱한 모임에 참여했다. 그들이 필자를 필요로 한 이유는, 필자가 동아시아적 관점에서 한국·대만·중국·일본을 비교하거나 연관하여 설명하는 장점을 가졌기 때문이 아닐까 짐작해본다. 그와 더불어 이 글을 쓰는 2012년의 시점으로부터 바로 20년 전인 1992년 한국이 대만과 국교를 단절한 이래 한국 지식인들이 주로 중국대륙으로 관심을 돌린 탓에 대만에 관심 가진 사람이 적어진 이유도 작용한 것으로 보인다. 대한민국이 중화인민공화국과 국교를 수립하면서 중화인민공화국의 '하나의 중국' 정책에 응한 덕에 대만이 필자를 '발견'한 것이라고 필자는 농담 삼아 말하고는 한다. 그 결과 필자는 그간 대만에서 적지 않은 글을 발표할 수 있었고, 2009년에는 대만 벗들의 도움으로 중문판 저서[1]를 간행하기도 했다.

개인이 경험한 이 작은 이야기는 사실 한국-대만 교류사의 큰 이야기와 연결되어 있다. 이제 그 큰 이야기를 스케치해보겠다.

2. 한국인의 역사경험 속의 대만: 매개된 만남과 직접 대면하기

사실 그동안 한국과 대만은 역사상 어떤 중심에 의해 매개되어 교류해온 동아시아의 주변적 존재였다. 거슬러올라가면 중화제국, 일본제국, 이어서 냉전기 미국에 의해 연결된 것일 따름으로, 서로 직접 대면한 적이 없었다. 그러다가 1980년대 후반 자기 사회의 과제를 비춰보는 참조틀이자 연대의 대상으로서 서로 관심을 조금씩 갖기 시작했고, 2000년대 들어와 본격적으로 두 사회의 지식인들이 활발하게 교류하기 시작했다. 그 역사적 변천을 잠시 추적해보자.

지금까지 알려진 바로는 한국인으로서 처음 대만에 건너간 사람은 조선왕조시대 표류민이다. 1727년 해난사고를 당해 표류 끝에 대만에 도착해 그곳에 머물다 서울로 돌아온 30여명의 조선인 이야기가 기록에 처음 나온다. 그후 1877년까지 15회에 걸쳐 총 170명의 표류민이 대만을 거쳐왔다. 그들은 타이베이-아모이(厦門, 샤먼)-푸저우(福州)-베이징-의주(義州) 노선을 거쳐 귀환했다.[2] 이 노선에서 잘 드러나듯이 대만과 조선은 청조를 매개로 연결되었다.

표류민들이 조사과정에서 대만에 조선 사정을 알려줌과 동시에 귀국 후 조선인에게 대만에 관한 정보를 알려주었을 것은 분명하나, 그를 통해 조선인들이 대만에 대한 구체적인 이미지를 갖게 되었다고는 생각되지 않는다. 단, 그에 대해 엿볼 수 있는 흥미로운 이야기가 하나 있긴 하다. 조선시대 박지원(朴趾源)이 지은 소설 『허생전』의 주인공 허생(許生)이 변산반도의 도적떼를 달래어 바다 건너 데리고 가 개간한 섬이 바로 대만이라고 추정하는 견해도 있다.[3] 이 말대로라면 대만은 머나면 남방에 위치한 미지의 장소로서 상상의 소재였다는 뜻이 아닐까.

조선시대 표류민의 경험은 한국과 대만 교류사의 시발로서의 의의는 있으나, 이주가 아닌 일시적 체류에 그쳤기에 지속적인 의미를 갖지는 않는다. 실질적인 이주가 시작된 것은 일제시대에 들어가서다.

일제의 식민지가 된 조선에서 조선총독부의 무단정책에 저항한 3·1운동이 발생한 직후 생업을 잇기 힘든 일부 민중들이 대만으로 건너가 정착했다. 생계형 이민에 속하는 그들 이주자는 그 수도 적었을 뿐만 아니라 대개 일시적 생계를 꾀하기 위한 방편으로 대만에 건너갔기에 단신으로 체류한 경우가 많았다. 그뒤 태평양전쟁에 돌입하면서 일본제국의 강제징용에 의해 대만으로 간 이주자들도 있다. 1300명으로 추산되는 조선 남부의 어민과 그들의 생산수단인 선박이 태평양 지역의 물자 수송을 위해 대만으로 강제 동원되었다. 그밖에 자의든 타의든 대만에 건너가 성을 매매한 여성〔娼妓〕들도 적지 않은 수가 거주했던 것으로 공식적으로 파악된다.

그들 이주자의 실상이 앞으로 더 상세히 밝혀지면 한-대만 관계사는 그만큼 더 풍성해질 것인데, 그러나 지금으로서는 그들이 식민지 시기 한국인의 대만 인식에 어떤 영향을 미쳤는지는 잘 알 길이 없다. 그들보다는 오히려 당시의 일간지에 실린 여행기류가 한국인의 대만 인식을 살펴볼 수 있는 유용한 자료다. 한국인들은, 대만은 사계절이 여름〔常夏〕인 남국, 토착민〔生蕃〕이 사는 야만의 땅이자 경제 면에서 일본제국 경제권 내 경쟁과 협력의 대상으로, 같은 일제 식민지로서 연민을 느끼면서도 문화적 우월감이 혼재된 인식을 갖고 있었다(손준식의 글[4] 참조*).

이러한 대만 인식이 일본제국 주류 담론의 자장 속에서 형성되었을 것임은 쉽게 짐작된다. 특히 "사람 목을 베는 잔인한 야만인이 사는 나라" 즉 소수자인 남도어계(南島語系) 원주민을 염두에 둔 남양의 '미개한 나라' 이미지가 일본발 담론에 의해 전파되어 영향이 컸던 모양이다. 1950년대 후반 대만을 직접 견문한 한국 지식인들은 "일인들의 모략과 간계로 원두막 같은 토인가옥만 듣고 지낸"[5] 자신들의 종래의 대만 인식을 반성했을 정도다.

이처럼 대만으로 간 이주자 사례는 물론이고 한국인의 대만 인식에 일본이 중요한 영향을 미친 것에서 알 수 있듯이, 일제시기 일본제국을 매개로 한국과 대만은 연결되었다. 그러하기에 일본제국이 허용한 틀을 넘어선 교류는 지속되기 힘들었다. 신채호가 대만 동지들의 도움을 얻어 아나키스트 연대운동을 확산하기 위해 대만의 지룽(基隆)에 도착하자마자 일본경찰에 체포당한 것이 그 단적인 증거다(추 스제의 글[6] 참

---

* 본 장은 원래 최원식 백영서 엮음, 『대만을 보는 눈』, 창비, 2012에 실린 글이다. 따라서 이후에 거론된 필자들의 글은 모두 이 책에 수록되었음을 밝힌다. 각 글의 출처는 별도의 주석으로 밝혀둔다.

조). 그나마 일본 문화계를 매개로 이뤄진 무용가 최승희(崔承喜)의 대만공연이 현지에서 열렬한 호응을 얻은 것이 한-대만 문화교류의 선구로서 이채롭다(장 원쉰의 글[7] 참조).

그런데 시야를 좀더 넓혀 보면 일본제국의 틀을 벗어나 중국대륙에서 '공동항일'을 목표로 한국인과 대만인이 합작한 연대사업도 주목된다. 양측이 연대단체를 조직해 계획적으로 추진하거나 유력한 인사들이 개인적 유대 차원에서 주도한 다양한 활동은 피식민지라는 공동경험에 기초한 연대의식의 소산이다. 비록 중국 정치세력(국민당이든 공산당이든)의 재정적·정치적 지원을 받아 "중국 항일전쟁이라는 우산 아래에서 펼쳐진 한·대연대"라는 제약을 가졌지만,[8] 중국을 매개로 한 교류의 또 하나의 갈래로서 앞으로 더 깊이 발굴될 여지가 크다.[9]

그렇다면 일본제국이 멸망하여 그 세력권에서 벗어난 1945년 이후 대만과 한국의 관계는 어떠했을까.

일본이 물러가자 중국대륙을 지배하던 중화민국정부가 대만을 즉각 접수했다. 그리고 얼마 지나지 않아 공산당에 대륙을 내주고 대만섬으로 패퇴해온 장 제스(蔣介石) 정권이 그곳을 거점으로 중화민국의 법통을 유지했다. 대만의 중화민국은 냉전기, 특히 한국전쟁 이후 동아시아에서 공산중국에 대치한 자유진영의 전초기지로서 미국의 적극적인 지지에 힘입어 지탱되었다. 자유진영의 구성원 한국과 대만은 이번에는 미국을 매개로 연결되었다. 대한민국정부와 중화민국정부는 서로를 합법정부로 승인하고 1949년 1월 공식수교했다. 그로부터 1992년 8월 국교단절을 선언할 때까지 양국은 같은 분단국이자 반공을 함께하는 우방으로 친밀한 관계를 유지했다. 그런데 이 연계는 어디까지나 미국과의 수직적인 양자관계를 매개로 간접적으로 이뤄진 것이다. 한때 대만의 장 제스와 한국의 이승만 및 필리핀의 퀴리노가 독자적인 반공기구로 '태평양동맹'을 조직하려 시도했으나 미국의 반대로 좌절된 사정은 그런 한계를 극명히 보여준다.•

그러나 미국의 세계적 냉전질서를 유지하는 동아시아 지역구도에 도움이 되는 범위 안에서는 양국 간 정치적·군사적 교류는 물론이고 경제교류도 비교적 활발했다. 또한 그런 구조적 제약 안에서 정부의 후원 아래 민간인에 의한 문화교류도 적잖이 이뤄진 편이다. 필자가 엮은 『대만을 보는 눈』(창비 2012) 말미에 실린 「연표」는 자유진영의 우방으로서 양국 간에 추진된 정치·군사·경제·문화 차원의 다양한 교류의 자취를 세밀히 보여준다.

냉전질서 속에서 축적된 이 같은 교류의 경험이 한국인의 대만 인식에 미친 영향의 일단은 시인 조병화(趙炳華)의 시[10]에서 찾아볼 수 있을 것이다. 1957년 한국 문인 친선방문단의 일원으로 대만을 보름간(12.3~18) 시찰한 그는 귀국 직후 기념시집을 간행했다. 그속에 자유진영의 우방 대만에 대한 호감과 연대의 심정이 잘 녹아 있다. 그 일부를 살펴보자.

극동의 남쪽/아세아 들판/장미의 나라/소곤소곤 사랑과 이야기와 내일이/우리들 가슴마다 피어오르는 장미의 나라/타이완은 뜰마다 장미 장미가 피는 나라/내일이 잠자는 나라/고요한 나라(「장미의 나라」 부분)

• 이에 관해서는 본서 제1부 4장 「제국을 넘어 동아시아공동체로」 110면에서 더욱 상세히 설명했다.

타이완은 지금 생산의 나라/마냥 꽃피고 한가한 따뜻한 나라/상록의 나라/민족의 나라/민권의 나라/민생의 나라/자급자족하는 나라(「煉油廳」 부분)

국민당의 이념인 삼민주의(민족·민권·민생)에 입각해 발전하는 나라 '자유중국'의 이미지는 문인방문단 일행 대부분이 공유한 것으로 보인다. 그들은 일제에 영향받은 '미개한 나라' 대만이라는 '전반적으로 그릇된 인식'을 품어왔던 자신들을 반성하면서 공적 시찰과 사적 탐색을 종합한 결과, "대만은 살기 좋은 나라, 우리가 배워야 할 나라"로 재인식하기에 이른다. 그들은 공통적으로 청결, 질서, 시간엄수에 깊은 인상을 받았다. 그리고 그처럼 대만을 발전하게 만든 원동력으로 행정 면에서 국민당정부의 영도력, 농촌경제의 안정과 국민의 준법정신 및 미국 원조의 효과적 활용을 꼽았다.[11]

이들은 대만이 발전하는 모범국이라는 이미지와 더불어 같은 분단국으로서 반공의 보루라는 연대의식도 강하게 갖고 있었다. 조병화가 중화인민공화국과 접경한 섬으로 포격이 계속되던 진먼도 현장을 시찰하고 지은 시에는 그런 인식이 잘 형상화되어 있다. "자유의 요새/아세아의 아성/극동의 신경/온 자유 아세아 시민들을 지켜 밤낮을 새우는/자유중국 불면의 섬이다."(「金門島」)

그런데 특이하게도 방문단의 한 사람인 정비석(鄭飛石)은 대만의 어두운 면을 직시했다. 대만에 언론자유가 부족하고, 야당이 부재하며, 대만 본토인(곧 본성인本省人)과 대륙인(곧 외성인外省人) 사이의 감정 융화에 문제가 있다는 것이다. 특히 "대륙인들의 우월감과 대만인의 열등의식은 아직도 무언중에 잠재해 있어서 동족 간이면서도 석연하지 않은 점이 간간이 엿보였던 것이다"[12]라는 지적은 당시 대만사회의 저변을 꿰뚫어본 날카로운 관찰이 아닐 수 없다.

이 같은 인식은 반공독재정권에 비판적인 일부 한국 지식인들의 대만 인식과 통했을 터이지만, 어디까지나 소수에 머물렀을 것이다. 일반적으로는 반공을 함께하는 우방국인 '자유중국'이자 (문화대혁명을 진행하던 중국대륙에 대비되어) 전통문화를 간직한 '유일한 중국'이라는 이미지가 한국사회에서 공식적이고 지배적인 것이었지 싶다. 어쨌든 대만 다수 민중(주로 본성인)의 생활에 직핍한 인식이 냉전시기에 제대로 표출되지는 못했다. 구조적으로 유사한 상황에서 냉전문화를 공유했으나 그 성격을 적확히 파악하고 국경을 넘어 민간사회의 연대를 모색하는 움직임은 제대로 이뤄지지 않았던 것이다(강태웅의 글[13]은 이 점을 양국 반공영화의 유사성을 통해 솜씨있게 예증한다).

그러다가 1971년 미국이 중화인민공화국과 화해를 추진함으로써 견고한 동아시아 냉전질서에 균열이 벌어지기 시작한 1970년대에 들어와 한국과 대만에서는 각각의 독재정권에 비판적이면서 토착사회에 기반을 둔 문화운동이 대두했다. 양쪽 모두 외래사조인 모더니즘에 비판적인 문학운동으로 촉발되었는데 대만에서는 향토문학, 한국에서는 민족문학이 그 중심에 있었다(이것을 집중분석한 것이 백지운의 글[14]이다). 그와 호응해 한국에서는 민족사학이, 대만에서는 본토사학(즉 중국사가 아닌 대만사 연구)이 대두했다. 사실 아직 충분히 발굴되지 않아서 우리가 잘 모를 뿐이지, 균열 중인 냉전질서에 대응해 나란히 전개된 두 사회의 토착적 문화운동의 경험은 풍부하게 존재한다. (일례로, 1970년대 두 사회의 비판적 저널인 한국의 『창작과비평』(1966~현재)과 대만의 『하조』(夏潮, 1976~79)의 논조를 비교해보면 상당한 유사성이 발견된다.) 자못 흥미로운 비교대상이자 제3세계 문화운동의 값진 자산이 아닐 수 없다. 그러나 그것은 서로를 거의 의식하지 못한 채 각각 고립된 상태에서 진행되었다. 한국과 대만의 비판적 문화운동이 서로를 비춰보는 거울로서 의식되고 연대의 길을 모색하기 시작한 것은 두 사회에서 민주화가 궤도에 오른 1987년을 전후해서다. 한국은 6·29선언, 대만은 7월 계엄해제가 그 분기점이었다.

이런 상황에서 향토문학 이념을 주창한 대만의 대표적 작가 황 춘밍(黃春明)의 단편소설집이 『사요나라, 짜이젠』이라는 제목을 달아 1983년 창작과비평사 '제3세계총서' 중의 하나로 소개된 것은 의미심장하다. 거기에 수록된 작품 「두 페인트공(兩個油淡匠)」은 한국에서 먼저 '칠수와 만수'라는 제목의 연극으로 각색, 상연되다가 1988년 박광수 감독에 의해 동명의 영화로 제작되었다. 한국과 대만이 서로를 참조할 가치가 있는 존재로 의식하기 시작한 것이다. 바로 이러한 의식을 적극 실천에 옮긴 사람이 대만의 작가 천 잉전(陳映眞)이다. 그는 1987년 6월항쟁 이후 민주화운동의 열기가 뜨겁던 1988년, 자신이 창간한 잡지 『인간』(人間, 1985년 창간)의 기자 신분으로 한국을 두차례 방문하여 민족문화운동 진영의 주요 인사들뿐만 아니라 각계의 다양한 인사들을 만났다. 그 결과가 『인간』 44호(1989.6)에 실린 '천 잉전 현지보고: 격동하는 한국의 민주화운동'이라는 특집 기사들과 45호(1989.7)에 실린 '한국의 송곳' 특집 기사들이다. 그리고 그때 맺은 인맥은 훗날 두 사회 비판적 지식인들의 연대운동의 씨앗이 되었다(이에 대해서는 천 광싱의 글[15]이 유용하다). 때마침 올여름(2012년) 그 잡지의 지향을 창조적으로 계승한 국제적 중문잡지 『인간사상(人間思想)』이 창간되었는데 거기에 필자를 비롯한 한국의 지식인들이 편집위원으로 참여한 것도 뜻깊은 일이라 하겠다.

그러나 그의 활동은 당시 대만사회에서 예외적이라 할 정도로 드문 사례였다. 한국에서도 대만의 민주화운동이나 토착적 문화운동의 현장을 직접 찾아 연대를 모색한 노력은 극히 적었다. 여기서 당시 갓 출범한 『한겨레신문』(1988년 창간)이 1989년 대만의 양안교류와 민주화운동의 현장을 찾아가 심층보도한 것이 눈에 띈다.[16] 동시대 민주화 도정에 있는 같은 분단국 대만에 대한 한국인의 변화하는 관심이 반영된 드문 예라 하겠다.

이런 단계에서 1992년 대한민국 정부가 (냉전기 적성국이던) 중화인민공화국 정부와 국교를 수립한 것의 부수작용으로 대만과 국교단절이 이뤄졌다. 이로써 그때까지 우방이던 양국관계가 냉랭해졌다. 그러나 미국이 대만과 단교 이후 취한 전례에 따라 대사관이 아닌 대표부를 두는 실용적 방식으로 1993년부터 한-대만 외교관계가 지속된 것과는 별개로, 단교는 두 사회가 미국의 매개 없이 다양한 차원에서 서로 직접 대면하는 계기를 제공했다고도 볼 수 있다. 냉전기 자유진영에 봉쇄된 중국의 '창'으로서 대만을 보는 것이 아니라 대만 그 자체를 보게 된 것이다. 이것은 동아시아 냉전질서의 와해가 가져다준 효과가 아닐 수 없다.

그 효과를 대표적으로 상징하는 활동이 대만의 2·28사건과 한국의 제주도 4·3항쟁 및 5·18광주민주화운동의 비교다. 1998년 한국에서 정권교체가 이뤄져 김대중정부가 들어선 그해부터 한국 학계와 시민사회는 국가폭력에 저항한 동아시아인의 연대의 관점에서 대만인의 토착적 민주화운동에 깊은 관심을 보이기 시작했다.[17] 새로운 차원의 한국-대만 교류라 하겠다.*

이보다 더 폭넓게 새로운 관계를 주도한 것이 대중문화 교류, 곧 한류다. 이제 국가 간〔國際〕 관계보다 민간사회 간〔民際〕 관계가 한층 더 중요해졌다. 한국의 텔레비전 드라마와 케이팝(K-pop)을 통해 대만인의 일상생활에 한국이 스며들어갔다. 대중문화에 한정된 현상이긴 하나 한류 덕에 대만사회에서 한국에 대한 긍정적 관심이 한껏 높아졌다. 그러나 그와 동시에 한류에 대한 비판적 반응, 곧 반한류 내지 혐한류가 분출되기도 한다. 종래 냉전체제 아래 반공의 동반자이면서 경제적으로 뒤처진 상대였던 한국이 아시아 금융위기를 겪었음도 불구하고 다시 활기를 띠면서 문화상품을 수출하는 등 경제 면에서 약진하고 민주화에 역동성을 보이자 경계와 비교의 눈초리로 보게 된 것이다(최말순의 글[18] 참조).

여기서 우리는 대만인이 한국에 대해 이해해주기를 기대하기보다 한국인이 대만을 이해하려는 자세가 먼저 요구된다고 강조하고 싶다. 21세기 바람직한 한국-대만관계를 위해 다양한 차원에서 조금씩 새로운 관계를 맺는 노력이 필요할 터이나, 한국인에게 무엇보다 필수적인 것은 일방향적인 문화교류를 바로잡는 일이다.

그 의미있는 첫걸음은 (대중문화 수용보다는) 대만의 복잡한 정체성 형성과정을 제대로 이해하는 데서 시작될 것이다. 뒤에 설명하듯이 대만은 냉전기 국민당 일당독재〔黨國〕체제 아래 힘겹게 민주화운동과 본토화과정을 거쳐왔다. 그 결과 2000년 국민당 일당체제에서 벗어나 민주진보당(民主進步黨, 민진당)으로 정권교체를 이루었고, 그 과정에서 주

• 1950~80년대까지의 한국인의 대만 인식에 대한 한층 더 상세한 연구성과가 발표되었다. 정문상 「냉전기 한국인의 대만 인식: 일간지의 대만관계 기사 분석을 중심으로」, 『중국근현대사연구』 제58집, 2013.6 참조.

체적 대만의식이 주류가 되면서 탈중국〔去中國〕 구호 아래 중국과 구별되는 대만(인) 정체성을 추구하는 강력한 움직임이 대두되었다. 이에 대한 올바른 이해 없이는 대만인의 생활세계에 나타난 고뇌와 자부심에 다가갈 수 없다(천 팡밍의 글[19]은 그 개인사를 바탕으로 해 대만 지식인의 정신세계를 잘 보여준다). 그래서 한국인이 대만인의 정체성을 이해하는 데 필수적인 몇가지 물음에 답하는 방식으로 그 과제를 수행하려고 한다. 그리고 서술과정에 대만 사정을 아는 데 긴요한 키워드들을 강조하고 그에 대한 설명도 자연스럽게 곁들일 것이다.

3. 대만인의 정체성을 이해하는 데 필수적인 물음들

1) 대만은 중국의 일부인가?

이 물음에 답하기 위해 먼저 **중국(中國)**이라는 명칭부터 살펴보자. 그것은 고대부터 사용되었지만, 국호로서 법률상의 의미를 처음으로 갖게 된 것은 1911년 청조가 망하고 중화민국이 들어서면서부터다. 곧 '중화민국'의 약칭으로 쓰였던 것이다. 그리고 1949년 중화인민공화국이 성립하면서 중화민국과 더불어 경쟁하는 두개의 중국이 병존했는데, 1971년 중화인민공화국이 중화민국을 대신해 유엔의 상임국이 되면서부터는 중국이라 하면 좁은 의미로는 중화인민공화국을 가리키게 되었다. 그러나 우리의 실생활에서 중국은 넓은 의미에서 지역·문화·정치 영역의 대상을 가리키는 문화체·역사체로 사용되며, 또다른 중국의 범칭(汎稱)인 중화(中華)와 통용되기도 한다.

오늘날 중국은 좁은 의미에서 중화인민공화국을 가리키는 어휘로 사용되는 경우가 많은데, 여기서 중국의 영역, 정확히 말하면 중화인민공화국의 영토에 대해 분명히 확인해둘 필요가 있다. 우리는 중화세계가 기원전 221년 진시황제에 의해 통일된 이래 2천년에 걸쳐 확대·발전해 온 안정된 구조인 듯 간주하기 쉽다. 그러나 중화인민공화국 판도의 원형은 1759년(청 건륭황제 24년) 중앙아시아 정복이 완성된 때에서 찾을 수 있다. 몽골·신장·티베트까지 영토를 확대한 청조가 이룩한 중화세계는 이전과 달리 다종족·다민족의 다원적·계층적 정치질서로 유지되었다. 또한 잘 알려져 있듯이 중국의 역사는 통일왕조의 기간보다 분열의 기간이 조금 더 길었을 뿐만 아니라 한족이 아닌 북방유목민족이 지배한 왕조도 많았다. 이렇게 보면, 중국인의 영토·민족문제나 대국의식에 직결된 '통일중국'이라는 것은 결코 초역사적으로 고정된 실체가 아니다.

따라서 넓은 의미에서는 중국의 일부일 수 있지만 대만이 중화인민공화국의 일부, 곧 하나의 성〔臺灣省〕인가라고 묻는다면 간단히 예, 아니오로 답할 수 있는 문제가 아니다. 물론 중국대륙에서는 예라고 답하는 데 아주 익숙하다. 그렇지 않을 경우 '분열행위'로 간주된다. 한국인이 그렇듯이 외국인들 가운데도 '중국의 일부'라고 생각하는 사람들이 적지 않을 것이다. 그러나 대만인 상당수는 (곧이어 설명되듯이) 단순히 '예'라고 답하기 어려운 복잡한 처지에 놓여 있다. 따지고 보면 사실 국제법상 대만의 위치도 그리 간단치 않다.

대만(Taiwan)이라는 명칭은 원래 네덜란드인이 17세기 대만섬 남쪽에 주둔하던 곳(지금의 타이난臺南 안핑安平)을 네덜란드어로 'Tayouan'(한자로 大員)으로 부른 데서 유래한다. 그것이 간혹 '臺員' 또는 '臺灣'으로 표기되었는데, 나중에 대만섬 전체를 부르는 명칭이 되었다. 또한 16세기 포르투갈 선원들이 부른 명칭인 일랴 포르모자(Ilha Formosa, 아름다운 섬. Ilha는 '섬', Formosa는 '아름다운'의 뜻)에서 유래한 포르모자(Formosa)도 종종 쓰인다. 그 섬에는 석기시대부터 원주민이 살고 있었는데 17세기부터 네덜란드, 스페인, 청조, 일본제국 그리고 국민당 정부가 '외래정권'으로서 차례로 지배해왔다.

청조는 말기에 구미 해양세력이 관심갖는 대만을 하나의 성(省)으로 승격하고 지방근대화 정책을 추진했으나, 1895년 청일전쟁에서 패하자 승자인 일본에게 대만을 떼어주었다. 따라서 1911년 성립한 중화민국이 20세기 전반기 대만을 실효적으로 지배한 적은 없다. 그런데 아래에서 보듯 일본이 패망하고 나서 대만의 귀속문제가 국제법상으로 애매하게 처리되어 아직도 불씨를 이룬다.

대만의 국제적 지위가 불안정함은 패전국 일본의 지위를 정하기 위해 1951년 9월에 미국과 일본이 맺은 쌘프란시스코강화조약에 그대로 드러난다. 그 조인 자리에 전승국인 중화민국 대표가 참석 못한 것은 물론이고, 대만의 영토문제와 관련된 제2조 '영토권의 방기' 항목에 "일본국은 대만 및 펑후제도(彭湖諸島)에 대한 모든 권리"를 방기한다고 표기되었으되 중화민국(대만)에 귀속한다고 명시되지 않았다. 이런 애매한 처리방식은 이듬해 4월 체결된 두 국가의 조약〔日華平和條約〕에도 그대로 되풀이된다.

그럼에도 불구하고 냉전기에는 미국의 지원을 얻은 대만이 유엔 회원국으로 국제적 지위를 누렸지만, 1971년 중화인민공화국이 의석을 차지하게 되자 그에 반발해 탈퇴한 이후에는 국제적 지위가 매우 불안정해졌다. 중화민국은 정부·국민·국토라는 국가의 기본요건을 갖추었으나, 베이징정부가 밀어붙이는 '하나의 중국' 정책의 압박으로 대만과 국교를 맺은 나라가 극히 적을 뿐만 아니라 국제기구에 가입하기도 힘들어 하나의 독립국가로서 제대로 대접받지 못하고 있다. 지금 국제사회에 진입하려면 베이징정부가 허용하는 조건인 'Chinese Taipei'라는 칭호를 대만이 받아들여만 한다. 그러나 이 칭호가 중국의 일개 지방정부를 의미한다고 해서 대만인들은 반발하고 있다. 이것은 바로 오늘날 대만이 하나의 국가로서 갖는 지위의 불안정성을 상징한다.

2) 대만인은 중국인인가?

사실 누가 중국인인가 하는 물음 자체도 쉽게 답할 수 있는 것이 아니다. 단일민족으로 구성된 우리와 달리, 중화인민공화국에 거주하는 오늘날의 중국인, 즉 중국정부에 의해 (다원일체적) '중화민족'으로 간주되는 중국인들의 구성도 간단치 않다. 절대다수인 한족 이외에 공인된 소수민족만 해도 55개 족(族)이 존재한다. 여기에 중화인민공화국과 중화민국 영토 밖에 거주하는 중국계 사람들, 곧 화교(華僑)·화인(華人)—화교는 중국 국적을 갖고 해외에 일정기간 거주하는 사람, 화인은 정착지 국적을 갖고 있지만 문화적으로 중국에 일체감을 느끼는 사람으로서 대개 화교 2, 3세 등을 가리킨다—까지 포괄하여 문화공동체(華語世界)로 간주하면 중국인의 범위는 더 넓어진다. 중국인은 좁은 의미의 중화인민공화국 국민에 한정되지 않는다. 오히려 역사와 더불어 계속 움직이는 존재라 보는 것이 적절할 것이다.

이렇듯 중국인은 누구인가라는 질문도 간단치 않은데 여기서 다시 대만에 거주하는 사람 곧 대만인은 중국인인가라고 묻는다면 문제는 한층 더 복잡해진다. 대만인의 **구성** 자체가 복합적이기 때문이다. 현재 대만에는 대만 용어로 '**족군(族群)**'[20]이라 불리는, 동일언어와 역사경험을 공유하는 에스닉(ethnic) 집단이 여럿 공존한다. 가장 먼저 대만섬에 거주한 동남아계통의 원주민, 하카인(客家人), 민난인(閩南人, 푸젠성福建

省 남부 출신 사람들), 외성인, 심지어는 결혼이민을 통해 동남아 등지로부터 새로 진입한 '신이민'까지 다원적 존재가 공존하는 것이다. 그 가운데 1949년을 전후해 장 제스의 국민당이 대만으로 철수할 때 함께 건너온 **외성인**(주로 국어인 베이징어北京話 사용)과 1945년 이전부터 이미 거주해온 **본성인**(주로 푸젠성 남부로부터의 이주자로 방언인 민난어를 사용) 간의 이른바 '성적갈등〔省籍矛盾〕'은 1947년의 2·28사건 이래 잠복해 있다가 1980년대 이후 대두한 '**본토화**' 이후 표면화되었다(본토화란 영어로 indigenization 또는 Taiwanization으로 번역되는데, 대만인의 주체의식이 민주화운동과 더불어 대두하여 사회 각 방면에 변화를 가져온 흐름을 가리킨다). 본래 성적(省籍)은 1931년 만들어진 호적법에 따른 관적(貫籍) 표기에 불과한 것이다. 그런데 국민당이 대만에 쫓겨 들어와서도 전중국을 대표한다는 명분을 찾기 위해 입법원을 구성하면서 민의대표의 지역대표성에 있어 대륙의 성적을 인정하여 다수 외성인이 대표직을 그대로 유지했다. 게다가 패퇴하기 전 대륙에서 선출된 그들이 선거를 거치지 않고 개선(改選)되니 사실상 종신직으로 우대받는 이른바 만년(萬年)국회가 지속된 것이다. 그러니 실효 통치지역의 대부분을 차지하는 본성인의 민의가 제대로 대변될 리 없어 더욱더 갈등이 격화되었다. 갈등은 지금 중국과의 통일이냐 아니면 대만독립이냐의 이른바 통독논쟁의 형식으로 대만사회를 양분하고 있다. 그로 인해 양자를 포괄하면서 대륙의 중국인과는 구별되는 '신대만인'[21]이라는 용어도 나타났다.

이렇듯 다원적 족군으로 구성된 대만인이 중국인인가에 답하기 위해서는 그들이 과연 중국인으로서 일체감을 갖는가, 아니면 대만인으로서 독자적 정체성을 지니는가를 따져봐야 한다. 여기서 대만인 정체성 형성의 역사적 맥락을 거슬러올라가 살펴볼 필요가 있다.

앞에서 보았듯이 청일전쟁의 패배로 일본에 양도된 대만은 1945년 8월 일본제국이 패망하기까지 50년간 일본제국의 식민지배를 받았다. 이 기간에 중국대륙과 단절된 채 중국인도 일본인도 아닌 '아시아의 고아'라는 의식을 품게 되면서 대만인의 독자적인 정체성이 싹을 틔웠다.[22]

대만의식의 형성과정을 좀더 상세히 살펴보고자 할 때, 황 쥔제(黃俊傑)가 '대만의식'의 발전단계를 네 단계로 나눈 것이 유용하다. 그에 따르면 그 첫번째 단계는 명청시대로서 지방에 대한 소속감만 있는 시기, 두번째 단계는 일제 식민지 시대로서 대만의식이 출현한 시기, 세번째 단계는 1945년 이후의 기본적인 성적의식의 시기, 마지막 네번째 단계는 1987년 계엄령 해제 이후로서 베이징정부에 대응한 대만의식이다.[23] 이렇게 네 단계로 구분한 문제의식에 대해서 논란이 없지 않을 터이나, 대만의식은 역사적 단계마다의 불균등한 정치권력구조 때문에 성장한 것이므로 그 구조적 맥락 속에서 파악해야 한다는 관점은 유용하다.

이처럼 대만의식의 형성에는 역사적 맥락이 있는데, 확실한 분기는 1970년대다. 그때부터 대만인은 외성인 중심의 국민당이 공식으로 내건 '중국인' 개념과 구별하여 대만인을 주체로 한 '본토화' 의식을 점차 확산하며 반국민당 민주화운동을 전개했다. 그후 40년이 지난 지금은 원주민·하카인·본성인·외성인이라는 족군의 차이나 국민당이나 민진당이나 하는 지지정당의 차이를 넘어 대만인으로서의 정체성이 필요하다는 것을 부인하는 사람은 없다. 즉 모두 같은 배를 탄 '운명공동체'라는 자각을 갖고 대만인으로서의 주체성을 현실 속에서 뿌리내려 대만 본토의 안전을 확보하자는 것이 공통의 과제다.

그들 간의 차이는 중화인민공화국이라는 정치적 실체와의 관계를 어떻게 설정하는가에서 발생한다. 이에 따라 통일과 독립의 이분법이 대만사회를 분단하고 있는 실정이다. 이런 가운데 중국인이라는 개념 자체가 잡종적이고 비실체적인 개념으로, 오늘날 대륙이 '중국'의 대표성을 독점하는 상황은 친미반공의 분단체제가 만들어낸 근대적 산물에 불과하다는 흥미로운 주장도 제기되고 있다. 그들이 말하는 중국인은 현재 대륙에 살고 있는 14억 인민을 의미하지는 않는다. 그것은 누구에 의해서도 '독점되지 않는' '개방적이고 미래지향적인 중국인 정체성'이다.[24] 그 경우 대만인은 중국인이되 특수성 내지 독자성을 갖는 주체가 될 수 있을 것이다.

이런 논의까지 시야에 넣는다면, 대만인은 중국인인가라는 질문에 대한 우리의 답은 긍정도 부정도 모두 가능하지 않을까. 말하자면 '열린 답'인 셈이다. 그것은 대만인 자신의 주체적인 선택을 우리가 이해하고 공감한다는 뜻이다. 단일민족이라 하지만 한국인 역시 하나의 민족, 두 개의 분단국가의 국민, 전세계에 흩어져 사는 한민족공동체의 일원으로서의 정체성 등 다차원적인 정체성이 중첩된 현실을 살고 있으므로 개방적으로 사고할 조건을 이미 갖춘 셈 아닌가.

3) 대만은 일제의 식민지 지배를 긍정하는가?

필자도 처음 대만에 들렀을 때 겪은 일이지만 일제의 식민지 지배를 긍정하는 대만인의 반응에 한국인이라면 누구나 당혹해지기 십상이다. 그 시기를 가리키는 역사용어 자체부터 사뭇 다르다. 우리는 흔히 '일제강점기'로 부르는데, 대만에서는 일본제국의 불법점거라는 뜻의 '일거(日據)'보다도 중립적인 용어로 일본 통치시기라는 뜻의 '일치(日治)'

를 선호하는 경향이 있다.

물론 모든 대만인이 식민지 지배 긍정론자인 것은 아니다. 그러나 탈중국적인 대만 정체성을 추구하는 사람일수록 긍정론에 동조할 가능성이 높다. 단순하게 이분법적으로 말하면 중국과의 통일을 지향하는 통일파는 부정론자, 독립파는 긍정론자가 되는 꼴이다. 사실, 국민당 통치시기에는 긍정론이 발붙일 여지가 없었다. 항일의 역사기억이 정통이자 주류였기 때문이다. 긍정론이 표면에 나타난 것은 '대만의식'의 성장과 짝을 이룬다. 대만인의 정체성이 강화된 지금은 긍정론자가 다수파가 되었다고 해도 지나친 말이 아니다.

역사를 거슬러올라가면, 일본이 패망하고 국민당이 대만을 접수하러 온 당초에는 대만의 대다수 주민들(말하자면 본성인)이 '조국에의 복귀'를 환영했다.[25] 그러나 국민당정부는 일제지배 아래 '황민화'된 대만인을 '노예화'되었다고 규정하고 일본문화 청산작업을 추진했고, 이에 대해 대만인은 '낙후한' 외성인에 비해 자신들이 '근대화'되었다고 문명적 우월감을 드러내며 반발했다.[26] 이 같은 양측의 갈등은 대륙에서 국공내전에 시달린 국민당이 대만의 자원을 대륙으로 가져가 물가가 폭등하는 등 생활이 어려워지자 더욱더 내연(內燃)되었고, 급기야 1947년 본성인 여인의 담배밀매에 대한 과잉단속으로 촉발된 2·28사건으로 그 갈등이 폭발했다. 폭동은 곧 섬 전체로 확산되었다가 약 1만 8000명으로 추산되는 희생자를 내고 5월 중순 겨우 수습되었다. 그러나 그에 이은 긴 기간의 엄혹한 탄압을 겪으면서 대만인의 자의식은 사회 저변에서 성장했던 것이다. 앞서 본 대로 "대만의식은 역사적 단계마다의 불균등한 정치권력구조 때문에 형성된 것"이다. 국민당 통치시기의 불균등한 정치권력구조 속에서 식민지에 대한 선택적 집단기억이 형성된 것이기에 결코 간단히 해소될 일이 아니다. 더욱이 대만의식의 성장이 국민당정권을 넘어서 지금은 중국대륙의 공산당정권에 대한 반발, 곧 **탈중국화**를 조성하고 그것과 짝을 이뤄 친일본화를 촉진하는 오늘의 현상도 주목된다.

그러니 일제 식민지 경험에 대한 한국과 대만의 인식 차이는 객관적인 식민지 비교연구나 교육으로 메워지기 어렵다. 일본제국에 의한 장기적인 식민지 지배를 겪어본 적 없는 대륙의 중국인이 대만의 식민지 긍정론을 이해하기 힘들듯이, 반일정서가 강한 우리 역시 이를 이해하기 쉽지는 않다. 그러나 만주국이나 조계의 형태로 일부 영토만 한때 식민지가 된 경험밖에 갖지 않은 중국의 사상계가 대만인의 식민경험을 끌어안는다면 한국·베트남 등 식민지가 된 적이 있는 동아시아 이웃들을 내재적 관점에서 이해하고 대국으로 굴기하는 자신을 성찰하는 동력을 얻을 수 있을 것이다.[27] 또한 식민지 시기에 대한 '수탈과 저항'의 이분법적 시각을 넘어서려는 움직임이 점차 확산되는 우리 사회에서도 대만인의 식민경험(에 대한 평가)을 식민과 냉전의 경험이 착종된 동아시아적 맥락 속에서 깊고도 넓게 이해할 여지가 조금씩 커지고 있다 하겠다.

4) 대만은 독립을 원하는가?

분단된 한반도의 통일을 염원하는 한국인에게, 같은 분단국인 대만인이 중국과의 통일을 바라지 않는 것도 잘 이해되지 않는 특성이다. 그런데 대만인으로서 정체성을 지닌 사람이라고 하더라도 실제로 '대만공화국'(Republic of Taiwan) 같은 독립국가를 세워 중국과 분리하기를 원하는 사람은 얼마나 될까.

대만 국립정치대학 선거연구센터〔政大選研中心〕가 1992년부터 지금까지 계속 시행해오고 있는 장기 여론조사 결과가 우리의 궁금증을 어느정도 충족시켜준다. 대만민중이 대만인 또는 중국인 어느 쪽에 일체감을 갖는가, 그리고 독립과 통일 가운데 어느 쪽을 지지하는가라는 질문에 대한 여론의 추세를 보자. 먼저 자신이 대만인이라고 여기는 비율은 지속적으로 증가하나 중국인이라고 여기는 사람은 감소하고 있다. 자신이 대만인이라고 응답한 사람이 1992년 17.6%에서 2008년 48.4%, 2011년 52.2%, 그리고 2012년 6월 현재 53.7%이며, 중국인이라고 응답한 사람이 각각의 해에 25.5%, 4.1%, 3.7%, 3.1%다. 이 조사에서 대만인이기도 하고 중국인이기도 하다고 응답한 사람도 많은데 46.6%, 43.1%, 40.3%, 39.6%로 완만하지만 약간 줄어드는 추세를 보여준다. 그다음 독립과 통일에 대한 여론을 보면, 독립보다는 현상유지를 원하는 사람들이 점점 증가하는 추세로 현재 다수를 이루고 있다. 가능한 한 빠른 독립을 지지한다고 응답한 사람은 1992년 3.1%에서 2012년 6월 현재 4.3%이고, 현상유지나 독립에 기운다는 사람이 8.0%에서 15.3%로 바뀐 데 비해 현상을 유지하다가 다시 결정하자는 사람이 38.5%에서 33.8%, 영원히 현상을 유지하자는 사람은 9.8%에서 29.4%로 가파르게 증가하는 추세를 보인다. 2012년 6월 현재 가능한 한 빠른 통일을 지지한다고 응답한 사람은 고작 1.4%, 현상유지이나 통일에 기운다는 사람은 8.4% 정도다.[28]

이 여론조사 결과에서 알 수 있듯이, 대만인이라는 정체성은 점점 증가해 주류가 되어 있지만 그럼에도 대만이 중국과 분리해 독립하기보다 현상유지를 원하는 사람들이 많은 이 현상은 대만의 독자적 특징으로서, 정체성의 매우 높은 유동성(流動性)을 말해준다. 이 유동성은 대만과 중국의 양자관계—양국관계라고 부르면 두개의 국가임을 전제하기에 중립적 용어로 채택된 (대만해협의) 양안관계—에 기본적으로 의존하고 있다.

그런데 양안관계의 불안정성은 대만의 양대 정당인 국민당과 민진당이 지지층을 동원하기 위해 정책적으로 대립함으로써 점점 더 증폭되기도 한다. 국민당과 민진당의 당기 색깔이 남색과 녹색이라 흔히 '남녹(藍綠)대립'이라 불릴 만큼 갈등이 심각하지만, 양당 모두 대만인 정체성이 주류를 이루고 대륙과 거리를 두고 싶어함에도 불구하고 양안 경제교류가 대만 발전의 '내재적 동력'이 되어버린 현실조건을 무시할 수 없다. 민진당은 집권 이후 과도한 독립 추구로 대륙과의 경제교류에 소극적인 적도 있었지만 그 댓가로 총통선거에서 유동적 투표층의 지지를 잃고 말아 새로운 양안정책을 모색하지 않을 수 없는 실정이다. 또한 냉전기에 국민당이 통치할 때는 본토수복〔反攻大陸〕이야말로 정권의 정통성을 보장하는 것이었지만, 지금의 국민당은 변화하는 민심의 동향을 무시할 수 없다. 그래서 '독립하지도 않고, 통일하지도 않으며, 무력을 사용하지도 않는다(不獨, 不統, 不武)'는 이른바 '삼불정책'을 표방하는 한편 중국과 경제협력기본협정(ECFA, Economic Cooperation Framework Agreement, 2010년 9월 정식발효)을 맺는 등 경제협력을 가속화하고 있다.

양안관계의 추이를 되돌아보면, 1992년 대만과 중국은 '하나의 중국, 서로 다른 설명〔一個中國, 各自表述〕'에 합의한 바 있다. 이것이 양안관계를 규정하는 이른바 '92년합의〔九二共識〕'인데 그 내용은 대만의 정권 담당자에 따라 수정되기도 한다. 리 덩후이 총통은 두개 국가론 곧 '양국론(兩國論)'을, 천 수이벤(陳水扁)은 '한곳의 한 국가〔一邊一國〕'를 내세운 적이 있다. 2012년 5월 제13대 총통 취임에 즈음한 마 잉주는 현재 양안관계의 현황을 '하나의 중국인 중화민국의 둘로 나뉜 지역들이 각자 통치권을 행사하고 있다〔一國兩區〕'라고 표현했다. (그가 말하는 '중화민국'은 1911년에 건립된 정체이자 통일된 중국을 의미하는데 지금도 대만은 '민국'이라는 연호를 사용한다. 2012년은 민국 101년이 된다.) 어쨌든 양안관계에서 현상유지를 바라는 다수 대만인의 요구를 민주적 절차를 통해 수용하면서 양안관계를 안정시킬 방안이 절실한 시점이다.

이러한 '국가도 비국가도 아닌' 대만인의 처지를 같은 분단국에 사는 우리는 누구보다 잘 이해할 수 있다. 물론 양안관계의 비대칭성이 현저하므로 한반도의 분단체제와 차이가 있지만, 서로의 경험은 유용한 참조틀이 될 수 있다. 우리 자신 2000년 양측 정상이 6·15선언에서 '낮은 단계의 연방제 또는 국가연합'이라는 원칙에 입각한 통일과정에 합의한 사실을 잘 알고 있다. 그렇기 때문에 통일과 독립의 이분법을 넘어서는 새로운 길 ——『대만을 보는 눈』 2부 3장에서 문명기는 양안관계의 '제3의 모델'을 제안하고 그것이 역사적으로 익숙한 중국의 '과거로의 회귀'일 가능성이 크다고 전망한다—— 을 찾아 다양한 양안관계 해결책에 골몰하는 대만인의 힘겨운 노력에 누구보다 깊은 공감과 연대를 표할 수 있는 것이다.

4. 한국-대만관계의 미래를 그리며

한국과 대만의 단교 20주년을 맞아 양자관계의 미래를 전망할 때 우리가 먼저 깊이 새겨야 할 것은 중국(대륙)이냐 대만이냐의 이분법을 넘어서는 일이다. 20년 전 국가 간의 관계에서는 양자택일이 불가피했더라도 단교 이후 두 사회가 미국의 매개 없이 다양한 차원에서 직접 대면할 수 있게 된 소중한 기회를 잘 살리려면 중국과 대만의 이분법을 극복하고 연동하는 동아시아라는 시각에서 대만을 다시 봐야 한다.

대만에서 독립파에게 반중·친일 성향이 짙듯이, 일본에서는 식민지 지배 긍정파가 대만을, 반대파가 중국대륙을 지지하는 경향이 있다. 그리고 대만의 독립(곧 탈중국) 지향은 중국의 사회주의체제에 대한 반감과 대국화에 대한 공포감에 의해 촉진되곤 한다. 이렇듯 서로 맞물려 작동하는 것이 동아시아의 실상이다.

그렇다면 연동하는 동아시아의 시각에서 대만을 다시 볼 때, 더이상 '자유중국'이 아닌 대만은 오늘 우리에게 어떤 의미가 있는가.

가장 우선적으로 떠오르는 것은 동북아와 동남아를 잇는 가교로서의 대만이다. 동아시아 담론이 동북아중심주의로 치우치지 않기 위해 동남아를 끌어안는 것이 중요할진대 동남아(南島)문화와 한족(漢族)문화가 교차하는 대만의 역할은 관건적이다. 그다음으로 다문화주의의 실험장으로서의 대만이다. 다원성을 자신의 정체성으로 구축한 대만인의 경험은 이제 막 '다문화가정'의 중요성을 깨닫기 시작한 우리 사회의 좋은 참조점이다. 그리고 중국은 무엇인가를 묻는 질문자로서의 대만도 중요롭다. 민주화와 본토화를 동시 추진해온 대만인의 경험은, 베이징정부가 공식적으로 표방하는 '통일적 다민족국가론'의 적실성과 중국 국민국가에 중첩된 제국성에 질문을 던지게 할 뿐만 아니라 중국이 지금 표방하고 있는 대안적 발전모델(이른바 '중국모델')의 신뢰성을 따져묻게 한다. 이 점에서 대만은 냉전시기와 다른 차원의 '중국의 창'이자 연대의 대상으로서 새로운 의미를 갖는다.

끝으로 국력이나 시장의 크기를 중시하는 국가나 자본의 시각이 아니라 좀더 사람다운 사회를 만드는 길을 찾는 우리의 관심에서 대만을 다시 볼 때 양안관계, 더 나아가 동아시아적 맥락을 중시하면서 '민주화와 본토화의 이중주'를 효과적으로 수행하는 주체들의 고뇌와 통찰이 소중해진다. 국민당 독재정권과 투쟁하며 선거를 통해 집권에 도달하는 과정에서 본토화는 분명 민주화의 추동력이었지만, 민진당이 집권한 이후 본토화는 편협한 민족주의(푸젠계福建系 쇼비니즘)와 부정부패가 그 뒤에 숨는 핑계로 전락한 혐의가 있다. 바로 이 지점에서 좀더 민주적이고 자유로운 사회를 실현하고자 '진보적 본토〔進步本土〕'의 길을 찾는 그룹(이에 대해서는 양태근의 글[29] 참조), 또는 한국의 분단체제론을 참조틀로 삼아 양안관계를 직시하며 통독논쟁의 이분법을 뛰어넘어 대안적 발전의 길을 모색하는 그룹[30] 등 비판세력 내부의 여러 작은 움직임들이 주목된다.

불안정성이 강한 양안의 한쪽인 대만이 자신의 사회적 맥락에 맞게 좀더 사람다운 사회를 힘겹게 실현해나가는 창의적인 작업을 우리가 도울 수 있으려면 그들이 '우리에게 한국은 무엇인가'라고 묻게 해야 한다. 분단된 한반도 남쪽의 우리가 나름으로 같은 창의적인 작업을 수행해나가 그 성과가 주목에 값할 때 대만인은 한국에 진지하게 관심을 가질 것이다. 그것을 또 하나의 '한류'로 부를 수 있지 않을까.

중화제국론의 동아시아적 의미: 비판적 중국연구의 모색[1]

1. 왜 '제국으로서의 중국'인가?

한국중국학회 제33차(2013년) 국제학술대회의 주제어는 '제국'이다. 왜 지금 이 주제어를 통해 중국을 바라보려 할까. 그 취지문을 살펴보면, 대국굴기하는 중국의 동아시아적, 더 나아가 세계적 위상을 '제국화'로 인식하고 그것을 지난날의 '제국전통'과 연관하여 분석하는 데 그 목적이 있는 듯하다. 요컨대 오늘의 중국을 이해하기 위해 제국전통과의 연속성에 주목하는 것이다. 그런데 우연일까. 2013년 봄에 간행된 『역사학보』의 기획특집 제목도 '역사적 제국의 비교연구: 제국통합의 지속가능성의 비결을 중심으로'다.[2] 지금 한국 학계는 바야흐로 '제국' 논의에 열중하고 있는가?

탈냉전 이후 국제정치를 설명하기 위해 '역사의 종언'론에서부터 문명충돌론, 전지구화론 및 제국의 새로운 해석까지 다양한 논의들이 제기되었다.[3] 그러다가 2001년 9·11테러 이후 미국이 이라크전쟁을 일으키는 등 세계질서를 홀로 주도하다시피 하면서 그러한 미국의 헤게모니 행사를 설명하기 위해 '제국' 개념이 비상한 관심을 끌었다. '전근대적 형태의 개념'으로 간주되어 오랫동안 학계나 논단의 흥미를 끌지 못했는데 새삼 주목받은 것이다.[4] 그러나 제국을 통해 중국을 조망하는 작업은 그 같은 풍조와는 직접 관련이 적어 보인다. 아마도 쇠퇴하는 (특히 2008년 경제위기 이후) 미국과 대조적으로 대국으로 부상해 G2로 불릴 정도로 그 위상이 높아진 거대 중국에 직면해 그 역사적 독자성(내지 연속성)에 대한 세계의 관심이 그 어느 때보다 높아졌고, 그 과정에서 '제국' 개념이 주요한 설명 도구로 크게 부상한 듯하다.[5]

돌이켜보면, 중국 근현대사를 설명하는 개념으로 오랜 기간 우리에게 큰 영향력을 발휘해온 것은 국민국가다. 필자도 20년 전 중국 '국민국가의 형성과 변형'이라는 시각에서 중국 근현대사를 통관한 바 있다.[6] 한국 안팎 학계에서는, 청 말 이래 특히 청일전쟁에서 중국이 일본에 패해 문명관의 대전환을 겪은 뒤 '천하'에서 (만국의 일원인) '국민국가'로 급격한 전환이 불가피했고 그것을 중국인들이 시대적 과제로 삼았다는 역사인식이 지배적이었다. 그 역사적 과제를 중국인이 수행하는 데 동력으로 작동한 것은 다름 아닌 민족주의였다. 그런데 필자가 해당 글을 발표한 1994년 즈음은 마침 한국 사회와 논단이 과거 1970, 80년대에 극성했던 한국 민족주의를 비판적으로 검토하기 시작한 때였다. 필자는 그러한 지적 조류에 대응하여 민족주의와 국민국가의 결합을 당연시하지 않고 양자를 분리하여 그 결합과정을 동태적으로 파악하고자 했다. 이어서 세기 교체기인 1999년에는 그 글의 문제의식에서 더 나아가 동아시아 국민국가가 수행해온 '해방과 억압의 이중적 역할'에 착안해, 20세기 중국사를 '국민의 역사'인 동시에 '국민강제의 역사'로 정리하고, 21세기의 중국에서 "국민국가의 강제성을 획기적으로 제약하면서 해방적 기능을 활성화할 새로운 국가 구상이 절실한 시기"라고 주장했다.[7]

한편, 21세기에 들어서 한국 학계 내부에서 국민국가의 형성이라는 시각에서 중국현대사를 파악하는 것이 적절한가라는 비판이 배경한(裵京漢)에 의해 제기되었다.[8] 다른 한편으로, 제국 개념도 중국사 이해의 방편으로 활용되기 시작했다. 중화민족론 안에 '내면화된 제국성의 구조'가 있음을 지적한 유용태[9]나 '제국성 국민국가'의 개념을 통해 중국의 전통과 근대를 연속적으로 파악하자는 전인갑(全寅甲)[10]의 주장이 등장했다. 필자 자신도 제국성의 시각에서 중화제국 질서의 변천과 그 뒤를 이어 일본제국과 미제국이 차례로 주도한 지역질서를 비교해보고자 시도한 바 있다.[11] 이러한 일련의 움직임은 21세기에 들어와 변화한 중국(과 한국)의 위상을 반영하는 동시에 그것을 주체적으로 해석하려는 한국 연구자들의 의지가 작용한 결과다.[12]

본 에필로그는 이 같은 한국 학계의 새로운 조류에 부응하되 중국근현대사를 국민국가가 아닌 제국의 시각에서 파악한다는 것이 과연 어떤 의미를 지니는지 폭넓게 따져보려는 작업이다. 필자가 1999년에 쓴 글[13]에서 절실히 기대한 '새로운 국가 구상'을 과연 제국담론이 감당하는 것인가. 이 물음을 풀기 위해 먼저 (제국 개념을 직접 활용하든 않든) 국민국가를 넘어 중국(사)를 설명하는 틀인 제국담론—그 주된 논의들은 조공체제론·문명국가론·천하론 등—을 비판적으로 검토하려한다.

본론에 들어가기 앞서, 끊임없는 논쟁대상인 제국 개념을 이 글의 논

286

지 구성에 필요한 수준에서나마 정리해두고자 한다. 제국을 경영해본 적이 없는데다 제국주의 침략을 받은 피해자 경험이 있는 한국인인지라 제국을 곧 제국주의와 동일시하면서 부정적으로 간주하기 쉽다. 그러나 이 글에서는 근대적 번역어인 제국(empire)[14]을 도덕적 평가의 대상으로 삼지 않는다. 다만 이를 그 지배영역이 광대하고 또 종종 팽창 경향을 보이는 광역국가로 보며, 그 영역의 광대함만큼이나 다양한 이질성을 통합하는 원리인 관용(또는 포용)이 작동하는 개념으로 일단 느슨하게 규정해두려 한다. 요컨대 제국성의 특징은 관용과 팽창이다.

이 정도의 규정만으로는 막연하게 여겨질 수 있으니 이와 연관된 개념과의 차이를 살펴보겠다. 제국은 그 영역 내 주민들의 다양성과 이질성을 포용하는 원리 혹은 '전략적 관용'[15]이 있다는 점에서 국민으로서의 동일성을 지향하는 국민국가와는 다르다. 국민국가는 정치적 단위와 민족적 단위의 일치를 지향한다. 그래서 한나 아렌트(Hannah Arendt)가 말했듯이 국민국가는 이질적인 민족집단을 내부에 통합하는 원리가 없다.[16] 또한 제국은, 국민국가가 공간적으로 팽창하여 복종과 수탈을 강요하는 제국주의와도 다르다. 국민국가가 공간적으로 팽창할 때 대일본제국이 그러했듯이 그것은 '제국'을 표방하나 실상은 제국주의로서 나타난다.[17] 이처럼 제국과 제국주의는 엄연히 구분되지만 그렇다고 해서 제국을 구성하는 각 부분이 서로 평등한 관계로 결합될 리는 없다. 또한 제국의 중심이 그 주변에 대해 지배적인 입장에 서는 중심-주변 관계, 즉 그 사이의 지배-피지배관계가 제국의 기본구조를 이룬다. 요컨대 제국의 중심은 주변의 외정에 주로 간여하고 내정에는 직접 간여하지 않는 경향이 있다.[18]

이렇게 제국을 잠정적으로 규정한다 해도 남는 문제가 있다. 그 영역의 범위가 어디까지인가다. 국민국가의 명확한 경계선(border)과 달리 전근대의 제국은 면(面)으로서의 경계지역(frontier)으로 구획된다. 이 특징은 역사 속의 중국의 범위에서 잘 드러난다. 보통 이념적 중화제국 인 천하(곧 세계)와 역대 왕조가 실효적으로 지배한 현실적 중화제국의 판도는 구별되는 동시에 중첩된 것으로 설명된다. 또한 실효지배 영역 은 주변 여러 나라(四夷)와 면(面, 중국에서 邊疆이라 불리는 일종의 회색지대) 으로 접한 외적 경계지역(外境)과 그 내부의 (비중국인) 소수민족들과 의 경계지역(內境)으로 구획되었다.[19] 그렇다면 중화제국의 실제 판도 는 어디까지인가. 내·외부 경계의 안을 현실적 중화제국으로 간주해도 무방하다. 다만 외부 경계 바깥에 있으면서 중국제국이 일대일로 국가 간 관계(조공·호시·번부·조약 등)를 맺은 주변국 또한 제국의 일부로 볼 것인가는 역사와 현실 양면의 문제다.[20] 필자는 여기서 현실적 제국 과 이념적 제국의 영역이 매우 유동적이었고 상황에 따라 전자가 후자 의 영역으로 팽창하는 경향(즉 제국성帝國性)이 있었음을 강조하고 싶 다. 다시 말해, 본래의 중화제국의 판도(proper China)가 만주·몽고·신 강·티베트로까지 확대된 청조의 영역——그 대부분이 오늘날 중국인민 공화국의 영토로 계승되었다——을 현실적 중화세계(의 극한)로, 그 주 변 나라들까지 포함한 권역을 전통적 동아시아 지역질서로 각각 규정 하고자 한다. 물론 양자가 중첩되기도 하여 그 경계가 가변적임을 간과 해서는 안 된다.[21]

　제국의 개념과 영역에 이어 확인해둘 사항은, 제국의 시각에서 중국 을 볼 때 어떤 이점이 있는가다. '제국으로서의 중국'의 시각의 필요성 을 강조하는 시라이 사또시(白井聰)는 "이러한 시각을 자각적으로 설정 하지 않으면 현대중국에 대한 인식이 결코 깊어질 수 없다"라고까지 역설한다. 그 이유를 들어보자.

전근대적 제국이 여러 국민국가로 분해되지 않고 중세적 제국의 성격을 유지한 채 오늘에 이르렀다는 특이성이 오늘 중국의 존재방식을 규정하고 있고, 또 동시에 현대가 국민국가의 시대에서 '제국'의 시대로 쏜살같이 전환하고 있는 시대라면, 중국의 어떤 의미에서는 원형적인 제국적인 성격은 소멸하기는커녕 앞으로 점차 강력한 규정이 되어갈 것이라는 전망이 가능하다.[22]

이 인용문의 후반부에서 거론된 시대전환에 대한 그의 전망이 타당한지는 별도의 논의가 필요하겠는데 본 에필로그의 논지를 벗어나므로 접어두더라도, 전반부의 이유는 수용할 만하다. 왕 후이가 중국근대사를 '제국 건설과 국가 건설 간의 중첩관계'[23]로 파악해야 한다고 강조한 데에서도 잘 드러나듯이, 서구인의 근대경험을 설명하는 틀, 즉 제국에서 국민국가로 이행한다라는 제국과 국가의 이원론으로는 설명할 수 없는, 중국인의 그토록 규모가 방대하고 복잡한 역사경험에 단순히 국민국가나 제국 개념을 적용하는 것은 무리다. 그래서 필자 역시 전에 '국민국가의 옷을 걸친 제국'이라는 비유를 쓴 바 있다.[24] 물론 전인갑의 '제국성 국민국가'처럼 두 개념의 합성어를 만드는 시도도 가능하고, 아니면 또다른 개념을 창안할 수도 있겠다. 이처럼 세계사에서 차지하는 중국사의 특이한 위치를 설명하기 위해 서구에서 산출된 개념이나 이론에 얽매이지 않고 그 독자성만을 천착할 수 있다는 점이 제국담론의 첫번째 이점이다. (제국 개념 자체가 서구의 소산이나 여기서는 발견적 도구로서 활용하면서 그 극복의 길을 탐색하고자 한다.)

제국담론으로 중국을 이해할 때 우리가 얻을 수 있는 두번째 이점은, (앞에서 지적했듯이) 중국사를 파악하면서 우리가 사로잡히기 쉬운, 전통과 근대를 이분하는 발상에서 어느정도 벗어나 그 연속성을 주목할 수 있다는 점이다. 더불어 중국이라는 제국(의 독자성)을 동서고금의 제국들과 형식적일지라도 비교하고 분류하는 세계사적 시각이 확보된다는 이점도 있다. 끝으로 중화제국의 다양성과 이질성을 포용하는 원리 또는 운영방식, 즉 팽창과 관용이 중첩된 제국성이 작동되는 양상이 잘 드러난다는 이점이 있다.

하지만 제국담론의 약점 또한 간과해선 안 된다. 먼저 제국이라는 개념 또는 이미지가 ('관용' 이외에) '팽창'의 요소를 안고 있어 중국 안팎에서 그에 대한 부정적인 역사기억을 떠올리게 할 위험이 농후하다. 두번째, 중국사의 연속성을 지나치게 강조하는 것만으로는 전통과 근대의 이분법 자체를 넘어설 수 없다. 거대제국이 근대 세계체제(자본주의 세계경제와 그 정치적 상부구조로서의 국가간체제inter-state system)의 규칙에 따라 하나의 국민국가로 행위하는 틀 속에서 그 연속성이 발현된다는 사실을 명심해야 한다. 또한 중국사의 단절과 연속의 복잡성을 고스란히 규명해야 이분법적 역사관을 효과적으로 극복할 수 있다. 세번째, 제국의 유형 비교만으로는 세계사적 시각도 온전하게 확보되지 않는다. 제국의 기본구조가 중심과 주변 간의 지배-피지배관계이긴 하지만, 양자관계는 쌍방향적인 대항과 변화로 이뤄진다. (제국주의 시각에서 흔히 묘사되듯이 제국주의 본국이 식민지에 일방향적으로만 영향을 미치는 것과는 다르다.) 거대 중국이 그 주변 여러 나라들과 비대칭적 관계를 맺더라도 그 한쪽인 약소국의 역할을 결코 무시할 수 없다. 중국을 제국으로서 파악하더라도, 중국과 동아시아 지역질서의 연동성, 그리고 여기에 작동하는 국가간체제라는 세계사적 규정력 문제의 중요성을 지나칠 수 없는 이유가 여기에 있다. 마지막으로 제국 담론에서 주목하는 기본적인 행위자는 국가이지 사회가 아니므로 제국 개념을 특히 중국근현대사에 적용할 때 국가와 사회 간의 역동성을 쉽게 간과하게 되는 것도 약점이다.

그래서 본 에필로그에서는 제국으로서의 중국을 보는 '주변의 시각'을 특히 중시한다. 이를 통해 제국으로서 중국을 보는 시각의 이점은 살리되 약점은 넘어서는 가능성을 찾을 수 있을 것으로 기대한다. 중국을 설명하는 제국담론을 검토한 데 이어, 주변의 시각에서 모색되는 주권 재구성의 경험에 비추어 제국담론을 비판적으로 검토하는 이유가 여기에 있다.

이제부터 관용과 팽창이 중첩된 제국성을 설명하는 제국담론의 주요 갈래들을 본격적으로 점검해보겠다.

2. 제국담론의 비판적 검토(1): 다시 보는 조공체제

중국을 제국 개념으로 설명하는 나라 안팎의 주요 논자들이 중화제국의 운영방식으로 집중 조명하는 것은 조공제도다. 여기서, 현대 중국이 중화제국의 역사적 연속성을 지닐 뿐 아니라 그에 힘입어 21세기 세계질서에서 제국으로서 긍정적 역할을 수행할 것으로 예상하는 대부분의 논자들이 역사학자가 아니라는 점을 미리 밝혀둔다. 따라서 역사학도인 필자가 그들의 논의를 검토하면서 조공제도에 대한 역사학계의 연구성과에 근거해 그것이 역사적 실제에 얼마나 대응하는지를 따지는 것만으로는 생산적인 논의가 되기 힘들다. 그래서 그것이 오늘과 내일의 중국을 전망하는 데 어떤 효과를 가져오는지를 따지는 작업에 좀더 무게를 두려 한다. 즉 역사학과 (대중서적을 포함한) 다른 분야의 제국 담론의 대화를 주선해보고자 한다.

대중교양서인 『중국이 세계를 지배하면』의 저자 마틴 자크는 21세기 세계를 중국이 지배할 경우, 조공제도가 부활할 것으로 전망한다.[25] 그는 중국이 동아시아의 중심으로 부상하면서 과거 조공제도의 요소들이 새롭게 등장할 것으로 예상한다. 이는 앞으로 중국이 주도하게 될 새로운 (즉 제국주의질서와는 다른) 세계질서의 운영방식으로 관심을 끈다.

다만 조공제도가 역사 속에서 작동했던 것은 분명할지라도, 그것을 '조공체제'라고 부를 수 있는가에 대해서는 역사학계에서 비판의 소리가 높다. 필자가 본서의 제2부 1장에서 간략히 비판적으로 점검했듯이,[26] 존 페어뱅크는 청제국 시기의 동아시아 국제질서를 관찰한 결과로부터 중국적 세계질서와 조공체제 이론을 창안하여 이를 이전 시기로 확대·적용했다. 그의 모델은 여전히 중국의 전통적인 대외관계를 설명하는 가장 지배적인 학설로 간주된다. 그러나 그 이론은 근대적인 조약체제로 이행함을 전제로 한 패러다임으로서 역사적 실제에 대응한 개념이 아니라고 비판받아왔다.[27]

중화제국이 조공체제에 의해서만 운영된 것이 아니었더라도, 조공과 책봉이라는 제도가 작동했고 그에 따라 계층적 지역질서가 유지된 점은 인정된다. 그러나 그것조차 청일전쟁에 의해 중국이 최후의 조공국인 조선을 잃고 나서는 동아시아 현실에서 붕괴했다. 한편, 앞서 살펴본 대로 모떼기 토시오는 그후 조공질서의 이미지가 이념으로서 한층 더 단순화되어 기억 속에 남게 되었다고 주장한다. 현실 속에서 이미 사라졌기 때문에 오히려 그 같은 중국적 세계질서관이 "회복되어야 할 전통

으로서 이상화되었다"라는 것이다.[28]

이와 같이 역사학계에서는 조공체제가 대체적으로 비판받는 추세인 데 반해, 국제정치학계에서는 그것이 단순한 개념적 구성물이 아니라 실제 정책의 종합이자 이념과 실제를 아우른 세계모델이었다고 적극 평가받는다.[29] 그 대표적인 학자가 게임이론의 '균형' 시각에서 조공체제를 처음 설명했다고 하여 주목받는 브랜틀리 워맥(Brantly Womack)[30]이다. 그는 조공체제를 유교도덕에 기반을 둔 문화적 설명에 의거하거나 교역관계의 외교적 장식으로 보지 않고, 국가 간 이해관계의 관점에서 그 체계를 분석해 조공체제의 합리성을 논증했다는 평을 받는다. 그에 따르면, 조공체제는 중국이 이웃에 대한 우월적 지위에 기반을 둔 지역적 제도 구성물이고, 중국과 비대칭적 관계를 맺은 이웃 국가들 간의 합리적 선택과 전략적 상호작용의 결과로 유지된 것이다. 중국이 조공체제에 입각해 지역질서를 유지한 목적은 정당성을 확보하는 데 그치지 않고, 전략을 수행하는 데 드는 최소한의 비용으로 변경지역에서 안정을 유지하려 했던 전략적 고려에 있다.

그의 주장이 중국의 국제정치학계에서도 적극 수용되고 있는 모양인데, 그로 인해 조공체제가 "복합적이고 역동적인 외교현상"으로서 일방적 지배가 아니라 상호작용의 결과물이고 그 덕에 동아시아가 장기적인 안정과 평화를 누릴 수 있었음이 크게 부각되었다.[31] 한편, 기존의 국제정치이론이 베스트팔렌조약 이래 대체로 서로 대칭관계이자 항상적인 경쟁상태에 처한 유럽국가 간의 상호작용을 설명하는 데에는 유용하나, 중국이 절대적 우위에 있는 동아시아 국가들 간의 비대칭적 역사경험에 적용될 수 있을지는 회의적이라는 입장이 최근 강해지고 있다.[32] 결과적으로 워맥의 논의나 그를 응용한 중국 학자들의 논의는 중화제국의 운영원리를 해명하는 데 상당히 유용할 것이다.

물론 조공체제를 적극 평가하는 그들이 필자가 주목하는 제국 개념을 직접 사용하지는 않는다. 그러나 그들은 중국이 단순히 무력에 의해 다른 나라를 복종시킨다든가 수탈하지 않고, 비대칭적 관계를 맺은 국가들 상호 간의 '합리적 선택과 전략적 상호작용'의 결과로 조공체제가 유지되어 중화제국 주변의 평화가 장기 지속되었다고 설명한다. 이러한 주장은 제국 운영의 탄력성을 입증하는 것이니, 제국담론의 핵심요소라 하겠다.

마틴 자크처럼 조공제도를 '문화적·도덕적 제도'로 보는 것이 아니라, 국가 간 이해관계라는 관점에서 그것의 합리성을 규명한 워맥을 비롯한 국제정치학자들의 문제의식은 "중화제국이 주변 소국들과 유지해온 관계로부터 얻은 교훈은 오늘의 중국의 처지에 더 잘 적용할 수 있다"[33]라는 워맥의 기대에 압축되어 있다. 그들의 담론에서는 조공제도라는 제국의 유산이 오늘의 중국, 더 나아가 미래의 중국에 주는 정책적 함의가 주요한 위치를 차지한다.[34] 이 점에서 보면 제국담론은 미래 프로젝트의 성격이 짙다.

이런 성격 자체는 문제 삼을 일이 아니다. 여기서 필자가 지적하고 싶은 것은, 그들의 조공체제론이 중화제국 주변 소국의 역할을 비교적 간과한다는 사실이다.[35] 이 지적은 조공체제론이 미래 프로젝트로서 세계사적으로 어떤 역할을 수행하게 될 것인가를 가늠하는 기준과도 관련되기에 중요하다. (본 에필로그의 후반부에서 다시 논의하겠지만, 이는 중국이 자본주의 세계경제의 정치적 상부구조인 국가간체제의 근본적 변혁에 조공체제라는 제국적 유산을 창의적으로 동원하는 길을 걸을 것인지 여부와 직결된다.)

294

이와 관련해 김선민(金宣旼)이 청제국 안에서 한인(漢人)·만주족·몽골족의 각기 다른 위치와 역할이 있었듯이 "조선 역시 보편제국의 외번(外藩)으로서 상징적인 역할"을 했다고 지적한 것은 주목할 만한 가치가 있다. "중화문명의 일원으로서 조선은 청제국의 보편주의를 드러내는 데 매우 적절한 주체이자 대상"이었다.[36] 필자 또한 본서 제2부 1장에서 한중관계사에서 차지하는 한국의 위치·역할의 중요성을 양자관계의 '변하지 않은 조건'으로 중시하면서 "조선의 태도 여하에 따라 동아시아의 질서가 잘 유지될 수도 균열을 일으킬 수도 있는 가능성이 모두 있었다"라고 강조한 바 있다.[37]

3. 제국담론의 비판적 검토(2): 문명국가론과 천하관의 현재적 기능

제국이라는 개념을 전면에 내세우지 않으면서도 제국담론을 강화하는 또다른 개념이 '문명국가'(civilization-state)다. 이 역시 역사학계 밖에서 더 자주 논의된다.

이와 관련해서도 (앞서 거론한) 마틴 자크가 다시 한번 눈길을 끈다. "국민국가는 문명국가라는 지층 구조의 표층에 해당할 뿐이다"[38]라고 역설하는 그의 설명을 직접 들어보자.

중국이 문명국가라는 것은 단순히 중국이 국민국가로 등장한 것이 비교적 최근이라서가 아니라 최소한 2천년에 걸친 오랜 역사가 끊임없이 현재 상황에 개입해 길잡이 역할을 하기 때문이다. 중국인들이 중국을 세계의 중심으로 생각하는 중화사상에 끊임없이 고취되는 것도 중국이

문명국가이기 때문이다. (…) 중국의 경우에는 역사와 더불어 문명 또한
살아 움직이며 이렇게 살아 움직이는 문명이 중국과 중국인의 정체성 및
맥락을 규정짓는다.[39]

그가 중국이 국민국가라기보다 문명국가라고 규정하는 중요한 근거
는, 중국이라는 국가의 정체성이 중국문명에 뿌리를 두고 있기에 국민
국가의 원동력이 되는 민족주의와는 다르다는 점이다. 중국인들은 기
본적으로 문명 관념을 토대로 중국의 영토와 통일국가의 특징을 설명
하는데, 이야말로 문명국가로서 중국의 성향을 보여주는 가장 분명한
예가 된다.[40]

물론 세계에는 여러 문명들이 존재한다. 서구문명도 그 하나의 사례
다. 그러나 세계사에 유례없는 긴 역사와 방대한 지리적·인구적 규모와
다양성이라는 두가지 특징을 지닌[41] 중국, 게다가 국민국가로의 전환에
일단 성공한 중국이야말로 유일한 문명국가인 셈이다.

마틴 자크가 주목한 중국문명의 근간은 쉽게 예상되듯이 유교사상
이다.[42] 그런데 여기서 역사 속에서 변해온 다양한 모습의 유교를 뭉뚱
그려 중국문명의 근간으로 삼는 마틴 자크의 논술이 역사적 실제에 대
응하는지를 깊이 따지고 드는 것은 역시 그리 생산적인 논의방식이 아
니다. 그렇더라도 이 점만은 꼭 지적해야겠다. 청왕조 역사를 둘러싼 근
래의 국제 학계 논의과정에서 드러나듯이, 청제국의 통치는 내륙아시
아적 성격('內亞東西橫向模式')과 중원-강남의 특성('中原-江南從向南北
觀')이 병행된 '일종의 복합식 신형통치체제'인만큼 동서남북을 종합하
는 시각이 필수적이다.[43] 그러니 어찌 유교만을 갖고 간단히 중국문명
의 근간이라 할 수 있겠는가. 중국문명의 복수성(複數性)·누적성(累積

296

性)은 결코 지나쳐선 안 된다.

　여기서 우리는 마틴 자크가 문명국가로서의 중국을 제기할 때 유교 자체에 초점을 두지 않음을 간파해야 한다. 그의 문명국가론은 오늘과 내일의 중국의 정체성을 강조하는 데 핵심이 있다. 그래서 그는 문명중국의 내부적인 작동방식이 "사실상 연방제에 가까운 것"이라는 특징을 지닌다고 주장한다. 겉으로 단일한 정부체제를 유지함에도 불구하고 "개별적인 정치적·경제적·사회적 체계를 가진 준자치적 성(省)들로 구성된 하나의 체계"다. 중국의 성이 국민국가와 비슷한 모습이고,[44] 청조라는 제국이 분해되지 않고 남았기에 중국은 그 규모로 봐서 각지의 국가연합체를 넘어선다.[45] 바로 이 특성 때문에 대일통이 전제로 인정되는 한 다양성이 보장되는데, 중국이 홍콩에 부여한 일국양제가 그 전형이다. 이는 국민국가라면 용인되기 어려운 방식이다.[46] 하지만 이것이 바로 영토적 혹은 정치적 의미가 아니라 문화에 기반을 둔 실체로서의 문명국가 중국의 내부적 운영원리인 셈이다. 더 나아가 그것은 외부라는 또다른 차원으로 무리없이 확장되어 '대중화권'을 구성한다.[47]

　이 같은 문명국가 담론은 중국의 현재와 미래를 정확하게 예측하기 힘든 서구인들이 그 이유를 중국의 과거를 이해하지 못한 탓으로 돌리면서 창안한 개념이라 하겠다. 이 점은 일찍이 정치문화에 착안해 중국정치를 분석해온 루시언 파이(Lucian W. Pye)가 제시한 개념에서도 잘 드러난다. 그는 중국이야말로 마치 유럽의 로마제국이 오늘날까지 지속해오면서도 '하나의 국민국가'로 기능하려고 노력하는 것 같다고 비유하면서, "중국은 국가군(the family of nations)에 속한 단순한 또 하나의 국민국가가 아니라, 하나의 국가로 자처하는 문명국가(a civilization-state pretending to be a state)다"라고 표현했다.[48]

근래 들어 중국에서도 바로 이 문명국가 개념을 도입해 현대화하되 비서구화(去西方化, de-Westernization)에 성공한 자신감, 자기 문명에 대한 긍정적 태도를 표출하는 지식인들이 출현했다. 그 대표적인 인물이 간 양(甘陽)이다. 그는 20세기 중국의 중심과제는 근대적 '민족국가'를 수립하는 것이었으나, 21세기의 그것은 민족국가의 논리를 초월해 자각적으로 중국을 '문명국가'로 다시 세우는 것이라고 역설한다.[49]

그가 문명국가 담론을 제기하고 나서는 데에는 바로 앞서 본 서양학자들의 문명국가 담론이 큰 도움이 된 듯하다. 중국을 진지하게 연구하는 학자들이라면 중국이 국가인 동시에 수천년의 중후한 역사를 지닌 거대한 문명임을 수긍하게 마련이다. 그는 파이가 말한 '국가로 자처하는 문명국가'라는 표현을 직접 인용하면서 이런 담론이 서방 정치학계에 유행한다고 주장한다. 더 나아가 그는 중국 근대사상 자원에서도 그 근거를 찾는다. 량 치차오(梁啓超)가 「신민설」(新民說, 1902~06)을 구상할 때는 민족국가 수립이라는 단기적 급무에만 관심을 가졌으나, 그로부터 십여년 지나 「대중화잡지발간사」(『大中華』雜志發刊辭, 1915)나 「중국과 터키의 차이」(中國與土耳其之異, 1915)를 발표할 때는 '대중화문명국가'의 장기적 전망을 갖게 되었다는 데 착목한다. 간 양은 민족성('國性')을 구성하는 핵심 요소로 (혈통이 아닌) 문명성에 주목한 량 치차오의 주장을 들어 바로 이 자원을 21세기 중국사상계의 출발점으로 삼아야 한다고 본다.[50] 이처럼 과거의 중국문명으로 돌아가는 것을 정당화하기 위해 "복고 자체는 일종의 혁신이자 혁명"라고까지 힘주어 말한다.[51]

필자는 그의 주장에서 중국의 민족주의적 열망을 느낀다. 그는 중국이 '현대화하되 비서구화에 성공'한 것을 강조하기 위해 터키의 서구화

298

사례를 '스스로 거세한 현대화 노선'으로 규정하고 이처럼 '자아분열적 국가'인 '삼류국가' 터키처럼 중국이 서양의 종속국이 되길 원치 않는다고 말한다.[52] 여기서 루시언 파이가 문명국가를 제기하면서 그것을 중국만이 아니라 그밖의 다른 많은 아시아 국가들에도 적용할 수 있다고 밝힌 사실[53]을 꼭 상기해볼 필요가 있다. 더욱이 중국에조차 지금 형태로 이를 계속 적용할 수 있을지 한번 숙고해볼 일 아닌가.

문명과 더불어 유행어로서 제국담론 확산에 기여하는 것이 '천하'다. 자오 팅양(趙汀陽)은 자신의 저서[54]에서 중국의 전통적 천하관을 재해석해 이를 유럽의 근대 민족국가가 확장된 형태인 제국주의의 논리에 대항할 수 있는 21세기 평화의 세계질서 원리로 제시한다. 그는 서방의 민족이나 국가로 구성된 세계 개념과 달리 중국인의 세계관인 천하 관념은 다층복합적인 의미를 띠므로, 천하 즉 (중화)제국은 근본적으로 '국가'가 아니고 더욱이 민족국가도 아닌 일종의 정치·문화제도이자 하나의 세계사회라고 설명한다.

그의 천하이론의 핵심은 바깥이 없다는 '무외(无外)'원칙이다. 기독교에 기반을 둔 서방의 세계질서가 적과 나를 구별하는 데서 출발한다면, 천하이론은 일종의 '적을 벗으로 바꾸어내는'〔化敵爲友〕이론이고, 그 '화(化)'는 남을 끌어들이는〔吸引〕것이지 정복하는 것이 아니다. 따라서 무외원칙은 천하이론을 세계질서의 원리로 끌어올리는 근거가 된다.[55] 앞서 본 제국의 운영원리인 관용에 잘 들어맞지 않는가.

그의 '무외'원칙은 '내외(內外)'원칙에 의해 보완된다. 그에 따르면, 두 원칙에서 말하는 '외' 개념은 결코 동일한 차원의 것이 아니므로 서로 모순되지 않는다. '무외'원칙은 세계제도 차원의 원칙으로서 "어떤 타자도 이단으로 만들지 않는" 사해일가(四海一家) 관념이고, '내외'원칙은 국제관계 차원의 원칙으로서 친소유별(親疎有別)의 원근관계를 설명하는 것이다. 이 내외의식이 나중에 발전하여 이른바 '화이구별(華夷之辨)'이라는 의식을 이룬다. 그런데 무외원칙이 내외원칙에 제약을 가하므로 화이의 구별도 문화적 차이로 표현될 뿐 공존할 수 없는 대립을 야기하거나 이단적인 타자를 성립하지는 않고, 또한 천하·제국이 군사적 제국으로 발전해가는 추세를 억제한다. 결국 그가 말하고자 하는 바는 중국이라는 천하·제국이 이상으로 추구한 것은 군사제국이 아니라 문화제국이었고 이 문화제국은 '예(禮)'를 기본원칙으로 삼아 자기억제를 수행해왔다는 내용이다.

이와 같은 자오 팅양의 천하담론에서 그 이념과 실제 사이의 거리를 지적하는 것은 역사학도로서 손쉬운 일이다. 그러나 필자는 그보다 본 에필로그의 주제와 직결된 제국성의 한 측면인 관용이라는 관점에서 한가지 점만을 비판하고 싶다. 그가 천하관을 지탱하는 중국사상의 기본능력 내지 기본정신을 "때에 따라 변(變)할 수 있는 것이 아니라 무엇이든 모두 변화(化)시킬 수 있"는 화(化)로 파악한 데 담긴 구심성의 문제다. 그는 이것이 서양의 관용처럼 타자를 혐오하지만 참아내는 것과 다른 '대도(大度)'이고 다양화를 받아들이되 '여럿(多)'을 '하나(一)'로 포용하는 것이라고 설명한다.[56] 하지만 여기에서 멈출 뿐, 더 나아가 '하나'가 동시에 '여럿'으로 열리는 원심성을 보여주지는 못한다.[57]

이 점을 필자보다 더 강하게 비판한 학자는 윌리엄 칼라한(William A. Callahan)이다. 자오 팅양이 '적을 벗으로 바꾸어내는' 원리라든가 정복이 아닌 '귀의(皈依)'를 강조하나 칼라한이 보기에 그것은 '일종의 제국폭력 논리'에 다름없다. 더 나아가 그는 자오의 책이 인기를 누린 것은 중국 내부에서 민족주의적 방식으로 전지구적 문제를 해결하려는 갈망, '일종의 애국주의 형식의 보편주의'(a patriotic form of cosmo-politanism)가 유행함을 보여주는 현상이라고 지적한다. 단 칼라한이 자오에 대하여 비판하는 골자, 즉 "포스트헤게모니적 씨스템의 제안이 종종 새로운 (때로는 폭력적인) 포섭과 배제의 체제라는 싹을 포함한다. 즉 천하는 새로운 헤게모니의 대중적 사례를 보여주는데, 이로써 제국의 위계적인 거버넌스가 21세기에 업데이트된다"라는 발언[58]은 지나친 감도 없지 않다. 그러나 이는 천하관뿐만 아니라 문명국가관까지 포함한 넓은 의미의 제국담론을 우리가 평가할 때 참조할 만한 가치가 있지 않을까.

필자는 본서 제2부 1장에서 칼라한의 우려와는 다른 차원에서 쉬 지린의 '신천하주의'를 비판적으로 소개한 바 있다.[59] 그가 제창하는 '신천하주의'가 단순히 중국대륙을 포함한 화문세계(華文世界)에 퍼져 있는 중국인의 새로운 정체성의 재구성에 그쳐서는 결코 보편적 문명이 될 수 없다는 점을 지적했다. 그것이 동아시아인 전체, 더 나아가 전인류를 위한 사상자원으로 잘 다듬어질 때 진정 보편적 가치를 품게 될 것이다. 필자는 그렇게 되기를 고대하는 뜻에서 조언했다.

문명국가론이나 천하관 논의는 모두 제국의 관용을 입증하는 데 중점을 두며, 각 발신자 개인에 따라 그 짙고 옅음의 차이가 있을지언정 중국과 미래에 대한 메시지를 담고 있음은 매한가지다. 이 점을 명료하게 표현한 이가 바로 자오 팅양이다. 그는 "중국을 다시 생각해 다시 구축한다(重思中國, 重構中國)"를 자신의 저술 의도로 밝혔다.[60] 그처럼 중국의 의제를 설정해 인민이 중국의 과거와 현재 및 미래를 이해하는 틀을 강력하게 조정하는 담론이 제국담론이므로[61] 우리는 그 원리를 눈여겨봐야 한다. 또한 그들이 발신하는 담론은 서구학자의 연구성과에 의해 격려되는 동시에 거꾸로 그것에 깊이 영향을 미치는 순환과정에서 더욱더 증폭되어 중국에 대한 우리의 인식구조에 깊이 작용한다. 한국 학계와 논단이 예민하게 주의를 기울이며 때로는 그 논의에 개입하지 않을 수 없는 이유가 여기에 있다.

4. 주변에서 모색되는 주권의 재구성과 제국담론

이 같은 제국담론에는 어떤 관점을 갖고 개입해야 하는가. 필자는 중화제국-일본제국-미제국으로 이어지는 중심축의 이동에 의해 위계 지어진 동아시아 지역사의 모순과 갈등이 응축된 주변, 곧 '핵심현장'[62]에 근거해 발언하고자 한다.

요즈음 필자가 주목하는 핵심현장은 대만, 오끼나와 그리고 분단체제하의 한반도이므로 그 순서로 일별해보겠다.• 이 세 장소는 과거 중화제국 판도(곧 중화세계)와 전통적 동아시아 지역질서가 중첩된 곳에 위치한다. 지금 이들 핵심현장에서 주권(의 지고성)에 대한 도전이 시도되고 있는데 이것이 '제국으로서의 중국' 담론에 어떤 의미를 지니는지 검토해보려 한다.

청조 초기 반청 해양세력을 제거한 1683년의 시점에서야 비로소 중화제국 판도, 즉 외경 안으로 들어온 대만에 성(省)이 건립된 것은 일본 메이지정부와의 사이에서 표류민사건이 발생한 직후인 1883년이다. 이후 대만은 1895년 청일전쟁에 패한 청조에 의해 일본에 넘겨졌다가 일

• 본 4절에서 제시하는 세가지 핵심현장(대만, 오끼나와, 한반도)과 주변의 주권 재구성에 관해서는 본서의 프롤로그와 제1부 7장 「복합국가와 '근대의 이중과제'」에서 더욱 상세히 다루었다.

302

본제국이 패망한 1945년 직후 국공내전 중에 중화민국의 영토가 되었다. 1949년 중화인민공화국이 수립된 이후 대만과 중국대륙의 분열은 이른바 '양안문제'로 불리는 특수관계를 낳았다.

보통의 국가 간 관계가 아니라 중립적 용어인 양안관계로 불리는 분열된 중국의 한 당사자인 대만문제에 관해서는, '제국으로서의 중국'이라는 시각에서 발언하는 카라따니 코오진(柄谷行人)의 주장이 흥미롭다. 요약하자면, 지금 중국은 오랜 대만문제를 "'제국'적인 방법을 통해 실질적으로 거의 해결"했다. 즉 오늘날 대만해협에서 첨예한 군사적 긴장이 재연되리라고는 여겨지지 않으며, 또 두 당사자가 분열된 현상을 어느정도 만족스럽게 받아들인다면 그것은 근대적 주권의 논리를 유해무익한 것으로 방기함으로써 얻은 성과다. 이것이 시라이 사또시가 압축한 카라따니의 논거다.[63] 이를 정확히 이해하기 위해서는 카라따니가 제국으로서의 중국에 대해 가진 견해를 좀더 들어봐야 한다. 그는 중국공산당이 장악한 과거의 중화제국 영토가 탈냉전기 구소련처럼 나뉘지 않은 것은 공산당 지배가 강해서가 아니라 러시아나 유고와 달리 제국 전통이 강해서라고 해석한다. 그 제국을 유지할 수 있는 비결은 단순히 판도나 다민족·경제력의 크기가 아니라 유교적으로 말하면 '덕'이 있는가 여부다. 이런 관점에 근거해 그는 "중국에는 앞으로 커다란 변화가 있을 것이라고 생각하나 그것이 현재의 다민족국가가 분해되는 것은 결코 아닐 것이다"[64]라고 전망한다.

본 에필로그의 목적이 카라따니의 '제국으로서의 중국'관을 본격적으로 다루는 것은 아니므로 대만문제에 대해서만 논평하자면, 그 역시 다른 제국담론 주창자들과 마찬가지로 제국의 주변, 여기서는 대만인의 주체성에 대한 배려가 부족하다. 통일이냐 독립이냐의 이분법이 대만사회를 분단하고 있는 실정 아닌가. 설사 중장기적으로 통일과 독립의 이분법을 넘어서는 새로운 길(또는 양안관계의 제3의 모델)이 역사적으로 익숙한 중국의 '과거로의 회귀'일 가능성이 크다 할지라도,[65] 현재 다양한 양안관계 해결책에 골몰하는 대만인의 힘겨우면서도 창의적인 노력을 간과해서는 안 된다. 그것을 염두에 둔다면 카라따니 코오진처럼 대만문제가 간단히 "'제국'적인 방법을 통해 실질적으로 거의 해결"되었다고 말할 수는 없다.[66] 중국인이라는 개념 자체가 잡종적이고 비실체적인 개념으로서 대만사회 내부에서는 누구에 의해서도 '독점되지 않는' '개방적이고 미래지향적인 중국인 정체성'이라는 주장도 나온다.[67] 그 경우 대만인은 중국인이되 특수성 내지 독자성을 지니는 주체가 될 수 있을 것이다. 또한 주권과 국민국가의 틀을 넘어설 새로운 가능성도 대만 시민사회 내부에서 모색되고 있다. '복합사회' 구상은 그 하나의 사례다. 닝 잉빈은 일국양제처럼 소수자들만의 자치공간인 특별구(專區, special zone)를 설치하는 전면적 다원주의를 시행하여 국민국가의 틀을 넘어서자고 주장한다.[68] 흡사 전통시대 내부경계(內境)의 확산을 연상케 하는 방식을 통해 주권의 분할을 확대하려는, 그의 복합사회론을 비롯한 대만의 다양한 시도는 중국—또는 제국으로서의 중국—의 탄력성을 시험하는 리트머스 시험지로서 '제국으로서의 중국'을 비판적으로 보는 시야도 제공한다.

또 하나의 핵심현장인 오끼나와 역시 국가주권 귀속의 복잡성을 보여준다. 한동안 중화세계의 외부경계(外境)와 접한 공간에서 독자적으로 존재해온 류우뀨우왕국은 중국의 명청왕조와 조공관계를 유지해왔다. 그러다가 일본 막부 치하에 예속되었는데 그럼에도 불구하고 중국에 여전히 조공을 바치는 이중 지배구조를 유지했다. 그런데 이 관계는

304

비대칭관계의 두 당사자가 상호전략적 고려에서 이 같은 관계를 유지한 것이지, 중국에 의한 일방적 강제의 결과는 아니었다. 또한 오끼나와는 이후 일본제국 치하에서도 '내부 식민지'로, 뒤이은 전후 미군점령 하에서는 '잠재주권'의 적용 대상이었다. 1972년 일본으로 '복귀'한 이후에도 주권의 중층성은 계속 문제가 되었다. 여전히 존재하는, 아니 더 확대된 미군기지는 '구조적 오끼나와 차별'의 근원이기에 일본 본토로 복귀한다는 것의 의미, 즉 오끼나와인에게 주권이란 무엇인가를 성찰하게 한다.[69]

이 같은 상황에서 전개되는 오끼나와문제와 주민자치운동은 지금 동아시아의 비판적 지식인들로부터 국민국가를 상대화할 수 있는 계기로서 집중 조명되고 있다. 희생자인 오끼나와에 '죄책감'을 느끼는 일본 지식인들이 그에 관심 갖는 것은 당연하겠지만, 그간 무관심하던 중국어권에서도 이 문제에 대해 발언하기 시작했다.[70] 그 과정에서 오끼나와를 매개로 자기 사회와 국가를 성찰한다는 뜻을 가진 '방법으로서의 오끼나와'라는 발상까지 제출되었다.[71]

본서 프롤로그에서 밝힌 것처럼 이 창의적 작업은 일본 정치지형에서 '중국의 오끼나와 속국 프로젝트'에 복무하는 것으로 비난받기도 한다.[72] 중화제국과 동아시아 지역질서가 중첩된 회색지대에 위치했던 오끼나와에는 일본의 다른 지역에 비해 중국에 친근감이 강한 지역이라는 역사적·문화적 특성이 존재한다. 그런데 지금 그것이 우익세력에게 공격의 빌미를 제공하는 실정이다.

사실, 오끼나와민중은 오랜 투쟁을 하는 과정에서 국제정치 감각을 벼려오면서 다양한 사상적 모색을 거듭해왔다. 물론 그 안에서 독립론이 분출하기도 하고[73] 그와 대척점에 서서 '비국가적이고 탈영토적인 새로운 사회', 즉 '류우뀨우공화사회'론이 제기되기도 한다.[74] 하지만 그 지역의 원로 아라사끼 모리떼루가 그러하듯이, 오끼나와의 자치권 강화를 통해 일본국가 개조를 촉구하고 동아시아 평화의 '촉매'가 되길 기대하는 움직임이 상대적으로 강하다. 아라사끼 같은 오끼나와 지식인들이 제기하는 '생활권' 개념은 국경과 영토 개념을 넘어서기 위한 창의적인 노력의 소산이다.[75]

이제 세번째 핵심현장인 분단체제하의 한반도에서 발신하는 복합국가론에 대해 살펴볼 차례다.

중화세계의 외부경계 밖에 존재한 한국은 19세기 후반 청과 조공체제를 유지하는 한편 다른 국가들과는 근대적 조약관계를 맺는 이중적 국제질서 속에서 주권의 애매성을 일찍이 경험했다. 또한 식민지 시기에는 주권을 상실하면서 그 중요성을 깨달았다. 냉전기에는 한반도가 분단체제에 놓이게 된 탓으로 대한민국은 미국 중심의 비공식적 제국 속에서 '구멍 난 주권'을 경험하게 되었다. 이후 남북한이 상호교류와 협력을 강화하는 과정에서 한반도의 통일에 대한 보다 창의적인 사고와 실천이 요구되어왔는데, 그간 제기된 '복합국가'론은 주권에 대한 유연한 사고의 일례다.

앞서 본서의 초반부에서 설명한 바 있지만,[76] 복합국가란 우리가 아는 일반적 의미의 국가(곧 단일국가, unitary state)에 대응하는 어휘로서 그 사전적 의미는 두개 이상의 국가의 결합체로 간주되는 국가형태다. 역사상 이미 출현한 유형으로는 대등한 결합관계를 갖는 연방과 국가연합, 그리고 지배종속적 결합관계인 종주국/보호국의 사례 등이 있다.

그러나 이 같은 사전적 뜻풀이보다는 그것이 한국사회의 통일·민주화운동 과정에서 창안된 실천적이고 실험적인 의미라는 사실이 중요하다. 이 용어는 1972년 7월 4일 공동성명 발표 직후 천관우에 의해 제기되었다.[77] 7·4공동성명(자주·평화·민족대단결)은 북한과의 통합 논의가 엄격히 금지된 냉전질서하였지만 분단된 이후 양 정부 사이에 처음으로 합의된 역사적인 사건이었다. 이에 고무된 그가 남한 내부의 통일을 강조하는 노선과 자유민주주의 노선 간의 분열을 극복하고 남북한이 "각 체제를 유지하되 '뭔가 하나의 국가로서의 덩어리를 형성'하고 점차 대화와 교류 거쳐 단일국가"로 나아가자고 과감하게 주장하기 위해 제출한 것이 복합국가론이다. 역사상 존재했던 복합국가 형태—예컨대 북한이 당시 내세운 통일방안인 연방제가 그 하나다—는 한반도에 적용되기 어려운 상황이므로 "한 민족의 어떤 적극적인 역량에 의해서 새로이 정말 역사상 처음 나타나는 그러한 것"이 그가 말한 복합국가다. 여기에는 북한의 통일방안을 택하지 않는다는 소극적 의미가 아니라 민주와 자유의 가치를 지키고 민족민주세력을 규합하여 통일에 기여한다는 적극적 의미가 담겨 있다. 이렇듯 시민사회의 절실한 실천 의지에서 나온 창의적인 구상이라 말할 수 있다.[78]

이 구상이 근 20년이 지나 백낙청의 분단체제론 구성요소로 자리잡으면서 한층 더 실천적인 성격이 강화되었다. 그는 "분단체제 극복의 방편으로 채택되는 연방 또는 연합체제가 '국가' 개념 자체의 상당한 수정을 동반하는 새로운 복합국가 형태의 창출이 아니고는 곤란"[79]하다고 지적한다. 그것은 '완전한 통일국가'로 나아가는 잠정단계로 굳이 한정될 필요가 없다는 것이다. 그는 이어지는 여러 논객들과의 논쟁 속에서 자신의 복합국가 구상을 다듬어갔다. 그것은 "단일국가(unitary state)가 아니라 온갖 종류의 국가형태, 즉 각종 국가연합(confederation)과 연방국가(federation)를 포용하는 가장 외연이 넓은 개념"으로서 "주권문제를 단일 국민국가 모델에 집착함이 없이 창의적으로 해결하자는 극히 포괄적이고 원론적인 제안"[80]이다.

필자는 1999년 백낙청의 구상을 원용하면서 동아시아에 확대적용을 시도해본 이래 이를 필자 자신의 동아시아론의 주요 구성요소로 삼아왔다.[81] 물론 이 구상이 2000년 남북정상이 합의한 6·15선언의 제2항(국가연합 또는 낮은 단계의 연방제 합의)에 뒷받침되어 단순한 시민사회의 창의적 제안에 그치지 않고 두 정부의 추진에 의해 실현될 가능성이 높았던 적도 있다. 그무렵에는 한국의 역대정부가 제기한 '남북연합'안과 기존 국제법상의 국가연합이나 연방제의 고전적 개념이 어떻게 같고 다른지가 구체적으로 논의되기도 했다.[82] 그런데 국가연합이나 연방제 모두 복수 국가의 결합체라는 점에서 복합국가의 한 유형이라는 사전적 정의도 알맞거니와, 민간에서 제기된 복합국가는 온갖 종류의 국가형태를 포용하는, 말하자면 우산같이 포괄적인 구상인 동시에 국가 간의 결합양상이자 국민국가의 자기전환의 양상을 겸한 새로운 국가기구 창안 작업임을 다시 한번 명확히 해둘 필요가 있다. 지금처럼 남북관계가 악화된 실정에서는 오히려 민간 차원에서 단일 국민국가 모델에 집착함이 없이 주권문제를 창의적으로 해결하려는 노력이 절실한 법이다. 필자가 데리다의 '주권의 partage'(분할이자 분유: 이 둘을 아우르는 한국어 어휘는 '나눔')에 기대어 동일한 영역에서 복수의 주권이 겹치는 체제를 '다가올 민주주의'의 가능성으로서 기대하고, 동아시아에서의 공생사회를 구상해본 것은 그런 노력의 일부다.[83]

남북한이 평화적 합의에 의해 창의적인 복합국가 형태를 구현하는 것은 동아시아에서 벌어지는 다양한 자치권운동의 진화를 촉진할 수 있다. 그 일부로서 중국 본토나 대만도 표면적으로 어떤 정책을 내걸든—홍콩식 일국양제든 일국삼제든 또는 21세기형 제국이든—그들 나름의 창의적인 해법을 찾아내는 데 한반도의 복합국가가 구현한 정신이나 실천경험이 실질적으로 기여할 수 있지 않을까.

5. '제국'론과 '복합국가'론의 (비대칭적) 대화

중국 안과 밖에서 제출된 조공체제론·문명국가론·천하관을 중심으로 검토해본 '제국으로서의 중국' 담론의 공통된 특징은 중국의 과거·현재·미래를 국민국가 같은 서구의 경험에서 나온 개념으로는 파악할 수 없다는 것이다. 또다른 공통점은 일부에서 과거 유산의 연속성을 부각하지만 그것이 역사적 실제와 반드시 대응하는 것이 아니라는 사실이다. (앞서 본 것처럼) 모떼기 토시오가 적확하게 지적했듯이 현실 속에서 이미 사라졌기 때문에 오히려 이상화된 것이 제국의 유산이다. 그래서 자오 팅양이 분명하게 밝혔듯이 "중국을 다시 생각해 다시 구축"하는 과제가 제국담론의 핵심적 문제의식이 된 것이다. 바로 이 점을 중시하면 제국담론이란 다름 아닌 '프로젝트로서의 제국'이라 불러야 마땅하다. 그것이 중국 안의 발신자에겐 중국의 어제와 오늘에 대한 자부심, 곧 민족주의적 열망 및 미래 중국의 세계사적 역할에 대한 높은 기대의 표현이고, 중국 밖의 발신자에겐 서구 근대의 대안에 대한 조심스러운 전망의 발현이다. 이 점을 완곡하게 표현한 것이 중국의 안과 밖에 걸쳐 있다 할, 화인(華人) 지식인 왕 경우(王賡武)다. 그는 중국의 미래는 "국민국가도 제국도 아니라 산업과 과학이 전통유산의 정화(精華)와 융합된 문명을 통해 중국적 국가로 갱신(renewal)"하려는 것이고, 중국인이 열망하는 것은 "보편적 가치를 전파할 수 있는 일종의 제국적 쏘프

트파워(the kind of soft imperial power)"라고 진단한다.[84]

필자는 이러한 '프로젝트로서의 제국' 담론이 넓은 의미의 중국인 (곧 화문세계 전체)만을 위해서가 아니라 그밖의 세계인 전체에게도 요긴한 보편적 자산이 되기를 바란다. 주변(특히 동아시아의 핵심현장)에서 그것을 다시 볼 필요를 역설했던 이유가 바로 여기에 있다.

제국담론이 그러한 역할을 감당하기 위해서는 핵심현장의 하나인 한반도에서 창안된 '복합국가'론과 서로 참조하는 관계를 맺어야 한다. 왜냐하면 제국성에는 '(전략적) 관용'과 더불어 '팽창'이라는 요소가 담겨 있어 제국담론이 불가피하게 수반하는 그러한 부정적 이미지(또는 역사기억)가 중국이 추구하는 보편성을 드러내는 데 오히려 부담이 되기 때문이다. 또한 현재 그리고 상당 기간의 장래에 거대 중국이 근대세계체제의 규칙에 따라 하나의 국민국가로 행위하는 틀을 벗어나기 힘들다고 보기 때문이다. 이 점과 관련해 다시 보면 종래의 국민국가 담론에서 제국담론으로의 이행이 아니라, ('제국형 국민국가'라는 용어처럼) 두 담론을 결합하거나 더 나아가 양자를 극복할 대안적 개념이 요구된다. 복합국가론이 바로 이러한 발상의 전환에 어느정도 부응하지 않을까 싶다.

그렇다면 복합국가라는 시각에서 중국(사)에 접근할 때 어떤 이점이 있을까. 무엇보다 먼저 제국이라는 역사유산의 부정적 이미지에서 벗어날 수 있다는 점이 있다. 제국은 아무리 재규정해 그 의미를 한정한다 해도 전근대 '중화제국'으로의 후퇴라는 부담이 클 수밖에 없다. 그렇기에 중국인들이 제국보다 문명이나 천하 개념 쪽을 더 선호하고 있지 않은가.

그다음으로 중국이라는 중심과 그 주변 이웃 사회 또는 국가와의 비대칭적 균형관계에서 더 나아가 주변의 주체성을 제대로 고려하는 역동적 균형관계를 적극적으로 사고할 수 있다. 예를 들면 홍콩에는 이미 '일국양제'가 시행되고 있으니 중국의 내부경계(內境)이자 '구멍 난 주권'으로 중국의 단일형 국가로서의 성격을 흔들고 있는 셈이다. 또한 대만은 (적어도 단기적·중기적으로는) 홍콩 이상의 독자성을 확보함으로써—공식적인 국가의 틀이야 여하튼—중국이 실질적인 복합국가로 나아가게 할 공산이 크다. 더 나아가 동북아나 동남아 여러 나라들과의 탄력적인 관계 형성에도 기여할 수 있다.[85]

세번째 이점은 제국담론이 국가를 위주로 한 것을 넘어 민간사회의 역할을 중시하면서 국가와 사회의 관계, 달리 말하면 중국의 내부적 운영원리에 새롭게 접근할 수 있다는 점이다(한반도의 복합국가론이 본래 시민참여형 통일론이고 그 과정에서 남북한 각각의 국가 내부의 개혁을 중시하는 발상임을 상기해보자). 이 시각에서 다시 보면, '일종의 종합사회'[86]라고도 불릴 정도로 다양성을 지닌 방대한 규모의 중국사회의 통합방안으로 19세기 말과 20세기 초 제기된 바 있는 연방주의에 해당하는 여러 갈래의 구상과 직업대표제에 기반을 둔 민주주의 이념과 실천경험의 가치가 되살아난다.[87] 그뿐만 아니라 오늘의 중국에서도 '반(半)연방주의' 내지 '신복합제국가'가 사실상 시행되고 있어 단일형 국가를 표방하는 헌법 이념과 괴리가 있다는 지적도 있다.[88] 비록 이런 흐름이 중앙집권에 대한 견제에 집중된 것이긴 하나 다양한 사회세력의 참여를 보장하는 중국의 관용적 국가제도에 대한 상상력을 활성화하는 것은 분명하다.

끝으로 오늘의 중국이 중화제국의 역사적 축적 위에 서면서도 그와 동시에 '포스트근대적 제국'[89]으로 나아가는지 여부를 따져보는 데에도 복합국가 개념이 크게 도움이 된다. 주권의 다층성·중첩성을 중시한다는 점에서 제국담론과 복합국가론은 통한다. 단, 복합국가론은 단기적 국가개혁 과제를 주권의 재구성이라는 중·장기적인 국민국가 극복의 과제와 하나로 결합하려는 문제의식과 일관된 실천자세를 지닌다는 점에서 차이가 난다.[90] 다시 말해 '포스트모던(실상은 포스트자본주의)' 세계체제가 굳이 '제국'의 세계질서이어야 하는지를 되묻는 것도 복합국가론의 문제의식인 것이다.

대국으로 굴기한 중국이라는 세계적 난제에 직면해 '제국으로서의 중국'이 중국인에게는 물론이고 전세계인에게도 '좋은 제국'이 되길 바라는 기대가 제국담론 안에 존재한다. 그런데 그러한 일종의 '자기성취적인 예언'이 실현되기 위해서는 중국의 '제국성'의 역사와 현재를 이해하는 데 그쳐서는 안 된다.[91] 중국이 세계체제의 논리에 순응하는 (바꿔 말하면 패권국가로서 미국을 승계하는) 제국이 될 것인지, 아니면 세계체제의 논리를 거스르는 제국화의 길을 걸을 것인지, 또 그 두 길도 아니라면 세계체제 자체의 근본적 변혁에 그 제국적 유산을 창의적으로 활용하는 길을 갈 것인지 추궁해야 한다. 지금 교차로에 서 있는 것이나 다름없는 중국이 어떤 길을 택할지는 기본적으로 중국인들의 몫이지만 연동하는 동아시아에 사는 우리는 중국인의 선택에 개입할 여지를 찾지 않을 수 없다.

그 방법의 하나가 필자가 말하는 '비판적 중국학'을 정립하여 중국과 그 주변 여러 나라의 주체 간에 서로를 비추는 거울(곧 '공동주관성')의 관계를 성립해내는 것이다.[92] 본 에필로그에서 제국담론을 비판적으로 검토하고 그 한계를 넘어서기 위해 동아시아의 핵심현장 중 하나인 한반도에서 축적된 사상자원인 복합국가론과 대화를 시도한 것은 그런

312

과제를 수행하려는 자세에서 나온 것이다. 비록 그 대화가 현재 세계학계의 담론 지형에 비춰볼 때 비대칭적 관계로 이뤄지기 십상일 뿐만 아니라,[93] 한반도의 복합국가 건설은 남북문제 해결이라는 당면과제의 일부인 데 반해 중국이 복합국가로 가는 길은 세계체제 변혁과도 연결된 긴 시간대의 과정을 토대로 할 수밖에 없는 차이가 있다. 그러나 양자의 소통이 시작된다면 그 상호작용은 주권의 분할·분유를 실현할 대안적 국가 구상 작업에 커다란 효과를 일으킬 것이 분명하다.

프롤로그 '핵심현장'에서 찾는 동아시아 공생의 길

1 張海鵬·李國强「論"馬關條約"與釣魚島問題」,『人民日報』2013.5.8.

2「'琉球問題再議論を'執筆者」,『每日新聞』2013.5.23.

3「오키나와 영유권은 중국에」,『경향신문』2013.5.9.

4 졸고「주변에서 동아시아를 본다는 것」, 정문길·최원식·백영서·전형준 엮음『주변에서 본 동아시아』, 문학과지성사 2004, 16, 36면; 졸저『思想東亞: 韓半島視角的歷史與實踐』, 臺北: 臺社 2009, v, vi면;『思想東亞: 朝鮮半島視角的歷史與實踐』, 北京: 三聯書店 2011, 6~7면.

5 이에 대한 좀더 상세한 필자의 논의는 본서 제1부 2장「동아시아론과 근대적응·근대극복의 이중과제」67면 참조.

6 쑨 거·백영서「비대칭적 한중관계와 동아시아 연대」,『창작과비평』2013년 여름호 198면.

7 개번 매코맥「작은 섬, 큰 문제: 센까꾸/댜오위다오의 역사와 지리」,『창작과비평』2011년 봄호 58면.

8 이상의 논점은「人民日報'琉球'論文: 沖繩反應は複雜」,『沖繩タイムズ』2013.5.10.

9 양자 관계의 역사적 실상에 대한 설명은 차혜원「明朝와 琉球 간 冊封朝貢 외교의 실체」,『중국사 연구』제54집(2008.6) 및 渡邊美季「琉球から見た淸朝: 明淸交替, 三藩の亂, そして太平天國の亂」, 別冊『環』16(淸朝とは何か), 東京: 藤原書店 2009 참조.

10 임성모「潛在主權과 '在日'의 딜레마: 점령 초기 오키나와의 지위와 정체성」,『韓日民族問題研究』Vol. 10(2006).

11 鹿野政直『沖繩の戰後思想を考える』, 東京: 岩波書店 2011, 76~89면.

12 이 표현은 아라사끼 모리떼루『오끼나와, 구조적 차별과 저항의 현장』, 백영서·이한결 옮김, 창비 2013에서 빌려왔다.

13「東京觀察: 地位未定論凸顯中國覇權」,『自由時報』2013.5.20.

14「琉球地位未定論」,『中國時報』2013.5.9.

15 대만에 있는 중화민국의 국제지위는 논란의 대상이다. 그런데 1952년 중화민국과 일본 사이에 맺은 '중일화약(中日和約)'이 효력을 발휘한 이후 중화민국의 지위는 국제법상 확정되었다고 보는 주장도 있다. 林滿紅『獵巫, 叫魂與認同危機: 臺灣定位新論』,

臺北: 黎明文化 2008 참조.

16 복합국가론에 대한 보다 상세한 필자의 논의는 본서 제1부 2장 「동아시아론과 근대적응·근대극복의 이중과제」 73~77면 참조.

17 「尖閣融和への提言 2: 白樂晴インタビュー」, 『沖繩タイムズ』 2012.10.24. 천 광싱(陳光興)은 분쟁지역을 '경계교류권(境界交流圈)'이나 '근린주민생활권(近隣住民生活圈)' '비무장(非武裝) area'로 바꾸자고 제안한다. 「尖閣融和への提言 4: 陳光興インタビュー」, 『沖繩タイムズ』 2012.10.26.

18 中島隆博 「主權のパルタージュ分割にして分有: 原子力と主權」, 연세대 국학연구원·토오꾜오대 철학센터(UTCP) 공동주최 국제학술회의 '공생과 공공성: "현장"에서 되묻기'(서울: 2013.6.13~14) 발표문.

19 인민주권은 국가주권과 다른 것은 물론이고 국민주권과도 차이가 있다. 국민주권은 사람들을 '국민'으로 편성한 상태에서 그 주권자인 국민이 스스로의 대표자를 선출하고, 그 대표자에 의한 통치를 받아들이는 것이 기본이다. 인민주권은 인민은 정치적으로 완전히 평등하고 인민 스스로가 주권자로서 통치한다는 것이다. 따라서 대표제를 취하는 경우에도, 선출된 대표는 선거권자의 의향대로 행동해야 하며 그것을 어길 경우에는 해임된다. 中島隆博, 앞의 글.

20 「定住外國人としての在日朝鮮人」(1985), 『梶村秀樹全集』 6권, 東京: 明石書店 1993, 20, 25면.

21 이 연결고리는 와까바야시 치요(若林千代) 교수가 소개해주었다. 若林千代 「再び, '場所'を想像する」, 『現代思想』 2012년 12월호, 86면에도 그에 대한 언급이 나온다.

22 아라사끼 모리떼루, 앞의 책 123~24, 134면.

23 『週刊新潮』 2013년 5월 30일號, 30~33면.

24 「人民日報 '琉球' 論文: 沖繩反應は複雑」, 『沖繩タイムズ』 2013.5.10.

25 오끼나와 평화운동가들이 중국이나 북조선과 '내통해' 일본의 안전보장에 위협을 가한다고 선동하는 악의에 찬 비난도 우익으로부터 나온다. 한국에서도 보수적 정부를 비판하는 사람들을 '반미-친중-종북(북조선 추종)'이라고 비난하는 소리가 있다. 이에 휘말려 일일이 대꾸할 필요는 없다. 그러나 이와 별개로 제국건설과 국민국가 건설이 중첩되었다고 이야기되는 중국의 위치나 역할에 대한 설명은 동아시아 비판적 지식인이 감당해야 할 새로운 일감이다.

26 아라사끼 모리떼루, 앞의 책 256면.

27 제5회 동아시아 비판적 잡지 회의 첫 세션의 발표자인 정현곤의 「2013년의 한반도와 시민참여 통일과정의 모색」 참조.

28 Nak-chung Paik, "Toward Overcoming Korea's Division System through Civic Participation," *Critical Asian Studies*, Vol. 45, No. 2(2013) 참조.

29 花崎皐平『共生への觸發: 脫植民地·多文化·倫理をめぐって』, 東京: みすず書房 2002, 132면.

30 이른바 '쿠메시마수비대 주민학살사건'의 일부인데, 종전 후 한국에 돌아갈 날을 기다리던 한국인 남성(일본 이름 谷川昇) 일가족이 '스파이 행위'로 몰려 일본군에 의해 처형된 것이다. 이 사건은 1966년 한국에도 알려졌고, 위령비도 세워졌다. http://ja.wikipedia.org(2013년 6월 11일 검색) 및 「歸國の日を待つ遺骨」,『沖繩タイムズ』 1969.6.22.

31 이에 대한 발상은 위의 그림을 둘러싼 '예기적 지성〔藝術的 知性〕'의 집단작업의 성과인 李靜和編『殘傷の音: 'アジア·政治·アート'の未來へ』, 東京: 岩波書店 2009에서 얻었다.

32 이 능력은 자비라든가 사회적 영성이라고 바꿔 부를 수도 있을 것이다. 전자는 제5회 동아시아 비판적 잡지 회의 첫 세션의 발표자인 신조오 이꾸오(新城郁夫)의 발표에서 시사받았다. 그가 발굴해 소개한 '공화사회(共和社會)'(川滿信一「琉球共和社會憲法C私(試)案」,『新沖繩文學』 제48호, 1981)는 오끼나와의 독립을 모색하면서도 또 하나의 국민국가로 귀결되는 것을 막기 위해 비국가적이고 탈영토적인 새로운 사회의 모습을 제시한다. 여기에서는 영토나 법률, 구성원에 대한 규정을 피하고 유동화시키면서 구성원에게 요구하는 것은 '자비의 원리'뿐이다(제1장 제1조). 이 '자비의 원리'를 대하면서 필자는 평소 관심갖던 사회적 영성(靈性)을 떠올려보았다. 그러나 이 글에서는 이 종교적 차원에 대해 더 깊이 다루지는 못했다.

33 子安宣邦『アジアはどう語られてきたか』, 東京: 藤原書店 2003, 103~04면.

34 陳光興「'亞洲'作爲方法」,『臺灣社會研究季刊』 제57기(2005).

35 孫歌·丸川哲史 대담「東アジア越境する知」,『週刊讀書人』 2002.8.30.

36 졸고「중국에 '아시아'는 있는가」,『동아시아의 귀환: 중국의 근대성을 묻는다』, 창작과비평사 2000.

37 같은 글 64~65면.

38 이 발상은 石田雄『'周邊から'の思考』, 東京: 田畑書店 1981, 序에서 암시받았다.

39 딜릭은 제3세계에서의 탈식민주의담론 유행이 전지구화의 발전 추세와 결탁하여 전지구화 메커니즘이 주변부 지역에서 저항역량을 약화하고 엘리뜨 인재를 흡수하는 것을 돕는 일종의 담론 도구로 작용하고 있다고 꼬집는다. 그래서 전지구적 자본의 경영자들 사이에서도 탈식민주의이론이 인기가 있다고 한다. 아리프 딜릭『전지구적 자본주의에 눈뜨기』, 설준규·정남영 옮김, 창작과비평사 1994, 126면.

40 추위와이「누구의 '중국성'인가?」, 정문길·최원식·백영서·전형준 엮음, 앞의 책 102~08면.

41 세계체제론 가운데 '반주변부'는 중심부와 주변부로 양극화된 세계체제의 정치적 불안정을 완화하는 정치적 역할을 하지만, 정치적 변혁의 가능성 또한 안고 있다.

Immanuel Wallerstein, *The Capitalist World-economy*, New York: Cambridge University Press, 1979, 95~118면; 나종일 『세계사를 보는 시각과 방법』, 창작과비평사 1992, 81~186면 참조. 필자는 이 개념을 통해 주변에서 중심-주변 관계를 변화시키는 동력의 역사적 근거를 찾을 수 있을 것으로 기대한다. 특히 이 개념이 반주변부인 한국의 독특한 역할을 설명할 수 있으리라고 보지만, 이 글에서는 제대로 활용하지 못했다.

제1부 실천과제로서의 동아시아

제1장 연동하는 동아시아, 문제로서의 한반도: 담론과 연대운동의 20년

1 東アジア共同體評議會 編『東アジア共同體白書 2010』, 東京: たちばな出版 2010, 161~63면.

2 담론의 진전에 대해서는 이후 언급될 '지난 20년의 풍년'이라는 관찰과 2000년대 들어와 동아시아 인식이 희귀했던 중국에서조차 인식이 확산되는 추세가, 연대운동의 발전에 대해서는 서남포럼 엮음『2006 동아시아 연대운동단체 백서』, 아르케 2006가 그 근거라 하겠다.

3 필자가 말하는 '연동'은 일단 야마무로 신이찌(山室信一)가 말한 '연쇄'와 구별하기 위해 택한 단어다. 재일학자 조경달(趙景達)의 비판에 따르면, 아시아에서 일어나는 사상의 연쇄에서는 '일본이 주체이고 아시아는 객체'다(久留島浩·趙景達 編『アジアの國民國家構想』, 青木書店 2008, 2~3면). 이와 달리 필자가 말하는 연동은 서로 깊이 연관된 동아시아가 다방향으로 상호 작용하는 공간(곧 구조)을 서술하는 동시에 주체적인 연대활동을 가리키는 용어다.

4 한국의 동아시아 담론의 계보를 논하는 대부분의 연구자들은 『창작과비평』 1993년 봄호 특집 '세계 속의 동아시아, 새로운 연대의 모색'을 그 기점으로 삼는다. 필자는 편집자로서 이 특집기획에 참여했고, 같은 해 발표한 「한국에서의 중국현대사 연구의 의미: 동아시아적 시각의 모색을 위한 성찰」(『동아시아의 귀환』, 창작과비평사 2000에 수록)부터 동아시아 담론에 관한 글을 발표했다.

5 윤여일 「동아시아라는 물음」, 『황해문화』 2010년 겨울호, 306면.

6 류준필 「분단체제론과 동아시아론」, 『아세아연구』 제52권 4호(2009), 40면.

7 우리 논단에서 다양한 분류가 시도되었다. 예를 들면, 임우경은 유교자본주의론, 정치경제적 지역통합론, 탈근대적 문명론, 비판적 지역주의론으로 분류하면서 창비담론을 비판적 지역주의로 규정한다(「비판적 지역주의로서의 한국 동아시아론의 전개」, 『중국현대문학』 제40호, 2007). 또한 박승우는 경제공동체 담론, 지역패권주의 담론, 동아시아아이덴티티 담론, 대안체제담론으로 분류하고 창비담론을 대안체제담론으로 규정한다(「동아시아 지역주의의 담론과 오리엔탈리즘」, 『동아연구』 54호,

2008).

8 사회인문학에 대해서는 졸고 「사회인문학의 지평을 열며: 그 출발점인 ‘공공성의 역
 사학’」, 『동방학지』 149집(2010.3) 참조.

9 졸저 『동아시아의 귀환』 146~98면.

10 앙드레 슈미드 『제국 그 사이의 한국 1895~1919』, 정여울 옮김, 휴머니스트 2007,
 234~35면.

11 최원식·백영서 엮음 『동아시아인의 ‘동양’ 인식』, 창비 2010, 196~214면.

12 최원식 「민족문학론의 반성과 전망」, 『민족문학의 논리』, 창작과비평사 1988,
 368면.

13 최원식 「천하삼분지계로서의 동아시아론」, 『제국 이후의 동아시아』, 창비 2010,
 64면.

14 김종철 「제3세계의 문학과 리얼리즘」, 『시적 인간과 생태적 인간』, 삼인 1999,
 309면.

15 백낙청 「제3세계와 민중문학」, 『민족문학과 세계문학 1: 인간해방의 논리를 찾아
 서』, 창비 2011, 580면.

16 이 글에서 제대로 언급하지 못하지만 또다른 싹으로 분단극복 의식이 동아시아론
 을 불러냈다는 사실도 눈여겨봐야 할 것이다. 임형택(林熒澤)은 최원식과 함께 『전환
 기의 동아시아문학』(창작과비평사 1985)을 엮으면서 동아시아적 관점을 제기했을
 당시 ‘문제의식의 원천’이 분단문제 인식 또는 ‘통일의 의지’였다고 회고한다(「한국
 학의 역정과 동아시아 문명론」, 『창작과비평』 2009년 겨울호, 339~40면). 그 책의 머
 리말에 분단을 해결하기 위해 “근본적으로 동아시아 세계에 대한 주체적 인식과 유
 기적 이해”가 절실히 요망된다고 밝혀져 있다.

17 1998년에 ‘흔들리는 분단체제’라는 용어를 만든 백낙청에 따르면, 분단체제는
 1987년 6월항쟁을 기점으로 동요단계에 들어갔고 2000년 6월 남북정상회담의 성과
 로 ‘분단체제 자체의 종식’으로 이어질 해체기에 접어들었다고 시기를 구분한다. 백
 낙청 『한반도식 통일, 현재진행형』, 창비 2006, 45~48면.

18 아세안+3(한중일)이 다시 인도·호주·뉴질랜드까지 포함한 ‘동아시아공동체’로 확
 대되고 있다. 한편, 남아시아와 태평양권까지 포함한 ‘동아시아’라는 용례가 있을 정
 도로 이 지역 명칭은 구성되는 것이다. 마찬가지로 한반도의 군사안보라는 과제와
 관련해서는 6자회담에서 드러나듯이 미국·러시아까지 포함한 동북아, 도시교류권
 으로는 ‘황해연합’ ‘황해도시공동체’(김석철) 등 국경을 가로지르는 지역이 다양하
 게 설정될 수 있다.

19 황인원 「확대지향의 동아시아 지역주의와 아세안의 인식과 대응」, 『동아연구』 54호
 (2008), 59면. ‘아세안 방식’이란 다수결이 아닌 회원국 전원합의제에 의한 의사결정

과정을 주로 말한다. 그러다 보니 합의가 쉽지 않은 경우가 생기고 그럴 때 "회원국들의 다양한 정치적 정략적 이해관계를 고려한 비공식적 사적 유대를 통한 문제해결 방식"도 활용된다(74면).

20 '이중적 주변의 시각'에 대해서는 졸고 「주변에서 동아시아를 본다는 것」, 정문길·최원식·백영서·전형준 엮음, 앞의 책 서문 참조. 필자가 동북아(즉 좁은 의미의 동아시아)에서 동남아를 포함하는 쪽으로 관심을 확대한 것은 '이중적 주변의 시각'을 제기하면서부터다. 이 점을 지적한 것은 박승우, 앞의 글 11면. 그에 관심을 갖게 된 계기는 2001년 안식년을 맞아 대만에 체류한 경험이다.

21 이것은 천 광싱이 말한 '탈식민·탈냉전·탈제국의 삼위일체'를 다소 변형한 것이다. 탈제국 대신 탈패권을 넣음으로써 중국이 패권을 추구할 경우 그것도 대상으로 삼을 수 있다.

22 정문길·최원식·백영서·전형준 엮음, 앞의 책 36면.

23 비슷한 발상은 일본의 중국전문가 아마꼬 사또시(天兒慧)에게서도 엿볼 수 있다. 그는 "'아시아지역통합' 자체도 '방법으로서의 아시아'라는 필터를 통해 이해하고 실천하는 것이 필요하다"고 강조한다. 天兒慧『アジア連合への道』, 東京: 筑摩書房 2010, 27면.

24 본서 제1부 3장 「평화에 대한 상상력의 조건과 한계: 동아시아공동체론의 성찰」.

25 본서 제1부 2장 「동아시아론과 근대적응·근대극복의 이중과제」, 73면.

26 若林千代 「現代沖縄における '現場' と '現場性'」, '사상과 현실로서의 아시아·오끼나와 회의'(베이징: 2008.8.26~29) 발표문.

27 쑨 거 「민중시각과 민중연대」, 『창작과비평』 2011년 봄호, 93면.

28 이 책 제1부 2장 「동아시아론과 근대적응·근대극복의 이중과제」, 62면.

29 류준필의 핵심논점은 양자의 '내재적 관련성'이 제대로 해명되어야 한다고 요구하는 데 있는 듯하다. 「분단체제론과 동아시아론」, 『아세아연구』 138호(2009) 참조.

30 胡冬竹 「保釣と反復歸」, 『琉球新報』 2010.9.27.

31 제1차 회의에 대해서는 배영대 「진보의 위기와 비판적 지식인의 진로」, 『창작과비평』 2006년 여름호, 제2차 회의에 대해서는 백영서 「한·중·일·대만 '비판적 잡지 회의'의 현장에서」, 『한겨레』 2008.5.31 참조.

32 이 용어는 일찍이 천관우(千寬宇)에 의해 제기되고(「민족통일을 위한 나의 제언」, 『창조』 1972년 9월호) 백낙청에 의해 분단체제 극복을 위한 구체적 과제로 정리되었다(『흔들리는 분단체제』, 창작과비평사 1998, 193~94, 204면). 필자는 1999년 「중국에 '아시아'가 있는가?: 한국인의 시각」(졸저 『동아시아의 귀환』에 수록)을 발표할 때 그것을 원용하면서 동아시아에 확대적용을 시도했다.

33 양자에 대한 비판은 유재건 「통일시대의 개혁과 진보」, 『창작과비평』 2002년 봄호

320

참조.

34 賓應斌「複合社會」,『臺灣社會研究季刊』제71기(2008.9), 276~79면. 그는 '이중적 주변의 시각'에 대응해 '3중 주변의 시각', 즉 '인민 내부의 주변', 예컨대 남성에 대한 주변인 여성을 강조했다.

35 서경식「'반 난민'의 위치에서 보이는 것들」,『난민과 국민 사이』, 돌베개 2006, 235면.

36 백낙청「근대 한국의 이중과제와 녹색담론」, 이남주 엮음『이중과제론』, 창비 2009, 190면.

37 정선태「동아시아 담론, 배반과 상처의 기억을 넘어서」,『문학동네』2004년 여름호, 415면.

38 장인성「한국의 동아시아론과 동아시아 정체성」,『세계정치』26집 2호(2005), 17면. 그리고 최장집 역시 국민국가의 역할이 여전히 중요한 현실을 과소 평가한 탈민족주의라고 비판한다.「동아시아 공동체의 이념적 기초」,『아세아연구』118호(2004), 106~07면.

39 이에 대한 좀더 상세한 논의는 백낙청「국가주의 극복과 한반도에서의 국가개조 작업」,『창작과비평』2011년 봄호 참조.

40 국내의 비판론자는 이 글에서 거론된 류준필, 정선태 등이 있고, 밖에서는 孫雪岩「試析韓國學者白永瑞的"東亞論述"」,『山東師範大學學報(人文社會科學版)』제54권 제2기(2009) 등이 있다.

41 그 현상에 대한 집중보도는「대만에서 주목받는 백낙청의 분단체제론」,『한겨레』2011.1.27 참조.

42 陳光興「白樂晴的'超克"分斷體制"'論」,『臺灣社會研究季刊』제74기(2009.6), 30면.

43 백낙청「'동아시아공동체' 구상과 한반도」,『역사비평』2010년 가을호, 242면.

44 사까모또 요시까즈「21세기에 '동아시아공동체'가 갖는 의미」,『창작과비평』2009년 겨울호, 399면. 그밖에 기미야 다다시(木宮正史)는 분단체제가 "한반도에 한정되는 것이 아니라 일본까지 포함한, 적어도 동아시아라는 지역에서 성립한 것"으로 볼 수도 있다고 말한다(「분단체제론과 한일 시민사회」,『창작과비평』2009년 겨울호, 414면).

45 예를 들면, 필자와 테라시마 지쯔로오 대담「세계를 아는 힘, 동아시아공동체의 길」,『창작과비평』2010년 여름호.

46 본서 제1부 2장「동아시아론과 근대적응·근대극복의 이중과제」, 71~72면. 상세한 논의는 유재건「역사적 실험으로서의 6·15시대」,『창작과비평』2006년 봄호 참조.

47 마크 쎌던「동아시아 지역주의의 세 단계」,『창작과비평』2009년 여름호. 그는 첫째 중국 중심의 질서인 팍스시니카 시기(16~19세기), 둘째 분단과 갈등의 시기

(1840~1970), 즉 중국의 해체 그리고 일본에 이어 미국이 우위를 차지한 식민주의와
전쟁 및 혁명을 주요 특징으로 하는 시기, 셋째 1970년대 이래 아시아가 부상하고 역
동적 지역주의가 싹트는 시기를 세가지 역사적 모델로 제시한다.

48 졸저, 앞의 책 24~31면.

49 최원식 「대국과 소국의 상호진화」, 『제국 이후의 동아시아』, 29면.

50 백낙청 「21세기 한국과 한반도의 발전전략을 위해」, 백낙청 외 『21세기의 한반도
구상』, 창비 2004, 22면.

51 姜尙中 「アジアの日本への道」, 武者小路公秀 外 編 『新しい ‘日本のかたち’: 外交·內政·文明
戰略』, 東京: 藤原書店 2002, 163면.

52 중국모델이 경제결정론적 사유에서 나온 것이고 ‘개명(開明)한 독재’와 거국체제
에 이론적 근거를 제공한다는 비판은 첸 리췬 「중국 국내문제의 냉전시대적 배경」,
『창작과비평』 2011년 봄호 참조.

53 이 표현은 첸 리췬의 「중국 국내문제의 냉전시대적 배경」, 『창작과비평』 2011년 봄
호에서 따왔다. 그와 마찬가지로 허 자오티엔(賀照田)도 “아시아 지역 내부적 차원의
곤혹과 고뇌에 대한 이해와 공유”를 미래를 위한 주체적 기반으로 중시한다. 허 자오
티엔 「중국혁명과 동아시아 담론」, 『아세아연구』 135호(2009). 이 둘은 모두 강대국
화하는 중국에서의 ‘독립적 비판지식인’의 위치를 반영한다.

54 오끼나와인은 ‘피해자’면서도 미군기지 반대운동에서 ‘가해자가 되지 않겠다’라는
자각을 통해 투쟁의 동력을 얻었다. 이에 대해서는 쑨 거의 앞의 글 참조.

제2장 동아시아론과 근대적응·근대극복의 이중과제

1 孫歌 「なぜ‘ポスト’東アジアなのか」, 孫歌·白永瑞·陳光興 編 『ポスト‘東アジア’』, 東京: 作品
社 2006, 119~20면. 국역본은 쑨 거 「포스트 동아시아 서술의 가능성」, 한림대 아시아
문화연구소 엮음 『동아시아 경제문화 네트워크』, 태학사 2007, 71면.

2 장인성 「한국의 동아시아론과 동아시아 정체성」, 『세계정치』 제26집 2호(2005), 4면.

3 필자의 동아시아론은 개인의 작업인 동시에 (계간 『창작과비평』의 담론의 하나로
간주되듯이) 집단작업의 소산이기도 하다. 이를 집중분석한 최근의 글로는, 박명규
「한국 동아시아 담론의 지식사회학적 이해」, 김시업·마인섭 엮음 『동아시아학의 모
색과 지향』, 성균관대학교출판부 2005; 장인성, 앞의 글; 고성빈 「한국과 중국의 ‘동
아시아 담론’: 상호연관성과 쟁점의 비교 및 평가」, 『국제지역연구』 제16권 제3호
(2007); 임우경 「비판적 지역주의로서의 한국 동아시아론의 전개」, 『중국현대문학』
제40호(2007) 참조.

4 인용 순서대로, 하세봉 『동아시아 역사학의 생산과 유통』, 아세아문화사 2001, 18면;
장인성, 앞의 글 9면; 馬場公彦 「ポスト冷戰期東アジア論の地坪」, 『アソシエ』 No. 11, 2003,

322

51~52면; 임우경, 앞의 글; 박노자『우리가 몰랐던 동아시아』, 한겨레출판 2007, 13면.

5 쑨 거, 앞의 글 77면(국역본), 123면(일본어본). 또한 요네따니 마사후미(米谷匡史)는 동아시아의 연대와 해방이라는 이름 아래 행해진 폭력에 대한 철저한 자기성찰 없이 국가와 자본에 의해 시도되는 동아시아 지역질서 통합을 비판하며 새로운 연대의 관계성을 열기 위해 '포스트 동아시아'를 내세운다. 米谷匡史「ポスト東アジア: 新たな連帯の條件」,『現代思想』2006년 8월호.

6 필자의 이런 입장은 인문학자와 사회과학자의 상반된 비판에 대한 대응이다. 중문학자 이정훈(李政勳)은 필자의 동아시아론이 "80년대식의 비판담론에 대한 자기비판"으로 시작했는데 지금은 중심이동을 하여 "현실에 깊이 개입하려는 실천적 노력과 내셔널리즘 및 국가로의 '귀환' 혹은 '경도' 사이의 미묘한 갈림길에 서 있"다고 평가한다.「비판적 지식담론의 자기비판과 동아시아론」,『중국현대문학』제41호, 2007, 9면. 반면 정치학자 고성빈(高成彬)은 "단순히 지적인 상상에서의 규범적이고 사변적인 연구를 넘어서 현재하는 구체적인 정치경제, 사회적 문제들과 연관시키는" 방향으로 나아가야 한다고 주문한다. 고성빈, 앞의 글 62면. 필자는 인문학적 접근과 사회과학적 접근이 상호대조와 상호침투를 거쳐 통합의 방향으로 나아가야 한다고 본다.〔필자는 이 통합의 방향을 '사회인문학'으로 잡고 그것을 실천하기 위해 대학 안팎에서 노력하고 있다. 이에 대해서는 졸고「사회인문학의 지평을 열며: 그 출발점인 '공공성의 역사학'」,『동방학지』149집(2010.3) 참조.〕

7 최원식「탈냉전시대와 동아시아적 시각의 모색」,『창작과비평』1993년 봄호.

8 백낙청의 제3세계적 의식의 핵심은 백낙청「제3세계와 민중문학」,『창작과비평』1979년 가을호 50면에 잘 나타나 있다. 같은 문제의식은 최원식「민족문학론의 반성과 전망」,『민족문학의 논리』, 창작과비평사 1988에서도 볼 수 있다. 최원식은 특히 "제3세계론의 동아시아적 양식을 창조할 때 비로소 우리의 민족문학론도 풍부한 현실성과 진정한 선진성을 획득할 수 있을 터"라고 역설했다.(368면)

9『문화과학』2000년 여름호 특집이 '근대·탈근대의 쟁점들'로 꾸려졌다. 또 김성보(金聖甫)는 근대의 '적응과 극복'과 구별해 '확장과 지양'이라는 표현을 쓴다. 김성보「탈중심의 세계사 인식과 한국 근현대사 성찰」,『역사비평』2007년 가을호, 245면.

10 이중과제론의 진화과정은 백낙청「한반도에서의 식민성 문제와 근대 한국의 이중과제」,『창작과비평』1999년 가을호;「21세기 한국과 한반도의 발전전략을 위해」,『한반도식 통일, 현재진행형』, 창비 2006 참조. 이중과제론이 대두한 의의에 대해서, 송승철(宋承哲)은 "학계의 견해가 한편으로는 근대론과 탈근대론으로 경직되게 양분되고, 다른 한편으로는 민주화 달성 도정에서 중시되었던 경험과 가치들이 갑작스럽게 구닥다리로 치부되는 상황에서, 탈근대적 새로움은 새로움대로 인정하면서도 민주화를 위해 투쟁했던 시대의 가치들을 전지구화의 상황 속에서 발전시키려 한 점"

이라고 지적한다. 송승철「시민문학론에서 근대극복론까지」, 설준규·김명환 엮음
『지구화시대의 영문학』, 창비 2004, 248면.

11 최원식「탈냉전시대와 동아시아적 시각의 모색」,『창작과비평』1993년 봄호,
414~15면.

12 타케우치 요시미『일본과 아시아』, 서광덕 외 옮김, 소명출판 2004, 87면.

13 심포지엄 참여자인 스즈끼 시게따까(鈴木成高)의 다음과 같은 발언은 근대초극의
내용을 잘 간추리고 있다. "근대의 초극이란 정치에서는 민주주의의 초극, 경제에서
는 자본주의의 초극, 사상에서는 자유주의의 초극을 의미한다. (…) 일본의 경우 근
대의 초극이라는 과제는, 세계를 지배하는 유럽의 초극이라는 특수한 과제와 중복되
기에 문제는 한층 더 복잡하다." 히로마쓰 와타루『근대초극론』, 김항 옮김, 민음사
2003, 16면.

14 같은 책 222면.

15 타케우치 요시미, 앞의 책 136면.

16 비슷한 발상으로 필자의 '지적 실험으로서의 동아시아' 이외에, 천 광싱의 '아시아
를 방법으로 삼다', 쑨 거의 '기능으로서의 동아시아', 코야스 노부꾸니(子安宣邦)의
'방법으로서의 동아시아' 등이 있다.

17 타케우치 요시미, 앞의책 168~69면, 강조는 인용자.

18 H. D. 하루투니언「보이는 담론/보이지 않는 이데올로기」, H. D. 하루투니언·마사오
미요시 엮음, 곽동훈 외 옮김『포스트모더니즘과 일본』, 시각과 언어 1996, 106, 115면.

19 鶴見俊輔·加々美光行 編『無根のナショナリズムを超えて: 竹內好を再考する』, 日本評論社
2007. 2004년 독일에서 타케우치 요시미에 관한 국제심포지엄이 열렸고, 타케우치 선
집의 독일어 번역본도 나왔다(138면). 중국의 수용 상황에 대해서는 85면 참조. 그밖
에 캘리치먼(Richard F. Calichman)이 편역한 영역본 *What is Modernity?: Writings of
Takeuchi Yoshimi*(Columbia University Press 2005)도 간행되었다. 대만에서는『臺灣社
會研究 季刊』66기(2007년 6월)에 소특집이 실려 있다.

20 이정훈, 앞의 글.

21 백지운「타케우치 요시미라는 아포리아」,『창작과비평』2007년 여름호, 313면.

22 타케우치 요시미, 앞의 책 33면.

23 박명규「21세기 한국학의 새로운 시공간성과 동아시아」, 서울대학교 개교 60주년
및 규장각 창립 230주년 기념 한국학 국제학술회의(2006), 422면; 박명규「복합적 정
치공동체와 변혁의 논리」,『창작과비평』2000년 봄호, 11면.

24 백낙청『한반도식 통일, 현재진행형』, 창비 2006, 244면.

25 이하의 내용은 본서 제1부 3장「평화에 대한 상상력의 조건과 한계」, 82면.

26 강내희「동아시아의 지역적 시야와 평화의 조건」,『문화과학』2007년 겨울호 95면.

324

27 中西輝政「生命線は日米韓'保守派'の連携にあり」,『正論』 2007년 5월호.

28 본서 제1부 3장 「평화에 대한 상상력의 조건과 한계」, 96면 참조.

29 유재건, 앞의 글 285면.

30 FTA의 여러 유형과 단계에 대한 소개를 비롯해 한국형 개방발전모델에 대한 전반적인 논의는 최태욱 엮음 『한국형 개방전략: 한미FTA와 대안적 발전모델』, 창비 2007 참조.

31 조한혜정 외 『가족에서 학교로, 학교에서 마을로』, 또하나의문화 2006, 33면.

32 같은 책 46면.

33 졸저, 앞의 책 32~36면.

34 하영선 「네트워크 지식국가: 늑대거미의 다보탑 쌓기」, 하영선·김상배 엮음 『네트워크 지식국가』, 을유문화사 2008.

35 박명규, 앞의 글(2000).

36 우리 사회에서 전개되는 여러 영역의 시민운동의 활동 가운데 지역연대 차원의 성과와 한계에 대한 양적·질적 평가는 서남포럼 엮음, 앞의 책 참조.

37 「兩韓能, 兩岸爲何不能?」,『亞洲週刊』 2007.10.14. 비슷한 논조로는, 난 팡쉬(南方朔) 「중국-타이완과 한국, 평화의 연동구조」, 『창작과비평』 2005년 가을호 참조.

38 천 광싱은 파농(F. Fanon)의 '식민' 개념을 모든 구조적 지배권력관계로까지 확대하고 그것의 변혁을 모두 탈식민(去殖民)의 목표로 보는데, 이럴 때 "탈식민은 영원한 과정"이 된다고 말한다. 『제국의 눈』, 창비 2003, 178면.

제3장 평화에 대한 상상력의 조건과 한계: 동아시아공동체론의 성찰

1 白永瑞 「世紀之交再思東亞」,『讀書』 1999년 8월호;「在中國有亞洲嗎?: 韓國人的視覺」,『東方文化』 2000년 4기;「중국에 아시아가 있는가?: 한국인의 시각」(1999),『동아시아의 귀환』, 창작과비평사 2000에 재수록.

2 韓少功의 토론문,『발견으로서의 동아시아』, 문학과지성사 2001, 400~01면.

3 朱建榮 「中國はどのいうな'東アジア共同體'を目指すか」,『世界』 2006년 1월호.

4 馮昭奎 「建設東亞共同體的十大關鍵要素」,『外交評論』 2005년 8기, 15면.

5 丁磊 「"東亞共同體"與"東亞中國主義"」,『山東社會科學』 2006년 제4기, 139면.

6 이 글의 논지와 직접 관련되지 않아 거론하지 않았지만, 중국 내 소수의 인문학자들이 중국대륙에서 아시아론을 말하는 것의 어려움을 토로하면서 아시아론의 사상적 가능성을 타진하는 작업을 하고 있다. 賀照田 『當代中國的知識感覺與觀念感覺』, 桂林: 廣西師範大學出版社 2006 및 쑨 거 『아시아라는 사유공간』, 창비 2003과 왕 후이 『새로운 아시아를 상상한다』, 창비 2003 참조. 이 작업들을 대만의 천 광싱 『제국의 눈』, 창비 2003과 비교해볼 것을 권한다.

7 필자는 중국이 적어도 지역적 강대국이 될 수는 있다 해도 신판 중화제국으로의 부
  활이 당장은 가능하지 않을 것으로 판단한다. 그럼에도 불구하고 제국부활론이나 중
  국위협론이 대두하는 이유는 무엇일까. 이와 관련해 필자는 중국이 과연 주위에 위
  협적일 정도로 강대국이냐 아니냐 하는 현재의 실체에 대한 규명과 역사적·문화적
  기억 속의 대국 이미지의 존재를 일단 구별해야 한다고 주장해왔다. 이에 대한 필자
  의 언급은 孫歌·白永瑞·陳光興 共編,『ポスト'東アジア'』, 東京: 作品社 2006, 18~19면.〔중
  국위협론에 대한 필자의 좀더 상세한 설명은 본서 제1부 4장「제국을 넘어 동아시아
  공동체로」, 117~20면 참조.〕

8 子安宣邦「昭和日本'東亞'槪念」,『環: 歷史·環境·文明』2001년 봄호, 특히 339~40면.

9 田中均「동아시아의 미래를 향하여」, 한림대일본학연구소 주최 '한일 국교정상화
  40주년 기념 국제심포지엄'(서울: 2005년 11월 5일) 발표문.

10 朱建榮, 앞의 글 161면.

11 谷口誠『東アジア共同體: 經濟統合のゆくえと日本』, 東京: 岩波新書 2004. 2006년 9월
  21~22일 상하이에서 열린 '제2차 世界中國學論壇'에 참석한 그는, 동아시아정상회의
  (EAS)에 인도나 오스트레일리아를 처음부터 참가케 함으로써 공동체의 온전성을
  손상시킨 일본정부의 정책을 비판했다.

12 和田春樹『東北アジア共同の家: 新地域主義宣言』, 東京: 平凡社 2003. 한국어 번역본은
  『동북아시아 공동의 집』, 일조각 2004.

13 姜尙中『東北アジア共同の家をめざして』, 東京: 平凡社 2001. 한국어 번역본은『동북아
  시아 공동의 집을 향하여』, 뿌리와이파리 2002.

14 姜尙中「日本のアジア化が問われている」,『世界』2006년 1월호, 127~28면.

15 森島通夫『日本にできることは何か: 東アジア共同體を提案する』, 東京: 岩波書店 2001.

16 坂本義和「憲法をめぐる二重基準を超えて」, 世界編輯部 編『戰後60年を問い直す』, 東京:
  岩波書店 2005.

17 박명림「노무현의 '동북아구상' 연구」,『역사비평』2006년 가을호.

18 참여연대 평화군축센터 발족 3주년 기념 심포지엄(2006년 8월 10일) 발표문.

19 유재건「남한의 '평화국가' 만들기는 실현 가능한 의제인가」, 창비주간논평(week-
  ly.changbi.com) 2006.8.22.

20 2006년 10월 9일 북한이 핵실험을 한 이후에 이런 관점의 유효성은 오히려 더 커졌
  다는 것이 필자의 입장이다. 이 같은 입장은 백낙청「북의 핵실험으로 한가해졌다?」,
  창비주간논평 2006.10.24 및「한반도 시민참여형 통일과 전지구적 한민족 네트워크」,
  『역사비평』2006년 겨울호에서도 볼 수 있다. 이 관점을 둘러싼 논의의 정리는 박순
  성「북핵실험 이후, 6·15시대 담론과 분단체제 변혁론」,『창작과비평』2006년 겨울호
  참조.

326

21 한국에서 노무현정부 출범 전후해 활발해진 사회과학자들의 동북아공동체 논의는
   정부의 동북아 구상에 기초해 중급국가 한국의 중재자 역할을 통한 한국의 발전과
   위상정립을 21세기 국가발전전략 비전으로 구체화하는 데 집중하고 있다. 그 내용은
   주로 정책적·제도적 제안들로 이뤄져 있다.
22 그 작업의 일부는『창작과비평』2006년 봄호 특집 '6·15시대, 무엇을 할 것인가'에
   실려 있다.
23 필자가 참여하는 한국의 서남포럼에서는 2005년 12월 '동아시아 연대운동의 현황
   과 전망'이라는 워크숍을 열고 매년 '한국의 동아시아연대운동 백서'를 간행하기로
   했다. 2006년 연말 그 첫번째 책인 서남포럼 엮음『2006 동아시아 연대운동단체 백
   서』, 아르케 2006이 나왔다. 이런 사업을 동아시아 차원에서 정기적으로 추진하는 것
   도 고려해볼 만하다.
24 최장집「동아시아 공동체의 이념적 기초」,『아세아연구』, 47권 4호(2004), 109면.
25 坂本義和「세계시장화에 대한 대항구상: 동아시아 지역협력과 시민국가」,『翰林日
   本學硏究』제3집(1998.11). 사까모또 요시까즈의 아이디어를 기구 차원에서 구체화
   하는 방법도 여러 각도에서 생각해봄직하다. 예컨대 2단계적 또는 이중적 지역공치
   (governance) 형태의 동아시아 통합도 하나의 방법일 수 있다. 먼저 경제나 안보·역
   사·인권·환경·노동·시민단체 등의 분야에서 영역별로 개별 국민국가들이 참여하는
   연대기구를 만들고, 다음으로 이들 영역별 연대기구와 역내 국민국가들이 함께 통합
   적 지역연합기구 혹은 정상조직을 만드는 것이다. 이것은 국민국가와 지역연합 사이
   의 새 형태인데, 유럽연합보다는 낮지만 국민국가를 뛰어넘는 중위(中位) 통합인 셈
   이다. 이 단계를 거쳐 공동체를 형성한다.『창작과비평』2005년 가을호 좌담「탈중심
   의 동북아와 한국의 '균형자' 역할」중 박명림의 발언(35~36면) 참조.
26 그 하나로 역사연구자인 필자는, 한국과 일본 사상사에 나타난 소국주의(小國主義)
   와 중국의 분권 지향인 연성자치론(連省自治論)과 연방제를 중시한다. 이에 대해서는
   앞의 孫歌·白永瑞·陳光興 共編,『포스트'東アジア'』편자 좌담회, 24면 및 본서 제1부 7장
   「복합국가와 '근대의 이중과제'」, 163~64면 참조.

제4장 제국을 넘어 동아시아공동체로

1 '(황)제'와 '국(가)'은 물론 있었지만 그 합성어인 '제국'이라는 용어는 청 말까지 중
   국문헌에 나타나지 않다가 청일전쟁의 시모노세끼조약(下關條約) 이후 동아시아에
   전파된, 근대 일본인이 만들어낸 'empire'의 번역어다(吉村忠典「帝國という槪念につい
   て」,『史學雜誌』제108편 3호, 1999.3). 그 의미는 정치학적으로 접근하는가, 경제학적
   으로 접근하는가에 따라 달라질 수 있을 뿐만 아니라 최근에는 탈영토적 네트워크상
   의 지구 '제국'이라는 탈근대적 제국 개념까지 나올 정도로 다양하게 사용되고 있다.

이 글에서는 이 개념 규정에 깊이 들어가지 않고, 동아시아 질서의 역사적 연속성과 단속성을 드러내는 발견적 도구로서 앞의 본문에서처럼 제한해 사용하고자 한다.

2 '주변의 시각'의 다층적 의미에 대해서는 졸고「주변에서 동아시아를 본다는 것」, 정문길·최원식·백영서·전형준 엮음, 앞의 책 서문(본서 프롤로그의 보론) 참조.

3 바로 이런 특성에 착안한 새로운 연구성과가 최근 중국대륙에서 간행되어 주목받고 있다. 汪暉『現代中國思想的興起』, 北京: 三聯書店 2004; 趙汀陽『天下體系: 世界制度哲學導論』, 南京: 江蘇敎育出版社 2005 참조. 왕 후이의 주장은『새로운 아시아를 상상한다』, 창비 2003에 실린「아시아 상상의 계보」에서도 볼 수 있다. 그는 조공체제를 왕도(王道)라는 윤리적 관념에 기반을 둔 것으로 보고 그 안에서, 유럽의 근대 민족국가의 확장인 제국주의 논리에 대항할 수 있는 아시아적 근대의 내적인 역사 연속성의 논리를 찾아내려고 한다. 또한 자오 팅양은 고대 중국의 '천하' 관념을 현대 국제정치에 접목하여 '제국의 질서' 대신 '천하의 질서'(이단이나 적대적인 타자가 없는 세계질서)를 대안논리로 제시한다. 중국 밖에서도 유사한 주장이 있다. 21세기 동아시아 지역질서의 규범을 구상할 때 화이질서의 이념과 원리(대동주의에 기반을 둔 조화와 공존의 이념, 유교원리의 도덕주의·상호주의·균분주의 등)를 중시하면서도, 그것이 현실·실천과의 괴리로 왜곡되거나 형해화된 역사적 사실을 간과하지 않은 견해도 있다(金鳳珍「東アジア規範秩序の構築に向けて: 朝鮮半島からの視點」, 大沼保昭 編著『東亞の構想』, 東京: 筑摩書房 2000). 이에 대한 반론도 중국어권 지식인사회에서 만만치 않다. 어쨌든 천하관(내지 조공체제)이 탈중국적인 보편적 자원이 될 수 있을까 하는 논란은 21세기 중국의 역할 규정이라는 현실문제와도 연관돼 당분간 이어질 것이다.〔이에 대한 좀더 깊이있는 논의는 본서의 에필로그 참조.〕

4 이 발상은 王柯「帝國と民族: 中國における支配正當性の視線」, 山本有造 編『帝國の硏究』, 名古屋: 名古屋大學出版部 2003에서 시사받았다. 중화제국 공간과 정통론의 복잡한 관계는 이성규「중화제국의 팽창과 축소: 그 이념과 실제」,『역사학보』186집(2005) 참조.

5 정용화「주변에서 본 조공체제」, 백영서 외『동아시아의 지역질서: 제국을 넘어 공동체로』, 창비 2005, 제1부 2장 참조.

6 강진아「16~19세기 동아시아무역권의 세계사적 변용」, 백영서 외, 앞의 책 제1부 1장 참조.

7 閔斗基「동아시아의 실체와 그 전망」,『시간과의 경쟁』, 연세대학교출판부 2001.

8 古田博司「東アジア中華思想共有圈の形成」, 駒井洋 編『脱オリエンンタリズムとしての社會知』, 東京: ミネルヴァ書房 1998.

9 濱下武志『朝貢システムと近代アジア』, 東京: 岩波書店 1997.

10 양 니엔췬(楊念群)「'동아시아'란 무엇인가?: 근대 이후 한중일의 '아시아' 상상의 차이와 그 결과」,『대동문화연구』제50집(2005).

11 김기정 「세계 자본주의체제와 동아시아 지역질서의 변동」, 백영서 외, 앞의 책 제 2부 1장 참조.

12 임성모 「동아시아협동체론과 '신질서'의 임계」, 백영서 외, 앞의 책 제2부 2장 참조.

13 김경일 「대동아공영권의 '이념'과 아시아의 정체성」, 백영서 외, 앞의 책 제2부 3장 참조.

14 3원구조를 주장하는 커밍스의 견해를 소개하고 비판한 글로 한석정 「대동아공영권 과 세계체제론의 적용에 대한 시론」, 『한국사회학』 제33집(1999년 겨울호) 참조. 일본 이 중국을 고려해 제기한 국제 분업체계가 당시는 물론 지금 동아시아에 어떤 의미인 지에 관한 역사학자 간의 논쟁을 참고하려면 황동연 「중국현대사 이해의 문제점들 과 그 극복의 전망」, 『중국현대사연구』 제10집(2000.12); 문명기 「비판의 무기와 무기 의 비판: 왕정위정권과 아시아주의에 관한 대화」, 『중국현대사연구』 제11집(2001.6) 참조.

15 대동아공영권을 일본제국 주변의 시각에서 다시 볼 필요가 있다. 일본 본국으로부 터 수탈당한 조선, 오끼나와, 대만, 중국대륙 점령지 등지의 민족주의적 저항과 그들 간의 상호연대운동, 그리고 동아협동체론에 대한 주변국가들의 반응, 특히 그것이 추구하는 전시변혁의 호기를 활용하여 제국권의 위계질서 속에서 조선을 상승발전 시켜 조선의 정치적·경제적 독자성을 지키는 길을 모색한 조선의 '전향(轉向)'사회 주의자들의 반응 같은 제국권역 내의 개혁운동 등까지 포함한 한층 더 복잡한 양상 을 분석해야 일본제국이 주도한 동아시아 질서의 실상이 더 잘 드러날 것이다(洪宗 郁 「1930年代における植民地朝鮮人の思想的摸索: 金明植の現實認識と轉向を中心に」, 『朝鮮 史硏究會論文集』 no. 42, 2004.12; 방기중 「조선지식인의 경제통제론과 '신체제' 인식」, 방기중 엮음 『일제하 지식인의 파시즘체제 인식과 대응』, 혜안 2005). 또한 일본제국 권 바깥에서 아시아담론을 독점하다시피 한 일본에 대항하던 중국에서 구상된 다양 한 동아시아관 —일본의 침략적 아시아주의를 비판하면서 아시아연대를 추구하는 공통된 지향을 갖되 국가를 중심에 두는가, 그로부터 벗어난 민중연대인가 사이에서 편차가 있다 —도 20세기 전반기 동아시아 질서를 이해하는 데 간과할 수 없는 지적 유산이다. 그런데 중국의 장제스정부는 동아시아보다는 미국·영국이나 소련과의 국 제제휴에 더 힘을 기울였다.

16 찰머스 존슨 『블로우백』, 이원태 옮김, 삼인 2003, 56~57면.

17 김명섭 「동아시아 냉전질서의 탄생」, 백영서 외, 앞의 책 제3부 1장 참조.

18 박태균 「1960년대 일본 중심의 동아시아질서 형성과정」, 백영서 외, 앞의 책 제3부 2장 참조.

19 이 시각은 이종원 「동북아 국제질서 속에서의 한국의 좌표와 전망」, 한국정치외교 사학회 엮음 『열강의 점령정책과 분단국의 독립·통일』, 건국대학교출판부 1999에서

빌려왔다. 이 글에 따르면 이승만정권은 냉전의 격화를 적절히 활용해 미국을 한반도에 깊숙이 끌어들였지만, 일본을 지역중심으로 강화하고 이에 한국을 종속시키려는 미국의 지역질서 구상에는 거부한 것으로 볼 수 있는데, 그 댓가로 남북대립이 격화되었고 한국이 동아시아 질서에서 고립되는 결과를 빚었다. 박정희정권은 미국의 일본중시전략을 적극 활용해 일본과의 관계개선을 꾀해 한일국교정상화를 실현시키고, 베트남파병을 강행해 전쟁특수와 국제정치적 지위 향상을 노렸는데, 이에 힘입어 경제성장을 달성할 수 있었지만 그 결과 개발주의의 폐해가 길게 악영향을 미쳤고, 북한의 위협을 활용해 권위주의적인 정치체제를 강화하면서 국제적 고립은 더욱더 심화되었다.

20 이하 미국 패권에 대한 서술은 유재건 「미국 패권의 위기와 세계사적 전환」, 『창작과비평』 2005년 봄호에 의존했다.

21 T. J. Pempel, ed., *Remapping East Asia: The Construction of a Region*, Ithaca and London: Cornell University Press 2005, 편자의 서장; Peter J. Katzenstein and Takashi Shiraishi, *Network Power: Japan and Asia*, Ithaca and London: Cornell University Press 1997, 서장.

22 이남주 「동아시아 협력론에 대한 비판적 검토」, 백영서 외, 앞의 책 제4부 2장 참조.

23 백지운 「동아시아 지역질서 구상과 '민간연대'의 역할」, 백영서 외, 앞의 책 제4부 1장 참조.

24 한국 독자를 위해 쓴 필자의 글은 「동아시아 평화 구축을 위한 역사 읽기: 몇가지 제언」, 『황해문화』 2004년 겨울호. 중국 독자를 위한 발언은 白永瑞·陳光興·孫歌 座談 「關于東亞論述的可能性」, 『書城』 2004년 12월호 참조.

25 姜尙中·高橋哲哉 對談 「草の根の帝國意識」, 『週刊讀書人』 2005.8.19.

제5장 동아시아 중산층과 새로운 정체성의 가능성

1 임혁백 「한국적 위기대응 모델」, 『중앙일보』 1998.6.15.

2 『중앙일보』 1998.6.22.

3 Robert Wade & Frank Veneroso, "The East Asian Crash and the Wall Street-IMF Complex," *New Left Review* (March/April, 1998).

4 『한국경제』 1998년 7월 18일자에 소개된 도널드 에머슨의 주장. 아시아 가치 옹호자는 아니지만 아시아모델의 중요성을 지적하기로는 『한겨레』 1997년 12월 9일, 10일자에 실린 월든 벨로의 글 참조.

5 伊東俊太郎 「アジアの定義, 意味」, 『アジア學のみかた』, 東京: 朝日新聞社 1998.

6 김경일 「동아시아와 세계체제 이론」, 『정신문화연구』 21(1), 1998, 29~33면.

7 아리프 딜릭 「아시아-태평양권이라는 개념」, 정문길 외 엮음, 『동아시아, 문제와 시

각』, 문학과지성사 1995.

8 Pekka Korhonen, "Asia's Chinese Name," *Inter-Asia Cultural Studies*, Vol. 3 No. 2(Aug. 2002).

9 졸고, 앞의 책 48~66면.

10 스테판 다나카 「근대 일본과 '동양'의 창안」, 정문길 외 엮음, 앞의 책.

11 백낙청 「다시 지혜의 시대를 위하여」, 『창작과비평』 2001년 봄호, 33면.

12 정문길·최원식·백영서·전형준 엮음, 앞의 책.

13 中村光男 「インドネシアにおける新中間層の形成とイスラーム主流化」, 『講座現代アジア』 3, 東京: 東京大學出版會 1994.

14 David Martin Jones, *Political Development in Pacific Asia*, Cambridge: Polity Press, 1997, 149, 161면.

15 Niels Mulder, *Southeast Asian Image:Towards Civil Society?*, Chiang Mai: Silkworm Books, 2003, 9~10면.

16 鄭杭生·奧島孝康 編 『中國の社會: 開放される12億の民』, 東京: 早稻田大學出版會 2002, 52~58면.

17 朱建榮 『中國第三の革命』, 東京: 中央公論社 2002, 4면.

18 여기에 신흥부자라고도 불리는 고소득자를 따로 구별해보면, 일부의 신흥산업(금융·증권·정보·하이테크산업)에 집중한 사영기업 경영자, 외자계 기업이나 국제기관에 근무하는 고급 직원, 부동산 업자, 일부의 개인경영자, 일부의 국영기업의 청부업자나 기술을 갖고 경영에 참가하는 자, 유명 배우나 가수, 모델, 작가, 스포츠선수, 일부의 변호사, 브로커, 회계사, 유명한 경제학자, 정부의 국장급 간부, 일부의 위법경영자(밀수·매춘), 소수의 부패인사 등이 해당된다. 약 1000만명에 달한다고 보기도 한다.

19 朱建榮, 앞의 글 13면.

20 같은 글 26~27면.

21 何淸漣 『現代化的陷穽: 當代中國的經濟社會問題』, 北京: 今日中國出版社 1998, 352면.

22 같은 책 350면.

23 아시아 시민사회 비교연구의 방법론을 모색한 어느 연구에 따르면, 시민사회의 구성요소에는 자발성, 시장과 대비되는 사회적 가치, 사회적 자본, 시민의 능동성, 공동선, 공공성, 공적인 포럼, 결사체적 삶의 양식, 인권, 인도적 관심 등이 있다(조효제 「아시아 시민사회 비교연구의 방법」, 권혁태 외 『아시아 시민사회: 개념과 역사』, 아르케 2003, 23면). 필자가 이 글에서 중시한 공공성과 자발적 결사체는 이들 요소 가운데 가장 중요한 것으로 판단한다.

24 이남주 「개혁개방 이후 중국 시민사회의 발전추세와 전망: 중국 민간조직의 발전을

중심으로」, 권혁태 외, 앞의 책 252면.

25 渡邊剛「中國における統制と自律のジレンマ: 社會團體管理政策をめぐて」, 『東亞』No. 381(1999年 3月).

26 王穎·孫炳耀 等『社會中間層』, 北京: 中國發展出版社 1993, 85~136면.

27 渡邊剛, 앞의 글 88면.

28 졸저『동아시아의 귀환』106~07면.

29 사실 이런 주장은 근대성에 대한 이해로 연결되게 마련이다. 즉 토착적 시민사회를 말하다 보면 다원적 근대성의 일부인 '중국적 근대성'으로 이를 파악하는 것으로 이어진다. 그러나 이렇게 해석할 경우 전통을 부정·극복되어야 할 대상이 아니라 근대화에 적응·변화하는 것으로 파악함으로써 중국의 독자적 근대성을 추출해내면서도 한편 문화적 상대주의의 함정에 빠질지도 모른다는 비판(Marie-Claire Bergere, "Civil Society and Urban Change in Republican China," *China Quarterly*, No. 150, July 1997, 328면)을 감당할 수 있어야 한다. 동아시아적 시민사회 또는 민간사회라 할 때에도 마찬가지의 함정이 있을 수 있다.

30 동아시아의 민주화는 중산층의 규모 확대로 자동적으로 주어진 것이 아니라 학생·노동자·농민·도시빈민 등과의 동맹에 의해 이뤄낸 성과라는 타이 활동가의 지적은 귀기울일 만하다(박은홍「동남아 시민사회의 형성과 진화: 타이 사례를 중심으로」, 권혁태 외, 앞의 책 219면). 따라서 동아시아 민간사회를 전망할 때에도 민간사회를 구성하는 여러 계급·계층의 이해관계의 타협과 갈등을 분석해야겠지만, 이 과제는 본 장에서 다루지 않는다.

31 유교윤리에 기초한 아시아적 가치 제창이 1980년대 들어 싱가포르에서 본격화되었는데, 그 절정은 1991년 1월에 정부가 발표한 '국민공유가치백서'에 담겨 있다. 그 골자는 ① 사회보다 국가, 개인보다 사회를 우선한다 ② 사회의 기초단위는 가족이다 ③ 개인은 사회를 존중하고 지탱한다 ④ 갈등보다 합의가 중요하다 ⑤ 종족적·종교적 조화를 유지한다라는 5개 항목이다. 天兒慧 編著『アジアの21世紀』, 東京: 紀伊國屋書店 1998, 제5~6장.

32 Roderick MacFarquhar, "The Post-Confucian Challenge," *The Economist* (Feb. 9. 1980).

33 Peter L. Berger, "An East Asian Development Model?," Peter L. Berger & Hsin-Huang Michael Hsiao, ed., *In Search of an East Asian Developmental Model*, NJ: Transaction Books, 1988.

34 뚜 웨이밍「유가철학과 현대화」, 정문길 외 엮음, 앞의 책.

35 우리 사회에서도 어느정도 그 반향이 있다. 한 예를 들면, 유교자본주의론의 옹호자인 함재봉은, 유교가 "비록 이념과 제도의 차원에서는 의식적으로 배제되어왔음에

도 불구하고 우리 삶의 구석구석에 남아 있다"라는 판단 아래, "탈냉전과 탈근대사
회가 도래하고 있는 현 시점에서 우리가 해야 할 사상적 작업은 근대와 전근대 사상
의 충돌구조를 살펴보고 그것을 새로운 문명을 창조하는 동력으로 승화시키는 작업
일 것이다"라고 주장한다. 함재봉「유교와 세계화」,『전통과 현대』1997년 여름호.

36 Arif Dirlik, "Confucius in the Borderlands: Global Capitalism and the Reinvention
of Confucianism," *Boundary* 2 (Fall 1995).

37 손호철「위기의 한국, 위기의 사회과학」,『경제와 사회』1998년 봄호, 157면.

38 함재봉「여전히 유효한 유교자본주의」,『교수신문』1998.7.13.

39 유석춘「유교자본주의의 가능성과 한계」,『전통과 현대』1997년 여름호.

40 Arif Dirlik, 앞의 글 261면.

41 이승환「'아시아적 가치'의 담론학적 분석」, 이승환 외『아시아적 가치』, 전통과현
대 1999, 328면.

42 이승환, 앞의 글 327면; 전제국「'아시아적 가치' 논쟁의 재평가」,『동아시아비평』
(한림대), 제2호(1999).

43 Niels Mulder, 앞의 글 225~27면.

44 岩渕功一『トランスナショナル·ジャパン』, 東京: 岩波書店 2001, 14, 309면.

45 동아시아아인의 일상생활 변화와 관련해 맥도널드의 수용과정에서 나타난 동아시
아인의 능동성을 분석한 인류학자의 작업을 보면, 동아시아 대중문화의 상호교류의
실상도 좀더 깊이 분석할 필요를 느낀다. James Watson, "The Bic Mac in China: A
New Culture?," *Foreign Affairs*, May/June 2000.

46 이와부치 코이치「일본 대중문화의 이용가치」, 조한혜정 외『'한류'와 아시아의 대
중문화』, 연세대학교출판부 2003, 100면.

47 같은 글 90면.

48 조한혜정「글로벌 지각변동의 징후로 읽는 '한류 열풍'」, 조한혜정 외『'한류'와 아
시아의 대중문화』, 연세대학교출판부 2003, 41면.

49 이와 관련해 신윤환이 동아시아에 유행하는 한류 담론의 오류와 편향으로 상업
주의, 국가개입주의, 자민족중심주의를 거론한 것을 눈여겨볼 필요가 있다. 신윤
환「동아시아의 '한류' 현상: 비교 분석과 평가」,『동아연구』(서강대) 제42집(2002),
29~30면.

50 대중문화 교류에 대해 필자는 일찍이 "이것이 동아시아 대중에게 일상적 삶에서 국
경을 넘나드는 다문화 체험의 기회를 제공하는 것은 분명한데, 과연 이런 경험이 동
아시아인 서로의 삶의 문제에 마음 쓰는 감수성 계발로 이어질 것인가. '비판적 지
역의식'의 매개가 요구되는 시점이다"라고 지적한 바 있다(백영서「대만 한국열풍」,
『한겨레』2001.6.26). 이와 비슷한 입장을 이와부치도 제시하고 있다. 그는 미디어 상

품에 체현된 "사적인 환타지를 비판적 역사인식과 결합시키고 자기변혁·사회변혁이라는 현실적인 프로젝트로 이어간다는 낙관적인 개입의 의지를 계속 갖기 위해서도 트랜스내셔널한 상호연결·상호관통이 계속 조성하는 불균형에서 눈을 떼지 않고 비판적으로 대치해야 한다"라고 강조한다(岩渕功一, 앞의 글 311면).

51 페리 앤더슨「문명과 그 내용들」,『창작과비평』1996년 여름호, 39면.

52 백낙청「새로운 전지구적 문명을 향하여: 한국 민중운동의 역할」,『창작과비평』1996년 여름호, 11면.

53 페리 앤더슨, 앞의 글 39면.

제6장 아시아의 다양성과 실감으로서의 동아시아

1 2010년 10월 연변대가 주관한 '圖們江論壇 2010'에서 기조강연한 중문 원고「亞洲的多樣性與生活中感受的東亞: 韓國人的視角」의 한국어본이다.

2 進藤榮一「岡倉天心と東アジア共同體」,『環』35호(2008년 가을호).

3 오경석「어떤 다문화주의인가?」, 오경석 외『한국에서의 다문화주의: 현실과 쟁점』, 한울아카데미 2007, 29면.

4 김현미「이주자와 다문화주의」,『현대사회와 문화』26호(2008), 64면.

5 같은 글, 64면.

6 오경석, 앞의 글 31면.

7 김현미, 앞의 글 69면.

8 김영옥「새로운 '시민들'의 등장과 다문화주의 논의」,『아시아여성연구』46권 2호(2007), 129면.

9 김현미, 앞의 글 59면.

10 오경석, 앞의 글 8면.

11 이선민『민족주의, 이제는 버려야 하나』, 삼성경제연구소 2008, 35~36면.

12『한겨레』2007.2.8.

13『한겨레』2009.4.28.

14 김현미, 앞의 글 62면.

15 김현미「국제결혼의 전지구적 젠더정치학」,『경제와 사회』70호(2006), 34면.

16 홍면기「한중 역사문제에 대한 중국 네티즌의 동향과 정책적 시사점」,『동북아역사문제』2007년 9월호, 14면.

17 다카하라 모토아키『한중일 인터넷세대가 서로 미워하는 진짜 이유』, 삼인 2007, 121면.

18 이병한「동아시아의 젊은 '집합지성'이 온다」,『창작과비평』2008년 겨울호.

19 최원식, 앞의 책 43면.

334

20 이욱연「중국의 문화대국 전략」,『동아연구』56집(2009), 32면.

제7장 복합국가와 '근대의 이중과제': 20세기 동아시아사 다시 보기

1 1998년에 '흔들리는 분단체제'라는 용어를 만든 백낙청에 따르면, 분단체제는 1987년 6월항쟁을 기점으로 동요단계에 들어갔고 2000년 6월 남북정상회담의 성과로 '분단체제 자체의 종식'으로 이어질 해체기에 접어들었다고 그 시기를 구분한다. 백낙청『한반도식 통일, 현재진행형』, 창비 2006, 45~48면. 비록 지금 한반도의 긴장이 한껏 고조된 상황이나 그런 가운데서도 그간의 남북화해의 후과는 일상생활에서 실감할 정도로 역력하다.

2 그것이 처음 표현된 글은「韓國에서의 중국현대사연구의 의미: 東아시아적 시각의 모색을 위한 성찰」,『中國現代史研究會會報』창간호(1993.12)다. (졸저『동아시아의 귀환』수록).

3 이 사상적 계보에 대한 좀더 상세한 논의는 본서 제1부 2장「연동하는 동아시아 문제로서의 한반도」참조.

4 우리 논단에서 다양한 분류가 시도되었다. 예를 들면, 임우경은 유교자본주의론, 정치경제적 지역통합론, 탈근대적 문명론, 비판적 지역주의론으로 분류하면서 창비담론을 비판적 지역주의로 규정한다(「비판적 지역주의로서의 한국 동아시아론의 전개」,『중국현대문학』제40호, 2007). 또한 박승우는 경제공동체담론, 지역패권주의담론, 동아시아아이덴티티 담론, 대안체제담론으로 분류하고 창비담론을 대안체제담론으로 규정한다(「동아시아 지역주의의 담론과 오리엔탈리즘」,『동아연구』54호, 2008).

5 위의 주석 4) 및 본서 제1부 2장「동아시아론과 근대적응·근대극복의 이중과제」참조.

6 이 용어를 처음 쓴 것은 졸고「'동양사학'의 탄생과 쇠퇴」,『창작과비평』2004년 겨울호에서다. 이 글을 좀더 보충한 것이「'동양사학'의 탄생과 쇠퇴: 동아시아에서의 학술제도의 전파와 변형」,『한국사학사학보』제11호(2005)다. 최근에는 탈분과학문적 연구와 글쓰기를 현장의 실천경험과 결합시키려는 노력을 '사회인문학'의 길로 구상하고 실천하는 중이다. 사회인문학에 대해서는 졸고「사회인문학의 지평을 열며: 그 출발점인 '공공성의 역사학'」,『東方學志』제149집(2010.3) 참조.

7 그 과정에서 생산된 성과가 졸저『思想東亞: 韓半島視覺的歷史與實踐』, 臺北: 臺社 2009 및 쑨 거·천 광싱과 함께 엮은『ポスト〈東アジア〉』(3人 共編), 東京: 作品社 2006이다.

8 흔히 '창비그룹의 동아시아론'이라고 통칭되나, 본 장은 필자 개인의 논지를 다룬다. 물론 이는 최원식·백낙청 등의 입론과 내재적으로 깊이 연관되어 있다.

9 지적 실험으로서의 동아시아, 이중적 주변의 시각, 복합국가론, 국민국가 안팎의 연동된 개혁과제, 소통적 보편성, 지구지역학 등이 있다.

10 천관우「민족통일을 위한 나의 제언」,『창조』1972년 9월호, 31면.

11 백낙청『흔들리는 분단체제』, 창작과비평사 1998, 193~94, 204면.

12 졸고「중국에 '아시아'가 있는가?: 한국인의 시각」(1999), 『동아시아의 귀환』에 재수록.

13 이 입장을 적극 지지한 정치학자도 있다. 이종석『'동아시아'연구의 현황과 과제』(세종정책연구 2011-6), 세종연구소 2011, 22면.

14 이 구상은 백낙청「한반도에서의 식민성 문제와 근대 한국의 이중과제」, 『창작과비평』 1999년 가을호에서 처음 제기되어 점차 여러 영역으로 확산 중이다. 이남주 엮음『이중과제론: 근대적응과 근대극복의 이중과제』, 창비 2009 참조.

15 본서 제1부 2장「동아시아론과 근대적응·근대극복의 이중과제」, 62면.

16 필자의 동아시아론에 대한 적지 않은 논평들이 나왔는데, 그중 여기서는 류준필의 글(「분단체제론과 동아시아론」, 『아세아연구』 52권 4호, 2010)만 예시하겠다. 한반도를 특권화한다는 식의 비판은 해외에서도 있었다. 孫雪岩「試析韓國學者白永瑞的"東亞論述"」, 『山東師範大學學報(人文社會科學版)』, 제54권 제2기(2009) 및 쉬슈리「중국의 동아시아 의식과 동아시아 서술」, 『역사적 관점에서 본 동아시아의 아이덴티티와 다양성』, 동북아역사재단 2010 참조.

17 이 절에 관한 논의는『동아시아 근대이행의 세 갈래』(3인 공저), 창비 2009에 실린 필자의 글에서도 언급한 바 있다. 그리고 일본에 대한 서술은 주로 함동주『천황제 근대국사의 탄생』, 창비 2009에 주로 의거한다.

18 小原雅博『國益と外交』, 東京: 日本經濟新聞出版社 2007, 특히 서장 참조.

19 그 한 예로 일본 역사책으로 이례적으로 베스트셀러가 된 加藤陽子『それども, 日本人は'戰爭'を選んだ』, 東京: 朝日出版社 2009를 들 수 있다. 그녀는 일본국민이 합리적으로 선택할 여지가 늘 남아 있었으나 "그런데도(それども)" 결국 전쟁을 선택한 것은 "메이지유신 이후의 국민국가로서의 근대 일본의 역사에 홀려버렸기 때문"이라고 본다. 다시 말하면 이에 대한 "깊은 만족감과 달성감이 합리적인 최종판단"을 제약해버렸다는 것이다. 加藤陽子「歷史の言葉に耳を澄ませる」, 『考える人』 2010년 가을호, 103면.

20 久留島浩·趙景達 編『アジアの國民國家構想』, 東京: 青木書店 2008, 9~11면.

21 강상중은 일본의 국가전략으로 '대국의식'을 버리고 '비패권적 중위국가'로 나아가야 아시아 이웃과 공존할 수 있다고 제안하는데, 이것이 바로 필자의 주장과 통한다. 姜尙中「アジアの日本への道」, 武者小路公秀(外 3人) 編『新しい'日本のかたち': 外交·內政·文明戰略』, 東京: 藤原書店 2002, 163면.

22 최원식, 앞의 책 16~24면.

23 졸저『동아시아의 귀환』, 28~29, 80~81면.

24 같은 책 32~33면; 久留島浩·趙景達 編, 앞의 책 28~29면.

25 그 기간의 군사통제는 주민에게 심각한 트라우마를 남겼다. 그에 대해서는 쑨 거 「민중시각과 민중연대」, 『창작과비평』 2011년 봄호, 78~79면 참조.

26 林正珍 「消失的臺灣歷史文化中的金門」, 金門縣文化局·中興大學 주관, 2008 金門學學術研討會(臺中: 2008.6.14~15) 『資料集』.

27 江柏煒 「臺灣研究的新版圖: 以跨學科視野重新認識 ‘金門學’ 之價值」, 앞의 『資料集』.

28 『臺灣社會研究季刊』 74호(2009.6)에 분단체제론이 특집으로 꾸며져 있다.

29 陳光興 「白樂晴的 ‘超克 “分斷體制”’ 論」, 『臺灣社會研究季刊』 74호(2009.6).

30 백지운 「대만 정체성을 보는 동아시아적 시각」, 『역사적 관점에서 본 동아시아의 아이덴티티』, 동북아역사재단 2010, 245, 248~49면.

31 甯應斌 「複合社會」, 『臺灣社會研究季刊』 제71기(2008.9), 276~79면.

32 백낙청 「근대 한국의 이중과제와 녹색담론」, 이남주 엮음, 앞의 책 190면.

33 孫歌 『歷史の交叉點に立って』, 東京: 日本經濟評論社 2008, 67면,

34 汪暉 「琉球: 戰爭記憶,社會運動與歷史解釋」, 『開放時代』 2009年 3期, 19면.

35 森宣雄 『地のなかの革命:沖繩前後史における存在の解放』, 東京: 現代企劃社 2010.

36 新崎盛暉 『小國主義の立場で』, 東京: 凱風社 1992.

37 김성보 「남북분단의 현대사와 開城: 교류와 대립의 이중 공간」, 『학림』 제31호 (2010).

38 전 통일부 장관 이종석의 칼럼 「개성공단과 답십리 봉제공장」, 『한겨레』 2011.1.31.

39 한반도사회경제연구원 『한반도경제론』, 창비 2007. 특히 양문수·이남주 「한반도경제 구상: 개방적 한반도경제권의 형성」 참조.

40 陳光興 「白樂晴的 ‘超克 “分斷體制”’ 論」, 『臺灣社會研究季刊』 74(2009.6), 30면.

41 최원식 「세계체제의 바깥은 없다」, 이남주 엮음, 앞의 책.

42 백낙청 「 ‘동아시아공동체’ 구상과 한반도」, 『역사비평』 2010년 가을호, 242면.

43 그 하나의 시도는 쑨 거 「민중시각과 민중연대」, 앞의 책 참조.

44 졸고 「지구지역학으로서의 한국학의 (불)가능성: 보편담론을 향하여」, 『동방학지』 (연세대) 제147집, 2009.

45 이남주 엮음, 앞의 책 47면.

제2부 주변의 눈으로 본 중국

제1장 변하는 것과 변하지 않는 것: 한중관계의 과거·현재·미래

1 2012년으로 한중수교 20주년을 맞았다. 여기서 한국은 대한민국이고 중국은 중화인민공화국을 가리킨다. 그런데 2011년은 한중수교 20주년이자 한국-대만 단교 20주

년의 해이기도 하다. 이 사실에서 드러나듯이 우리에게 중국과 한국이라는 명칭은
단순히 중화인민공화국과 대한민국에 한정되지 않는다. 한국이 분단된 남북한을 아
우르는 한반도 전체 및 그 장소에서 존재한 역사체 또는 문화체로서의 한국을, 중국
또한 넓은 의미에서 역사체 또는 문화체로서의 중국을 가리키는 기호로 쓰이기도 한
다. 따라서 이 글에서 한국과 중국은 넓은 의미로 쓰인다. 단, 제한된 의미로 쓸 때에
는 그 쓰임새의 차이가 문맥을 통해 파악될 것이나, 좀더 분명히 할 필요가 있을 때
는 괄호 속에 그 한정된 대상을 병기하겠다. 예컨대 한국(곧 대한민국), 중국(곧 중화
인민공화국)식으로 표기한다.

2 『신동아』1974년 2월호, 105면.

3 이 정황에 대한 치밀한 분석으로는 홍석률『분단의 히스테리: 공개문서로 보는 미중
관계와 한반도』, 창비 2012 참조.

4 졸고「世紀之交再思東亞」,『讀書』1999年 8月號.

5 쑨 거「아시아담론과 '우리들'의 딜레마」, 정문길·최원식·백영서·전형준 엮음, 앞의
책 272면. 孫歌「亞洲論述我們的兩難之」,『讀書』2000年 2月號.

6 이상숙「김정일-후진타오 시대의 북중관계」,『한국과 국제정치』제26권 제4호
(2010년 겨울), 121~22면.

7 계승범『조선시대 해외파병과 한중관계』, 푸른역사 2009, 284, 291면.

8 정두희·이경순 엮음『임진왜란 동아시아 삼국전쟁』, 휴머니스트 2007, 19면.

9 한명기「조중관계의 관점에서 본 인조반정의 역사적 의미」,『남명학』제16집(2011),
274면.

10 계승범「임진왜란과 누르하치」, 정두희·이경순 엮음, 앞의 책 365면.

11 한명기『정묘·병자호란과 동아시아』, 푸른역사 2009, 237면.

12 계승범「15~17세기 동아시아 속의 조선」, 이익주 외『동아시아 국제질서 속의 한중
관계사』, 동북아역사재단 2010, 278면.

13 이에 대해서는 정문상「냉전기 북한의 중국 인식: 한국전쟁 후 중국 방문기를 중심
으로」,『우리어문연구』40호(2011) 참조.

14 한중 양국 간 경제교류가 급증하면서 양국 간 유학생 수도 급격히 증가했다. 2000년
대 초반에는 재중 한국유학생이 재한 중국유학생에 비해 3배 이상 많았으나 점차 그
수가 비슷해지고 있다. 2003년 재한 중국유학생과 재중 한국유학생은 각각 5607명
과 1만 8267명이었으나 2010년에는 각각 5만 7783명과 6만 4232명으로 증가했다. 특
징적인 것은 재중 한국유학생은 2009년에 비해 2010년 소폭 감소했으나, 재한 중국
유학생은 매년 증가하고 있다는 점이다. 이 추세가 이어질 경우 향후 수년 내에 재한
중국유학생이 재중 한국유학생을 추월할 전망이다. (대외경제정책연구원의 '한중수
교20주년' 게시판 참조. http://csf.kiep.go.kr/20th/stat03.jsp)

15 문창극「알면서 당하지 않으려면」,『중앙일보』 2010.10.5.

16 지해범「한국은 다시 중국의 ‘조공국’으로 전락할 것인가」,『조선일보』 2010.10.9.

17 민귀식「한중 양국 국민의 상호인식 분석」,『INChinaBrief』(인천발전연구원), Vol. 224(2012.8.6) http://hanzhong.idi.re.kr에서 검색.

18 이에 대해서는 구범진「동아시아 국제질서의 변동과 조선-청 관계」, 이익주 외, 앞의 책 참조. 여기서 말하는 조약체제는 아편전쟁으로 맺은 남경조약 이전의 17세기 말 러시아와 맺은 네르찐스끄조약과 18세기 초의 캬흐따조약을 가리킨다.

19 岩井茂樹「朝貢と互市」,『岩波講座東アジア近現代通史 1』, 東京: 岩波書店 2010; 茂木敏夫「中國的世界像の変容と再編」,『シリーズ20世紀中國史 1, 中華世界近代』, 東京: 東京大學出版會 2009.

20 김병준「3세기 이전 동아시아 국제질서아 한중관계」, 이익주 외, 앞의 책 특히 62면.

21 이 책의 제1부 4장「제국을 넘어 동아시아 공동체로」, 103~04면.

22 茂木敏夫「中國的世界像の変容と再編」,『シリーズ20世紀中國史 1, 中華世界近代』, 東京: 東京大學出版會 2009, 54면.

23 茂木敏夫「中華世界の再編と20世紀ナショナリズム: 抵抗/抑壓の表裏一體性」,『現代中國研究』 제21호(2007.10), 18~19면.

24 유용태「중국의 지연된 근대외교와 한중관계: 동아시아 지역사의 시각」,『한중인문학』(한중인문학회) 37집(2012.12)의 결론 부분.

25 마틴 자크『중국이 세계를 지배하면』, 안세민 옮김, 부키 2010, 361~62면.

26 王岳川·胡淼森『文化戰略』, 上海: 復旦大學出版社 2010, 第10章.

27 국내에서 중국모델론과 관련된 번역서도 적지 않게 출간되었고, 전석홍 엮음『중국 모델론』, 부키 2008이 출간된 것 이외에 다수의 논문들이 발표되었다. 이 주제에 대한 필자의 견해는 졸고「中國對我們而言爲何: 探索東亞現代思想資源的事例檢討」,『人間思想』 제1기(2012 夏季號) 참조.

28 Kam Louie, "Confucius the Chameleon: Dubious Envoy for ‘Brand China’," *Boundary* 2, Spring 2011.

29 許紀霖「特殊的文化, 還是新天下主義」,『文化縱橫』 2012年 第2期.

30 黃曉峰·丁雄飛「新天下主義: 許紀霖談現代中國的認同」,『東方早報』 副刊『上海書評』 2012.1.14.

31 張旭東「離不開政治的文化自覺」,『文化縱橫』 2012年 第2期. 그는 문화자각 논의가 세가지 장애를 돌파해야 문제의 실질에 도달할 수 있다고 주장한다. 그가 말하는 세가지 장애는 ① 근대 시민사회에서 주도적 위치를 갖는 법권사상과 그에 대한 문화정치 개념을 부정하는 것 ② 문화에 대한 물신주의적 숭배와 복고사상 ③ 국가주의와 행정 계통이 주도하는 문화도구주의다.

32 중국에서 문화론이 어떤 역할을 했는지를 추적한 논문으로 이욱연 「문화로 상상하는 새로운 중국: 현대 중국의 '문화혁명'의 기원과 전개 과정」(경제·인문사회연구회 대중국 종합연구 협동연구 총서 11-03-42) 참조. https://www.nrcs.re.kr/reference/together에서 검색 가능.

33 신천하주의가 동아시아에서 보편성을 갖는 문제와 관련해 200여년 전 동아시아 질서의 전환시대에 연행사절의 일원으로 중국을 여행한 연암 박지원(1737~1805)의 중국관을 참고할 가치가 있다. 그는 중국에 문명의 중심인 상국(上國)과 힘으로 굴복시키는 강대국인 대국(大國)의 두 양상이 있음을 구별했다. 전자가 명조, 후자가 청조에 해당한다. 박지원『열하일기』제2권, 김혈조 옮김, 돌베개 2009, 258~61면.

34 葛兆光『宅玆中國:重建有關'中國'的歷史論述』, 北京: 中華書局 2011.

35 같은 책 279~80면.

36 같은 책 295면.

37 같은 책 292면.

38 졸고 「주변에서 동아시아를 본다는 것」, 정문길·최원식·백영서·전형준 엮음, 앞의 책; 본서 프롤로그에 재수록.

39 우리에게 익숙한 '지속 가능한 발전'(sustainable development) 개념과 구별되는 '생명지속적 발전' 개념은 "어디까지나 생명을 유지하고 북돋는 일을 기본으로 삼고 여기에 합당한 발전의 가능성을 찾자"는 것이다. 이에 대해서는 백낙청 「21세기 한국과 한반도의 발전전략을 위해」, 백낙청 외, 앞의 책 22면 참조.

40 이와 관련해 백낙청의 다음과 같은 발언이 이해를 도울 것이다. "남북한이 느슨하고 개방적인 복합국가 형태를 선택하는 것이 곧 '동아시아연합'으로 이어지거나 중국 또는 일본의 연방국가화를 유도할 공산은 작더라도, 예컨대 티베트나 신장 또는 오끼나와가 훨씬 충실한 자치권을 갖는 지역으로 진화하는 해법을 촉발할 수 있다. 또한 중국 본토와 대만도 명목상 홍콩식 '1국2제'를 채택하면서 내용은 남북연합에 근접한 타결책을 찾아내는 데 일조할지도 모른다." 백낙청 「'동아시아공동체' 구상과 한반도」,『역사비평』2010년 가을호, 242면.

41 사까모또 요시까즈 「21세기에 '동아시아공동체'가 갖는 의미」,『창작과비평』2009년 겨울호, 399면.

42 복합국가의 의미와 그것과 연동되는 동아시아의 변화에 대한 상세한 분석은 본서 제1부 1장「연동하는 동아시아, 문제로서의 한반도」및 에필로그 참조. 필자의 이 주장이 좀더 설득력이 있으려면 적어도 19세기 말 이래의 한반도의 역사적 경험, 즉 실재했거나 구상되었던 다양한 정치체를 면밀히 점검해야 한다. 그러나 이 글에서는 거기까지 미치지 못했다. 단지, 이 글에서 말하는 복합국가론과 똑같지는 않지만 박명규가 제안한 '연성복합통일론'도 참조할 만하다는 점만을 추가로 소개하고 싶

다. 그는 "최종적 통일국가 형태체(形態體)가 중층적이고 복합적인 제도연합에 기초한 새로운 정치공동체가 될 가능성"을 고려해야 한다면서, "21세기형 통일은 남북의 통합은 물론이고 한반도의 공간적 경계를 뛰어넘는 지역적 통합까지도 내포하는 복합적인 것이어야 한다"라고 주장한다. 박명규『남북경계선의 사회학』, 창비 2012, 360~61면.

제2장 중국의 '동북공정'과 한국인의 중국 인식의 변화: 대중과 역사학계에 미친 영향

1 『신동아』 1974년 2월호 특집 '중국문제 60문 60답'의 취지문(105면)에 그런 표현이 나온다. 또한 『철학과 현실』 2004년 가을호의 특집 제목이 '중국은 우리에게 무엇인가?'다. 지금도 그런 질문이 종종 제기된다고 할 수 있다.

2 『신동아』 1974년 2월호, 105면. 본서 제2부 1장 187면에서 재인용했다.

3 이하 서술은 졸저 『思想東亞: 朝鮮半島視角的歷史與實踐』, 北京: 三聯書店 2011, 174~80면의 내용을 요약하면서 이 글의 논지에 맞게 재구성한 것이다.

4 박지원은 중국에 문명의 중심인 상국(上國)과 힘으로 굴복시키는 강대국인 대국(大國)의 두 측면이 있음을 간파했다. 박지원 『열하일기』 제2권, 김혈조 옮김, 돌베개 2009, 258~61면.

5 『독립신문』 1896.4.25.

6 졸저 『동아시아의 귀환』, 166~98면. 박찬승은 대한제국기 "동도서기론을 변형시킨 '신구절충론'" 즉 필자가 말하는 ② 개혁 모델로서의 중국 유형이 대세를 장악했다고 본다. 박찬승 「18·19세기 조선의 중화론과 중국관」, 동북아역사재단·동아시아사 연구포럼 공동주관 국제회의 '동아시아문화 속의 중국'(서울: 2012.11.2~3) 자료집, 67면.

7 졸고 「1949년의 중국: 동시대 한국인의 시각」, 『동아시아의 귀환』에 수록.

8 유장근 「위대한 과거와 낙후한 현재 사이: 여행기를 통해 본 현대 한국인의 중국관」, 『대구사학』 제80집(2005); 「현대 한국인의 중국 변방 인식: 수교 이후 여행기를 중심으로」, 『중국근현대사연구』 제44집(2009.12) 참조.

9 김경혜 「한국 대학생의 중국·중국인에 대한 인식」, 『한중인문학연구』 제25집(2008). 이 글에서 소개된 한국인의 중국 이미지 형성 통로는 인터넷과 대중매체가 가장 높고, 그다음으로는 중국을 직접 다녀온 주변인으로부터 얻은 정보 순이다. 이것은 체류경험 없는 학생들의 의견이나 체류경험 있는 학생들에서나 큰 차이가 없다고 한다.

10 董向榮·王曉玲·李永春 『韓國人心目中的中國形象』, 北京: 社會科學文獻出版社 2011, 177면. 이 연구는 한국의 교과서와 일간지 분석에 설문조사를 곁들인 방법을 구사했다.

11 오래전에 발표된 글이지만 정재호 「중국의 부상, 미국의 견제, 한국의 딜레마」, 『신

동아』 2000년 10월호 참조. 그는 한국대중의 중국 인식이 왜 긍정적인지는 규명하지 못하고 있으나, 엘리뜨의 부정적인 중국 인식은 '기득권'과 냉전적 사고 등에 말미암은 것인데 이에 대해 진지한 검토가 더 필요하다고 지적한다.

12 「韓-中-日 국민의식 조사」, 『동아일보』 2012.1.6.

13 王曉玲 「中韓民衆間的相互認識以及好感度影響因素」, 『동아연구』 제63권(2012), 104~06면. Brantly Womack, "Asymmetry and China's Tributary System," *The Chinese Journal of International Politics*, Vol. 5, 2012, 46면. 여기서 그는 필자와 마찬가지로 그 비대칭이 서로의 인식과 행위의 차이를 빚는다고 본다.

14 김현숙 「'동북공정' 이후 한중언론의 보도양상」, 한국고대사학회·동북아역사재단 공동주최, 제14회 한국고대사학회 하계세미나 '동북공정 이후 중국의 변강정책과 한국고대사 연구동향'(대구: 2012.7.20~21) 자료집, 106면.

15 윤철경 「중국인과 한국인의 상대국에 대한 인식과 태도 연구: 청소년을 중심으로」 (『경제·인문사회연구회 대중국 종합연구 협동연구총서 11-03-05』), 2011. 이 보고서는 https://www.nrcs.re.kr/reference/together에서 검색 가능하다. 중국과 한국의 5대 도시에서 총 2016명의 대학생과 대학원생을 대상으로 상대국에 대한 인식과 태도를 조사했다. 한국의 경우는 서울대, 동아대, 경북대, 충남대, 전남대 대학생과 대학원생 총 1013명을 조사했다.

16 동북공정은 당연히 중국의 한국사 연구에도 영향을 미쳤다. 그들은 한국에서의 한국사 연구가 한국과 중국의 특수한 역사관계 및 지정학적 위치 그리고 일본 식민지 역사로 말미암은 '역사영웅주의'와 '역사감상주의'(historical sentimentalism)에 빠져 있는 것으로 파악한다. 김승일 「동북공정 이후 중국학계의 한국사 연구동향」, 『한국근현대사연구』 제55집(2010년 겨울), 288면.

17 윤휘탁 「'포스트(post) 동북공정': 중국 동북변강전략의 새로운 패러다임」, 『역사학보』 제197집(2008.3), 99면.

18 중국연구자의 세대구분에 대해서는 하세봉 「우리들의 자화상: 최근 한국의 중국 근현대사 연구」, 『한국사학사학보』 제21집(2010.6) 참조.

19 한국사 측의 연구사 정리로 임기환 「동북공정과 그 이후, 동향과 평가」, 한국고대사학회·동북아역사재단 공동주최, 제14회 한국고대사학회 하계세미나 '동북공정 이후 중국의 변강정책과 한국고대사 연구동향'(대구: 2012.7.20~21) 자료집 및 송기호 「중국의 동북공정, 그후」, 『한국사론』 제57권(2011)이 비교적 최근이자 체계적인 글이다. 중국사 측의 연구사 정리는 정문상 「'역사전쟁'에서 '역사외교'로: 동북공정에 대한 한국인의 대응양상」, 『아시아문화연구』(경원대) 제15집(2008)이 유용하다.

20 임기환, 앞의 글 2면.

21 연구논문의 기준은 『한국사연구휘보』에 나온 연구서들을 토대로 하고 기타 학술싸

이트(Riss, Dbpia, 네이버학술, Keris, 국사편찬위원회〔한국사휘보〕, 동양사학회 싸이트 등)에서 '동북공정'이라는 키워드로 검색한 결과를 보충했다. 또한 그 검색결과에서 사학과 관련 및 한국사·동양사 연구자의 글을 위주로 골라냈다. 대상 기간은 2012년 말까지다. 이 자료정리는 연세대 대학원에서 석사과정을 마친 지관순의 도움을 받았다.

22 2004년 한해 동안 중국의 역사왜곡에 대응하는 성격의 국내외 학술회의가 모두 54차례 열렸으며 이들 학술회의를 통해 발표된 논문은 394편이다. 전호태 「밖으로부터 시작된 위기와 기회, 2004년의 한국고대사연구」, 『역사학보』 제187집(2005.9), 12면. 본문의 표에는 그중 학술지에 실리되 동북공정이 키워드로 제시된 경우만 추출해 반영했기에 그 가운데 일부만 통계에 잡혔다.

23 정두희 「중국의 동북공정으로 제기된 한국사학계의 몇가지 문제」, 『역사학보』 제183집(2004), 472면.

24 임기환, 앞의 글 4면.

25 박한제 「한국 동양사학 연구의 어제와 오늘: 2004-2005년 연구성과와 관련하여」, 『역사학보』 제191집(2006), 230~31면.

26 이하 세가지 새로운 조류에 대한 서술은 졸고 「韓國の中國認識と中國研究」, 『シリーズ 20世紀中國史』 4, 東京: 東京大學出版部 2009, 106~09면에서 부분 발췌하여 본고에 맞게 수정한 것이다. 본문에서 동북공정과 거리가 멀어 언급하지 않은 다른 경향 가운데 '국민국가의 형성과 연관된 정치사' '전통과 근대의 이분법을 넘어서'는 일본어로 된 글에서는 설명되어 있다. 그 글에서 분석되지 않은 2008년 이후의 연구성과를 보완하기 위해 2008~09년의 연구성과는 김수영 「역사학의 '근대성'에의 도전」, 『역사학보』 제207집(2010.9), 그리고 2010~11년의 연구성과는 김승욱 「사학 담론의 생산기반 강화와 새로운 공간의 발견」, 『역사학보』 제215집(2012.9)을 참조했다. 2012년의 연구성과 부분은 그에 대한 회고와 전망이 아직 발표되지 않아 필자의 주관에 따라 극히 선택적으로 언급했을 뿐이다. 물론 여기서 언급된 연구성과가 학계 전반의 성과를 망라한 것은 아니다.

27 閔斗基 「臺灣에서의 새 世代 政治運動과 그 挫折: 1970年代」, 『現代中國과 中國近代史』, 知識産業社 1981; 「臺灣史의 素描: 그 民主化 歷程」, 『時間과의 競爭: 東亞細亞近現代史論集』, 延世大學校出版部 2001.

28 이 새로운 경향에 속하는 글들을 일일이 거론하지 않겠다. 다만 그 가운데 만주지역 연구에 연구역량이 무엇보다 집중되었다는 사실만은 지적하고 싶다. 그 성과라고 할 수 있는 만주학회(2004년 6월)가 창립되어 『만주연구』(반년간)를 기관지로 간행하고 있다. 이는 역사학자뿐만 아니라 인문사회과학의 여러 분야에 걸친 연구자들이 참여하는 학제 간 학회라는 특징을 지닌다.

29 여기에는 중국사 연구자인 박선영 이외에 일부 한국사 연구자들도 참여했다. 박선영 「간도협약의 역사적 쟁점과 일본의 책임」, 『중국사 연구』 제63집(2009.12); 배성준 「한중의 간도문제 인식과 갈등구조」, 『동양학』 제43집(단국대 동양학연구소 2008.2); 정애영 「러일전쟁직후 일본의 간도조사와 지역구상: 나카이 기타로를 중심으로」, 『일본역사연구』 제28집(2008.12); 최덕규 「제국주의 열강의 만주정책과 간도협약(1905~1910)」, 『역사문화연구』 제31집(2008.12).

30 유용태 「근대 중국의 민족제국주의와 단일민족론」, 『동북아역사논총』 23호(2009).

31 전인갑 「'우상'으로서의 근대, '수단'으로서의 근대: 중국의 근대성 재인식을 위한 방법론적 시론」, 『인문논총』 제50집(서울대 2003); 「'帝國'에서 帝國性 國民國家로(I): 제국의 구조와 이념」, 『중국학보』 제65집(2012.6); 「'帝國'에서 帝國性 國民國家로(II): 제국의 지배전략과 근대적 재구성」, 『중국학보』 제66집(2012.12).

32 강진아 「중일 무역마찰의 전개와 조중관계의 변화: 1920-30년대를 중심으로」, 『근대 전환기 동아시아 속의 한국』, 성균관대학교 동아시아학술원 2007; 「이주와 유통으로 본 근현대 동아시아 경제사」, 『역사비평』 제79집(2004); 「근대전환기 한국화상의 대중국 무역의 운영방식」, 『동양사학연구』 제105집(2008).

33 박경석 「근대중국의 여행 인프라와 이식된 근대여행」, 『중국사 연구』 제53집(2008); 「동아시아의 전쟁기념관과 역사 갈등」, 『중국근현대사연구』 제41집(2009); 하세봉 「모형의 제국: 1935년 대만박물회에 표상된 아시아」, 『동양사학연구』 제78집(2002); 「동아시아 박람회에 나타났던 '근대'의 양상들」, 『역사와 문화』 제11호(2006).

34 川島眞 「アジアからみた'アジア', '地域', そして'周邊'」, 橫山宏章 外 編, 『周邊からみた20世紀中國: 日·韓·臺·港·中の對話』, 福岡: 中國書店 2002, 287~90면; 강선주 「고등학교 동아시아 과목에서 동아시아사와 세계사 연계 방안」, 역사학회 창립 60주년 기념 추계학술대회 '동아시아사의 방법과 서술'(서울: 2012.10.6) 자료집, 100면. 후자는 동아시아사 교과목의 탄생과 그 내용구성에 동아시아 담론 등이 중요한 역할을 했다고 지적한다.

35 손승회 「(회고와 전망-중국현대사) 금구(禁區)에 대한 도전: 중국현대사 연구의 새로운 지평」, 『역사학보』 제191집(2006), 349면.

36 하세봉 「동아시아 역사상, 그 구축의 방식과 윤곽」, 『역사학보』, 제200집(2008). 박원호는 '동아시아사'와 (필자 등이 제기한 것으로 그가 분류한) '동아시아 담론'을 분리하면서 전자가 지역사 차원에서 과거사를 재구성하는 역사학적 논의라면 후자는 미래 기획이요 사회과학적 논의라고 이분법적으로 단정한다. 박원호 「'동아시아사로서의 한국사'를 위한 마지막 提言」, 『역사학보』, 제216집(2012), 33~36면. 그밖에 필자의 동아시아론을 포함한 한국에서 제기된 동아시아론을 비판적으로 검토하면서 앞으로의 동아시아 연구가 '초국가적 공간'으로 접근해야 한다는 주장도 제기되

었다. 박상수「한국발 동아시아론의 인식론 검토: '초국가적 공간'으로부터 접근하자」,『아세아연구』, 53권 1호(2010).

37 황동연「20세기 초 동아시아 급진주의와 '아시아' 개념」,『대동문화연구』제50집(2005);「냉전시기 미국의 지역연구와 아시아 인식」,『동북아역사논총』제33집(2011); 김하림「1930년대 중국 지식인의 아시아론과 민족주의:『신아세아(新亞細亞)』·『신동방(新東方)』을 중심으로」,『중국근현대사연구』제35집(2007).

38 졸고「20세기 전반기 동아시아 역사교과서의 아시아관」,『대동문화연구』제50집(2005); 윤휘탁「동아시아 근현대사상 만들기의 가능성 탐색」,『중국근현대사연구』제25집(2005).

39 손승철 외『고등학교 동아시아사』, 교학사 2012; 김형종 외『고등학교 동아시아사』, 천재교육 2012; 유용태·박진우·박태균『함께 읽는 동아시아 근현대사』(전2권), 창비 2011; 한중일3국공동역사편찬위원회『한중일이 함께 쓴 동아시아 근현대사』(전2권), 휴머니스트 2012.

40 이성규「회고와 전망: 동양사 총설」,『역사학보』제175집(2002), 278면.

41 이재령「남경국민정부 시기, 중국의 한국 인식: 만보산사건에 대한 여론동향을 중심으로」,『중국사 연구』제31집(2004);「20세기 중반 한중관계의 이해: 한국독립에 대한 중화의식의 이중성」,『중국근현대사연구』제29집(2006);「항전시기(1937-1945) 국공양당의 한국관」,『중국학보』제56집(2007);「미군정시기(1945~1948) 中國國民黨 언론의 대한 인식:『申報』를 중심으로」,『동양학』제47집(2010);「냉전체제 형성기(1945~1948) 중화민국의 한국인식: 국민당 언론의 한국 기사를 중심으로」,『동북아 역사논총』제29호(2010); 김지훈「중일전쟁기 중국공산당의 한국 인식」,『역사학보』제194집(2004);「중일전쟁 시기 해방일보의 한국 인식」,『사림』제25집(2006); 이찬원「근대 중국 지식인의 대한국관: 黃炎培의『조선』을 중심으로」,『중국근현대사연구』제24집(2004); 임상범「1948년 남북한 건국과 동북아 열강들의 인식: 중국의 남한정부 수립에 대한 인식: 1948년 5월부터 8월까지의 신문기사를 중심으로」,『사총』67권(고려대 역사연구소 2008); 이선이「근대 중국의 조선인 인식: 梁啓超와 黃炎培를 중심으로」,『중국사 연구』제66집(2010); 유연실「근대 중국 언론에 나타난 朝鮮 여성의 形像」,『역사학 연구』41권(2011).

42 손승회「만주사변 전야 만주한인의 국적문제와 중국·일본의 대응」,『중국사 연구』제31집(2004);「1931년 식민지 조선의 배화폭동과 화교」,『중국근현대사연구』제41집(2009); 손준식「식민지 조선의 대만 인식」,『중국근현대사연구』제34집(2007); 유장근「위대한 과거와 낙후한 현재 사이: 여행기를 통해 본 현대 한국인의 중국관」,『대구사학』제80집(2005);「현대 한국인의 중국 변방 인식: 수교 이후 여행기를 중심으로」,『중국근현대사연구』제44집(2009); 강진아「근대전환기 한국화상의 대중

국 무역의 운영방식: '同順泰寶號記'의 분석을 중심으로」, 『동양사학연구』 제105집 (2008); 김승욱 「20세기 초(1910~1931) 仁川華僑의 이주 네트워크와 사회적 공간」, 『중국근현대사연구』 제47집(2010); 「19세기 말-20세기 초 仁川의 운송망과 華僑 거류 양상의 변화」, 『중국근현대사연구』 제50집(2011); 윤은자 「20세기 초 남경의 한인유 학생과 단체(1915~1925)」, 『중국근현대사연구』 제39집(2008); 윤휘탁 「근대 조선인 의 만주농촌체험과 민족인식: 조선족의 이민체험 구술사를 중심으로」, 『한국민족운 동사연구』 제64호(2010); 「'뿌리 뽑힌 자들의 방랑지': 조선인에게 비쳐진 만주국 사 회상」, 『한국민족운동사연구』 제66호(2011).

43 배경한 『쑨원과 한국: 중화주의와 사대주의의 교차』, 한울 2007.

44 이와 더불어 중국 고중세사 연구에서도 동북공정의 영향으로 새로운 영역인 한국 사와 중국사를 아우르는 연구가 촉진되었다. 하원수 「위진수당사 연구의 회고와 전 망」, 『역사학보』 제199집(2008), 228면; 김택민 「동양사 연구의 현황과 전망」, 『역사학 보』 제199집(2008), 200면.

45 김태승 「한국에서의 중국사 연구의 전통」, 사회과학원 엮음, 『김준엽선생 1주기 추 모문집 김준엽과 중국』, 나남 2012, 239면.

46 50대 연구자 세명(C, J, Y로 표기)과 60대 연구자 한명(B로 표기)에게 2013년 3월 12일과 13일 사이에 이메일로 묻고 답한 극히 제한적인 설문조사였다. 그중 유일하 게 자신은 동북공정의 영향을 받지 않았다고 밝힌 B라는 응답자는 동북공정 이전부 터 중국 중심의 역사해석이 상존했고 그에 대해 자신은 비판적이었으므로 동북공정 이 영향을 미친 것 같지 않다고 답하면서도, 다른 연구자에게는 '약간 영향이 있다' 라는 사실을 긍정한다. 그밖에 C라는 응답자는 동북공정 이후 "연구자 사이에도 중 국에 대한 부정적 인식이 눈에 띄게 확산되었다"라고 말하면서, "이 점은 연구논문 에서는 잘 드러나지 않지만, 중국과 관련한 시사적인 사안에 대한 말을 주고 받는 과 정에서 확인할 수 있다"라고 증언한다.

47 김승욱, 앞의 글(2012), 249~50면. 그는 김형종·박선영·김정현·이은자·김종건의 등의 연구성과를 그 근거로 제시한다. 김형종 「吳祿貞와 『延吉邊務報告』: 100년 전의 '東北工程'?」, 『역사문화연구』 제35집(2010); 박선영 「中華民國 시기의 "間島" 인식: 당 시 출판된 신문 잡지의 "간도" 기사를 중심으로」, 『중국사 연구』 제69집(2010); 김 정현 「20세기 중국의 한국사 서술과 일본의 식민사관」, 『국제중국학연구』 제61집 (2010); 이은자 「중국고등학교 역사과정표준 실험교과서의 청대사 서술 분석」, 『아시 아문화연구』 제19집(2010); 김종건 「중국 역사교과서상의 한국 관련 서술 내용 변화 에 대한 검토: 최근 초급중학 『중국역사』 교과서를 중심으로」, 『중국사 연구』 제69집 (2010).

48 정두희, 앞의 글 특히 465~70면.

346

49 동북공정문제의 해결을 위해 동아시아적 시각 내지 동아시아사를 중시하는 것이
필자만의 주장은 물론 아니고 이미 어느정도 공감대가 형성된 것 같다. 중국정치학
자 이희옥은 연구담론을 "동아시아 지평으로 확장"할 것을 요구한다(이희옥「동북
공정의 정치적 논란에 비판적 해석」,『동아연구』제53집, 2007, 40면). 최근 역사학회
창립 60주년 기념 추계학술대회의 주제가 '동아시아사의 방법과 서술'(2012.10.6: 서
울)인 것도 흥미로운 변화다. 박원호도 앞의 글에서 동아시아 역사상의 새로운 패러
다임을 다시 한번 제안하면서, 그것을 통해 '중국중심주의'의 대응논리를 개발하고,
'중국'이란 무엇인가라는 오랜 의문을 새롭게 문제로 부각할 수 있으며, 한국사를 세
계사로 연결해주는 매개고리를 확보할 수 있다고 주장한다(특히 43~44면). 그의 주
장은 필자가 이 글을 포함한 일련의 작업에서 그간 펼쳐온 문제의식과 다를 바 없다.
그밖에 동아시아라는 공간의 시점에 기반을 두어 근대사를 재구성하자고 일관되게
주장하는 하세봉「근대 동아시아사의 재구성을 위한 공간의 시점」,『동양사학연구』
제115호(2011)가 있다.

50 송기호는 탈국사론의 범주에 동아시아사론을 넣고 주로 김기봉과 정두희의 글을
비판한다. 송기호, 앞의 글 431~32면. 이에 비해 필자는 자국사와 지역사가 소통할
수 있는 '자아 확충과 충실의 동아시아사'라는 구상을 이미 졸고「자국사와 지역사
의 소통: 동아시아인의 역사서술의 성찰」,『歷史學報』제196집(2007.12)에서 좀더 상
세히 밝힌 바 있다.

51 임기환, 앞의 글 10면.

52 글로컬 히스토리를 추구하는 동아시아사는 한국의 민족주의, 동양사의 중국중심
주의 및 서양사의 유럽중심주의를 넘어설 수 있는 역사적 시야를 제시할 것으로 기
대하는 입장도 있다. 김기봉「한국 역사학의 재구성을 위한 방법으로서 동아시아
사」, 역사학회 창립 60주년 기념 추계학술대회 '동아시아사의 방법과 서술'(서울:
2012.10.6) 자료집.

53 董向榮·王曉玲·李永春, 앞의 책 186면에 따르면, 한중수교 이후의 밀월관계를 거쳐오
다 한중관계가 악화된 계기는 1999년 전후 즉 한국이 금융위기를 겪은 데 반해 중국
이 고속성장을 유지한 분기점을 전후해서이고, 이때부터 한국인의 중국관도 부정적
으로 변했다. 2003년의 동북공정에 대한 보도는 그것이 표출되는 구실이었다고 한
다. 그들이 양국의 경제발전의 역전이라는 요인을 중시한 것은 흥미로운 해석이나,
한국인의 중국인식의 역사궤적을 간과한 견해이기에 이 글에서 수용하지는 않는다.

54 하원수, 앞의 글 228면.

55 동북아역사재단·동아시아사연구포럼 공동주관 국제회의 '동아시아 문화 속의 중
국'(서울: 2012.11.2~3)에서 동아시아사에 대해 벌어진 토론 내용은 동아시아 속에
서의 중국의 위치 그리고 개별 국사〔國別史〕와 지역사의 적절한 관계에 대해 시사하

는 바가 있어 여기서 일부 소개하고 싶다. 홍석률(洪錫律)은 동아시아 교과서와 개설서 몇종을 검토한 뒤 그 속에서 중국사가 단절되고 소외된 것이 아닌가 질문했다. 집필자들이 동아시아 여러 나라를 균형있게 다룬다는 취지에 충실하다 보니 중국사가 실상보다 축소되고 그 계기적 발전이 제대로 서술되지 않은 것 같다는 뜻이다. 이 지적에 대해 함동주(咸東珠)는 집필자가 의도한 결과는 아닐지라도 구조적으로 중국사가 축소 서술된 것에는 동의하나 그게 소외를 의미한다면 동의할 수 없다고 대응했다. 또한 유용태는 각국사의 계기적 발전을 소개하는 것과 병행하여 각국 간의 연관을 서술하는 방식이 필요하지 않은가 제안했다. 이러한 토론을 들으면서 지역사로서의 동아시아사를 실제 서술한다는 것이 쉽지 않음을 다시 한번 절감했다. 그리고 그 난점은 역시 이 글에서 강조한바 중국과 그 주변 이웃들과의 비대칭성에서 빚어진다고 판단된다. 필자가 지금 이 문제에 대해 깊이 개입할 여유가 없어, 이 장의 주석 52)의 졸고에서 자국사와 지역사의 소통을 제대로 서술하기 위해서는 우선 교과서라는 서술양식 자체가 안고 있는 한계를 벗어나야 한다는 점을 지적한 바 있음을 소개하는 데 그치겠다. 각국의 국사라는 개체 안에 국경을 넘어 소통을 가능케 하는 보편적 요소가 있다고 보고 그에 해당하는 소재들에 맞춰 지역범위를 정해 자유롭게 서술하는 방식을 강조했던 것이다.

56 민두기 「中國史 硏究의 ‘提高’와 ‘普及’」, 『東洋史學硏究』 제50집(1995.4), 5면.

57 졸고 「사회인문학의 지평을 열며: 그 출발점인 ‘공공성의 역사학’」, 『東方學志』 제149집(2010.3)에서 ‘비평으로서의 역사학’에 대한 구상의 일부를 밝혔다.

58 본 장의 주석 55)의 국제회의에서 바바 키미히꼬(馬場公彦)는 일본인의 중국인식의 형성과정을 분석한 발표에서 그것을 하나의 하천으로 비유하면서 원천의 정보원으로 중국이라는 큰 호수가 있는데 그 상류(上流)는 학술권(1차 정보를 생산하는 중국학자·지역연구자·저널리스트), 중류(中流)는 지식공공권(1차 정보에 의거해 논제를 정하고 국민의 여론형성을 위해 공론을 제시하는 자 즉 종합잡지 등 논단에 참여하는 공공지식인) 및 그것을 받아들여 여론을 형성하는 하류(下流)로 구성된다고 소개한다(馬場公彦 「戰後日本の對中國認識: 雜誌メディアを中心に」, ‘동아시아 문화 속의 중국’ 자료집, 259면). 흥미로운 비유인데 상·중·하류라는 비유가 위계적인 것 같아 필자는 그것을 바꾸어 잠정적으로 발신-매개(또는 중계)-수신으로 표현해보았다.

59 王曉玲, 앞의 글 108면.

60 山室信一 「曼茶羅としての中國: 日本からの眼差し」, 앞의 ‘동아시아 문화 속의 중국’ 자료집, 13~14면. 야마무로 신이찌는, 중일전쟁이 발발하던 시기에 중국연구자 오자끼 호쯔미(尾崎秀美)가 우려한바 중국연구의 세분화와 연구자의 고립화가 진전됨에 따라 일반인의 놀라운 무이해와 무관심이 증폭되는 상황이 지금 재현되고 있다고 우려한다.

61 단기대책으로 그간 제기된 것은 연구역량과 역사교육의 강화 및 국내외 네트워크 구축으로 압축된다. 정문상 「'역사전쟁'에서 '역사외교'로: 동북공정에 대한 한국인의 대응양상」, 『아시아문화연구』(경원대), Vol. 15, 2008. 한중 간의 우호적 상호인식을 위한 정책대안이란 대체로 '지속적인 교류와 대화'라는 기조 위에서 각종 아이디어를 제시하는 것이 대부분이다.

62 본 장의 주석 46)에서 언급한 설문조사에 응한 중견 연구자 Y는 "중국의 국가활동이 야기하는 대중의 편향된 인식을 사실에 입각해 객관화하고 국제적 맥락에서 해석함으로써 균형을 잡을 수 있도록 하는 게 중국현대사 연구자의 책무 중 하나라고 본다"라고 지적하는데, 이 발언은 바로 필자의 뜻과 통한다. 필자는 이러한 과제를 수행하는 중국연구를 '비판적 중국학'으로 규정하고 한국에서의 그 계보를 정리한 바 있다. 졸고 「중국학의 궤적과 비판적 중국연구: 한국의 사례」, 『대동문화연구』 제80집(2012.12) 참조.

63 이 관점은 졸저 『동아시아의 귀환』, 168면에서 일찍이 제기한 바 있다.

64 차태근 「'중국'의 시각: 조선, 대한제국, 그리고 '일본의 조선': 1870년부터 1919년까지 신문, 잡지 등 언론매체를 중심으로」, 『중국학논총』 제16집(2003), 특히 133~36면.

65 「愛國心與自覺心」(1914.11), 『陳獨秀著作選』 제1권, 上海: 上海人民出版社 1993, 115면.

66 이종민 「개혁개방 이후 한국을 바라보는 중국의 눈」, 『중국의 창』 창간호(2003).

제3장 일본인인가, 중국인인가: 중국여행을 통해 본 20세기 전반기 대만인의 정체성

1 이하 일부는 졸고 「중국 직항로 개설을 둘러싼 대만사회의 분열」, 창비주간논평(weekly.changbi.com) 2008.7.9에서 옮겨옴.

2 이하 내용은 梁華璜 「日據時代臺民赴華之旅券制度」, 『臺灣風物』 39卷 3期(1989.9)를 요약한 것이다.

3 같은 글 41면.

4 국외여행과 달리 대만 안에서의 여행은 식민 당국의 주도 아래 제도화됐다. 이에 대해서는 呂紹理 『展示臺灣』, 臺北: 麥田出版 2005 참조.

5 이 글에서 다루는 우 줘류의 대륙여행기와 그보다 앞선 롄 헝(連橫, 1878~1936)의 『대륙유기(大陸遊記)』에 대부분의 연구가 집중되어 있다.

6 『口述歷史: 日據時期臺灣人赴大陸經驗』 5期, 臺北: 中央研究院近代史研究所 1994; 『口述歷史: 日據時機臺灣人赴大陸經驗』 6期, 臺北: 中央研究院近代史研究所 1995(이후 이 자료의 인용은 구술자 이름과 기수期數만 밝힘).

7 『남경잡감(南京雜感)』은 1942년 『대륙예술(大陸藝術)』 잡지에 연재했으나 일본 당국이 불허하여 당시에는 단행본으로 간행되지 못했다고 한다. 여기서는 『吳濁流作品集』

1卷, 臺北: 遠行出版社 1977에 실린 텍스트를 이용했다(이하는 작품명과 면수만 밝힘).

8 1943년에 집필이 시작되어 대만 광복 직전에 탈고한 것으로 알려진 이 작품은 1956년 처음으로 『胡太明』이라는 제목의 일본어판으로 일본에서 간행됐다가 다시 『亞細亞的孤兒』라는 제목으로 바뀌었다. 이 일본판을 중문으로 옮긴 것이 1962년 대만에서 간행됐다. 이 글에서는 '臺灣文學名著 3', 臺北: 草根出版 1995를 텍스트로 삼았다 (이하는 작품명과 면수만 밝힘). 원문을 인용할 때 송승석의 번역문을 참조했다. 미간행된 그의 초고는 일본어판을 저본으로 삼은 듯한데, 이 글에서 텍스트로 삼은 중문판과 차이가 나 대조하면서 필요에 따라 필자가 수정해 인용했다. 초고를 보여준 그에게 감사한다. (2012년 도서출판 아시아에서 번역·출간되었다.)

9 『南京雜感』, 51면.

10 같은 책 89면.

11 같은 책 84면.

12 같은 책 114면.

13 같은 책 115면.

14 같은 책 116면.

15 같은 책 117면.

16 葉榮鐘 『小屋車夫集』, 臺北: 中央書局 1967, 212면.

17 같은 책 212~13면.

18 난징에 도착한 이후 그가 겪어본 조국은 결국 일본교과서에서 배운 내용과 통하는 면도 있음을 발견하게 된다. 예컨대 그는 상하이에 도착한 후 거리에서 창녀와 거지를 보고 중국인의 비참함을 목도하는 동시에 외국인의 폭군 같은 모습을 마주 대하고는 조국에 대해 눈물을 머금게 된다. 『無花果』, 臺灣文學名著 4, 臺北: 草根出版 1995, 97면.

19 宋冬陽 「朝向許願中的黎名」, 『文學界』 10期(1984), 5, 139면.

20 『亞細亞的孤兒』, 38면.

21 같은 책 77면.

22 같은 책 88면.

23 같은 책 96~97면.

24 대만인은 대만에서 일본인에게 '이등공민'으로 차별당했다. 다이 슈리의 회고에 따르면 그녀의 오빠는 배에서 '중국신청년'이라는 제목의 글을 읽은 것만으로 일본경찰에 의해 검문을 당하고 끝내 파출소로 끌려가는 수모를 겪었다. 戴秀麗(第6期), 107면.

25 『亞細亞的孤兒』, 139면.

26 같은 책 145면.

350

27 林坤鐘(5期), 68면.

28 吳左金(5期), 105면.

29 許顯耀(6期), 9면.

30 『亞細亞的孤兒』, 200면.

31 林坤鐘(5期), 28면.

32 같은 책 68면.

33 같은 책 72면.

34 陳許碧(5期), 249~58면.

35 『亞細亞的孤兒』, 211~12면.

36 宋冬陽, 앞의 글 133면.

37 黃俊傑『臺灣意識與臺灣文化』, 臺北: 臺灣大學出版中心 2006, 3~68면.

38 우 줘류는 『무화과(無花果)』 17면에서 이렇게 털어놓는다. "대만인은 이 같은 치열한 향토애를 가진 동시에 조국에 대한 사랑도 가졌다. 조국을 사모하고 조국에 대한 애국심을 가슴에 품은 것은 누구나 다 같았다. 단지 대만인의 조국애는 사랑하는 대상이 청조가 아니었다. 청조는 만주인의 국가이지 한인의 국가가 아니며, 청일전쟁은 만주인이 일본인과 싸우다 패배한 것이지 결코 한인이 패배한 게 아니었다. 대만은 비록 잠시 일본에 점령당했지만 끝내 어느 날인가 광복할 것이다. 한민족은 반드시 부흥하여 자신의 나라를 부흥할 것이다. 노인들은 꿈속에서 어느 날 한군이 대만을 해방하러 오리라 굳게 믿었다. 대만인의 마음속에 존재하는 것은 한(漢)이라는 이 아름답고 위대한 조국이었다."

39 宋冬陽, 앞의 글 141면.

40 「光復卄年的感想」, 『吳濁流選集』 5, 臺北: 遠行 1977, 179면.

41 葉榮鐘, 앞의 글 212면.

42 黃俊傑, 앞의 글 34면.

43 Leo T. S. Ching, *Becoming 'Japanese': Colonial Taiwanese and the Politics of Identity Formation*, Berkeley: University of California Press, 2001, 8면.

44 이 점에서 천 잉전(陳映眞)이 대만의식〔臺灣結〕을 아시아 냉전구조와 연관하여 설명하는 방식도 귀기울여볼 필요가 있다. 「國家分裂結構下的民族主義國家: '臺灣結'的戰後史之分析」, 『中國論壇』 289期(1987.10).

45 1976년 우 줘류가 타계한 그해, 필명으로 발표한 글(艾鄧 「孤兒的歷史和歷史的孤兒: 讀嗚濁流: 亞細亞的孤兒」, 『臺灣文藝』, 13卷 53期, 1976.10)에서는 이 주장을 전면에 내세우지 않았지만, 나중에 같은 글을 자신에 문집에 실을 때에는 명문화했다. 陳映眞 『孤兒的歷史, 歷史的孤兒』, 臺北: 遠景出版 1984, 94~95면.

46 Leo T. S. Ching, 앞의 책 181면.

47 宋澤萊『臺灣人的自我追尋』, 臺北: 前衛出版社 1988, 특히 19면.

48 Leo T. S. Ching, 앞의 책 185면.

49 졸고「주변에서 동아시아를 본다는 것」, 정문길·최원식·백영서·전형준 엮음, 앞의 책 특히 18면. 본서 프롤로그 보론에도 실려 있다.

50 Leo T. S. Ching, 앞의 책 234면 주 30.

51 廖炳惠「旅行與異樣現代性: 試探吳濁流的南京雜感」, 『中外文學』 29卷 2期(2007.7), 295, 303면.

제4장 우리에게 대만은 무엇인가: 다시 보는 한국-대만관계

1 졸저『思想東亞: 韓半島視角的歷史與實踐』, 臺北: 臺社 2009.

2 조선과 식민지시대 서술은 金勝一「臺灣 韓僑의 역사적 遷移 상황과 귀환문제」, 『한국근현대사연구』 제28집(2004년 봄)에 의존한다.

3 박지원의「허생전」원문에는 막연히 '섬'이라 하고 그곳에서 나가사끼(長崎)와 교역했다고만 묘사된다. 그런데 朴潤元「臺灣蕃族과 朝鮮」(상·중·하), 『동아일보』1930.12. 10~12일자에 그 섬이 대만이라는 주장이 나온다.

4 최원식·백영서 엮음『대만을 보는 눈』, 창비 2012 제4부 1장 참조.

5 宋志英 외『臺灣紀行 自由中國의 今日』, 春潮社 1958, 119면.

6 최원식·백영서 엮음, 앞의 책 제4부 3장 참조.

7 같은 책 제4부 2장 참조.

8 한상도「일제침략기 한국과 대만 항일운동세력의 국제연대」, 『한국민족운동사연구』 제49집(2006.12), 200면.

9 중국을 매개로 한 것은 아니지만, 1928년 5월 3일 항일운동가 조명하(趙明河)가 타이중(臺中)에서 시찰 중이던 일본 황족을 암살하려다 미수에 그친 사건처럼 대만을 무대로 한 조선인의 항일활동 등은 더 발굴될 수 있을 것이다.

10 趙炳華『石阿花』, 正音社 1958, 본문의 인용 시는 24, 33, 56면.

11 宋志英 외, 앞의 책 26, 50, 52, 73면.

12 같은 책 75면.

13 최원식·백영서 엮음, 앞의 책 제3부 2장 참조.

14 같은 책 제3부 1장 참조.

15 같은 책 제4부 6장 참조.

16 권태선 특파원 현장취재(연재물)「'묵은 틀' 깨는 대만」, 『한겨레신문』1989.3.19, 21~24. 이 취재에는 한국사회와 유사한 경로를 걷고 있는 대만민주화에 일찍부터 학술적 관심을 가진 중국사학자 민두기의 도움이 있었다.(『동아일보』1987.7.15~17, 21과 1987.8.7에도「臺灣民主化 바람, 38년만의 변화: 현장을 가다」(1~5회)가 연재되

었다.〕

17 그 출발점은 아래의 두 모임이다. 제주4·3연구소 주관 제주4·3 제50주년기념 국
   제학술대회 '21세기 동아시아 평화와 인권'(1998.8.21~24); 전남대학교 5·18연구
   소 주최 광주민중항쟁 18주년기념 전국학술대회 '5·18과 동아시아의 민중항쟁'
   (1998.5.12).

18 최원식·백영서 엮음, 앞의 책 제4부 4장 참조.

19 같은 책 제1부 2장 참조.

20 대만에서 족군은 '국족'(國族, nation)과 구별된다. nationalism은 보통 '국족주의'
   로 번역된다.

21 '신대만인'이라는 용어 자체는 1998년 12월 타이베이 시장 선거 때 국민당 후보인
   마 잉주(馬英九) 지지를 호소하기 위해 당시 국민당 주석 리 덩후이(李登輝)가 사용함
   으로써 공론화되었다. 외성인 2세이나 전후 대만에서 태어난 마 잉주 같은 사람을 신
   대만인으로 이름붙임으로써 내성인과 외성인 간의 성적갈등을 넘어서려 한 것이다.

22 양태근 「타이완 민족주의를 통해 본 중국」, 최원식·백영서 외 엮음 『제국의 교차로
   에서 탈제국을 꿈꾸다』, 창비 2008, 264면; 본서 제2부 3장 「일본인인가, 중국인인가」.

23 黃俊傑 『臺灣意識與臺灣文化』, 臺北: 臺灣大學出版中心 2006, 3~38면. 〔이에 대한 좀더
   상세한 소개는 본서 제2부 3장 「일본인인가, 중국인인가」 252~54, 275면 참조.〕

24 鄭鴻生 「臺灣人如何再作中國人」, 『臺灣社會研究季刊』 第74期(2009.6), 116~28, 132~33면.

25 이 점은 작가 우 줘류가 광복 20주년을 맞아 1945년 '광복'에 대한 감상의 변화를 언
   급한 대목에서 잘 드러난다. 그는 "광복절에 대해 나는 처음 몇년은 열광과 희열을
   느꼈으나, 다시 몇년을 지나면서 문화에 대해 얼마간 방황과 불안을 느꼈다. 기쁨이
   다하고 슬픔이 찾아온 느낌이었다. 지금에 이르러서는 아무런 느낌도 없는 듯하다"
   라고 털어놓았다. 「光復卅週年的感想」, 『吳濁流選集 5』, 臺北: 遠行 1977, 179면.

26 대만인 사이에서는 '수도꼭지 우화'가 유행했다고 한다. 대륙에서 쫓겨온 병사들
   은 수도꼭지를 아무 데나 매달면 수돗물이 콸콸 나온다고 오해할 정도로 낙후했다고
   대만인들이 야유했던 것이다. 鄭鴻生 『百年離亂: 兩岸斷裂歷史中的一些摸索』, 臺北: 臺社
   2006, 82면.

27 趙剛 「兩岸與第三世界: 陳映眞的歷史視野」, 『人間思想』 창간호(2012년 여름), 217~18면.

28 http://esc.nccu.edu.tw/modules/tinyd2/index.php?id=3 최원식·백영서 엮음, 앞의
   책 59면에서 천 팡밍은 대만인으로서의 정체성을 지닌 사람이 최근 이미 80퍼센트를
   넘어섰다고 말한다. 이는 아마도 대만인이자 중국인이라는 인식을 품은 응답자까지
   포함한 계산인 듯하다. 정체성에 대한 여론조사는 그 질문방식과 조사기관에 따라
   통계가 다를 수 있다.

29 최원식·백영서 엮음, 앞의 책 제2부 2장 참조.

30 『臺灣社會研究季刊』第74期(2009.6)의 분단체제 특집 '超克分斷體制' 참조.

에필로그 중화제국론의 동아시아적 의미: 비판적 중국연구의 모색

1 이 글은 한국중국학회 주최 국제회의 '제국전통과 대국굴기'(서울: 2013.8.22~23)에서 기조발표용으로 작성한 초고를 수정한 것이다. 초고를 작성하는 과정에서 2013년도 1학기 연세대 대학원 강의에 참여한 수강생들의 발표와 토론은 필자의 구상에 큰 도움이 되었다. 일일이 이름을 밝히지는 않지만 한 사람 한 사람에게 고마움을 표한다.

2 『역사학보』 제217집(2013.3).

3 William A. Callahan, "Introduction: Tradition, Modernity, and Foreign Policy in China", in William A. Callahan and Elena Barabantseva ed., *China Orders the World: Normative Soft Power and Foreign Policy*, Baltimore: The Johns Hopkins University Press, 2011, 5면.

4 김봉중 「탈냉전과 '제국'의 재편성」, 『역사학보』 제217집(2013.3), 189면.

5 세계사 속에서 과거 제국이 오늘날 현존하는 사례로 가장 먼저 주목받는 것은 중국의 대두이고, 그밖에 러시아연방의 급속한 회복, 유럽연합 및 미국을 드는 견해도 있다. Jane Burbank & Frederick Cooper, *Empires in World History: Power and the Politics of Difference*, Princeton: Princeton University Press, 2011, 455~57면.

6 졸고 「중국의 국민국가와 민족문제: 형성과 변형」(1994), 『동아시아의 귀환』.

7 졸고 「20세기형 동아시아 문명과 국민국가를 넘어서」(1999), 『동아시아의 귀환』, 15~16면.

8 배경한 「중국국민당의 당국체제와 "중국적 국민국가"」, 『중국근현대사연구』 제31집(2006.9); 「근현대 중국의 공화정치와 국민국가의 모색」, 『역사학보』 제200집(2008). 그러나 배경한이 국민국가의 틀을 완전히 버린 것은 아니다. 그는 20세기 국민당과 공산당의 지배체제를 '중국적 국민국가' 곧 '당국체제'(party-state system)로 파악하고 그것을 공화정치와 민주주의를 실제로 보장하는 '보편적 국민국가'로 이행하는 과도기 단계로 설정하고 있기 때문이다. 그는 필자의 졸고(위의 주석 6)가 서구적 국민국가의 시각에서 쓰였다고 비판하는데(배경한 2006, 16면), 보편적 국민국가라는 발상이야말로 서구적 역사경험에 근거한 것 아닐까.

9 유용태 「근대중국의 민족인식과 내면화된 제국성」, 『동북아역사논총』 23호(2009).

10 전인갑 「帝國에서 帝國性 國民國家로(I): 제국의 구조와 이념」, 『중국학보』 제65집(2012.6); 「帝國에서 帝國性 國民國家로(II): 제국의 지배전략과 근대적 재구성」, 『중국학보』 제66집(2012.12).

11 본서 제1부 4장 「제국에서 동아시아공동체로」.

12 본서 제2부 2장 「중국의 '동북공정'과 한국인의 중국 인식의 변화」, 222~28면.

13 졸고 「20세기형 동아시아 문명과 국민국가를 넘어서」(1999), 『동아시아의 귀환』.

14 한자 어휘로서 '帝國'이 아주 드물게나마 고문헌에 나타난다. 그러나 한국과 일본의 고문헌에 보이는 용례는 중국 중심의 질서에서 중국 이외의 '(황)제'를 자칭하는 나라에 대해 고안된 '상대화된 존대어'였을 것이라고 추정된다. 기본적으로 전통시대 동아시아에서는 광역국가가 곧 천하로 인식되었기에 근대적인 의미의 제국이라는 어휘가 필요하지 않았다. 이삼성 「'제국' 개념의 고대적 기원: 한자어 '제국'의 서양적 기원과 동양적 기원, 그리고 『일본서기』」, 『한국정치학회보』 제45집 제1호(2011) 참조.

15 에이미 추아 『제국의 미래』, 비아북 2008, 10~11면. 그에 따르면 제국의 관용은 다른 경쟁자들과 비교해서 더 관용적이냐 아니냐 하는 것, 곧 선택적이고 '상대적인' 관용이다. 현대적 의미의 관용이 단순한 수단이 아니라, 도덕적인 덕목이고 존중의 의미를 지니는 것과는 사뭇 다르다.

16 "국민국가는 정부에 대한 동질적인 주민의 능동적인 동의에('매일매일의 투표') 기반을 두고 있었기 때문에 통일적인 원칙이 없었다. 따라서 정복할 경우에 통합보다 동화시켜야 하고 정의보다 동의를 강요해야 했다." 한나 아렌트 『전체주의의 기원』 제1권, 한길사 2006, 270~71면. 또한 Jane Burbank & Frederick Cooper, 앞의 책 458면에서는 차이를 다루기 위해 다양한 전략을 구사하는 제국과 달리 국민국가는 국민의 동질성을 확보하기 위해 국민의 정치참여를 허용하고 동화하는 동시에 배제·추방을 병용한다고 지적한다.

17 白井聰 「「陸のの帝國」の新時代は近代を超えうるか」, 『atプラス』 12호(2012.5), 136면. 이와 달리 야마무로 신이찌(山室信一)는 근대제국을 '국민제국'이라 규정한다. 山室信一 「'國民帝國'論の射程」, 山本有造 編, 『帝國の硏究』, 名古屋: 名古屋大學出版會 2003.

18 제국의 개념과 구조에 대한 좀더 상세한 설명은 木畑洋一 外 編 『21世紀歷史學の創造』, 東京: 有志舍 2012에 실린 키바따 요오이찌(木畑洋一)의 총론 「帝國と帝國主義」 참조.

19 김선민은 미국학계의 연구성과에 의존해, 두 정치세력에 존재하는 경계가 모호한 공간인 변경(frontier), 경계가 명확한 선인 국경(border). 그리고 그 사이의 과도적 단계로 양자의 성격을 모두 지닌 국경지대(borderland)를 구별해 사용하자고 제안한다. 이에 비해, 청대 말기에 등장해 20세기 전반기 널리 사용된 용어인 '변강(邊疆)'은 영어의 변경과 국경에 모두 해당되는 뜻을 갖는다. 그래서 결과적으로 이 용어로 청의 영역범위를 설명하면 변경, 국경지대 및 국경의 차이점이 모호해지고, 그 결과 청 판도의 범위가 변경을 넘어 조선 등 인접국까지 미친다는 잘못된 인식을 야기하기 쉽다. 그런데 김선민은 청의 다른 변경지역과 달리 청-조선 관계에는 국경지대가 설정된 것으로 설명되어야 한다고 주장한다. 김선민 「청제국의 변경통치에 관한 연구

동향 분석: 미국학계의 연구성과를 중심으로」, 윤영인 외 『외국학계의 정복왕조 연구시각과 최근동향』, 동북아역사재단 2010, 114~21면.

20 川島眞 「近現代中國における國境の記憶: '本來の中國'の領域をめぐる」, 『境界研究』 No.1(2010).

21 전인갑 「帝國에서 帝國性 國民國家로(I): 제국의 구조와 이념」, 166면; 「帝國에서 帝國性 國民國家로(II): 제국의 지배전략과 근대적 재구성」, 266면. 여기서 전인갑은 조공국은 제국의 일부가 아니라고 본다. 김성규는 조공체제는 전통적 중화세계질서이지 전통적 동아시아 세계질서는 아닐 수 있다고 본다. 김성규 「미국 및 일본에서 '전통중국의 세계질서'에 관한 연구사와 그 특징 비교」, 『역사문화연구』 제32집(2009), 32면.

22 白井聰, 앞의 글 134면.

23 왕 후이 『아시아는 세계다』, 글항아리 2012, 126면.

24 본서 제1부 4장 「제국에서 동아시아공동체로」, 104면.

25 마틴 자크, 앞의 책 361~62면.

26 본서 제2부 1장 「변하는 것과 변하지 않는 것: 한중관계의 과거·현재·미래」, 196면.

27 조공체제에 대한 미국과 일본 연구의 소개는 김성규, 앞의 글 참조.

28 茂木敏夫 , 앞의 글 54면. 본서 제2부 1장 197면에서 좀더 구체적으로 상술했다.

29 Zhou Fangyin, "Equilibrium Analysis of the Tributary System," *The Chinese Journal of International Politics*, Vol. 4, No.2, 2011, 149면.

30 Brantly Womack, "Asymmetry and China's Tributary System," *The Chinese Journal of International Politics*, Vol. 5, 2012.

31 Zhou Fangyin, 앞의 글 149, 178면.

32 林民旺 「沃馬克的結構性錯誤知覺理論研究」, 『國際政治研究』 2009년 제2기, 58~60면.

33 Brantly Womack, 앞의 글 38면.

34 국제정치학자들뿐만 아니라 인문학자인 왕 후이도 유사한 사고를 보여준다. 그는 조공체제를 "규범적이고 정돈된 제도가 아니라 비교적 융통성 있는 연결모델"로 규정하면서, 홍콩의 일국양제를 조공체제의 권력구조와 유사한 것으로 해석한다. 왕 후이, 앞의 책 299, 312~13면.

35 Zhou Fangyin, 앞의 글 175면에서 조선 광해군의 사례를 들어 소국에서의 조공체제 개념의 내면화가 안정적 평형을 이루는 데 매우 유용함을 지적하듯이 소국의 역할을 전혀 무시하지는 않는다.

36 김선민 「만주제국인가 청제국인가: 최근 미국의 청대사 연구동향」, 『사총』 74호 (2011), 118~19면.

37 본서 제2부 1장 「변하는 것과 변하지 않는 것」, 192면.

356

38 마틴 자크, 앞의 책 263면.

39 같은 책 269면.

40 같은 책 277면.

41 Martin Jacques, "Understanding China," *LA Times*, 22 November, 2009; "Civilization State versus Nation-state," *Süddeutsche Zeitung*. 2011.1.15.

42 마틴 자크, 앞의 책 265면.

43 楊念群「"新淸史"與南北文化」, '中華民族的國族形成與認同學術硏討會'(上海: 2013.3.9~10) 발표자료;「超越"漢化論"與"灣洲特性論": 淸史硏究能否走出第三條道路」, 『中國人民大學學報』, 2011년 제2기.

44 마틴 자크, 앞의 책 270~71면.

45 柄谷行人, 앞의 글 47면.

46 Martin Jacques, "Understanding China," *LA Times*.

47 마틴 자크, 앞의 책 345면.

48 Lucian W. Pye, "China: Erratic State, Frustrated Society," *Foreign Affairs*, Vol. 69, No. 4 (Fall 1990), 58면.

49 甘陽「從"民族-國家"走向"文明-國家"」(2003.12), 『文明·國家·大學』, 北京: 三聯書店, 2012, 1면.

50 같은 글 3면.

51 같은 글 15면.

52 같은 글 14면.

53 Lucian W. Pye, "International Relations in Asia: Culture, Nation, and State," *The Sigur Center for Asian Studies*, July, 1998, 9면.

54 趙汀陽『天下體系: 世界制度哲學導論』, 南京: 江蘇敎育出版社 2005.

55 같은 책 51면.

56 같은 책 13면.

57 이와 관련해 에이미 추아가 중국은 민족을 토대로 한 전형적인 비이민자 국가라는 점에서 관용에 한계가 있으니 강국의 반열에는 오르되 "초강대국이 되는 못할 것"이 라고 지적한 것은 시사하는 바가 크다. 에이미 추아, 앞의 책 418면.

58 William A. Callahan, "Tianxia, Empire, and the World," in William A. Callahan and Elena Barabantseva, ed., 앞의 책 111면.

59 본서 제2부 1장「변하는 것과 변하지 않는 것」, 200~04면.

60 趙汀陽, 앞의 책 7면.

61 William A. Callahan, 앞의 글 109면.

62 이 개념 설명은 본서의 프롤로그 참조.

63 白井聰, 앞의 글 136면.

64 柄谷行人「世界史の構造のなかの中國: 帝國主義と帝國」,『atプラス』제11호(2012.2), 46면.

65 문명기「양안관계, 제3의 모델은 없는가」, 최원식·백영서 엮음, 앞의 책 특히 113면.

66 카라따니 코오진이 대만문제를 보는 시각과 흡사한 것이 왕 후이의 홍콩관이다. 그는 홍콩은 중국의 일부이지만 국제적으로 법률상 주권 차원에서는 국제기구에 가입할 권리가 있고 대륙과는 다른 여권과 독립된 비자 씨스템을 갖추고 있는 상황을 중국 조공체제 내부의 권력구조와 유사하다고 본다.『現代中國思想的興起』상권 제2부, 北京: 三聯書店 2004, 697면;『아시아는 세계다』, 312~13면.

67 鄭鴻生「臺灣人如何再作中國人」,『臺灣社會研究季刊』第74期(2009.6), 116~28, 132~33면.

68 寗應斌「複合社會」,『臺灣社會研究季刊』제71기(2008.9), 276~79면. 이에 대한 필자의 언급은 본서 제1부 1장「연동하는 동아시아, 문제로서의 한반도」, 50면 참조.

69 이에 대한 좀더 상세한 설명은 아라사끼 모리떼루, 앞의 책 특히 역자와의 대담 참조.

70 이에 대한 좀더 상세한 설명은 본서 제1부 7장「복합국가와 '근대의 이중과제'」, 173~74면 참조.

71 羅永生「方法としての沖繩」,『現代思想』2012년 12월호.

72 『週刊新潮』2013년 5월 30일號, 30~33면.

73 2013년 5월 15일 류우뀨우자치연방공화국 수립을 목표로 하는 류우뀨우민족독립종합연구학회가 결성되었다.『동아일보』2013.5.17.

74 더욱 상세한 소개는 본서의 프롤로그 참조.

75 아라사끼 모리떼루, 앞의 책 123~24, 134면. 본서의 프롤로그에서도 이를 다루었다. 오끼나와 지식인들은 추상적·관념적 고유영토론을 접어두고, 그 대신 센까꾸열도 같은 분쟁지역에 삶의 뿌리를 둔 주민(漁業者)들의 '생활권'―역사적·문화적·경제적 교류와 협력의 권역―개념을 제창한다.

76 본서 제1부 2장「동아시아론과 근대적응·근대극복의 이중과제」, 73~78면. 제1부 7장「복합국가와 '근대의 이중과제'」, 160~61, 179면 참조.

77 천관우, 앞의 글.

78 좌담「민족통일의 구상(1)」,『씨알의 소리』 1972년 8월호, 44~45면의 천관우 발언.

79 백낙청「분단체제의 인식을 위하여」(1992),『분단체제 변혁의 공부길』, 창작과비평사 1994, 35면.

80 백낙청「김영호씨의 분단체제론 비판에 관하여」(1996),『흔들리는 분단체제』, 창작과비평사 1998, 204면.

81 졸고「중국에 '아시아'가 있는가?: 한국인의 시각」(1999),『동아시아의 귀환』.

82 정성장「남북연합의 제도적 장치와 운영 방안」, 신정현 외『국가연합의 사례와 남

북한 통일과정』, 한울아카데미 2004.

83 좀더 상세한 논의는 본서의 프롤로그 참조.

84 Wang Gungwu, *Renewal: The Chinese State and the New Global History*, Hong Kong: The Chinese University Press, 2013, 서문 9면과 150면.

85 이 초고가 발표된 한국중국학회 주최 국제회의 자리에서 김선민은 복합국가론이 전통시대 중화제국에도 적용 가능한가라고 질문했고 그에 대해 필자는 일단 지금으로서는 국가간체제에 중국이 편입된 19세기 후반 이후에만 적용되는 것으로만 생각한다고 답변했다. 그 확대적용의 가능성은 전근대 시대 연구자의 몫일 터이다.

86 쑨 거『사상이 살아가는 법』, 돌베개 2013, 103면. 이 표현은 타께우찌 요시미에게서 빌려온 것이다.

87 졸고「중국의 국민국가와 민족문제: 형성과 변형」(1994), 앞의 책 80~83면; 유용태『직업대표제: 근대중국의 민주유산』, 서울대출판부 2011. 그밖에 종족(宗族)·촌락·길드 등 중간단체의 역할에 대해서는 岸本美緒「中國中間團體論の系譜」, 岸本美緒 책임편집 '帝國'日本の學知 제3권『東洋學の磁場』, 東京: 岩波書店 2006 참조.

88 劉迪『近代中國における連邦主義思想』, 東京: 成文堂 2009, 152, 154, 162면.

89 白井聰, 앞의 글 138면.

90 제국담론의 발신자들이 복합국가론에서 제기하는 이런 문제의식과 대화하지 않을 때 추상화하고 관념화하는 오류에 빠지게 되고, 중국 지도부의 국가전략에 동원되기 쉽다. 들리는 바에 따르면, 시 진핑을 정점으로 한 중국의 현 지도부가 새로운 구호로 채택한 '중국몽(中國夢)' 구상을 기초하는 심층부 싱크탱크에 자오 팅양도 참여했다고 한다. 張薇「"中國夢"課題研究始末」,『鳳凰周刊』2013년 제5기.

91 白井聰, 앞의 글 146면.

92 졸고「중국학의 궤적과 비판적 중국연구: 한국의 사례」,『대동문화연구』제80집 (2012년 12월). 필자가 말하는 비판적 중국학의 주요 요소는 ① 분과횡단적 연구 지향 ② 연구대상을 고전중국과 현실중국으로 분리하는 이분법 극복 ③ 당대의 중국현실과 주류적 사유체계와 비판적 거리를 유지하는 동시에 중국연구를 통한 각 사회에 대한 인식 재구성 ④ 중국 중심주의의 해체다.

93 앞서 소개한 한국중국학회 주최 국제회의 자리에서 유용태 교수가 복합국가론을 중국에 적용할 때의 불리한 점에 대해 생각해봤느냐고 질문한 것에 대해 필자는 대화의 비대칭성이 바로 그것이라고 답했다. 중국의 제국담론이 근거하고 있는 풍부한 역사기억에 비해 복합국가론의 사상자원은 사실 빈약한 편이다. 그러나 한국의 역사적 경험을 포함한 동아시아의 사상자원으로 관심을 더 넓힌다면 그 가능성은 적지만은 않다.

원문출처

프롤로그 「'핵심현장'에서 찾는 동아시아 공생의 길」, 미발표 원고. 제5회 동
　　아시아 비판적 잡지회의 '連動する東アジア'(오끼나와 나하: 2013.
　　6.28~30)의 발표문을 수정.

제1부 실천과제로서의 동아시아

1장 「연동하는 동아시아, 문제로서의 한반도: 담론과 연대운동의 20년」, 『창
　　작과비평』 제151호(2011년 봄).

2장 「동아시아론과 근대적응·근대극복의 이중과제」, 『창작과비평』 제139호
　　(2008년 봄).

3장 「평화에 대한 상상력의 조건과 한계: 동아시아공동체론의 성찰」, 『시민과
　　세계』 제10호(2007년 상반기).

4장 「제국을 넘어 동아시아공동체로」, 백영서 외『동아시아의 지역질서: 제국
　　을 넘어 공동체로』, 창비 2005.

5장 「동아시아 중산층과 새로운 정체성의 가능성」, 『동아연구』 제46집
　　(2004년 2월). 원제는 '동아시아의 근대화와 사회문화 변동: 전통사회
　　의 해체와 시민사회의 성장'.

6장 「아시아의 다양성과 실감으로서의 동아시아」, 미발표 원고. 제2회 두만강
　　포럼 '多元共存與邊緣的選擇'(옌지: 2010.10.18~20)의 기조강연 원고를
　　수정.

360

7장 「복합국가와 '근대의 이중과제': 20세기 동아시아사 다시 보기」, 아리프
  딜릭·백영서·황동연·김승욱·료코 미야시타·브렌다 S.A. 여·무라이
  히로시·왕 웨이지앙 지음, 도시인문학연구소 엮음 『경계초월자와 도
  시연구: 지구화 시대의 매체, 이주』, 라움 2011.

제2부 주변의 눈으로 본 중국

1장 「변하는 것과 변하지 않는 것: 한중관계의 과거·현재·미래」, 『역사비평』
  제101호(2012년 겨울).
2장 「중국의 '동북공정'과 한국인의 중국 인식의 변화: 대중과 역사학계에 미
  친 영향을 중심으로」, 『중국근현대사연구』 제58집(2013년 6월).
3장 「일본인인가, 중국인인가: 중국여행을 통해 본 20세기 전반기 대만인의
  정체성」, 임성모 외 『동아시아 속의 역사여행 2: 네트워크, 정체성』, 산
  처럼 2008.
4장 「우리에게 대만은 무엇인가: 다시 보는 한국-대만관계」, 최원식·백영서
  엮음 『대만을 보는 눈』, 창비 2012.

에필로그 「중화제국론의 동아시아적 의미: 비판적 중국연구의 모색」, 미발
  표 원고. 한국중국학회 주최 국제회의 '제국전통과 대국굴기'(서울:
  2013.8.22~23)의 기조강연 원고를 수정.

핵심현장에서 동아시아를 다시 묻다
공생사회를 위한 실천과제

초판 1쇄 발행 / 2013년 11월 15일
초판 2쇄 발행 / 2014년 10월 30일

지은이 / 백영서
펴낸이 / 강일우
책임편집 / 박대우
펴낸곳 / (주)창비
등록 / 1986년 8월 5일 제85호
주소 / 413-120 경기도 파주시 회동길 184
전화 / 031-955-3333
팩시밀리 / 영업 031-955-3399 편집 031-955-3400
홈페이지 / www.changbi.com
전자우편 / human@changbi.com